LES GRANDS AVIS ET DÉCISIONS DE LA JURISPRUDENCE CONSTITUTIONNELLE SÉNÉGALAISE

(1960 - 2025)

Une perspective comparatiste et internationaliste

Alioune SALL

LES GRANDS AVIS ET DÉCISIONS DE LA JURISPRUDENCE CONSTITUTIONNELLE SÉNÉGALAISE

(1960 - 2025)

Une perspective comparatiste et internationaliste

L'Harmattan
Sénégal

10 VDN, Sicap Amitié 3, Lotissement Cité Police, DAKAR

http://www.harmattansenegal.com
senharmattan@gmail.com

ISBN : 978-2-336-63650-4
EAN : 9782336636504

Sommaire

Avant-propos

Ce n'est pas la première fois qu'un ouvrage est consacré à la jurisprudence du Conseil constitutionnel du Sénégal. Il y'a quelques années en effet, un *Commentaire des décisions et avis* de cette juridiction avait été publié, sous la direction du professeur I.M. Fall[1]. Mais vingt ans plus tard, la nécessité de se pencher sur l'actualité de cette jurisprudence s'impose. La nécessité d'une mise à jour s'impose d'autant plus que la juridiction constitutionnelle sénégalaise a incontestablement fait du chemin. Le temps est révolu – du moins l'espère –t-on - où le Conseil suscitait un certain nombre de critiques eu égard à sa ligne jurisprudentielle, confite dans le culte des textes qui enserrent sa juridiction, attaché en particulier à demeurer sur la crête de ses « compétences d'attribution » et enclin, dès lors, à affirmer son inaptitude à connaître de pans importants du contentieux constitutionnel.

Nous sommes, aujourd'hui, devant une juridiction qui a fait du chemin. Elle a non seulement conquis de nouvelles terres d'où elle était absente (on songe au contrôle des lois de révision de la Constitution), mais elle manie des techniques contentieuses raffinées (recours aux réserves d'interprétation, substitution des « moyens » que les plaideurs lui présentent par d'autres estimés plus appropriés), sans oublier des formes assez audacieuses d'autodétermination de sa mission (comme la qualité autoproclamée d'organe régulateur ou de garant de la paix sociale).

De l'eau a donc coulé sous les ponts, et il n'est que juste, dans ces conditions, de tenter d'en rendre compte à travers un ouvrage « actualisé » qui procède d'une démarche sélective. Ne sont en effet recensées que quelques décisions jugées intéressantes – près d'une vingtaine tout de même -, les critères d'un tel choix ne pouvant, précisons-le d'emblée, prétendre à une objectivité totale. Une certaine rationalité a cependant

---

[1] I.M.Fall (dir), *Commentaire des décisions et avis du Conseil constitutionnel*, Credila, Dakar, 2008.

guidé ces sélections et elle est simple : ont été considérées comme de « grandes » décisions celles qui ont porté des positions sur des problématiques majeures du contentieux constitutionnel contemporain, avec toutefois la précision suivante : pour nous, un arrêt n'est pas seulement « grand » pour ce qu'il dit, il l'est aussi pour ce qu'il aurait pu dire, ce que les circonstances de la cause lui donnaient l'opportunité de dire, mais qu'il n'a pas dit. On ajoutera que la séquence temporelle de l'ouvrage est très large, puisqu'elle couvre la période 1960- 2025. Elle s'intéresse donc à la jurisprudence constitutionnelle de la Cour suprême, un pan de l'histoire judiciaire sénégalaise que le temps des juridictions constitutionnelles *ad-hoc* tendrait à éclipser quelque peu.

L'impératif d'un *aggiornamento* n'est toutefois pas le seul qui a présidé à la mise au point des commentaires que voici. L'ouvrage se veut porteur d'une thèse et l'étude des jurisprudences pourrait n'être, de ce point de vue, qu'un prétexte. Au-delà de la casuistique jurisprudentielle, il s'agit de véhiculer une conviction et un message : celui de la nécessité de l'ouverture.

Ouverture vers d'autres productions jurisprudentielles comparables, d'où l'accent mis sur l'approche comparative. Sur presque chaque sujet sur lequel le juge du Sénégal s'est prononcé, des jurisprudences « étrangères » sont évoquées, qui confirment la décision du Conseil constitutionnel ou qui en prennent le contrepied. Le contentieux constitutionnel est un lieu de convergences. Dans leur forme la plus aboutie, ces accords sont assumés et les juges n'hésitent pas, alors, à se citer entre eux, même s'il faut reconnaître que la pratique n'est pas tellement développée dans les juridictions africaines. D'autres fois, c'est la *ratio decidendi* seulement qui est empruntée. Les similitudes sont ainsi saisissantes, les motivations presque identiques, entre les décisions sénégalaise et béninoise relatives au traité de l'OHADA. De même, c'est en utilisant le levier de la « régulation » - leur qualité d'organe régulateur – que les juges de Madagascar, du Togo, du Niger et du Sénégal ont échafaudé une conception assez ambitieuse de leur rôle, notamment dans des contextes de risque de blocage du fonctionnement des institutions.

Mais l'approche comparatiste, telle que celle choisie ici, n'est une exhortation ni au « suivisme » ni à l'unanimisme. Certaines importations jurisprudentielles ont pu être malencontreuses, telle la reprise, par le juge sénégalais dans sa décision relative au traité de l'OHADA, de la distinction « limitation de compétence/ abandon de souveraineté », manifestement tirée de la jurisprudence du Conseil constitutionnel français. De même peut – on trouver à redire dans la réitération, au Sénégal et au Bénin, de la thèse du Conseil constitutionnel français suivant laquelle « le pouvoir constituant est souverain » sous certaines réserves. L'inventaire des jurisprudences dévoile également les limites de l'unanimisme : sur bien des sujets, l'on découvre la diversité des positions, voire leur foncière incompatibilité (on songe au sort fait à la règle de la « parité » aux élections, à la « prorogation » des mandats électoraux ou au contrôle des lois de révision)

Ces convergences et ces divergences doivent toujours être contextualisées et perçues comme relevant, somme toute, d'une certaine normalité. Un consensus jurisprudentiel renforce certainement l'autorité persuasive des arrêts en cause, mais des différences de vues peuvent parfaitement être légitimées soit par une différence de contexte, soit par une différence d'entendement des juges. En somme, l'approche comparatiste laisse entrevoir que les oppositions entre juges ont de beaux jours devant elles, et que le « dialogue » est aussi fait de désaccords.

Comparatiste, la perspective du présent ouvrage est également internationaliste. Il s'agit de s'ouvrir, non seulement à d'autres juges constitutionnels, mais à d'autres ordres juridiques, à l'ordre juridique international précisément. Peut-on, aujourd'hui, traiter de la question de la parité, c'est-à-dire de l'égale représentation des femmes en politique abstraction faite de la pratique des instruments internationaux qui fondent aussi cette égalité et que les Constitutions nationales se contentent au demeurant d'intégrer ? Est-il raisonnable d'ignorer, lorsque le juge constitutionnel se penche sur des lois d'amnistie, la riche et fine jurisprudence internationale produite par des juridictions – comme la Cour inter américaine des droits de l'homme – ou des quasi- juridictions – comme le Comité des droits de l'homme de l'ONU ou la Commission africaine des droits de l'homme et des peuples - ? Et quand le débat tourne autour de la portée du droit syndical et de ses corollaires, ne peut-il pas être fécond de puiser des enseignements dans le contentieux des normes pertinentes de l'OIT ou les rapports du Comité des droits économiques, sociaux et culturels de l'ONU, organe de surveillance du Pacte de 1966 ?

Un « contentieux constitutionnel » arcbouté sur les seules normes nationales subit deux autres menaces. La première est celle des instruments formellement internationaux (des traités notamment) mais matériellement constitutionnels (parce qu'ils portent sur la matière constitutionnelle, celle de l'organisation du pouvoir, des pouvoirs publics, des élections). Nul ne songe, ainsi, à remettre en question la « teneur constitutionnelle » d'un traité international comme le Protocole de la CEDEAO de 2001 sur la démocratie et la bonne gouvernance, ou la Charte africaine de la démocratie, des élections et de la gouvernance. Il est arrivé, comme on le verra dans l'ouvrage, que ces instruments juridiques exercent une telle attraction sur le juge constitutionnel que celui-ci les évoque alors même qu'ils ne font pas partie de ses normes de référence, mais que l'Etat en est simplement partie.

Un autre scénario est celui dans lequel l'ordre international assume ses prétentions sur l'ordre constitutionnel, entend le façonner en vertu d'une exigence « supérieure ». Nous ne sommes plus dans un rapport d'équivalence (équivalence ou concurrence des normes, comme dans l'exemple précité des instruments internationaux matériellement constitutionnels) mais dans un rapport vertical ou tutélaire assumé. Tel est le cas lorsque, par exemple, l'acquisition d'une certaine qualité ou d'une reconnaissance au plan international est subordonnée à des transformations constitutionnelles, qu'il s'agisse de l'acquisition de la qualité d'Etat membre d'une organisation (on songe à l'Union européenne) ou de l'installation d'un gouvernement « reconnu par la communauté internationale » (procédé typique des « accords de paix » ou des arrangements post- conflit, qui sont pilotés ou parrainés au plan international).

Dans cette même logique tutélaire assumée, il advient que des normes constitutionnelles fassent l'objet d'un contrôle international, un contrôle de conventionalité (conformité à une convention internationale) opéré par un juge international (souvent juge des droits de l'homme). Le scénario peut alors être quelque peu déroutant lorsque le juge constitutionnel s'est déclaré incompétent pour connaître de la norme contestée : les carences du contrôle national de constitutionnalité sont suppléées, dans ce cas de figure, par un contrôle international de conventionalité, la majesté de la norme constitutionnelle s'en trouvant quelque peu démentie. La configuration ne relève pas de la fiction, elle a cours dans les trois systèmes régionaux de protection des droits de l'homme qui existent dans le monde (Afrique, Amérique Europe).

Que l'on se rassure cependant. Il ne s'agit pas ici d'ignorer les territoires respectifs du droit constitutionnel et du droit international, ni d'appeler à une interchangeabilité des contrôles de constitutionnalité et de conventionalité. Aucun des protagonistes de la rencontre souhaitée n'y perdra son âme ou sa vocation. L'ouverture à l'ordre international ne signifie pas que le juge constitutionnel est déchu de son pouvoir d'écarter des normes internationales parce qu'elles ne font pas partie de ses règles de référence. Ni que le juge international est habilité, à tous les coups, à contrarier des options constitutionnelles, un activisme excessif sur ce terrain courant le risque d'être contre-productif. Lorsque le statut de la norme internationale n'est clairement pas constitutionnel, sa vocation ne peut être que corroborative ou infirmative, mais ce qui est affirmé ici est que cette prise en compte peut être éclairante ou féconde : ce qui est donc contesté, c'est l'enfermement national du débat constitutionnel.

C'est en définitive à un « constitutionnalisme global » que l'ouvrage invite, d'autres expressions doctrinales rendant compte du même phénomène[2]. L'ouverture du contentieux constitutionnel à d'autres horizons est

[2] L'intrication entre le contrôle de constitutionnalité et le contrôle de conventionalité, le chevauchement des deux, a amené certains auteurs à parler, outre de « constitutionnalisme global », de « transconstitutionnalisme », ou encore de « constitutionnalisme multiniveaux », de telles expressions étant en effet très révélatrices.

ainsi suggérée par la démarche même de l'ouvrage. L'attention portée à l'autre – l'autre juge, l'autre ordre juridique - induit un approfondissement et une densification de la motivation des décisions rendues. Le juge moderne – et le juge sénégalais en est un – est ainsi confronté à deux défis. Un défi technique, qui est le test de la pertinence même des décisions qu'il rend, et qui implique par définition une confrontation avec d'autres logiques, d'autres jurisprudences. Un défi politique ensuite, qu'il faut bien comprendre : il ne consiste pas tant à transformer les juges constitutionnels en bretteurs ferraillant chaque jour contre le pouvoir politique, tel Don Quichotte contre les moulins à vent, mais en sentinelles sereines de l'exigence démocratique qui traverse notre société et notre temps.

Cour suprême, arrêt N° 4/C/78 du 13 mars 1978

REPUBLIQUE DU SENEGAL

AU NOM DU PEUPLE SENEGALAIS

LA COUR SUPREME

SECTIONS REUNIES

STATUANT EN MATIERE CONSTITUTIONNELLE

N° 4/C/78

Rapporteur : Monsieur Laïty NIANG, Président de section

Ministère Public : Monsieur Amadou Louis GUEYE, Premier Avocat Général

Audience : du 13 mars 1978

Lecture : du 13 mars 1978

Matière : CONSTITUTIONNELLE

À l'audience non publique du 13 mars 1978,

Sur le recours formé par Monsieur Abdoulaye WADE par requête en date du 4 mars 1978, ladite requête enregistrée au greffe de la Cour Suprême le même jour sous le N° 98 et tendant à l'annulation des opérations électorales du 26 février 1978 relatives à l'élection du Président de la République ;

LA COUR

VU la Constitution, notamment en ses articles 27, 28 et 29 ;

VU le Code électoral ;

VU l'ordonnance N° 60-17 du 3 septembre 1960 portant loi organique sur la Cour Suprême, modifiée ;

VU l'ordonnance N° 63-09 du 26 août 1963 portant loi organique relative à l'élection du Président de la République ;

VU le décret N° 78-060 du 21 janvier 1978 relatif à l'élection du Président de la République ;

VU l'arrêt N° 2/C/78 de la Cour Suprême (sections réunies) en date du 28 janvier 1978, arrêtant et publiant la liste des candidats à l'élection du Président de la République ;

VU l'arrêté N° 001774 du 10 février 1978 du Ministre de l'Information et des Télécommunications chargé des relations avec les Assemblées, portant répartition des temps d'antenne à la radio et à la télévision, entre les candidats à l'élection du Président de la République ;

VU l'arrêt N° 3/C/78 de la Cour Suprême (sections réunies) en date du 1er mars 1978 portant proclamation provisoire de l'élection du Président de la République à la suite du scrutin du 26 février 1978 ;

VU les observations du Ministre d'État chargé de l'Intérieur, enregistrées au greffe de la Cour le 10 mars 1978 ;

VU le mémoire en réplique de Monsieur Abdoulaye WADE, enregistré au greffe de la Cour le 13 mars 1978 ;

OUI Monsieur Laïty NIANG, Président de section, en son rapport ;

OUI Monsieur Amadou Louis GUEYE, Premier avocat général, en ses conclusions ;

Après en avoir délibéré conformément à la loi :

Attendu que par arrêt N° 3/C/78 du 1er mars 1978, la Cour Suprême a déclaré provisoirement élu Président de la République du Sénégal, Monsieur Léopold Sédar SENGHOR ;

Attendu que, conformément à l'article 29 de la Constitution, en cas de contestation des opérations électorales "la Cour est tenue de statuer dans les 10 jours de la proclamation provisoire ; son arrêt emporte proclamation définitive ou annulation des élections" ;

Attendu que par requête ci-dessus spécifiée, Monsieur Abdoulaye WADE demande l'annulation de l'élection du Président de la République, motifs pris de ce que :

1° le vote aurait été public, alors qu'aux termes de l'article 2, alinéa 3 de la Constitution, le scrutin doit être secret ;

2° certains électeurs seraient inscrits à la fois sur plusieurs listes électorales ;

3° les mass médiats auraient fait preuve de partialité au bénéfice du candidat Léopold Sédar SENGHOR ;

4° certains actes de propagande seraient intervenus après l'expiration du délai légal de la campagne électorale ;

5° certains représentants du Parti démocratique sénégalais (P.D.S.) auraient été expulsés des bureaux de vote, en violation de l'article L 44 du Code électoral ;

6° des autorités administratives (gouverneurs, préfets, sous-préfets, chefs de village et chefs de quartier) se seraient trouvés sur les lieux de vote ;

7° des responsables du Parti Socialiste (P.S.) auraient fait usage de la corruption ;

8° des représentants du candidat du P.D.S. auraient été empêchés de consigner leurs observations dans les procès-verbaux ;

9° les bureaux de vote auraient été présidés par des membres du P.S., candidats aux élections législatives, communales et rurales ;

10° les calculs opérés sur la base des chiffres publiés, seraient visiblement faux.

Après avoir procédé aux mesures d'instruction qu'elle a estimé nécessaires à la manifestation de la vérité :

1. SUR LE PREMIER GRIEF TIRÉ DU CARACTÈRE PUBLIC DU VOTE :

Attendu que l'article 2, alinéa 3 de la Constitution dispose : «Le suffrage peut être direct ou indirect. Il est toujours universel, égal et secret» ;

Attendu que l'article L 48 du Code électoral dispose : «Le scrutin est secret. Le vote a lieu sous enveloppe. Avant l'ouverture du scrutin, le bureau doit constater que le nombre des enveloppes correspond à celui des électeurs inscrits.» ;

Attendu que l'article L 50 du Code électoral dispose que l'électeur, après constatation de son identité, prend lui-même une enveloppe et le bulletin de vote mis à sa disposition, met son bulletin dans l'enveloppe sans quitter la salle de vote, et introduit lui-même l'enveloppe dans l'urne ;

Attendu que le caractère secret du vote a pour but et pour objet de protéger les électeurs, et impose à l'administration chargée d'organiser les élections de mettre à la disposition des votants des installations qui leur permettent de se soustraire aux regards pendant qu'ils introduisent le bulletin dans l'enveloppe ;

Mais attendu qu'en l'état actuel du droit sénégalais, le votant, que protège contre l'influence extérieure le secret du vote, peut renoncer à cette protection ; qu'il lui est loisible de se passer de l'une et l'autre formalité, sans que cette attitude puisse lui être opposée pour tenir son vote nul et non avenu, à condition que son comportement soit volontaire ;

Attendu qu'au surplus, le requérant se contente d'affirmer que les électeurs étaient dirigés par les Présidents de bureaux de vote, n'apportant ainsi à l'appui de son affirmation aucune preuve ;

Qu'en conséquence, le grief doit être rejeté ;

2. SUR LE SECOND GRIEF TIRÉ D'INSCRIPTIONS MULTIPLES DE CERTAINS ÉLECTEURS SUR PLUSIEURS LISTES ÉLECTORALES :

Attendu qu'il résulte des observations du Ministre de l'Intérieur et des déclarations des techniciens de la direction de l'automatisation des fichiers entendus par la Cour, que l'administration ne nie pas qu'il y ait eu des inscriptions multiples ; qu'en affirmant que ces inscriptions « n'étaient pas toujours frauduleuses » et qu'« elles n'ont pas donné lieu dans tous les cas à des votes multiples », le Ministre de l'Intérieur admet que certaines de ces inscriptions multiples ont pu avoir une origine frauduleuse, et ont pu donner lieu à des votes multiples ;

Mais attendu que le Ministre de l'Intérieur soutient et les techniciens confirment que les inscriptions et les votes multiples découverts ont fait l'objet de rectifications et de poursuites contre leurs auteurs ;

Attendu que ni l'existence d'inscriptions multiples ni l'aveu indivisible du Ministre de l'Intérieur, ne suffisent à eux seuls à établir de façon péremptoire, le caractère vicié du scrutin dans tel ou tel bureau de vote ;

Qu'il en résulte que le grief doit être écarté ;

3. SUR LE TROISIÈME GRIEF TIRÉ DE LA PARTIALITÉ DES MÉDIATS :

Attendu qu'il résulte des films de la campagne électorale projetés devant la Cour, que les meetings du candidat Léopold Sédar SENGHOR n'étaient pas précédés d'un indicatif musical ; qu'à une exception près, les deux candidats ont bénéficié de présentations quasi identiques ; que la Cour n'a décelé aucun montage comportant des images étrangères aux meetings retransmis ;

Qu'ainsi le grief manque en fait ;

4. SUR LE QUATRIÈME GRIEF TIRÉ D'ACTES DE PROPAGANDE INTERVENUS APRÈS EXPIRATION DU DÉLAI LÉGAL DE LA CAMPAGNE ÉLECTORALE :

Attendu que la Cour s'est fait communiquer le texte de l'émission litigieuse ; qu'il en ressort que Monsieur GOMIS n'a fait qu'assurer ses fonctions normales de journaliste à l'O.R.T.S., en faisant, comme à l'accoutumée, la revue de la presse étrangère dans ses informations relatives au Sénégal ; que cette émission ne peut nullement être regardée comme une action de propagande électorale faite sciemment au bénéfice de l'un des candidats ;

Que le grief proposé n'est pas fondé ;

5. SUR LE CINQUIÈME GRIEF TIRÉ DE L'EXPULSION DE REPRÉSENTANTS P.D.S. DE CERTAINS BUREAUX DE VOTE :

Attendu qu'il résulte des dispositions de l'article L 44 du Code électoral, que les représentants des partis ne peuvent pas faire l'objet d'expulsion des bureaux de vote ;

Attendu toutefois, que le requérant n'a identifié ni ses représentants expulsés, ni les bureaux de vote dont ils auraient été expulsés ; qu'au surplus, dans sa mission de contrôle, la Cour Suprême a été amenée à annuler les résultats mentionnés dans des procès-verbaux révélant un déroulement irrégulier du scrutin ;

Qu'ainsi le grief ne saurait être retenu ;

6. SUR LE SIXIÈME GRIEF TIRÉ DE LA PRÉSENCE D'AUTORITÉS ADMINISTRATIVES DANS LES BUREAUX DE VOTE :

Attendu que s'il n'est pas souhaitable en l'absence de toute nécessité résultant de l'exercice de fonctions d'administration ou de maintien de l'ordre, que les autorités administratives soient présentes dans les bureaux de vote, il n'en demeure pas moins qu'aucune disposition légale ou réglementaire n'interdit à ces autorités l'accès desdits bureaux ;

Attendu qu'au surplus, il n'est pas démontré que la présence de ces autorités dans les bureaux de vote ait eu pour effet d'altérer la régularité du scrutin ;

Qu'en conséquence, le grief n'est pas fondé ;

7. SUR LE GRIEF TIRÉ DE LA CORRUPTION :

Attendu que le requérant n'assortit cette allégation générale d'aucune précision, ni d'aucun commencement de preuve susceptible d'en établir le bien fondé ;

Attendu que le requérant reproche en outre au Gouvernement de s'être abstenu de rappeler aux citoyens les dispositions de l'article L 78 du Code électoral qui réprime la corruption ; mais qu'en vertu du principe "nul n'est censé ignorer la loi", le gouvernement n'est pas tenu de rappeler aux citoyens, à l'occasion des élections, toutes les dispositions pénales qui sanctionnent certains actes qu'ils peuvent commettre ;

Que le grief doit être rejeté ;

8. SUR LE HUITIÈME GRIEF TIRÉ DE CE QUE DE NOMBREUX PRÉSIDENTS DE BUREAUX DE VOTE ONT REFUSÉ AUX REPRÉSENTANTS DU CANDIDAT P.D.S. DE FORMULER DES OBSERVATIONS :

Attendu que cette affirmation n'est soutenue par aucune preuve ; que l'administration des faits ainsi allégués appartenait au requérant, qui devait fournir à la Cour tel constat d'huissier, telles présomptions sérieuses, précises et concordantes, de nature à étayer ses griefs ;

Attendu qu'en tout état de cause, la Cour Suprême dans l'exercice de sa mission de contrôle des opérations électorales, a tenu compte, dans l'établissement des résultats, des irrégularités affectant les procès-verbaux ;

Qu'il en résulte que le grief n'est pas fondé ;

9. SUR LE NEUVIÈME GRIEF TIRÉ DE CE QUE LES BUREAUX DE VOTE ÉTAIENT PRÉSIDÉS PAR DES MEMBRES DU P.S. CANDIDATS AUX ÉLECTIONS LÉGISLATIVES, MUNICIPALES ET RURALES :

Attendu que l'article L 40 du Code électoral dispose que les bureaux de vote sont présidés dans les communes, par le maire, les adjoints et les conseillers municipaux dans l'ordre du tableau ; dans les communautés rurales, par le président du conseil rural, le vice-président et les conseillers ruraux dans l'ordre de présentation de la liste des candidats ;

Attendu qu'il résulte des dispositions ci-dessus rappelées, que le fait que les personnalités énumérées aient pu être candidates à une élection législative, municipale ou rurale, ne constitue pas un empêchement pour leur désignation à la présidence des bureaux de vote ;

Que le grief n'est pas fondé ;

10. SUR LE DIXIÈME GRIEF TIRÉ DE CE QUE LES CALCULS OPÉRÉS SUR LA BASE DES CHIFFRES PUBLIÉS SONT VISIBLEMENT FAUX :

Attendu qu'en vertu des dispositions de l'article 29 de la Constitution, seule la Cour Suprême est habilitée à centraliser les résultats du scrutin ; qu'ainsi qu'il est indiqué dans l'arrêt de la Cour Suprême N° 3/C/78 du 1er mars 1978, elle est amenée à opérer diverses rectifications d'erreurs, et à procéder à des redressements jugés nécessaires ; que le résultat proclamé par la Cour Suprême l'emporte ainsi sur tous autres, y compris éventuellement, ceux publiés par les bureaux de vote ;

Attendu que la Cour, après vérification, n'a trouvé aucun motif de mettre en doute l'exactitude de ses propres résultats qui procèdent de calculs élémentaires ne nécessitant l'assistance d'aucun expert ;

Qu'en conséquence, le grief n'est pas fondé ;

PAR CES MOTIFS

En la forme, reçoit le recours de Monsieur Abdoulaye WADE ;

Au fond, le rejette comme mal fondé ;

Dit que le présent arrêt emporte proclamation définitive de l'élection de Monsieur Léopold Sédar SENGHOR comme Président de la République du Sénégal ;

Dit que le présent arrêt sera publié au Journal Officiel ;

Ainsi fait et jugé par la Cour Suprême, sections réunies, statuant en matière constitutionnelle, en son audience non publique des jour, mois et an que dessus, à laquelle étaient présents :

Monsieur Kéba MBAYE, Premier Président de la Cour Suprême, Président ;

Laïty NIANG, Président de section, rapporteur ;

Ménoumbé SAR, Bruno CHERAMY, Présidents de Section ;

Henri DIENG, Conseiller ;

En présence de Monsieur Amadou Louis GUEYE, Premier Avocat Général ;

Avec l'assistance de Maître Doudou Salmone FALL, Greffier en Chef ;

En foi de quoi, le présent arrêt a été signé par le Premier Président, le rapporteur et le greffier en chef.

SUIVENT LES SIGNATURES

POUR EXPEDITION CERTIFIÉE CONFORME

LE GREFFIER EN CHEF

Doudou Salmone FALL

Observations

L'arrêt n°4/C/78 a été rendu le 13 mars 1978 par la Cour suprême dans le cadre de l'élection présidentielle du 28 février 1978 au Sénégal. Emanant des « Sections réunies » de cette Cour, l'arrêt porte sur une « contestation des opérations électorales » formulée par un opposant au pouvoir, M. Abdoulaye Wade – qui sera élu président de la République plus de vingt ans plus tard -. Une dizaine de griefs était articulée contre les opérations électorales, allant de la violation du secret du vote et des inscriptions frauduleuses d'électeurs à l'inexactitude comptable de certains résultats en passant par l'absence d'impartialité des médias publics et l'influence négative prêtée à certaines autorités administratives concernées par les opérations de vote.

Un des intérêts de la décision rendue est précisément qu'elle est bien de son temps, qu'elle illustre les tâtonnements et la circonspection d'une justice électorale balbutiante, et qu'elle permet ainsi de mesurer le temps parcouru, à l'aune des acquis de la jurisprudence électorale actuelle.

Sur aucun des griefs exprimés, la Cour suprême ne donnera raison au demandeur. Il convient, avant d'émettre une appréciation critique sur cette jurisprudence (II), de mettre en évidence les particularités du contentieux en question (I).

I. Un contentieux éminemment factuel

Ce qui ressort en effet de la décision rendue, c'est la prépondérance des questions de fait, des allégations avancées par le requérant et des réfutations que le juge y apporte. Il s'agit là d'une caractéristique courante du contentieux électoral, et pas seulement au Sénégal, comme on le verra. Cette donnée se traduit, en l'occurrence, par l'insistance sur le manque de preuves pour rejeter la demande (A) et par l'usage, pour parvenir à cette fin, des pouvoirs d'enquête et d'instruction de la Cour suprême statuant en matière électorale (B).

A. La prépondérance des questions probatoires

Aux fins d'une annulation au moins partielle des résultats de l'élection présidentielle du 26 février 1978, une dizaine de griefs a été soulevée par le demandeur, mais comme on l'a indiqué, aucun d'eux ne sera retenu par le juge. Les motifs du rejet sont presque toujours les mêmes : la preuve des faits allégués n'a pas été rapportée. C'est donc pour absence de preuve qu'ont été battues en brèche un certain nombre d'imputations, comme l'influence du choix des électeurs par les présidents de bureaux de vote, lesquels auraient « dicté » le choix de certains électeurs en leur « offrant » des bulletins (qui seraient, bien entendu, ceux du président sortant), ou encore l'expulsion de représentants du demandeur de certains bureaux de vote, la « pression », au moins psychologique qu'aurait exercée la présence dans certains bureaux d'autorités administratives ou coutumières, ainsi que les entraves à l'exercice du droit de formuler des « observations », droit en principe reconnu aux représentants des candidats présents dans les bureaux de vote (sachant qu'en l'occurrence, ce sont bien des militants des partis d'opposition qui ont été privés de ce droit). Sur la totalité de ces critiques soulevées par le requérant, la Cour suprême répond donc à celui-ci qu'il n'a pas, au mépris d'un principe de procédure judiciaire bien connu, apporté la preuve de ce qu'il avance.

Cette prépondérance des questions de preuve dans le contentieux électoral est donc mise en évidence dès les premiers temps du contentieux électoral au Sénégal. Il s'agit bien d'une donnée constitutive essentielle de ce contentieux, une sorte de « figure imposée » de celui-ci, qui resurgit non seulement dans beaucoup d'affaires ultérieures, mais qui existe également de façon proéminente dans d'autres pays.

Dans le contexte national sénégalais, on peut relever un autre arrêt 4/C/88 du 5 février 1988, rendu dans le contexte très tendu de l'élection présidentielle de cette année-là, dans lequel la Cour suprême rejette un recours dirigé contre un arrêté du ministre de l'Intérieur au motif « que les arguments ainsi exposés ne sont étayés par aucun élément de preuve de nature à emporter la conviction de la Cour ».

La création d'une juridiction constitutionnelle *ad-hoc* en 1992 n'a fait que confirmer cette tendance. A maintes reprises, le Conseil constitutionnel a rejeté des recours « faute de preuves ». Dans la décision n° 6/93 du 13 mars 1993, également consécutive à un scrutin présidentiel, l'argument d'irrégularités commises pendant la campagne électorale est rejeté dans la mesure où « ces faits qui seraient délictueux n'ont pas été prouvés devant le juge électoral » (considérant n° 16). Le 24 mai 1993, dans le cadre d'élections législatives, le Conseil déclare qu' « il n'a pas été prouvé » que seuls les candidats d'un parti donné ont eu à bénéficier de l'usage des « fausses ordonnances » (considérant n°27) et, au sujet de mentions sur des procès-verbaux, que les requêtes doivent être rejetées « en l'absence de preuves valables » (considérant n° 42), ou encore que certaines allégations ne sont pas reflétées dans lesdits procès –verbaux, seul moyen d'attester leur véracité (considérants n° 29 et 41). L'absence de preuves des allégations est opposée aux requérants dans la décision du 8 juin 1998 (affaires n° 12 à 29/E/98, considérant n° 54) ainsi que le fait que certains moyens ne sont « étayés par aucune preuve » (considérant n° 21), ou « ne s'appuient sur aucun moyen de preuve » (considérant n° 60). Sur le grief particulier de trafic d'influence, le juge répond « qu'il est difficile de rapporter la preuve que tous ceux qui gravitent le jour du scrutin auprès des centres de vote appartiennent à une formation politique déterminée » (considérant n° 62).

Le contentieux des élections présidentielles de 2000 n'a pas non plus échappé à cette récurrence de la problématique probatoire. Dans la décision rendue le 10 mars 2000 (affaires n° 4 à 11/E/2000), et au sujet du vote dans deux localités, le Conseil constitutionnel estime que « le moyen ainsi développé n'est étayé par aucune preuve » (considérant n° 10), « qu'il n'est pas établi » que des violations des règles relatives à la tenue de bureaux de vote aient été commises (considérant n° 17) et que, là également, les allégations des demandeurs ne sont pas « prouvées » par les mentions des procès-verbaux pertinents (considérant n°33). Les élections législatives consécutives à cette première alternance au Sénégal, qui ont lieu un an plus tard, vont également susciter des litiges soumis à la juridiction constitutionnelle. Dans la décision du 12 mai 2001 (affaires n° 6 à 12/E/2001), celle-ci a écarté un certain nombre d'allégations parce que « rien n'indique » qu'elles sont fondées (considérant n° 20) ou parce qu' « aucun document n'est produit » pour les « étayer » (considérant n) 35).

En 2007, c'est la décision par laquelle le Conseil constitutionnel « joint » un certain nombre de requêtes qui a donné lieu à une réaffirmation des exigences probatoires dans le contentieux électoral. Rendue le 10 mars 2007 (affaires n° 4 et 5/E/2007), elle souligne « qu'il n'est pas établi » que les cartes d'électeurs aient été distribuées dans des conditions illégales (considérant n°5), « qu'il n'est pas démontré » qu'il y'a eu défaut de transmission de la liste des représentants des candidats de l'opposition (considérant n°8), qu' « il n'a pas été prouvé » que le grief relatif à l'encre indélébile soit vrai (considérant n°11), et les faits prétendus sur l'absence d'identification de l'électeur « ne peuvent être tenus pour établis » (considérant n°13).

Le contentieux électoral sénégalais plus récent témoigne cependant d'une décroissance des questions probatoires. Faut-il en déduire une sorte de « maturation » du système électoral – au plan « technique » -, ou tenir cet affaiblissement pour une marque de confiance que les acteurs politiques vouent au système ou se vouent entre eux ? En somme, la crispation du débat judiciaire et électoral autour de questions de fait (s) et de preuves, serait-elle le propre de systèmes politiques et électoraux caractérisés par une certaine défiance entre les acteurs - laquelle donne précisément prise à des suspicions ou accusations mutuelles de fraude -, systèmes caractérisés, en définitive, par une insuffisante intériorisation d'exigences démocratiques comme la transparence, la bonne foi et un minimum de confiance mutuelle ? Et l'évanescence de ce type de débat, serait-elle l'indice d'un mûrissement démocratique, d'une forme de pacification du jeu politique, de détente de la compétition électorale ?

Le fait est qu'il est possible d'observer un tel dégel dans le contentieux arbitré par le Conseil constitutionnel à la suite des trois dernières élections présidentielles. En 2012, la décision du 6 mars (affaires n° 17et 18/E/2012) porte sur des allégations d'irrégularités dans deux localités seulement du pays, où il est respectivement question de prétendues violences physiques commises sur des électeurs - ce qui « n'a pas été établi » selon le juge (considérant n°7) - , et de « coups de feu » tirés, « fait non établi par les pièces produites », rectifie immédiatement le juge (considérant n°9). Tout aussi rares ont été les questions de preuves dans la décision du 20 janvier 2019, celles-ci n'étant évoquées que de façon marginale, au sujet d'actes de malveillance perpétrés pour invalider des parrainages – « simples allégations » encore, selon le Conseil constitutionnel (considérant n° 28), et au sujet de déclarations d'un candidat – « affirmations qui ne sont étayées d'aucun élément de preuve » corrige le juge (considérant n° 77) ainsi que de dysfonctionnements mineurs imputés à l'Administration électorale du ministère de l'Intérieur – « qui ne sont pas prouvés mais simplement allégués », tranche encore le Conseil constitutionnel (considérant n° 87) -. Et de fait, dans la décision subséquente qui proclame les résultats du second tour (celle du 5 mars 2019, affaire 25/E/19), il est précisé que « le Conseil constitutionnel n'a été saisi d'aucune contestation dans le délai prévu », circonstance dans laquelle il est sans doute permis de voir un accord sur la fiabilité du résultat des urnes. Et aux élections de mars et novembre 2024, non seulement la première n'a connu qu'un tour, mais le Conseil constitutionnel n'a pas non plus enregistré un seul recours en contestation (décision n°20/E/2024 du 27 novembre 2024, considérant n°5).

Les enseignements susceptibles d'être tirés de l'expérience d'autres pays semblent aller dans le même sens, au moins sur la prévalence des questions de preuve dans le contentieux des élections - celle de leur décroissance ou de leur persistance n'étant pas abordée ici-. Au Congo Brazzaville, la décision par laquelle la Cour constitutionnelle règle le différend post-électoral de 2009 souligne que « les allégations des requérants, qui procèdent par de successives affirmations non étayées de preuves, manquent de pertinence » (décision n°005 du 25 juillet 2009 sur les recours en annulation du scrutin du 12 juillet 2009). A Madagascar, l'arrêt de la Cour spéciale portant proclamation des résultats définitifs du premier tour de l'élection présidentielle du 25 octobre 2013 considère que « le requérant n'a pas pu apporter des preuves suffisantes au soutien des moyens invoqués » et que d'autres saisissants « n'ont versé au dossier aucune pièce, aucun document officiel ou authentique, aucun témoignage à l'appui de leur demande d'annulation » (arrêt n°01-CES/AR du 22 novembre 2013). Enfin au Togo, la Cour constitutionnelle note qu' « aucun élément de preuve » ne soutient les allégations d'utilisation des moyens de l'Etat pendant la campagne électorale ainsi que certains incidents prétendus dans les bureaux de vote, dans certaines circonscriptions électorales, ou encore au sujet des procès-verbaux de compilation des votes etc. Cette décision n°EP-007/2020 du 2 mars 2020 (considérants n° 6,9, 17, 19, 22, 25) est le prototype de la décision de rejet faute de preuves, cette carence étant opposée au requérant sur la quasi-totalité des moyens qu'il invoque.

A vrai dire, les exemples pourraient être multipliés. La récurrence de la problématique probatoire dans le contentieux électoral, dont l'arrêt rendu le 13 mars 1978 rendu par la Cour suprême du Sénégal témoigne, explique sans doute que le règlement de ce contentieux-là donne lieu à la mobilisation de pouvoirs d'enquête et d'instruction. Un contentieux factuel et tournant autour de questions de preuves donne lieu à l'utilisation de pouvoirs d'inspection ou de vérification. La décision de 1978 confirme cette dimension inquisitoriale du règlement des litiges électoraux.

B. L'usage de pouvoirs d'enquête et d'instruction

La Cour suprême a fait usage de ses pouvoirs d'instruction ou d'investigation pour évaluer la pertinence de plusieurs griefs articulés par le demandeur.

Pour apprécier l'imputation d'absence d'impartialité des médias publics, et notamment de la télévision nationale (accusée de « montages » favorables au président sortant et défavorables au candidat de l'opposition), la Cour se fait projeter des films extraits de la campagne. Elle se fait communiquer le texte d'une « revue de presse » accusée d'être favorable au pouvoir en place, alors que la campagne était terminée. La Cour entend des techniciens de la Direction de l'automatisation du fichier électoral (DAF) au sujet d'allégations d'inscriptions multiples d'électeurs.

Dans le futur, la juridiction constitutionnelle du Sénégal usera de tels pouvoirs d'enquête à chaque fois qu'un certain nombre d'accusations de fraude seront articulées par des demandeurs. En 1988, dans le contexte d'un scrutin présidentiel vicié par de vives tensions, la même Cour suprême a affirmé dans l'une de ses décisions « qu'il résulte de l'instruction que, contrairement aux allégations du requérant, que celui-ci n'a pas respecté les conditions posées » par l'arrêté du ministre de la communication relatif au temps d'antenne alloué aux candidats à l'élection (décision n°9/C/88 du 12 février 1988).

La jurisprudence du Conseil constitutionnel fourmille de cas similaires. Dans la très controversée élection présidentielle du 21 février 1993, et devant le blocage des travaux de la Commission nationale de recensement des votes, le Conseil a tenu rappeler qu'il a toute latitude, en cas de contestation élevée par l'un des candidats, de « pousser ses investigations aussi loin que nécessaire dans l'appréciation de la sincérité du scrutin » (considérant n°33, décision n°5/93 du 2 mars 1993). Les réserves émises sur une pomme de discorde persistante du contentieux électoral sénégalais - la fiabilité du fichier électoral détenu par le ministère de l'Intérieur - ont, quelques années plus tard, conduit le juge à fortement nuancer ces réserves, et ce « après des investigations approfondies » (considérant n° 7, décision du 8 juin 1998, affaires n° 12 à 29/E/98). Aux élections présidentielles de 2007, certaines demandes d'annulation ont été rejetées parce qu'« il ressort des vérifications faites » que ces demandes ne sont pas fondées (considérant n°20) ou que « les vérifications effectuées » ne permettent pas de conclure à une altération des procès-verbaux des commissions de recensement des votes (décision du 10 mars 2007, affaires n° 4 et 5/E/2007, considérant n°30).

Enfin, les termes par lesquels la Cour constitutionnelle du Congo rejette certaines allégations d'irrégularités dans le contentieux post-électoral de 2009 tendraient à établir que le recours à l'enquête dans ce type de litige est quasi- systématique puisque la Cour affirme qu'elle peut, « sans instruction préalable », rejeter les demandes qui lui sont adressées, sans doute eu égard à leur faiblesse manifeste (décision n° 005 du 25 juillet 2009 sur les recours en annulation du scrutin du 12 juillet 2009).

Sur tous les points que voilà, la jurisprudence sénégalaise de 1978 reflète des tendances partagées avec d'autres juridictions électorales, africaines notamment : la prévalence de considérations factuelles et probatoires, qui traduisent elles-mêmes une climat de suspicion et une défiance entre les acteurs de la compétition électorale, caractère assez « circonstanciel » du débat judiciaire – au sens où il est relatif à des circonstances, à des faits – et donc, dilution de la dimension technique et légaliste de la joute judiciaire, nécessité subséquente de recourir, pour le juge, à des « descentes sur le terrain », recourir au rétablissement de la vérité des faits par l'usage des moyens procéduraux et logistiques dont il dispose. Il y'a peut-être lieu, pensons-nous, d'espérer que c'est dans le renforcement démocratique des systèmes politiques et électoraux des Etats que se trouve la clé du dépérissement – souhaitable- de cette tournure très « circonstancielle » du débat judiciaire. Et qu'il n'est pas exclu, s'agissant du Sénégal en particulier, que cette tendance au reflux soit déjà amorcée eu égard, précisément, au déclin des questions factuelles et probatoires dans le contentieux électoral de ces dernières années.

Il est un autre point sur lequel la décision du 13 mars 1978 est bien la fille de son époque, s'agissant de l'histoire politique et électorale du Sénégal. L'arrêt rendu s'inscrit en effet dans une ère de timidité démocratique et judiciaire, un temps où, il faut bien le dire, le juge ne se sentait pas tout à fait « gardien de la promesse démocratique », pour parler comme A. Garapon. On dira, pour être direct, que les parties au procès n'ont pas été placées sur un pied d'égalité. C'est donc d'une certaine « retenue judiciaire » qu'il s'agit, retenue qui se traduit par un contrôle déséquilibré des exigences de la régularité de l'élection.

II. Un contrôle déséquilibré des exigences de la régularité de l'élection

Le déséquilibre doit donc être compris dans ce contexte comme une certaine absence d'équité dans l'approche du juge, une manière de traitement inégal des parties au procès électoral. L'on échappe en effet difficilement au sentiment que l'arrêt de la Cour suprême sénégalaise impose une charge de la preuve quelque peu drastique au demandeur (A) et qu'en retour, il évalue de façon très « souple » - pour ne pas dire plus – la garantie d'un scrutin régulier, garantie dont la réalisation incombe à « la loi » et aux autorités publiques (B).

A. L'alourdissement déraisonnable de la charge de la preuve

Il existe au moins deux arguments avancés par le demandeur qui auraient nécessité, à notre sens, une réponse plus « exigeante » du juge. Lorsque le requérant s'émeut de la présence dans les bureaux de vote d'un certain nombre d'autorités administratives et considère qu'une telle circonstance peut être de nature à influencer le vote – dans un contexte où le juge lui-même affirme que ce vote peut être « public », comme on va le voir - ou le comportement des électeurs. Le fait de rétorquer, comme le fait la Cour, « qu'il pas démontré que la présence de ces autorités dans les bureaux de vote ait eu pour effet d'altérer la régularité du scrutin » (§6) revient à défendre une conception singulièrement peu exigeante de la sincérité du scrutin. Il convient en effet de se remémorer le contexte de ces premières élections de l'ouverture démocratique sénégalaise : récente consécration du pluralisme politique, sur-domination d'un parti politique depuis de longues années, tradition d'élections sans véritable compétition, mainmise d'un État monopartisan sur les médias, tutelle exercée sur les autorités administratives locales par le pouvoir central etc.

Dans un tel contexte, prétendre, comme le fait la Cour, que la présence d'autorités de l'Etat dans les bureaux de vote n'est pas préoccupant outre mesure revient, d'une certaine manière, à se voiler la face. Et exiger des initiateurs de l'action en justice qu'ils « démontrent », proprement, qu'une telle circonstance peut négativement influencer le vote équivaut à leur imposer une mission impossible, à surcharger le fardeau de la preuve. Comment attendre d'un demandeur qu'il démontre que la simple – mais imposante - présence d'une autorité a directement altéré la sincérité d'un vote ? Le débat ici, on le sait bien, n'est pas de prouver une telle altération mais de s'en tenir à l'espèce de contrainte psychologique et diffuse qu'une autorité peut exercer sur des personnes – ses « administrés » - en un temps et dans des contrées où ces figures tutélaires pouvaient effectivement inspirer une sorte d'appréhension révérencielle – que n'a-t-on pas raconté, dans le pays et à cette époque, sur les « pratiques électorales » de certains représentants de l'Etat ! - Une telle charge de la preuve n'est assurément pas réaliste. Au reste, on notera que la Cour suprême, gagnée sans doute par un certain scrupule, tempère quelque peu son opinion en concédant, tout de même, qu' « il n'est pas souhaitable en l'absence de toute nécessité résultant de l'exercice de fonctions d'administration ou de maintien de l'ordre, que les autorités administratives soient présentes dans les bureaux de vote » (§6).

Tout aussi « cavalière » reste la manière dont la Cour traite la question du refus opposé aux représentants de l'opposition, de formuler des « observations » dans les procès – verbaux. La vérité est que la Cour escamote quelque peu le grief, elle n'y répond pas de façon satisfaisante et l'évacue par l'expression « en tout état de cause », et en renvoyant au fait qu'elle en « a tenu compte dans l'établissement des résultats ». (§8).

A l'inverse de cette rigueur manifestée à l'endroit des demandes qui lui ont été soumises, la Cour suprême se montre plutôt « tolérante » à l'égard d'autres écarts imputables aux autorités publiques chargées de veiller à la bonne tenue de l'élection.

B. L'allègement indu de la garantie d'un scrutin sincère

La réponse du juge sur la question du secret du vote peut laisser songeur. A la nécessité d'utiliser l'isoloir pour garantir un tel secret, défendue par le demandeur, la Cour répond qu'il est loisible à l'électeur de ne pas utiliser ce dispositif, « sans que cette attitude puisse lui être opposée pour tenir son vote nul et non avenu, à condition que son comportement soit volontaire » (§1). Il est d'abord permis de s'interroger sur cette dévalorisation de l'isoloir, se demander si elle a cours partout. Quoiqu'il en soit, et en pure logique, il ne serait pas déraisonnable de soutenir la thèse de sa nécessité, et le présenter comme un impératif institutionnel plutôt que comme une commodité personnelle, le caractère secret du vote trouverait pour ainsi dire sa justification en lui-même - celle de l'intimité nécessaire des choix démocratiques personnels, justification intrinsèque et non extrinsèque -.

D'autre part, sur un point de principe aussi important, l'on aurait aimé voir la Cour adosser sa position à un texte, voire à une jurisprudence. Il faut espérer qu'une telle base textuelle, même implicite, existait en 1978 dans le droit sénégalais car il n'est pas concevable, sur ce sujet qui se rattache à l'essence même de l'exercice démocratique, que le juge s'en tienne à des pratiques individuelles ou à des usages tolérés. Un système normatif électoral ne saurait faire l'impasse sur cette question. Au reste, une intéressante décision sera rendue sur ce point ...près de quarante ans plus tard par l'actuelle juridiction constitutionnelle du Sénégal. Et cette jurisprudence semble conforter la nécessité d'un « vote secret ». Le juge y précise « qu'en consacrant le principe selon lequel le scrutin est secret, le Constituant a entendu protéger l'électeur contre toute forme d'influence extérieure et lui garantir le droit d'exprimer, par son vote, son choix en toute liberté » (décisionn°7/C/2017 du 18 juillet 2017, considérant n° 17).

En 1978, la Cour suprême fait également valoir, au sujet de prétendues « inscriptions multiples » d'électeurs, que si certaines d'entre elles sont avérées, le ministre de l'Intérieur a assuré que « les votes multiples découverts ont fait l'objet de rectifications et de poursuites contre leurs auteurs ». En tout état de cause, déclare la Cour de manière quelque peu péremptoire, « ni l'existence d'inscriptions multiples, ni l'aveu indivisible du ministre de l'Intérieur ne suffisent à eux seuls à établir (...) le caractère vicié du scrutin dans tel ou tel bureau de vote » (§2). Ce passage conclusif confine à l'antiphrase. Dans la même expression, le juge admet, puis nie le caractère vicié du vote, au moins dans certains bureaux de vote. Raisonnement et démarches curieux, à double titre. La Cour ne dit en effet mot de la probabilité que des cas de fraude autres que ceux débusqués et sanctionnés par le ministère chargé des élections existent. Elle s'en remet, pour ainsi dire, aux affirmations ministérielles, elle n'use pas de ses pouvoirs d'investigation pour s'enquérir de l'existence d'autres cas d'inscriptions frauduleuses, ni n'éprouve le besoin de vérifier l'exactitude des déclarations du ministre. L'on aurait pu imaginer un juge plus curieux, plus inquisiteur, interrogeant par exemple ce ministre sur les cas découverts, sur les poursuites prétendument exercées, sur la possibilité et l'ampleur éventuelle de cas « suspects » etc.

Il est même possible de contester, de façon encore plus franche, l'assertion faite par le juge, suivant laquelle « l'existence d'inscriptions multiples » n'est pas susceptible de vicier le vote. Au contraire, elle peut vicier le vote, bien entendu, et l'a peut-être même vicié dès lors que l'on est dans l'ignorance de l'ampleur du phénomène, la Cour ayant pour ainsi dire renoncé à exercer ses pouvoirs d'enquête en la matière. La seule manière pour le juge de réfuter l'argument du requérant consistait à précisément aller plus loin qu'elle le fait, et à démontrer l'innocuité – sur le plan quantitatif ou « qualitatif » - des pratiques dénoncées par le demandeur. La Cour ne le fait pas, et se satisfait des déclarations du ministre, qui assure l'organisation matérielle du scrutin.

Il est vrai qu'en 1978, il faut le redire, le contexte est assez différent de celui qui est aujourd'hui le nôtre. La démocratie sénégalaise balbutie – dans un contexte de rareté continentale, certes -, le pluralisme politique est une nouveauté, ni CENA ni CENI, les élections disputées presque une originalité. En ces temps - là, les autorités administratives qui servent un Etat quasiment mono partisan restent les organisateurs exclusifs des élections. L'intérêt de l'arrêt de la Cour suprême du 13 mars 1978 est précisément d'être un reflet de cette époque, au double plan politique – en restituant la fresque bigarrée de ces commencements démocratiques – et juridique – parce qu'il met en évidence les tendances des litiges électoraux et l'état d'esprit des juges appelés à les trancher -.

Cour suprême,
arrêt N° 2/C/88 du 5 février 1988

REPUBLIQUE DU SENEGAL

AU NOM DU PEUPLE SENEGALAIS

LA COUR SUPREME

SECTIONS REUNIES

STATUANT EN MATIERE CONSTITUTIONNELLE

N° 2/C/88

Demandeur : Abdoulaye WADE

Rapporteur : Monsieur Amadou Makhtar SAMB, Conseiller

Ministère Public : Monsieur El Hadji DIOUF, Procureur général

Audience : du 5 février 1988

Lecture : du 5 février 1988

Matière : CONSTITUTIONNELLE

A l'audience non publique du cinq février mil neuf cent quatre-vingt-huit,

Vu le recours formé par Abdoulaye WADE ès qualité de candidat aux élections présidentielles du 28 février 1988, suivant requête en date du 25 janvier 1988 enregistrée au greffe de la Cour suprême le 27 janvier 1988 tendant à l'interprétation par la Cour suprême de certaines dispositions du Code électoral, notamment des articles L.50,

L.16, R.49 et L.48 du Code électoral sur l'identification de l'électeur et le secret du scrutin ;

LA COUR

VU la Constitution ;

VU le Code électoral ;

VU l'ordonnance n° 60-17 du 3 septembre 1960 portant loi organique sur la Cour suprême, modifiée ;

VU la requête de Abdoulaye WADE en date du 25 janvier 1988 ;

OUI Monsieur Amadou Makhtar SAMB, Conseiller, en son rapport ;

OUI Monsieur El Hadji DIOUF, Procureur général, en ses conclusions ;

Après en avoir délibéré conformément à la loi.

Sur la recevabilité du recours.

ATTENDU que par requête en date du 25 janvier 1988 enregistrée au greffe de la Cour suprême le 27 janvier 1988, Abdoulaye WADE, candidat aux élections présidentielles du 28 février 1988, demande à la Cour suprême de donner une interprétation correcte des textes, notamment des articles L.50, L.16, R.49 et L.48 du Code électoral sur l'identification de l'électeur et le secret du scrutin ;

MAIS ATTENDU, en application des dispositions combinées des articles 27 et 29 de la Constitution et 2 de la loi organique sur la Cour suprême limitant les compétences d'attribution de la Cour suprême en matière d'élection à la Présidence de la République au contrôle de la régularité de la campagne électorale et de l'égalité des candidats pour l'utilisation des moyens de propagande d'une part, et à la régularité du scrutin et des opérations électorales d'autre part, la requête susvisée de Abdoulaye WADE par laquelle il demande simplement à la Cour suprême de lui interpréter certaines dispositions du Code électoral, en dehors de toute contestation sur le déroulement du scrutin et des opérations électorales, doit être déclarée irrecevable, comme portant sur des questions qui, au regard des textes, ne peuvent être soumises à l'appréciation de la Cour suprême qu'à l'issue du scrutin et à l'occasion des réclamations contre les opérations effectuées ;

PAR CES MOTIFS

DÉCLARE irrecevable la requête de Abdoulaye WADE en date du 25 janvier 1988 enregistrée au greffe de la Cour suprême le 27 janvier 1988 et tendant à faire interpréter par la Cour suprême certaines dispositions du Code électoral.

AINSI fait, jugé et prononcé par la Cour suprême, sections réunies, statuant en matière constitutionnelle en son audience non publique des jour, mois et an que dessus à laquelle siégeaient Messieurs et Mesdames :

Ousmane CAMARA, Premier Président, Président ;

Yoro Bocar SY, Amadou SO, Marie José CRESPIN, Présidents de section ;

Amadou Makhtar SAMB, Conseiller-rapporteur ;

Mansour DIA, Cheikh Tidiane SARR, Louis Preira de Carvalho, Abdoul Aziz BA, Youssoupha NDIAYE, Stéphane MARTIN, Madame Nicole DIA, Conseillers.

En présence de Monsieur El Hadji DIOUF, Procureur général.

Avec l'assistance de Maître Doudou Salmone FALL, Greffier en Chef.

En foi de quoi, le présent arrêt a été signé par le Président, le Rapporteur et le Greffier en Chef.

LE PRÉSIDENT	**LE RAPPORTEUR**	**LE GREFFIER EN CHEF**
Ousmane CAMARA	Amadou Makhtar SAMB	Doudou Salmone FALL

Observations

L'arrêt n° 2/C/88 rendu le 5 février 1988 par la Cour suprême du Sénégal résulte d'une saisine de cette juridiction par M. Abdoulaye Wade, candidat à l'élection présidentielle du mois de février de la même année. Le requérant sollicitait de la Cour « une interprétation correcte des textes, notamment des articles L50, L16, R49 et L48 du Code électoral sur l'identification de l'électeur et du secret du scrutin ».

La demande est déclarée irrecevable. Selon la Cour suprême, « en application des dispositions combinées des articles 27 et 29 de la Constitution et 2 de la loi organique sur la Cour suprême limitant les compétences d'attribution de la Cour suprême en matière d'élection à la présidence de la République au contrôle de la régularité de la campagne électorale et de l'égalité des candidats pour l'utilisation des moyens de propagande d'une part, et à la régularité du scrutin et des opérations électorales d'autre part, la requête susvisée de Abdoulaye Wade par laquelle il demande simplement à la Cour suprême de lui interpréter certaines dispositions du code électoral, en dehors de toute contestation sur le déroulement du scrutin et des opérations électorales, doit être déclarée irrecevable, comme portant sur des questions qui, au regard des textes, ne peuvent être soumises à l'appréciation de la Cour suprême qu'à l'issue du scrutin et à l'occasion des réclamations contre les opérations effectuées ».

La juridiction électorale refuse donc d'accueillir la demande qui lui est adressée au motif qu'elle ne s'inscrit pas dans un cadre contentieux, et qu'elle tend, en vérité, à lui faire délivrer une simple interprétation des textes, c'est-à-dire un avis. Or, une « consultation » de ce type n'est prévue ni dans la Constitution ni dans la loi organique relative à la Cour suprême.

La décision n°2/C/88 du 5 février 1988 est intéressante si on la dépasse quelque peu, si l'on tente d'en saisir l'esprit même, qui consiste en un refus du juge constitutionnel de s'ériger en simple « conseiller juridique ». L'arrêt rendu traduit ainsi une certaine manière de concevoir la fonction juridictionnelle (I), conception qui reste toutefois discutable à certains égards (II).

I. Une certaine conception de la fonction juridictionnelle

Cette conception, délibérément tournée vers le « contentieux », n'est pas absurde. Elle a pu être justifiée dans son principe (A) et elle peut se prévaloir d'une certaine tradition jurisprudentielle (B).

A. Justifications théoriques

Pour en arriver à la déclaration d'irrecevabilité, la Cour suprême s'appuie, au moins implicitement, sur deux séries d'arguments. D'une part, elle n'a que des compétences d'attribution en matière électorale. Le concept de compétences d'attribution doit être entendu à deux égards ici. *Rationae materiae* d'abord : le contrôle juridictionnel s'applique à des domaines précis, qui sont la régularité de la campagne électorale, les conditions d'utilisation des moyens de propagande et, enfin, la régularité de opérations électorales. *Rationae temporis* ensuite : ce contrôle n'est déclenché qu'à partir d'un certain moment, qui est l'ouverture de la campagne électorale, période qui ne se clôt qu'avec l'achèvement du vote le jour du scrutin ; avant ce moment fatidique, le juge ne peut exercer un quelconque contrôle sur les choses ou les hommes.

En dehors de la justification des compétences d'attribution, la Cour fait valoir un argument d'ordre procédural, ou peut-être statutaire – du point de vue de sa propre condition de juge de l'élection- : elle ne peut être saisie qu'au contentieux, pour résoudre un litige, et non *in abstracto* pourrait-on dire, pour, par exemple, interpréter des textes – c'est le cas ici -. Le juge n'est pas, statutairement et dans la présente configuration, un « conseiller juridique » ou un « jurisconsulte », sa vocation est d'être un tiers départiteur, de trancher des divergences d'intérêts, des oppositions de thèses. Ce statut essentiel de « tiers » - au sens fort et littéral du terme, c'est-à-dire un « troisième », un membre d'une trilogie – doit l'amener à se dérober à toute tentative de l'ériger en simple donneur d'avis, en exégète pur du droit ou en « glossateur ». Voilà pourquoi le sort de la demande qui était adressée à la Cour suprême était prévisible, tant, par ailleurs, ses termes ne laissaient aucun doute sur le rôle que le demandeur entendait faire jouer au juge.

Pour justifier pareille position – récurrente dans maintes juridictions constitutionnelles -, l'on fait d'abord valoir que s'il acceptait d'être « conseiller » ou donneur d'avis, le juge entrerait très vite dans le champ de l'opportunité politique, sortirait du champ de la légalité. Il est sans doute indéniable qu'un juge « conseiller » est moins corseté qu'un juge départiteur, que l'exercice de la fonction consultative ouvre un espace de liberté au « consultant » et que dans ces conditions, la délivrance d'un avis peut, si l'on n'y prend garde, donner lieu à l'expression de considérations liées à la subjectivité ou à l'opportunité. A l'inverse, l'enserrement dans le contentieux a précisément l'avantage de réduire la liberté – et donc le risque de « dérapage »- du juge, l'office même de ce juge étant délimité par les parties au procès, à travers la détermination de l'objet du litige tel qu'exprimé par leurs demandes. Le juge constitutionnel lui-même aime à rappeler qu'il « n'a pas un pouvoir d'appréciation identique à celui du Parlement », formule coutumière de la jurisprudence française par exemple, et dont on trouve presque la réitération dans une décision, relativement récente, du conseil constitutionnel du Sénégal. Le Conseil y précise qu' « il ne dispose pas d'un pouvoir d'appréciation de l'opportunité ou non de la création d'un organisme public », qu'il « ne tient ni de la Constitution ni de la loi organique n° 2016-23 un pouvoir général d'appréciation et de décision identique à celui du législateur, mais seulement une compétence d'attribution pour contrôler la conformité à la Constitution des lois déférées à son examen » (considérant n° 62, décision n°2/C/2021 du 20 juillet 2021). Sous d'autres latitudes comme celles du Bénin, il est question, pour exprimer la même idée, du « principe de non-immixtion », dont une variante est précisément l'impossibilité pour le juge d'entrer dans la sphère de compétence des organes politiques (décision DCC 21-187 du 29 juillet 2021).

C'est donc au principe cardinal de la séparation des pouvoirs que l'éventualité redoutée porterait atteinte. Sous prétexte qu'il interprète le droit ou livre un avis, le juge s'érigerait en constituant ou en législateur. Pour obvier à une telle occurrence, il est entendu que l'office du juge doit, en principe et sauf exception, se limiter au traitement de cas contentieux

C'est un fait, au reste, que la tentation de se substituer au législateur ou même au pouvoir constituant, plane sur les procédures consultatives. Il n'est en tout état de cause pas rare qu'invité à délivrer un avis ou une interprétation, le juge constitutionnel succombe à la tentation de se substituer au saisissant, et se met alors à réécrire, à proprement parler, le texte. Certes, l'éventualité n'est pas propre à la procédure consultative, elle existe aussi lorsqu'il est demandé au juge d'exercer un contrôle de constitutionnalité dans des conditions « ordinaires ». Mais c'est sans doute lorsqu'il est sollicité de lui un avis que le juge se sent plus à l'aise pour suggérer une réécriture du texte. S'agissant du Sénégal même, il est possible de citer le cas de l'avis – la « décision », écrit le juge – n° 1/C/2016 du 12 février 2016, jurisprudence importante à plusieurs égards, dont il sera question plus loin et qui constitue sans doute, à ce jour, le cas dans lequel le juge constitutionnel est allé le plus loin dans l'exercice de ce pouvoir de réécriture.

En Afrique, la Cour constitutionnelle du Gabon offre des illustrations particulièrement remarquables de ce « détournement » de la fonction d'interprétation des normes de la Constitution. Saisie pour avis au sujet, d'abord, d'amendements constitutionnels formulés par le Parlement dans le cadre de la discussion d'un projet de révision, la Cour propose une réécriture complète d'un article 6 litigieux, relatif à l'égal accès aux fonctions et mandats politiques, se substituant ainsi au législateur – d'un point de vue formel ou procédural – et exerçant un pouvoir constituant dérivé – d'un point de vue matériel – (Avis n° 045/CC du 10 janvier 2018 relatif aux amendements formulés par les deux chambres du Parlement sur certaines dispositions du projet de loi portant révision de la Constitution de la République gabonaise). Puis, c'est une décision dans laquelle elle était invitée à donner son interprétation de certaines dispositions de la Constitution que la Cour va littéralement exercer un pouvoir constituant en déclarant que « le cas d'indisponibilité temporaire du titulaire de la charge de Président de la République n'a pas été prévu (...) ; qu'en conséquence, il y' a lieu de constater que cet article comporte une lacune qu'il convient de combler en lui ajoutant un alinéa ainsi libellé (...) » (décision n°219/CC du 14 novembre 2018 relative à la requête du Premier ministre tendant à l'interprétation des dispositions des articles 13 et 16 de la Constitution, considérant n° 5).

Sans aller aussi loin, la juridiction constitutionnelle du Congo a également « retouché » certains actes dont il lui était demandé, dans le cadre d'une demande d'avis, d'évaluer la conformité à la Constitution. Il s'agit notamment du Règlement du Sénat (Avis n° 001- ACC- SVC/17 du 3 mai 2017 sur la conformité à la Constitution du Règlement intérieur du Sénat) et du Règlement intérieur de l'Assemblée nationale (Avis n° 008-ACC-SVC/17 du 21 novembre 2017 sur la conformité à la Constitution du Règlement intérieur de l'Assemblée nationale).

Il existe un dernier argument que brandissent les tenants de la position exprimée dans l'arrêt de la Cour suprême sénégalaise du 5 février 1988. Il revient à avancer que l'investissement indu du champ consultatif par le juge constitutionnel pourrait méconnaître une règle fondamentale de la procédure judiciaire, qui est le principe du contradictoire. L'on voit à peu près le cas de figure : un plaideur, autorité publique ou personne privée, concernée par une affaire dans laquelle il est susceptible de se heurter à des prétentions adverses, sollicite un avis pour obtenir une réponse judiciaire qui ne serait alors fondée que sur les seuls éléments qu'il soumet au juge, l'autre ou les autres parties potentielles étant absentes du débat. L'hypothèse est certes un peu particulière, mais sa possibilité ne doit pas être négligée.

En tout état de cause, la réticence exprimée par le juge constitutionnel sénégalais en 1988 est partagée non seulement par la juridiction qui lui succède – le Conseil constitutionnel – mais par beaucoup d'autres juridictions dans le monde.

B. Confirmations jurisprudentielles

La jurisprudence constitutionnelle du Sénégal elle-même confirme à maints égards le point de vue exprimé dans l'arrêt du 5 février 1988. Le Conseil constitutionnel, porté sur les fonts baptismaux en 1992, se montre tout aussi sourcilleux à ne pas aller au-delà de sa mission d'instance de règlement du contentieux, à ne pas excéder les frontières de ses compétences devant certaines sollicitations propres à l'entraîner hors de celles-ci. Aussi bien, le Conseil répond – t-il à la requête par laquelle l' « Alliance Jëf Jel – USD » lui demande de dire si le ministre de l'Intérieur est tenu de mettre le fichier électoral à la disposition de l'Observatoire des élections et des partis politiques, que « l'auteur de la saisine demande en réalité un avis au Conseil » mais « qu'aucun texte ne lui confère une attribution consultative » et donc, que « le recours dont il est saisi échappe à sa compétence » (décision n°11/E/98 du 18 mai 1998, considérant n° 3). Le 9 octobre 2001, le juge réitère sa réticence au Président de la République, à qui il répond que « ni la Constitution, ni la loi organique ne confère une compétence consultative au Conseil constitutionnel ». L'affaire était quelque peu singulière dans la mesure où la juridiction n'a pas répondu au chef de l'Etat par une décision mais par une lettre – datée du 9 octobre 2001, précisément - , procédé dans lequel il ne serait sans doute pas extravagant de déceler une volonté de se montrer « courtois » à l'égard de cet autre « gardien de la Constitution » qu'est le chef de l'Etat.

Dans une décision n°1/2005 du 7 septembre 2005, toujours saisi par le Président de la République au sujet de la modification d'une disposition de la Constitution et d'un projet de loi repoussant la date des élections législatives, le Conseil constitutionnel déclare qu'il « n' a pas compétence pour répondre en l'espèce à la demande d'avis du Président de la République », la possibilité d'une telle procédure consultative n'existant que dans le cadre de l'article 51 de la Constitution (celle de 2001, qui vient d'être adoptée) et qui se réfère aux projets de loi référendaires seulement.

En vérité, dans ces années-là, il n'y a eu que deux cas dans lesquels le Conseil a accueilli une sollicitation d'avis. Le premier est celui de la décision n°3/2000 du 9 novembre 2000, et le juge se trouvait bien dans le cas d'une compétence liée puisque c'est l'article 46 de la Constitution – celle d'alors, qui date de 1963 – qui indiquait que le Président de la République pouvait, sous réserve de l'accomplissement d'un certain nombre de « consultations », et après avis du Conseil constitutionnel, soumettre tout projet de loi au référendum. Le Conseil ne pouvait donc décliner sa compétence, même si l'analyse de l'avis rendu montre qu'il l'a exercé avec quelque circonspection.

Le second cas dans lequel le juge a exercé sa compétence consultative est celui de la décision n° 5/2000 du 16 novembre 2000, sur la même base que celle qui vient d'être évoquée, c'est-à-dire l'article 46 de la Constitution. Le Conseil délivre en quelque sorte un quitus au Président de la République pour fixer les modalités d'organisation du référendum, aucune disposition constitutionnelle ou légale ne se rapportant à ces modalités. La décision rendue comporte tout de même une petite curiosité qui n'a peut-être pas été repérée. En effet, alors que l'article 46 laisse logiquement entendre que c'est d'un « projet de loi au référendum » que le Président de la République saisit le Conseil, la décision rendue le 16 novembre 2000 énonce que le juge a été saisi de « deux projets de décret, le premier organisant un referendum, le second portant convocation du corps électoral ». Faut-il en conclure que le juge n'a pas été saisi du projet de loi mais uniquement des décrets relatifs à l'organisation du referendum ? Le cas de figure aurait assurément quelque chose d'hérétique car l'intervention du Conseil constitutionnel ne se conçoit que dans la perspective de l'exercice d'un contrôle de constitutionnalité préventif, toute opération qui ne comporterait pas la confrontation du projet de loi à la Constitution étant pour ainsi dire hors des prévisions constitutionnelles.

La possibilité offerte au juge de donner des avis va, de façon plus ouverte, entrer dans le droit constitutionnel sénégalais avec la réforme du 5 avril 2016 (loi constitutionnelle n°2016-10). Celle-ci insère dans la Loi fondamentale un article 92 disposant que « le Conseil constitutionnel peut être saisi pour avis par le Président de la République », la loi organique n°2016-23 du 14 juillet 2016 relative au Conseil constitutionnel indiquant pour sa part que la haute juridiction « se prononce sur les questions qui lui sont soumises par le Président de la République en application de l'article 92 alinéa 2 de la Constitution ». Deux décisions résultant d'une application de cette nouvelle disposition ont notamment été rendues par le Conseil constitutionnel : la décision n°8/2017 du 26 juillet 2017, au sujet de la possibilité d'utiliser des pièces d'identité autres que les cartes nationales d'identité et d'électeur pour les élections législatives de 2017, et la décision n°2/C/2024 du 10 juillet 2024 relative à la date à partir de laquelle l'Assemblée nationale pourrait être dissoute.

L'on retiendra donc de l'expérience du Conseil constitutionnel que si la Constitution ou la loi lui a ménagé une marge plus importante pour l'exercice d'un pouvoir de donner des avis ou d'interpréter la Constitution, la réticence à user d'un tel pouvoir subsiste dès lors que celui-ci ne résulte pas d'une attribution expresse.

Ce parti- pris reste vivace dans certaines juridictions constitutionnelles. Le cas de la Cour suprême des Etats Unis, juge de la Constitution, reste bien entendu remarquable. Le précédent date de 1793, lorsque la Cour a refusé de délivrer un avis au secrétaire d'Etat Thomas Jefferson, lequel avait demandé à la Cour, au nom du président Washington, de l'éclairer sur un certain nombre de points. La Cour suprême donne la réponse suivante, datée du 8 aout : « The lines of Separation drawn by the Constitution between the three Departments of Government – their being in certain Respects cheeks on each other – and our being Judges of a Court in the last Resort – are Considerations which afford strong arguments against the Propriety of our extrajudicially deciding the questions alluded to ; especially as the Power given by the Constitution to the President of calling on the Heads of Departments for opinions, seems to have been purposely aswell as expressly limited to executive Departments »[3].

Lorsque la Constitution américaine dispose que « le pouvoir judiciaire s'étendra à tous les cas de droit et d'équité ressortissant à la présente Constitution, aux lois des Etats unis, aux traités déjà conclus... » (article III, Section 2), il faut comprendre, selon les juges, qu'elle trace les contours de la compétence judiciaire et limite celle-ci aux « cases and controversies », c'est-à-dire aux litiges proprement dits. Et bien des années plus tard, cette doctrine est rappelée dans l'affaire « Alabama State Federation of Labor v McAdory » (1945) : « The requirements for a justiciable case or controversy are no less strict in a declatory judgment proceeding than in any other type of suit. It is the practice of this Court not to decide abstract, hypothetical or contingent questions ; or to decide any constitutional law broader than is required by the precise facts to which it is to be applied ; or to decide any constitutional question except with reference to the particular facts to which it is to be applied ».

L'Australie est un autre pays où cette théorie rétive au traitement d'affaires pas vraiment « contentieuses » prévaut. On peut citer à cet égard, entre autres, une jurisprudence de la High Court datant de 1921 dans laquelle le juge de la Constitution précise que « the provisions of the « Judiciary Act » purporting to allow the High Court to hear advisory opinions were invalid...the word « matter » in chapter III of the Constitution relates to legal rights or duties currently in dispute. It does not extend to theoretical legal interpretation » (« In Re Judiciary and Navigation Acts (1921) 29 CLR 257).

La jurisprudence du Conseil constitutionnel français n'est pas très éloignée de ce point de vue dans la mesure où le juge a eu à déclarer qu'il ne lui appartient pas de censurer des transgressions hypothétiques, possibles ou probables de la Constitution ; en d'autres termes, que les normes déclarées inconstitutionnelles sont des normes dont la contrariété avec la Loi fondamentale sont avérées, réelles, au moment où le juge se prononce. Au sujet d'une loi relative à la démocratisation du secteur public par exemple, le Conseil constitutionnel considère que les griefs exprimés à l'égard d'une disposition du code du travail, que les requérants soulèvent,

---

[3] http://founders.archives.gov/documents/washington/05-13-02-0263.

se réfèrent, en vérité, à la simple possibilité d'une « pression sur les salariés ». Mais, ajoute le juge, « la seule éventualité d'abus contraires à la Constitution dans l'application d'une disposition législative n'entraîne pas l'inconstitutionnalité de celle-ci » (décision n°83-162 DC du 20 juillet 1983, considérant n°85). Un an plus tard, le Conseil constitutionnel français réaffirme que « la conformité d'une loi à la Constitution ne saurait être appréciée au regard des déclarations relatives à l'application qui en sera faite ». Le juge entendait ainsi répondre aux députés auteurs de la saisine, qui faisaient valoir qu'une interprétation gouvernementale restrictive de certaines dispositions de la loi (relative au service de communication audiovisuelle) pouvait constituer une atteinte à l'article 11 de la Déclaration des droits de l'homme et du citoyen de 1789 (décision n° 84- 176 DC du 25 juillet 1984, considérant n° 14).

Il existe, on le voit, une certaine tradition jurisprudentielle – et normative, parfois – à laquelle peut s'adosser l'arrêt du 5 février 1988 rendu par la Cour suprême du Sénégal, arrêt rejetant la demande en interprétation de certaines dispositions du Code électoral. Le rejet se fonde, il faut le rappeler, sur le fait que la compétence conférée à la haute juridiction s'exerce *rationae temporis* (seulement à partir du moment où la campagne électorale est ouverte) et *rationae materiae* (sur un certain nombre de questions n'incluant pas l'objet de la saisine qui lui était soumise). Sur le point plus précis de cet objet, le juge sénégalais adopte une posture pouvant être rattachée à celle, relativement répandue comme on vient de le voir, qui confère au juge de la Constitution une compétence essentiellement contentieuse, excluant en principe les saisines dépourvues de portée que l'on pourrait qualifier de « contradictoire ». Les raisons d'un tel parti-pris ont été passées en revue plus haut. La question est cependant de savoir si leur poids est si important, si « écrasant » qu'aucune alternative ne pourrait leur être opposée. La réponse est négative. Une autre manière d'appréhender l'office du juge de la Constitution existe en effet, comme on va maintenant le voir.

II. Un parti-pris discutable

Il est question, ici, moins de l'espèce que constitue l'arrêt commenté que du genre auquel il se rattache, qui est la philosophie du « tout – contentieux » qui l'inspire. Il s'agit de souligner que cette philosophie-là peut non seulement être « questionnée » du point de vue de sa justification théorique – c'est-à-dire qu'on peut lui opposer d'autres arguments d'ordre théorique – (A) mais qu'à l'opposé des systèmes normatifs et jurisprudentiels qui la consacrent, d'autres pays ont résolument pris le parti d'inscrire l'activité consultative dans la normalité du fonctionnement de leurs juridictions constitutionnelles, à l'égal de l'activité contentieuse (B).

A. Le point de vue théorique : les limites de « l'obsession contentieuse »

Il reste en effet tout à fait concevable de justifier la possibilité que la juridiction constitutionnelle puisse être préposée à mener une mission consistant à trancher des litiges, et à accomplir, dans le même temps, une fonction consultative consistant à donner des éclairages sur le droit, abstraction faite de toute opposition d'intérêts ou de thèses.

Il convient d'être clair ici. Le propos n'est pas de dire qu'une telle fonction purement interprétative ou consultative a le droit d'exister, et mérite de simplement coexister avec la fonction consistant à vider des litiges. Le propos entrepris est plus ambitieux : il consiste à défendre la thèse d'une égalité de prétention des deux fonctions, à soutenir l'idée qu'il n'est pas dit que l'activité d'interprétation doit être la portion congrue de la mission d'une juridiction constitutionnelle ou qu'elle ne doit être qu'une part marginale de l'office du juge de la Constitution ; bref, il s'agit de rehausser la dignité de cet office interprétatif ou consultatif et d'ainsi avoir une perception moins pathologique du fonctionnement du système de droit, pathologie dont l'éclatement de conflits et la nécessité de leur arbitrage serait l'indice. C'est donc à une conception moins « pessimiste », moins conflictogène - on allait presque dire plus heureuse, plus irénique - du système de droit que l'on voudrait faire appel.

La première préoccupation dont cette approche pacifiée pourrait se recommander est celle de la prévention des conflits. En conférant au juge la capacité de délivrer son oracle sur le sens du droit, la Constitution peut contribuer à résorber les conflits, à étouffer dans l'œuf les litiges. L'activité purement interprétative du juge peut précisément contribuer à prévenir les dissentiments ou les tiraillements. En permettant de faire l'économie d'une opposition des intérêts, les interprétations livrées par le juge peuvent permettre de désamorcer des tensions. Il est donc possible de poser sur la procédure consultative un autre regard, celui de la potentialité proactive, anticipatrice de l'intervention judiciaire.

En agissant en amont des conflits, le juge constitutionnel réalise bien entendu un gain de temps et d'énergie. Le procès en lenteur régulièrement fait aux procédures judiciaires pourrait ainsi perdre de sa virulence. Une justification de la réticence à exercer un pouvoir consultatif intervient alors à ce stade : celui du risque d'encombrement de la juridiction constitutionnelle. En effet, l'un des arguments auxquels peut se rattacher l'arrêt du 5 février 1988 rendu par la Cour suprême sénégalaise est que si la possibilité de solliciter de simples interprétations du droit était conférée aux juridictions, leurs prétoires serait vite submergés par les demandes. L'argument renvoie donc, en définitive, à la « gestion du temps » par le juge. Mais il est susceptible d'être « retourné » par ceux qui l'invoquent, car la prévention des conflits est aussi susceptible de faire gagner du temps. Il s'agit alors, on le voit bien, de trouver le bon équilibre.

Il convient enfin de faire justice d'une dernière considération avancée par les tenants du « tout-contentieux ». Elle se rapporte au fait que ceux-ci considèrent qu'une décision judiciaire a vocation à agir sur le réel, une vocation utilitaire. Un arrêt ne doit pas être purement « théorique » ou « hypothétique », les deux adjectifs ayant été utilisés dans les extraits précédemment vus des jurisprudences américaine et australienne. Or, estime toujours ce courant de pensée, ce risque d'abstraction est d'autant plus élevé que l'affaire traitée ne se rapporte pas à une opposition d'intérêts, à des divergences concrètement portées par des parties identifiables.

Une telle perception de l'office du juge en général, et du juge constitutionnel en particulier, reste évidemment sujette à caution. L'on peut bien entendu concevoir qu'une juridiction s'inquiète des effets pratiques de ses décisions. La question est de savoir si ce souci d'efficacité doit éclipser l'impératif de justice, lequel peut précisément s'épuiser dans une déclaration judiciaire. D'un point de vue simplement psychologique par exemple, il arrive qu'une partie exprime une frustration ou un mécontentement lié à une situation donnée. Or, ce sentiment de frustration doit être purgé, mérite d'être purgée. Dans une telle configuration, il s'agit surtout de « dire le droit », une telle expression étant perçue comme une réponse adéquate à la préoccupation exprimée par le saisissant. L'impératif de justice doit alors l'emporter sur le souci de faire produire des effets concrets à la décision. Plus précisément, le juge doit se contenter de prendre acte d'une frustration, d'y apporter une réponse et non refuser de rendre la justice au nom de l'inexistence d'effets concrets de sa décision. En d'autres termes, dans l'appréhension de la solution qu'il doit donner, le juge a le devoir de s'autolimiter quelque peu, le devoir de ne pas substituer son analyse à celle du demandeur dans l'appréciation même du préjudice allégué, dans le *ressenti* de ce préjudice : la fonction judiciaire doit être respectueuse des offenses éprouvées, elle ne doit pas entrer outre mesure dans la subjectivité blessée des plaideurs, elle doit en être quelque peu éloignée, le respect s'incarnant alors dans la distanciation.

A l'aune de l'essence même de la fonction juridictionnelle, il n'est donc pas dit qu'un juge n'est tenu de rendre que des arrêts à effet « concret ». Au contraire, il advient que la mission du juge ne tienne que dans la simple *jurisdictio*, il arrive qu'elle s'épuise dans la seule délivrance d'un oracle, dans la seule articulation d'une parole, abstraction faite de toute préoccupation d'efficacité : « Juger n'est pas une action, mais un acte de parole (...). La décision de justice évolue dans le ciel éthéré des principes », nous rappelle un philosophe de l'institution judiciaire[4]. Sur la foi d'un tel postulat, la

---

[4] Garapon A., *Des crimes qu'on ne peut ni punir ni pardonner*, Paris, Odile Jacob, 2002, p.67.

mission de donner des interprétations du droit hors de tout contexte litigieux peut donc aisément se concevoir. Ainsi, de même qu'il existe des pays et des systèmes de justice constitutionnelle qui ont écarté le pouvoir de principe de donner des avis, il est des Etats et des juges qui ont largement ouvert cette possibilité.

B. Le point de vue pratique : l'existence d'options clairement contraires

La possibilité que le juge constitutionnel soit « consulté » aux fins d'une simple interprétation du droit existe dans un certain nombre de pays. Ce n'est pas, il faut le redire, une existence marginale ou un pouvoir d'exception, mais une fonction traitée à l'égale de la fonction contentieuse. Aussi bien, la Constitution du Canada prévoit-elle que «1. Le gouverneur en Conseil peut soumettre au jugement de la Cour toute question importante de droit ou de fait touchant : a) à l'interprétation des lois constitutionnelles, b) la constitutionnalité ou l'interprétation d'un texte législatif fédéral ou provincial (...). 2. Le gouverneur en conseil peut en outre, s'il l'estime indiqué, déférer à la Cour toute question importante de droit ou de fait touchant toute autre matière que celle-ci soit ou non, selon la Cour, du même ordre que les matières énumérées au paragraphe 1 » (article 53). En Amérique du Sud, un pays comme la Bolivie a également prévu une telle procédure à l'article 202 de sa Constitution, aux termes duquel « les pouvoirs du tribunal constitutionnel plurinational sont, outre ceux prévus par la Constitution et la loi », de donner suite aux « « consultations » du Président de la République, de l'Assemblée législative plurinationale, de la Cour suprême de justice ou de la Cour agro-environnementale sur la constitutionnalité des projets de loi. La décision de la Cour constitutionnelle est contraignante ». On lit dans la suite de la même disposition que d'autres entités, comme les communautés « indigènes et paysannes », peuvent également saisir la Cour constitutionnelle (article 202, §§ 7 et 8).

Sur le continent africain, au moins deux exemples peuvent être cités. Le premier est celui de Madagascar, l'article 119 de la Constitution du pays disposant que « la Haute Cour constitutionnelle peut être consultée par tout chef d'institution et tout organe des collectivités territoriales décentralisées pour donner son avis sur la constitutionnalité de tout projet d'acte ou sur l'interprétation d'une disposition de la présente Constitution ». Une procédure analogue existe au Kenya, elle est organisée par l'article 163 de la Constitution dans les termes suivants : « The supreme Court may give an advisory opinion at the request of the national government, any State organ, or any county government with respect to any matter concerning county government ».

Du chemin a été parcouru, il convient de le souligner, depuis l'arrêt rendu en 1988 par la Cour suprême sénégalaise. L'on a vu comment des réformes ultérieures ont élargi le pouvoir consultatif de la juridiction constitutionnelle. Une telle évolution mérite, à notre sens, d'être saluée, tant la jurisprudence nationale est restée caractérisée par la conception assez restrictive que le juge avait de ses prérogatives. Cela étant, le dispositif national actuel pourrait sans doute être amélioré. Plus précisément, il serait souhaitable d'élargir la saisine du juge, en conférant notamment au Parlement ou à la minorité politique, le droit de saisir le Conseil constitutionnel pour avis. L'existence d'un monopole présidentiel en la matière – qui est le cas aujourd'hui - peut produire la regrettable impression que face à une entité indépendante, arbitrant des conflits politiques, tous les acteurs politiques ne sont pas égaux. L'extension du droit saisir le Conseil pour avis aurait l'avantage de se recommander de l'équité, d'éloigner le spectre d'un Conseil constitutionnel conseiller du seul Prince.

Décisions N° 5/93 du 2 mars 1993 et N° 6/93 du 13 mars 1993

I. Décision N° 5/93 du 2 mars 1993

REPUBLIQUE DU SENEGAL

Décision N° 5/93

LE CONSEIL CONSTITUTIONNEL

Vu la Constitution, notamment en ses articles 28 et 29 ;

Vu le Code électoral, notamment en ses articles L. 58, LO. 104 à LO. 112 ;

Vu la loi organique n° 92-23 du 30 mai 1992 sur le Conseil Constitutionnel ;

Vu le décret n° 92-984 du 25 juin 1992 portant convocation du collège électoral pour l'élection du Président de la République ;

Vu la lettre n° 00122 en date du 28 février 1992 du Président de la Commission nationale de recensement des votes ;

Vu les procès-verbaux des Commissions départementales de recensement des votes, ainsi que les rapports qui y sont annexés ;

Oui le rapporteur en son rapport,

Considérant que par lettre N° 00122 du 28 février 1993 enregistrée au Greffe du Conseil Constitutionnel le 1er mars 1993, le Premier Président de la Cour d'Appel, Président de la Commission nationale de recensement des votes a transmis au Conseil Constitutionnel les procès-verbaux et l'ensemble des pièces relatives aux opérations électorales qui se sont déroulées le 21 février 1993 en vue de l'élection du Président de la République, et ce, sans que soit intervenue la proclamation provisoire prévue à l'article 29 al. 2 de la Constitution et à l'article 58 al. 7 du Code électoral ;

Considérant que cette situation non prévue par la législation en vigueur appelle de la part du Conseil quelques considérations pour bien situer la question qui se pose, après quoi le Conseil aura à aborder le problème dans son ensemble, non sans s'être expliqué sur les éléments qui éclairent l'économie des dispositions constitutionnelles, législatives ou réglementaires auxquelles il pourrait avoir recours pour son raisonnement ;

Considérant que le Conseil Constitutionnel, dans le cadre de ses compétences en matière d'opérations électorales, a deux fonctions bien déterminées par la Constitution et par le Code Électoral : d'une part la solution des contestations que peuvent élever les candidats sur la régularité des opérations électorales et, d'autre part, la proclamation des résultats définitifs ;

Considérant qu'en ce qui concerne la contestation de la régularité des opérations électorales, le Conseil, saisi par l'un des candidats en application de l'article 29 al. 2 de la Constitution, est appelé à statuer sur des irrégularités alléguées ;

Considérant que manifestement tel n'est pas le cas dans la présente affaire ;

Considérant qu'il s'agit ici de la question de la proclamation des résultats ; qu'il convient en conséquence pour le Conseil de s'interroger sur l'attitude qu'il lui sied de prendre face à la situation créée par la lettre précitée du Premier Président de la Cour d'Appel, Président de la Commission nationale de recensement des votes ;

Considérant qu'en ce qui concerne les résultats des votes, la Constitution et le Code Électoral prévoient deux proclamations : l'une provisoire et l'autre définitive ; qu'il n'appartient pas au Conseil de procéder à la proclamation provisoire ; que la proclamation à laquelle il est appelé à procéder ne peut donc être que définitive ;

Considérant que dès l'abord, le Conseil tient à déclarer qu'il serait porté atteinte à la sauvegarde des droits les plus élémentaires des candidats s'il procédait à une proclamation définitive sans que soit au préalable intervenue une proclamation provisoire ; qu'il ne pourrait être passé outre à cette proclamation provisoire que s'il s'avérait pour le Conseil qu'il existe une impossibilité pour qu'une telle proclamation intervienne dans des délais raisonnables ;

Considérant qu'il convient maintenant d'examiner la question de la saisine du Conseil ;

Considérant tout d'abord, que la fonction du Conseil relative à la proclamation définitive des résultats des élections est mise en œuvre non par la proclamation provisoire à laquelle doit procéder la Commission nationale de recensement des votes, mais par la transmission au Conseil par le Premier Président de la Cour d'Appel, Président de la Commission nationale de recensement des votes, des procès-verbaux et de l'ensemble des pièces relatives aux opérations électorales ;

Considérant qu'en constatant un fait, en l'occurrence le « blocage » des travaux de la Commission nationale de recensement des votes, il est loisible au Premier Président, Président de la Commission nationale de recensement des votes, d'en tirer librement les conséquences qu'il estime en découler, puis de procéder à la transmission des procès-verbaux et de l'ensemble des pièces relatives aux opérations électorales et ainsi de saisir valablement le Conseil ;

Considérant que le Conseil seul juge chargé du contentieux des élections est la seule instance de recours post-électoral habilité à connaître de toute difficulté susceptible de faire échec au processus établi par le Code Électoral pour le recensement des votes ; qu'en conséquence la saisine du Conseil par le Premier Président de la Cour d'Appel, Président de la Commission nationale de recensement des votes est valable et se justifie par la nécessité d'assurer la continuité du fonctionnement des institutions ;

Considérant toutefois, que le Conseil bien que saisi en vue de la proclamation définitive des résultats des élections du 21 février 1993, estime qu'il lui appartient, et à lui seul, de dire si cette saisine remplit bien toutes les conditions susceptibles de l'amener à procéder à la proclamation définitive desdits résultats ;

Considérant que la transmission des procès-verbaux et de l'ensemble des pièces relatives aux opérations électorales effectuées par le Premier Président de la Cour d'Appel est accompagnée de ses propres observations en sa qualité de Président de la Commission nationale de recensement des votes et de celles de certains membres de cette Commission ;

Considérant qu'il y a une divergence de vues en ce qui concerne le bien fondé de cette transmission et sa validité : que pour le Président de la Commission nationale de recensement des votes, la Commission n'a pas pu proclamer les résultats en raison d'un « blocage » en son sein et le Conseil Constitutionnel doit procéder conformément à l'article LO 112 du Code Electoral ; que pour Messieurs Souleymane NDIAYE, Mbaba GUISSE, Amadou TOP, Ousmane NGOM, Bakhao SALL, Assane DIOP, et Dialo DIOP, membres de cette même commission et représentant respectivement Messieurs Iba Der THIAM, Abdoulaye BATHILY, Landing SAVANE, Abdoulaye WADE, Babacar NIANG, Mamadou LO et Madior DIOUF, candidats aux élections, la Commission doit poursuivre ses travaux ;

Considérant que le Conseil s'est déjà expliqué sur le problème de l'acte constitutif de saisine et qu'il lui reste à dire si cette saisine doit amener le Conseil à procéder immédiatement à une proclamation définitive ;

Considérant qu'à titre préliminaire, le Conseil estime qu'après s'être déclaré valablement saisi et malgré le silence des textes, il a l'obligation de se prononcer sur la question portée devant lui ; qu'en effet, ni le silence de la loi, ni l'insuffisance de ses dispositions, n'autorisent le Conseil, compétent en l'espèce, à s'abstenir de régler le différend porté devant lui ; qu'il doit se prononcer par une décision en recourant, au besoin, aux principes généraux du droit, à la pratique, à l'équité et à toute autre règle compatible avec la sauvegarde de l'état de droit et avec l'intérêt commun ;

Considérant que la saisine du Conseil par le Premier Président de la Cour d'Appel, Président de la Commission nationale de recensement des votes ne l'oblige à procéder à la proclamation définitive des résultats des votes qu'une fois expirés les délais légaux de contestation des résultats après la proclamation provisoire de ces résultats, point de départ desdits délais ;

Considérant que cette proclamation provisoire n'est pas intervenue ;

Considérant toutefois que la règle selon laquelle la proclamation provisoire doit intervenir avant la proclamation définitive à effectuer par le Conseil, ne peut être considérée comme intangible ; qu'elle peut être écartée devant le principe fondamental de la nécessité absolue de la continuité du fonctionnement des institutions ; que ce fonctionnement continu des institutions exige que la Commission nationale de recensement des votes exerce sa mission conformément à la loi et dans un délai raisonnable ; que s'agissant des fonctions de la Commission nationale de recensement des votes, il n'est pas discutable que la loi (article 58 du Code électoral) lui ait donné un pouvoir d'annulation relativement aux procès-verbaux qui lui sont transmis par les Commissions départementales de recensement des votes ; qu'il faut toutefois souligner que ce pouvoir exceptionnel prévu par l'alinéa 7 de l'article 58 du Code électoral et dû à la loi n° 92-56 du 3 septembre 1992, est de droit étroit ; qu'il doit être exercé dans le cadre strict du texte qui le prévoit et sans arbitraire ; qu'il doit en outre intervenir dans un délai raisonnable ;

Considérant qu'à ce sujet, il convient de faire un certain nombre de remarques qui pourront singulièrement éclairer le champ opératoire des fonctions que la loi électorale confie à la Commission nationale de recensement des votes ;

Considérant, en effet, que le Code électoral de 1992 dit « Nouveau Code », est inspiré par la volonté commune de rendre les opérations électorales totalement transparentes et les résultats des élections fiables, grâce au rôle prépondérant accordé aux candidats dans la conduite desdites opérations ; qu'il est notamment stipulé que « chaque liste de candidats ou chaque candidat a le droit de contrôler l'ensemble des opérations électorales depuis l'ouverture du bureau de vote jusqu'à la proclamation et l'affichage des résultats dans ces bureaux » ;

Considérant que dans cet ordre d'idées : les bureaux de vote sont composés d'un Président, d'un assesseur, d'un secrétaire et des représentants des candidats ; les candidats ont des mandataires qui peuvent entrer librement dans les bureaux de vote dans lesquels ils ont compétence et exiger l'inscription au procès-verbal de toutes leurs observations et contestations et ils signent les observations et contestations ; les candidats eux-mêmes ont libre accès à tous les bureaux de vote et peuvent exiger l'inscription au procès-verbal de toutes leurs observations et contestations ; les Commissions départementales de recensement des votes, présidées par un magistrat, comprennent les représentants des candidats ; de même, la Commission nationale de recensement des votes, présidée par le Premier Président de la Cour d'Appel, comprend les représentants des candidats ;

Considérant qu'à tous les contrôles effectués par les candidats directement ou indirectement, s'ajoutent ceux auxquels procèdent les magistrats délégués par la Cour d'Appel ;

Considérant que, depuis les bureaux de vote jusqu'à la Commission nationale de recensement des votes, les contrôles se succèdent mais ne se cumulent pas ; qu'ainsi le bureau de vote contrôle le scrutin, la Commission départementale de recensement des votes contrôle les procès-verbaux des bureaux de vote et la Commission nationale de recensement des votes contrôle les procès-verbaux des Commissions départementales de recensement des votes ;

Considérant qu'à l'égard des procès-verbaux des Commissions départementales de recensement des votes, la Commission nationale de recensement des votes a un pouvoir d'annulation, sous réserve que soit remplie l'une ou l'autre des deux conditions ci-après : que l'incohérence des résultats figurant dans les procès-verbaux rende ceux-ci inexploitables, ou que ces procès-verbaux soient entachés d'un vice substantiel affectant la sincérité de leur rédaction ;

Considérant que dans l'un et l'autre cas il s'agit d'anomalies faciles à déceler parce qu'apparaissant au premier examen ; qu'à titre d'exemples, on peut citer pour le premier cas, une discordance de chiffres qui ne peut se résoudre ni par la rectification, ni par la correction, et pour le second cas, un procès-verbal fabriqué ; qu'il faut souligner que le législateur, s'agissant plus particulièrement du second cas, parle de la « sincérité » non du contenu des procès-verbaux, mais de leur « rédaction » ; qu'à ce propos, pour le Conseil, le contrôle de la Commission nationale de recensement des votes s'exerce sur les procès-verbaux établis par les Commissions départementales de recensement des votes et non sur ceux des bureaux de vote qui ont déjà fait l'objet d'un double contrôle au sein du bureau de vote et dans la Commission départementale de recensement des votes ;

Considérant que, face à l'un des cas visés ci-dessus, la Commission nationale de recensement des votes n'est pas obligée d'annuler le procès-verbal objet de son examen ; qu'elle peut procéder à des corrections ou rectifications ; qu'en effet, la réalisation de l'une des conditions spécifiées n'a pas pour conséquence automatique l'annulation ;

Considérant qu'il découle de ce qui précède que si la Commission nationale de recensement des votes a bien un pouvoir d'annulation, ce pouvoir est limité quant à son objet (procès-verbaux émanant des Commissions départementales de recensement des votes) et quant aux cas à l'occasion desquels il peut s'exercer ; qu'il faut ajouter à cela que la décision que la Commission est appelée à prendre en cas d'annulation est motivée et ne peut donc pas échapper au contrôle du Conseil ;

Considérant enfin que dans l'exercice de ses pouvoirs d'annulation, de rectification ou de correction, la Commission nationale de recensement des votes ne peut agir arbitrairement ; que son activité doit être régie par des règles applicables à toutes les situations analogues ou similaires, règles qu'elle peut élaborer sous le contrôle du Conseil.

Considérant que la proclamation provisoire doit intervenir dans un délai raisonnable ; que si aucun délai n'a été déterminé par les textes, il est de pratique courante que dans un tel cas, l'on se réfère à la notion de « délai raisonnable » qui peut approximativement être évalué en tenant compte du contexte, des dispositions qui prévoient les pouvoirs en cause, des circonstances et de la pratique ; que s'agissant particulièrement du contexte, il est raisonnable de s'attendre à ce que la proclamation provisoire intervienne, par exemple, dans un délai permettant éventuellement l'intervention d'un second tour de scrutin à une date assez rapprochée de celle du premier tour ;

Considérant que, de l'avis du Conseil et compte tenu du travail que la Commission nationale de recensement des votes a déjà effectué, un délai de soixante-douze heures est nécessaire mais suffisant et constitue bien un délai raisonnable pour permettre à cette Commission d'achever sa mission et de procéder à la proclamation provisoire des résultats ;

Considérant que le Conseil, en cas de contestation élevée par l'un des candidats et portant sur un objet sur lequel son attention serait particulièrement attirée ne pourrait, en raison des circonstances de la présente affaire, que pousser ses investigations aussi loin que nécessaire dans l'appréciation de la sincérité du scrutin, en vertu de sa plénitude de juridiction en la matière ;

DÉCIDE

1 – Les procès-verbaux et l'ensemble des pièces relatives aux opérations électorales du 21 février 1993 seront retournés à la Commission nationale de recensement des votes ;

2 – La Commission nationale de recensement des votes dispose d'un délai de soixante douze heures à compter du 2 mars 1993 à 15 H 00, pour procéder à la proclamation provisoire prévue par la Constitution et le Code électoral ; passé ce délai et en l'absence d'une proclamation provisoire le Conseil Constitutionnel qui reste saisi de l'affaire, procédera comme il est indiqué à l'article 29 de la Constitution et le délai de recours des candidats commencera à courir pour compter de la constatation, par le Premier Président de la Cour d'Appel, Président de la Commission nationale de recensement des votes, du « blocage » du fonctionnement de la Commission ;

3 – La présente décision sera affichée au Greffe du Conseil Constitutionnel et sera publiée par toutes autres voies jugées opportunes.

Elle sera en outre notifiée au Premier Président de la Cour d'Appel, Président de la Commission nationale de recensement des votes, pour exécution, ainsi qu'aux candidats aux élections du 21 février 1993.

Délibérée par le Conseil Constitutionnel en sa séance du 2 mars 1993 à laquelle siégeaient :

Monsieur Kéba MBAYE, Président, Rapporteur ;

Monsieur Babacar SEYE, Vice-Président ;

Madame Marie José CRESPIN, Membre ;

Monsieur Amadou SO, Membre ;

Monsieur Ibou DIAITE, Membre ;

Avec l'assistance de Maître Doudou Salmone FALL, Greffier en Chef.

En foi de quoi, la présente décision est signée par le Président, Rapporteur, le Vice-Président, les autres Membres du Conseil Constitutionnel et le Greffier en Chef.

Le Président, Rapporteur

Kéba MBAYE

Le Vice-Président

Babacar SEYE

Membre

Marie José CRESPIN

Membre

Amadou SO

Membre

Ibou DIAITE

Le Greffier en Chef

Doudou Salmone FALL

II. Décision N° 6/93 du 13 mars 1993

REPUBLIQUE DU SENEGAL

AU NOM DU PEUPLE SÉNÉGALAIS

DÉCISION N° 6/93

LE CONSEIL CONSTITUTIONNEL

En sa séance du Treize Mars Mil Neuf Cent Quatre Vingt Treize ;

Statuant en matière électorale, conformément à l'article 29 de la Constitution et à l'article 2 de la loi organique N° 92.23 du 30 Mai 1992 sur le Conseil Constitutionnel, a rendu la décision dont la teneur suit :

Affaires N 7 à 12/E 93

Rapporteur : Monsieur Youssoupha NDIAYE

Lecture et séance : du 13 mars 1993

Matière : ÉLECTORALE

LE CONSEIL CONSTITUTIONNEL

VU la Constitution, notamment en ses articles 28 et 29 ;

VU le Code électoral ;

VU la loi organique N° 92.23 du 30 Mai 1992 sur le Conseil Constitutionnel ;

VU le décret N° 92.984 du 25 Juin 1992 portant convocation du collège électoral pour l'élection du Président de République ;

VU la décision N° 1 du 22 Juin 1992 du Conseil Constitutionnel arrêtant et publiant la liste des candidats à l'élection du Président de la République ;

VU la lettre N° 00122 du 28 Février 1993 du Premier Président de la Cour d'Appel, Président de la Commission Nationale de Recensement des Votes ;

VU la décision N° 5/93 du 2 Mars 1993 du Conseil Constitutionnel ;

VU la lettre N° 00130 du 5 Mars 1993 du Premier Président de la Cour d'Appel, Président de la Commission Nationale de Recensement des Votes, ensemble les pièces annexées ;

VU les procès-verbaux, les feuilles d'émargement, les feuilles de dépouillement, les fiches de récapitulation et autres documents transmis par les bureaux de vote et les Commissions Départementales de Recensement des Votes ;

D'UNE PART,

Sur les requêtes de :

- Monsieur Abdoulaye BATHILY, ès-qualité de Secrétaire général de la Ligue Démocratique - Mouvement pour le Parti du Travail (L.D./M.P.T), en date du 8 mars 1993, déposée le même jour et enregistrée au greffe du Conseil Constitutionnel sous le N° 7/E/93 ;

- Monsieur Babacar NIANG, ès-qualité de Secrétaire général du Parti pour la Libération du Peuple (P.L.P), en date du 8 Mars 1993 déposée le même jour et enregistrée au greffe du Conseil Constitutionnel sous le N° 8/E/93 ;

- Monsieur Abdou DIOUF, ès-qualité de Secrétaire général du Parti Socialiste (P.S.), en date du 8 Mars 1993 déposée le même jour et enregistrée au greffe du Conseil Constitutionnel sous le N° 9/E/93 ;

- Monsieur Abdoulaye WADE, ès-qualité de Secrétaire général du Parti Démocratique Sénégalaise (P.D.S.), en date du 8 Mars 1993 déposée le même jour et enregistrée au greffe du Conseil Constitutionnel sous le N° 10/E/93 ;

- Monsieur Iba Der THIAM, ès-qualité de Secrétaire général de la C.D. / Garab-Gi, en date du 8 Mars 1993 déposée le même jour et enregistrée au greffe du Conseil Constitutionnel sous le N° 11/E/93 ;

- Monsieur Landing SAVANE, ès-qualité de Secrétaire général de AND-JEF/P.A.D.S, en date du 8 Mars 1993 déposée le même jour et enregistrée au greffe du Conseil Constitutionnel sous le N° 12/E/93 ;

VU les mémoires en réponse ;

D'AUTRE PART,

En vue de la proclamation définitive des résultats du scrutin pour l'élection du Président de la République du 21 Février 1993 ;

Monsieur Youssoupha NDIAYE ayant été entendu en son rapport ;

Après en avoir délibéré conformément à la loi :

I. SUR LA COMPÉTENCE DU CONSEIL CONSTITUTIONNEL

CONSIDÉRANT que le Conseil Constitutionnel, Juridiction suprême, seul Juge des élections, exerce un contrôle différent par sa nature et son étendue de celui exercé par la Commission Nationale de Recensement des Votes ;

QUE les décisions de celle-ci sont prises sous le contrôle du Conseil et ne sauraient donc le lier dans l'exercice de sa fonction juridictionnelle ;

QUE dans ce cadre, le Conseil a le pouvoir de revenir sur les décisions prises, soit pour les confirmer, soit pour les infirmer ;

QUE le Conseil peut exercer ce pouvoir, même en cas de déclaration provisoire des résultats du scrutin ;

QU'il en est ainsi lorsque des contestations des opérations électorales sont soulevées par les candidats ;

QUE ce pouvoir s'exerce également et à fortiori, en l'absence de toute déclaration provisoire ;

CONSIDÉRANT en effet, que le rôle de la Commission Nationale de Recensement des Votes est de centraliser, de décompter et de totaliser les résultats constatés par les différents procès-verbaux qui lui sont envoyés et de procéder à la proclamation provisoire des résultats, après avoir opéré, s'il y a lieu, le redressement des chiffres portés sur les procès-verbaux ; qu'elle doit en outre trancher les questions que peut poser, en dehors de toute réclamation, le décompte des bulletins, sans préjudice toutefois du pouvoir d'appréciation du Conseil Constitutionnel ;

Qu'en cas de carence de la Commission Nationale de Recensement des Votes, soit qu'elle n'a pas procédé au recensement des votes, soit qu'elle n'a pas procédé à la proclamation provisoire des résultats y afférents, le Conseil est en droit de se substituer à elle ;

CONSIDÉRANT que ce rappel d'une jurisprudence constante était déjà clairement exprimé dans la décision N° 5/93 du 2 Mars 1993 du Conseil Constitutionnel.

II. SUR LA RECEVABILITÉ DES RECOURS

CONSIDÉRANT que par décision N°5/93 du 2 Mars 1993, le Conseil Constitutionnel, saisi par la lettre N° 00122 du 28 Février 1993, enregistrée au Greffe du Conseil le 1er Mars 1993, du Premier Président de la Cour d'Appel, Président la Commission Nationale de Recensement des Votes, transmettant les procès-verbaux et les pièces relatives aux opérations électorales du 21 Février 1993, en vue de l'élection du Président de la République, et ce, sans que soit intervenue la proclamation provisoire prévue à l'article 29 alinéa 7 du Code électoral, avait arrêté ce qui suit : (1) les procès-verbaux et l'ensemble des pièces relatives aux opérations électorales du 21 Février 1993 seront retournés à la Commission Nationale de Recensement des Votes ; (2) la Commission dispose d'un délai de 72 heures à compter du 2 Mars 1993 à 15 heures pour procéder à la proclamation provisoire ;

CONSIDÉRANT que par lettre N° 00130 du 5 Mars 1993, le Premier Président de la Cour d'Appel, Président de la Commission Nationale de Recensement des Votes, en exécution de la décision susvisée a constaté que « les travaux de la Commission ont achopphé sur un certain nombre de points, entraînant à nouveau un blocage rendant impossible toute proclamation provisoire des résultats » et a transmis, une nouvelle fois, les procès-verbaux et l'ensemble des pièces relatives à l'élection présidentielle du 21 Février 1993 ;

CONSIDÉRANT que cette transmission du 5 Mars 1993, enregistrée sous le N° 42, faisait dès lors courir le délai de recours prévu par la décision N° 5 du 2 Mars 1993 ;

CONSIDÉRANT que les candidats Abdoulaye BATHILY, Babacar NIANG, Abdou DIOUF, Abdoulaye WADE, Iba Der THIAM et Landing SAVANE ont introduit des recours devant le Conseil Constitutionnel ;

CONSIDÉRANT que les requêtes susvisées ayant été faites et déposées dans les forme et délai prescrits par la loi, sont recevables ;

III. SUR LA JONCTION DES RECOURS

CONSIDÉRANT que les demandes en annulation de l'élection à la Présidence de la République du 21 Février 1993 d'une part, et la demande en validation du même scrutin d'autre part, n'ont ni la même cause ni le même objet ;

QUE cependant, il existe entre elles un lien si étroit qu'il est de l'intérêt d'une bonne justice de les instruire et de les juger ensemble ;

QU'il convient, en conséquence, d'ordonner d'office leur jonction ;

IV. AU FOND

CONSIDÉRANT que les candidats Abdoulaye BATHILY, Abdoulaye WADE, Iba Der THIAM, Landing SAVANE et Babacar NIANG, ont demandé l'annulation du scrutin, aux motifs que de nombreuses irrégularités ont été constatées : dans les inscriptions sur les listes électorales ; pendant la pré-campagne électorale ; au cours de la campagne électorale ; le jour du scrutin ;

A. Sur le moyen tiré des irrégularités dans les inscriptions sur les listes électorales

CONSIDÉRANT que les articles L 20, L 21, L 24, L 25, L 27 et L 28 du Code électoral disposent que l'ensemble du contentieux de la liste électorale est dévolu au Président du Tribunal départemental dont les décisions peuvent faire l'objet d'un recours en cassation, conformément aux dispositions de l'article 40 de la loi organique sur le Conseil d'Etat ;

QU'au surplus les recours formés contre la liste électorale soit en contestation, soit en réclamation, constituent un droit individuel que seul l'électeur peut exercer ;

CONSIDÉRANT que le Conseil Constitutionnel n'est compétent que si les irrégularités commises lors de l'établissement des listes électorales, constituaient des manoeuvres susceptibles de porter atteinte, par leur nature et leur gravité, à la sincérité des opérations électorales ;

B. Sur le moyen tiré des irrégularités commises pendant la pré-campagne électorale

CONSIDÉRANT qu'à l'appui de leurs prétentions, les requérants ont excipé de la violation de l'article 37 du Code électoral en ce que le candidat Abdou DIOUF a bénéficié d'une propagande déguisée à la Radiodiffusion et à la Télévision le 30 Décembre 1992 ;

CONSIDÉRANT que ce litige a été définitivement tranché dans un avis du 18 janvier 1993 par le Haut Conseil de la Radio-Télévision, qui aux termes de l'article L 37 du Code électoral est chargé de veiller à l'application stricte de cette interdiction et de proposer les formes appropriées de réparations en tant que de besoin ;

CONSIDÉRANT qu'il n'est ni prouvé ni offert d'être prouvé que cette prétendue irrégularité ait eu pour effet d'altérer la sincérité des élections ;

C. Sur le moyen tiré des irrégularités commises pendant la campagne électorale ayant entraîné la rupture de l'égalité entre les candidats

CONSIDÉRANT que la question de l'utilisation des biens ou moyens publics aux fins de la campagne est réglée par les dispositions des articles L 76 et L 77 qui sanctionnent penalement ceux qui ont contrevenu aux dispositions de l'article L 37 ; qu'ainsi les requérants auraient dû saisir le juge pénal compétent ;

QU'au demeurant, ces faits qui seraient délictueux n'ont pas été prouvés devant le juge électoral ; qu'en admettant même que les faits dénoncés soient établis, il n'est nullement prouvé par les requérants qu'ils aient exercé une influence déterminante sur les électeurs pour modifier le résultat du scrutin ;

CONSIDÉRANT qu'en ce qui concerne le « montage trompeur » du reportage d'un meeting à la télévision, il y a lieu de faire observer, que la Cour d'Appel de Dakar, saisie par un candidat par requête en date du 16 Février 1993 a fait parvenir le 19 Février 1993, une lettre au Directeur général de la Radio Télévision Sénégalaise dans laquelle elle lui a fait injonction de respecter les prescriptions légales relatives à la diffusion par la télévision des meetings des candidats ;

QUE par lettre en date du 17 Février 1993, elle a également fait une injonction au Président Directeur général du Journal « Le Soleil » pour que cet organe de presse respecte également le principe de l'égalité de traitement de l'information ;

CONSIDÉRANT qu'en ce qui concerne la diffusion des images d'une manifestation organisée par une autorité religieuse qui a eu lieu à Tivaouane le 19 Février 1993, jour de clôture de la campagne électorale, ni le Haut Conseil de la Radiotélévision, ni la Cour d'Appel, compétents en la matière, n'ont été saisis d'une quelconque réclamation alors que celle-ci était encore possible ;

CONSIDÉRANT que si les requérants ont fait valoir que cette manifestation constituait une pression morale sur les électeurs, il n'est pas évident qu'elle a eu une influence déterminante sur le scrutin ayant pu porter atteinte à la liberté de vote des électeurs ; qu'il n'en reste pas moins que la diffusion de cette manifestation par la Télévision, alors que la campagne électorale allait être clôturée est regrettable ;

D. Sur le moyen tiré des irrégularités constatées le jour du scrutin

A.- Sur le grief relatif au déplacement des bureaux de vote

CONSIDÉRANT que les déplacements tardifs des bureaux de vote allégués dans certaines localités n'ont pas donné lieu à des réserves ou réclamations qui ont abouti à des annulations par les commissions départementales et nationale ;

b.- Sur le grief relatif à l'absence totale d'isoloir

CONSIDÉRANT que le secret du vote est un principe constitutionnel et que l'article LO 50 du Code électoral organise de façon minutieuse l'existence des isoloirs dans les salles de vote ;

CONSIDÉRANT en conséquence, que le défaut d'isoloir est un vice substantiel qui entache les élections d'irrégularités, même en l'absence de toute intention de fraude ;

CONSIDÉRANT cependant que ce vice n'a donné lieu à aucune réserve ou réclamation ayant abouti à des annulations par les Commissions départementales et nationale ;

c. Sur le grief tiré de la distribution de bulletins d'un candidat

CONSIDÉRANT que ces faits simplement allégués n'ont pas été prouvés ; qu'il n'a pas été offert non plus de les prouver ;

d. Sur le grief relatif aux actes de nature à influencer le vote

CONSIDÉRANT que la distribution gratuite de denrées et de vivres dans les départements de Matam et de Podor est également simplement alléguée mais pas davantage prouvée ;

e. Sur le grief relatif à l'utilisation d'encre non indélébile

CONSIDÉRANT que l'introduction de ce contrôle dans le Code électoral avait pour objectif d'éviter les votes multiples ; qu'il s'est avéré d'une part qu'aucune contestation n'a été relevée après que le Ministère de l'Intérieur ait publiquement donné le mode d'emploi de l'encre indélébile ; que par ailleurs, il n'est pas établi, ni même allégué que cette passagère méconnaissance de son utilisation ait permis des fraudes de nature à altérer la sincérité du scrutin ;

f. Sur le grief relatif à la transmission des procès-verbaux par des personnes non habilitées

CONSIDÉRANT que l'annulation d'un procès-verbal transmis dans de telles conditions et pour cette seule raison est injustifiable s'il n'a subi aucune modification ou altération au cours de sa transmission ;

QU'aucun cas de cette nature n'a été signalé bien que tous les représentants des candidats fussent en possession d'un exemplaire du procès-verbal transmis ;

g. Sur le grief tiré de l'utilisation abusive d'ordonnances, de fausses ordonnances, ou d'ordonnances en blanc

CONSIDÉRANT que sur ce point précis, le Conseil Constitutionnel après une étude comparative approfondie des documents produits a pu donner les estimations suivantes pour le nombre d'ordonnances délivrées sur l'ensemble du territoire national par les tribunaux départementaux : 26.395 ordonnances (source ministère de la justice) ou 42.129 ordonnances (source informatique) ; que pour le département de Kaolack : 2.152 ordonnances (source ministère de la justice) ou 2.240 ordonnances (source informatique) ; que pour les départements de Ziguinchor, Bignona et Oussouye : 2.969 ordonnances (source ministère de la justice) ou 2.594 ordonnances (source informatique) ;

CONSIDÉRANT enfin qu'il résulte de tout ce qui précède que même si l'organisation du scrutin, et en particulier l'établissement des listes électorales, laisse apparaître des lacunes ou des insuffisances regrettables, les requêtes de Messieurs Abdoulaye Bathily, Babacar Niang, Abdoulaye

Wade, Iba Der Thiam et Landing Savané demandant l'annulation de l'élection présidentielle du 21 février 1993 ne sont pas fondées ; qu'il échet en conséquence de les rejeter ;

CONSIDÉRANT que le Conseil Constitutionnel a répondu, dans les motifs de sa décision, aux différentes prétentions du candidat Abdou Diouf.

DÉCIDE

1/ le bien fondé de sa compétence, en application de l'article 29 de la Constitution ;

2/ que les recours de Messieurs

- Abdoulaye BATHILY
- Babacar NIANG
- Abdou DIOUF
- Abdoulaye WADE
- Iba Der THIAM
- Landing SAVANE

sont recevables en la forme ;

3/ la jonction des dits recours ;

4/ au fond, le rejet des recours de Abdoulaye BATHILY, Babacar NIANG, Abdoulaye WADE, Iba Der THIAM, Landing SAVANE comme mal fondés ;

DÉCLARE

1/ les résultats définitifs de l'élection à la Présidence de la République du 21 Février 1993 s'établissent comme suit :

Électeurs INSCRITS : 2.549.699

Nombre de VOTANTS : 1.312.154 soit 51,46% des INSCRITS

Bulletins NULS : 15.499 soit 1,18% des VOTANTS

Suffrages EXPRIMÉS : 1.296.655 soit 98,82% des VOTANTS

ONT OBTENU

IBA DER THIAM 20.840 voix soit 1,61% des exprimés 0,82% des inscrits

ABDOULAYE BATHILY 31.279 voix soit 2,41% des exprimés 1,23% des inscrits

ABDOU DIOUF 757.311 voix soit 58,40% des exprimés 29,70% des inscrits

LANDING SAVANE 37.787 voix soit 2,91% des exprimés 1,48% des inscrits

ABDOULAYE WADE 415.295 voix soit 32,03% des exprimés 16,29% des inscrits

MAMADOU LO 11.058 voix soit 0,85% des exprimés 0,43% des inscrits

MADIOR DIOUF 12.635 voix soit 0,97% des exprimés 0,50% des inscrits

BABACAR NIANG 10.450 voix soit 0,81% des exprimés 0,41% des inscrits

TOTAL DE CONTRÔLE : 1.296.655 soit 100,00% des exprimés 50,86% des inscrits

En conséquence le Candidat Abdou Diouf ayant obtenu la majorité absolue des suffrages exprimés représentant au moins le quart des électeurs inscrits, est élu dès le premier tour Président de la République du Sénégal pour un mandat de Sept (7) ans.

2/ la présente décision sera publiée sans délai au journal officiel de la République du Sénégal.

Délibérée par le Conseil Constitutionnel en ses séances du 5 au 13 Mars 1993 où siégeaient :

- Youssoupha NDIAYE, Président, Rapporteur
- Babacar SEYE, Vice-président
- Madame Marie-José CRESPIN, Membre
- Amadou SO, Membre
- Ibou DIAITE, Membre

Avec l'Assistance de Maître Doudou Salmone FALL, Greffier en Chef.

En foi de quoi, la présente décision a été signée par le Président, le Vice-président, les autres membres du Conseil et le Greffier en Chef.

Le Président, Rapporteur

Youssoupha NDIAYE

Le Vice Président

Babacar SEYE

Membre

Marie José CRESPIN

Membre

Amadou SO

Membre

Ibou DIAITE

Le Greffier en Chef

Doudou Salmone FALL

Observations

Le commentaire groupé de ces deux décisions rendues par le Conseil constitutionnel, juridiction constitutionnelle spéciale installée en 1992 – qui se substitue à la juridiction constitutionnelle de la Cour suprême, devenue « Cour de cassation » à la faveur de la même réforme de 1992 – s'impose dans la mesure où l'une est en quelque sorte la suite de l'autre. L'objet de la décision n° 5/93 du 2 mars 1993 porte en effet sur la gestion d'une situation non prévue par les dispositions du code électoral et qui s'est posée au Sénégal à la suite de l'élection présidentielle du 21 février 1993 : l'impossibilité dans laquelle se trouve la Commission nationale de recensement des votes (CNRV, dirigée par le premier président de la Cour d'appel de Dakar), de procéder à la proclamation des résultats provisoires de l'élection, et de transmettre le dossier au Conseil constitutionnel chargé, lui, de proclamer les résultats définitifs, sachant, bien entendu, que les « résultats provisoires » doivent systématiquement précéder les « résultats définitifs ». Or, en l'occurrence, la CNRV n'avait pu vider sa saisine, c'est-à-dire proclamer les résultats provisoires, parce son fonctionnement était bloqué (il convient de préciser que parmi les membres de cette Commission, il y'a des représentants de candidats à l'élection).

C'est alors que le premier président de la Cour d'appel, président de la CNRV, a saisi par lettre le Conseil constitutionnel – le 28 février 1993 – et lui a transmis l'ensemble des procès – verbaux et pièces relatifs à l'élection, comme pour lui « refiler la patate chaude » : le juge constitutionnel se trouvait donc dans la situation de devoir proclamer des résultats « définitifs » alors que les résultats « provisoires » n'ont pu être proclamés.

Face à cette situation inédite, le Conseil constitutionnel décide de retourner le dossier à la CNRV, eu égard à la nécessité de toujours passer par l'étape des résultats provisoires, considérée comme participant de la préservation des droits des personnes. Selon le Conseil en effet, « il serait porté atteinte à la sauvegarde des droits les plus élémentaires des candidats s'il procédait à une proclamation définitive sans que soit au préalable intervenue une proclamation provisoire » et « qu'il ne pourrait être passé outre à cette proclamation provisoire que s'il s'avérait pour le Conseil qu'il existe une impossibilité pour qu'une telle proclamation intervienne dans des délais raisonnables » (décision du 2 mars 1993, considérant n° 8).

Il faut, pour rester fidèle à la vérité des faits, préciser que la transmission même du dossier au Conseil constitutionnel, alors que les résultats provisoires n'avaient pu être proclamés, n'a pas fait l'objet d'un consensus au sein de la CNRV. Alors que le président de cette commission, premier président de la Cour d'appel, était d'avis que l'impossibilité d'avancer était insurmontable, des représentants de candidats considéraient que la situation pouvait se « débloquer » si les discussions étaient poursuivies.

Pour toutes ces raisons, le Conseil constitutionnel a donc décidé de renvoyer le dossier à la CNRV, dans sa décision n° 5/93 du 2 mars 1993. Il entendait ainsi rester dans le schéma légal prévu : proclamation provisoire suivie d'une proclamation définitive. La décision du 2 mars précise en outre le délai dans lequel la Commission doit proclamer les résultats provisoires (soixante - douze heures, à compter du 2 mars 1993), le Conseil constitutionnel devant derechef être saisi si le blocage de la Commission devait persister.

C'est précisément ce scénario pessimiste qui s'est produit. Passé le délai de soixante – douze heures, la CNRV n'ayant pu remplir son office, le dossier est, pour la deuxième fois, renvoyé au Conseil constitutionnel, lequel, dans une décision n°6/93 du 13 mars 1993, règle simultanément deux questions : il apprécie le bien – fondé des huit requêtes introduites par des candidats à l'élection (qui évoquent des irrégularités diverses ayant entaché le scrutin) et proclame les résultats définitifs de l'élection.

L'ensemble formé par les décisions du 2 et du 13 mars 1993 est riche d'enseignements. Il dessine les contours d'une jurisprudence électorale foisonnante, tissée autour d'un certain nombre de parti- pris, les uns aisément défendables, d'autres plus sujettes à caution. Deux éléments importants en ressortent : une définition de l'office du juge constitutionnel en matière d'élection – ou tout au moins pour cette élection – là – (I) et, au cœur de la jurisprudence ainsi tissée, un apport essentiel, encore que répandu dans le monde, celui de la théorie de « l'influence déterminante » (II).

I. L'office du juge constitutionnel en matière électorale

Les deux décisions commentées sont porteuses d'une certaine conception de l'office du juge électoral. Il s'agit d'une conception ambitieuse, portée par une dynamique extensive s'agissant des pouvoirs du juge (A), dynamique toutefois refrénée par le fait que ce juge coexiste avec d'autres instances impliquées dans le processus électoral, dont il doit respecter les compétences (B).

A. Dynamique extensive

Cette dynamique extensive, ambitieuse, résulte d'abord d'une affirmation de principe, faite aussi bien dans la décision du 2 mars que dans celle du 13. Dans la première, on lit qu' « à titre préliminaire, le Conseil estime qu'après s'être déclaré valablement saisi et malgré le silence des textes, il a l'obligation de se prononcer sur la question portée devant lui ; qu'en effet, ni le silence de la loi, ni l'insuffisance de ses dispositions, n'autorisent le Conseil, compétent en l'espèce, à s'abstenir de régler le différend porté devant lui ; qu'il doit se prononcer par une décision en recourant, au besoin, aux principes généraux du droit, à la pratique, à l'équité et à toute autre règle compatible avec la sauvegarde de l'Etat de droit et avec l'intérêt commun » (considérant n°17). De tels mots ne sont pas sans rappeler ceux qui ont été utilisés en France au dix-huitième siècle au sujet du juge. Le Code civil napoléonien renferme en effet un article 4 bien connu - résultant de la loi 1803-03-05, promulguée le 15 mars 1803 –, aux termes duquel « le juge qui refusera de juger, sous prétexte du silence, de l'obscurité ou de l'insuffisance de la loi, pourra être poursuivi comme coupable de déni de justice ». La même décision du 2 mars 1993 ajoute que « le Conseil, seul juge chargé du contentieux des élections, est la seule instance de recours post – électoral habilitée à connaître de toute difficulté susceptible de faire échec au processus établi par le Code électoral pour le recensement des votes » (considérant n°12), avant de conclure la motivation de sa décision par le fait qu'il exerce « sa plénitude de juridiction en la matière » (considérant n°33). Quant à la décision subséquente du 13 mars, elle énonce dans la même veine que « le Conseil constitutionnel, juridiction suprême, est le seul juge des élections » (considérant n°1).

La plénitude de juridiction constitutionnelle sera rappelée plus tard, l'un des exemples les plus récents étant constitué par la décision 1/C2024 du 15 février 2024, où le Conseil réitère en manière de principe que, « juge de la régularité des élections nationales, il dispose d'une plénitude de juridiction en matière électorale, sur le fondement de l'article 92 de la Constitution » (considérant n°7).

Dans le cas présent, c'est-à-dire en 1993, cette plénitude de juridiction s'applique dans une configuration précise, qui est celle de la défaillance de la Commission nationale de recensement des votes (CNRV). C'est précisément ce qui amène le juge constitutionnel à affirmer sa suprématie par rapport à cet organe dont le fonctionnement s'avère défectueux. Il déclare non seulement que c'est sous son contrôle exclusif que la CNRV accomplit son travail (décision du 2 mars, considérant n°30, décision du 13 mars, considérant n°1). Puis, au-delà du pouvoir de contrôle, il existe un pouvoir de substitution entre les mains du juge constitutionnel, comme l'affirme clairement la décision du 13 mars : « En cas de carence de la Commission nationale de recensement des votes, soit qu'elle n'a pas procédé au recensement des votes, soit qu'elle n'a pas procédé à la proclamation provisoire des résultats y afférents, le Conseil est en droit de se substituer à elle » (considérant n°2). Auparavant, le juge avait précisé qu'il « a le pouvoir de revenir sus les décisions prises » par la CNRV, « soit pour les confirmer, soit pour les infirmer » (considérant n°1).

Les enseignements du droit comparé peuvent s'avérer riches à ce stade. L'examen de la jurisprudence constitutionnelle sous d'autres latitudes – africaines notamment – montre que non seulement l'affirmation de la plénitude de juridiction électorale existe dans d'autres pays, mais que la configuration que le Sénégal a connue au cours de l'élection présidentielle de 1993 a également prévalu, quasiment dans les mêmes termes, dans un pays comme la Côte d'Ivoire.

En Guinée, la Cour constitutionnelle a déclaré, au sujet du processus référendaire de 2020, qu'elle a une « mission de veille de la régularité du référendum dont elle proclame le résultat définitif (...), dispose de pleins pouvoirs de connaître, d'examiner ou de constater la régularité de toutes les étapes de la procédure de referendum (...) » (arrêt n°AC 014 du 11 juin 2020, considérant n°7). Au Congo Brazzaville également, au sujet de l'élection du Président de la République, la Cour constitutionnelle a estimé que « l'expression « veiller à la régularité de l'élection du président de la République » signifie apprécier la validité de l'ensemble des actes régissant le processus électoral, à savoir la préparation, l'organisation, le suivi, le déroulement du scrutin et les résultats provisoires (...) Sa compétence s'étend, exceptionnellement, à la connaissance de tous les actes de quelque nature qu'ils soient (...), de tous les actes relatifs à l'élection du Président de la République, quelle qu'en soit la nature » (délibération n°001 IDEL/CC/16 du 27 janvier 2016 relative à la régularité de l'élection du Président de la République, scrutin du 20 mars 2016).

Intéressantes aussi sont les deux jurisprudences sénégalaises de 1993 si on les compare à la décision du Conseil constitutionnel ivoirien datée du 2 décembre 2010 (décision n°CI-2010-EP-033BIS/02-12/CC/SG). Prise dans le contexte électoral très tendu de décembre 2010, elle tendait à régler la situation née du fait que trois jours après la clôture du scrutin, la Commission électorale indépendante n'avait toujours pas réussi à procéder au recensement général des votes et à la proclamation des résultats provisoires. Face à une telle carence, le Conseil constitutionnel, à qui revient le pouvoir de prononcer les résultats définitifs, rappelle qu'il est « l'organe régulateur du fonctionnement des pouvoirs publics en vertu de l'article 88 de la Constitution » et qu'il est, à ce titre, la « seule instance chargée du contentieux électoral (et...) des difficultés relatives à la proclamation des résultats ». En cette qualité, poursuit le juge, « il pourvoit aux défaillances de la Commission électorale indépendante », lesquelles défaillances se traduisent en l'espèce par le risque d'empiètement sur le délai dévolu au Conseil constitutionnel pour proclamer les résultats définitifs. Dès lors, celui-ci considère qu'il y a lieu de « prononcer la forclusion de la Commission chargée des élections pour n'avoir pas proclamé les résultats provisoires dans les délais prescrits ». En somme, le Conseil constitutionnel de Côte d'Ivoire adopte la même position que son homologue du Sénégal, devant une situation identique : celle d'une carence de l'organe chargé de la proclamation des résultats provisoires. Les deux jurisprudences vont dans le même sens, avec dix- sept ans d'écart.

La dynamique expansive que porte l'affirmation de la plénitude de juridiction résulte d'une pétition de principe ainsi que de la mobilisation de deux autres notions : celle de « continuité du fonctionnement des institutions » et celle de « régulation » ou d'« organe régulateur ». Relevons cependant, ici, qu'elle est au cœur de l'argumentation du Conseil constitutionnel ivoirien que l'on vient de voir, le juge estimant qu'à côté de sa qualité d' « organe régulateur du fonctionnement des pouvoirs publics », « il pourvoit aux défaillances de la Commission électorale indépendante et assure ainsi la continuité du fonctionnement des pouvoirs publics ».

Ce dernier concept figure également dans la décision sénégalaise du 2 mars 1993. Il a servi à valider, à légitimer l'initiative prise par le premier président de la Cour d'appel, président de la CNRV, de déférer le dossier au Conseil constitutionnel alors qu'il n'a pu proclamer les résultats provisoires. Selon le juge, une telle démarche, qui se rattache à une hypothèse non prévue dans le Code électoral, reste « valable et se justifie par la nécessité d'assurer la continuité du fonctionnement des institutions » (considérant n°12). Et plus loin, il précise que la proclamation des résultats provisoires ne peut être considérée comme intangible, qu'elle peut être écartée devant le principe fondamental de la nécessité absolue de la continuité du fonctionnement des institutions » (considérant n°20).

En vérité, en disant cela, le Conseil constitutionnel fait d'une pierre deux coups : il entérine la démarche du président de la CNRV et valide la sienne propre, qui consiste à recevoir et à traiter le dossier transmis.

Une telle justification n'est pas superflue. L'on aurait pu imaginer, en effet, une réaction aux antipodes, qui consisterait à opposer une fin de non-recevoir à la transmission du dossier : le Code électoral n'envisageant que l'hypothèse d'une succession effective des proclamations (des résultats provisoires puis des résultats définitifs), tout ce qui ne s'inscrit pas dans cette séquence codifiée doit être rejeté. Mais cette interprétation rigoriste et quelque peu dogmatique n'a pas été retenue par le juge.

Quant à l'autre notion qui sert la dynamique extensive des pouvoirs du juge électoral – celle d' « organe régulateur » -, elle n'a pas été invoquée, à proprement parler, par le Conseil constitutionnel du Sénégal dans ses deux décisions de mars 1993, aucune disposition de la Constitution ne lui conférant il est vrai cette qualité. Cela étant, la thèse de la continuité du fonctionnement des institutions n'est pas sans rappeler la fonction de « régulation » de la juridiction constitutionnelle, la décision ivoirienne entrevue précédemment cumulant allègrement les deux justifications. On sait cependant que l'inexistence d'un tel attribut formel n'a pas empêché la juridiction constitutionnelle sénégalaise, d'affirmer, en 2021 qu'elle assure une « mission de régulation » (décision n°2/C/2021 du 20 juillet 2021, considérant n°17). Puis en 2024, elle a déclaré « qu'au regard de l'esprit et de la lettre de la Constitution et de la loi organique relative au Conseil constitutionnel », le Conseil « doit toujours être en mesure d'exercer son pouvoir régulateur et de remplir ses missions au nom de l'intérêt général, de l'ordre public, de la paix, de la stabilité des institutions et du principe de la nécessaire continuité de leur fonctionnement » (décision n°1/C/2024 du 15 février 2024, considérant n°19).

Il est vrai que lorsque le juge constitutionnel en général, le juge sénégalais en particulier, évoque sa fonction de « régulation », qu'il la tire des textes ou qu'il se l'attribue lui-même, c'est souvent pour rappeler qu'il intervient pour obvier à un risque de paralysie institutionnelle, pour se poser en remorqueur des institutions, en mécanicien de l'Etat. Tel a été le cas dans des pays comme Madagascar (décision n°18-HCC/D3 du 25 mai 2018 relative à une requête en déchéance du Président de la République Hery Rajaonarimampianina), le Gabon (décision n°219/CC du 14 novembre 2018 relative à la requête du Premier ministre tendant à l'interprétation des dispositions des articles 13 et 16 de la Constitution), le Togo (décision n° C001/17 du 22 mars 2017), ou encore le Niger (arrêt n°006/CC/MC du 14 mai 2014). Il s'est agi, dans toutes ces jurisprudences, que le juge vienne à la rescousse des institutions, évite le risque de leur « blocage », sorte les pouvoirs publics d'une menace de paralysie.

C'est la même logique qui prévaut ici : la continuité du bon fonctionnement des institutions, la régulation, sont les fins qui justifient les moyens mis en œuvre pour éviter l'enlisement du processus électoral. Mais justifient- elles absolument tout ? En d'autres termes, existe-t-il des limites à la dynamique extensive portée par l'affirmation de la plénitude de juridiction constitutionnelle en matière électorale ? La réponse est négative, si l'on s'en tient aux décisions de 1993 du Conseil constitutionnel du Sénégal.

B. Dynamique restrictive

Il existe en effet des éléments qui viennent refréner l'ardeur du juge constitutionnel à régenter la totalité du processus électoral. Dans les décisions du 2 et du 13 mars 1993, le Conseil constitutionnel apporte des tempéraments à l'élargissement de ses compétences, lesquels tournent autour de la nécessité de respecter la compétence d'autres entités impliquées dans le même processus.

L'affirmation de l'importance et de la suprématie de la juridiction constitutionnelle, remarquable dans les deux jurisprudences, ne va pas jusqu'à ignorer les prérogatives que la Constitution ou la loi reconnaît à d'autres organes. Le Conseil constitutionnel veille ainsi à ne pas empiéter le domaine de compétence de ces institutions – là, qui peuvent être administratives ou judiciaires.

Au titre de celles-là, il y'a, indique la décision du 13 mars, le Haut Conseil de la Radio Télévision (HCRT). Cet organe est compétent pour agir dans la « pré campagne électorale », période dans laquelle les requérants ont précisément situé certains manquements comme la « propagande déguisée ». Cette compétence exclusivement conférée à l'organe de l'audio-visuel par l'article L.37 du Code électoral conduit le Conseil constitutionnel à ne pas traiter ce « moyen ».

La démarche du juge sur ce point précis désarçonne pourtant quelque peu. En effet, pour écarter le grief que voilà, l'évocation de l'incompétence du Conseil suffisait largement, les questions de compétence étant de surcroît d'ordre public. Mais de manière quelque peu superfétatoire, le Conseil constitutionnel ajoute qu'il n'est pas prouvé que les irrégularités dénoncées aient pu « altérer la sincérité du scrutin » (considérant n°15). Ce dernier passage, outre qu'il n'était nullement nécessaire pour rejeter le grief, expose inutilement le raisonnement du juge à la critique, dans la mesure où pour affirmer que des manquements n'ont pas altéré la sincérité du scrutin, il faut nécessairement avoir une idée de l'ampleur de ces manquements, donnée que le Conseil n'a manifestement pas. Bref, le juge aurait pu rester sur le seul terrain de la compétence – c'est-à-dire de son incompétence – sans entrer dans des considérations relatives à la preuve des faits allégués.

Le deuxième domaine qui restreint la compétence du Conseil constitutionnel, dans lequel il s'interdit donc d'entrer, est celui du juge pénal. En effet, il appartient à ce juge de connaître en principe de l'utilisation des biens ou moyens publics dans la campagne électorale, les articles L76 et L77 du Code électoral sanctionnant pénalement les faits en cause. Le Conseil rappelle donc aux requérants qu'ils auraient dû saisir le juge pénal sur la question.

Là également, le Conseil constitutionnel croit bon d'ajouter à cette observation de principe des considérations d'ordre probatoire, qui l'amènent à déclarer que même si les faits dénoncés avaient existé, « il n'est nullement prouvé qu'ils auraient exercé une influence déterminante sur les électeurs pour modifier le résultat du scrutin » (considérant n°16). La remarque critique faite précédemment peut être réitérée ici : faute de disposer d'éléments sur l'ampleur des manquements dénoncés, le Conseil aurait pu éviter d'entrer dans le débat sur l'impact de ces manquements. A partir du moment où les demandeurs eux-mêmes n'ont pas du tout prouvé les faits dénoncés – selon le Conseil – et ne sont pas allés très loin sur ce point, le juge aurait dû éviter toute évocation de cette question.

Enfin, le Conseil constitutionnel « ménage » la sphère de compétence de la Cour d'appel. Cette compétence s'applique, par exemple, aux actes imputés par les requérants à un organe de presse et à la chaîne de télévision nationale. La décision du 13 mars souligne même que cette juridiction a été effectivement saisie par un candidat à l'élection, et que la Cour a enjoint aux responsables des organes de presse en question de se conformer à la loi et d'éviter tout comportement susceptible d'être perçu comme privilégiant un camp ou un candidat.

La compétence des autres acteurs institutionnels du processus électoral constitue donc, du point de vue de la décision du 13 mars notamment, la limite à cette sorte d'hégémonie juridictionnelle que le Conseil constitutionnel exerce sur le processus électoral au Sénégal. Si l'on s'intéresse à présent à la jurisprudence elle-même, l'on constate son attachement à une théorie, attachement qu'elle partage avec maintes juridictions constitutionnelles : celle de « l'influence déterminante », qui est au cœur du jugement porté sur les irrégularités qui peuvent affecter un scrutin.

II. Un apport jurisprudentiel majeur : la « théorie de l'influence déterminante »

Le sens de cette théorie est le suivant : l'examen et surtout la sanction des irrégularités prétendues dans une élection ne se conçoivent que lorsque ces irrégularités sont d'un poids et d'une importance tels qu'ils sont susceptibles de modifier le résultat du scrutin. L'influence que les infractions relevées exercent sur l'issue finale de l'élection doit être déterminante ; faute de quoi, la nécessité d'une annulation ne s'impose pas. Cette thèse, d'inspiration très « positiviste » ou « utilitariste », imprègne grandement le contentieux électoral. Elle revient à dire, un peu grossièrement, qu'il ne faut pas recourir à la sanction lorsque les infractions consistent en de simples incartades, qu'il ne faut mobiliser le pouvoir d'annulation que lorsque cela en vaut en quelque sorte la peine, c'est-à-dire quand cela peut changer le résultat enregistré.

Il s'agit, on l'a dit, d'un point de vue qui jouit d'un certain ancrage jurisprudentiel, énoncé aussi bien au Sénégal que sous d'autres latitudes (A). Cet enracinement jurisprudentiel ne signifie bien entendu pas que la théorie de l'influence déterminante ne mérite pas d'être discutée ou contestée (B).

A. Énoncés

Dans la décision n°6/93 du 13 mars 1993, le Conseil constitutionnel estime, au moins à deux reprises, que les irrégularités prétendues ne sont pas de nature à influer sur les résultats. A propos de l'usage de l'encre indélébile par exemple, il répond aux requérants que les manquements dénoncés n'ont pas « permis des fraudes de nature à altérer la sincérité du scrutin » (considérant n°29). Puis au sujet de l'utilisation des « ordonnances », dont certaines auraient été établies frauduleusement et permis des votes multiples, le Conseil rétorque que les documents électoraux « ne relèvent aucune fraude ou irrégularité relative à l'utilisation massive d'ordonnances dépassant la moyenne nationale » (considérant n°38), ce qui revient à admettre qu'à une certaine échelle, ces pratiques frauduleuses ont pu avoir lieu. L'on a précédemment vu qu'au sujet des griefs d'irrégularités dans la pré campagne électorale, le Conseil avait considéré qu'il n'était pas prouvé par les requérants que les faits en cause « aient exercé une influence déterminante sur les électeurs pour modifier le résultat du scrutin » (considérant n°16).

Dans une perspective historique, il est possible de déceler des affirmations de la théorie de l'influence déterminante aussi bien avant la décision de 1993 – et même avant la mise en place du Conseil constitutionnel lui-même – qu'après celle-ci.

Bien avant, la Cour suprême du Sénégal statuant en matière constitutionnelle a eu à recourir à « l'influence déterminante ». Dans les arrêts n° 13 et 14/C/88 du 17 mars 1988, elle déclare qu' « eu égard à l'écart important de voix séparant les listes de candidats, la circonstance que les opérations électorales de 156 bureaux de vote ont été annulées n'a pas été de nature à modifier les résultats du scrutin ».

Avec le Conseil constitutionnel, la théorie de l'influence déterminante a été appliquée plusieurs fois. Une remarque d'ordre rédactionnel peut être faite à ce stade. Elle revient à mettre en exergue le fait que cette théorie n'est pas toujours formulée littéralement de la même manière, c'est-à-dire avec les mêmes mots. Il arrive que cette expression soit directe et claire – comme dans les exemples précédents – mais il advient également qu'elle soit indirecte ou implicite, même si on la devine aisément.

Parfois, le Conseil constitutionnel estime que le fait dénoncé « n'a pas d'influence sur l'élection » (décision du 8 juin 1998, affaires n°12 à 29/E/98, considérant n°8), ou d' « impact » (considérant n°25), qu'une déclaration a été « sans influence déterminante sur le déroulement normal du scrutin » (considérant n°62). Dans la décision du 10 mars 2000, le Conseil constitutionnel estime que l'utilisation de moyens publics dans la campagne électorale, même tenue pour établie, n'a pas « exercé une influence déterminante sur les électeurs pour modifier le résultat du scrutin » (décision du 10 mars 2000, affaires n°4 à 11/E/2000, considérant n° 6 ; repris dans la décision du 12 mai 2001, affaires n°6 à 12/E/2001, considérant n° 16), qu'un transfert d'électeurs dans un département n'est pas « de nature à modifier de manière significative les résultats du scrutin » dans un bureau de vote donné (considérant n°26). Il est encore question de traitement médiatique inégal des candidats dans la décision du 12 juillet 2012, grief rejeté dans les mêmes termes qu'auparavant (décision du 12 juillet 2012, affaires n°20 à 25/E/2012, considérant n°10). Enfin, le juge sénégalais rejette l'argument d' « achat de conscience » brandi par un requérant dans le cadre de l'élection des Hauts conseillers des collectivités locales de 2016, motif pris de ce que « ces griefs ne peuvent exercer aucune influence définitive sur l'élection » (décision n° 2/E/2016 du 14 septembre 2016, considérant n°5).

Le rapprochement de ces différentes décisions avec la jurisprudence constitutionnelle africaine pertinente est instructif. Il atteste que le point de vue est soutenu par d'autres juges, ce qui n'est pas surprenant outre mesure. Il révèle surtout que la thèse de l'influence déterminante est susceptible de variations, de déclinaisons. L'on voit bien qu'elle ne s'applique pas seulement dans le cas de figure d'une évaluation de la perturbation que des irrégularités commises peuvent apporter au résultat d'une élection, mais qu'elle peut prévaloir dans des contextes où il s'agit de mesurer l'impact qu'une situation d'exception empêchant la tenue d'une élection sur une portion du territoire national peut avoir sur la régularité même du scrutin. On peut le redire dans les termes que voici : la théorie de l'influence détermine est susceptible de s'appliquer aussi bien à un contexte relativement normal, avec un seuil d'irrégularités tolérable ou « gérable », qu'à un contexte plus périlleux et plus endémique, où il est moins question d'irrégularités électorales proprement dites que d'une sorte d'impossibilité électorale même. Le juge constitutionnel doit alors répondre à la question de savoir si cette carence presque structurelle, cette gêne majeure qui se prolonge, cet état de fait qui perdure et qui empêche la tenue même de l'élection suffit à invalider le scrutin – sachant, par ailleurs, que l'impossibilité de l'élection constitue elle-même une « irrégularité » au double regard du droit subjectif de participer aux affaires publiques et du caractère national de l'élection -. Ces deux déclinaisons de la théorie de l'influence déterminante se retrouvent dans la jurisprudence constitutionnelle africaine.

La version « classique » de la théorie, illustrée dans la décision sénégalaise du 13 mars 1993 comme on l'a vu, est également présente dans la décision du Conseil constitutionnel du Burkina Faso, rendue le 22 novembre 2020, dans une formule assez elliptique, mais dont le sens ne fait aucun doute : « Les insuffisances et les erreurs matérielles constatées n'entachent pas la régularité, la transparence et la sincérité du scrutin » (décision n°2020 -011/CC/EPF du 18 décembre 2020). Le Conseil constitutionnel du Tchad, après avoir constaté une série d'infractions, conclut que « les irrégularités constatées ne sont pas de nature à entacher la régularité de l'ensemble du scrutin(...) » (décision n° 003/CC/SG05 du 7 juillet 2005 portant proclamation des résultats définitifs du referendum du 6 juin 2005).

La Cour constitutionnelle du Congo use d'une formule quelque peu « expéditive » pour écarter les allégations d'irrégularités en déclarant « qu'aux termes de l'article 57 LO n°1-2003 du 17 janvier 2003 susvisée, la Cour constitutionnelle peut, sans instruction préalable, rejeter, par décision motivée, les requêtes irrecevables ou ne contenant que des griefs qui, manifestement, ne peuvent pas avoir une influence sur les résultats de l'élection » (décision n°005 du 25 juillet 2009 sur les recours en annulation du scrutin du 12 juillet 2009). La Cour constitutionnelle du Mali, après avoir relevé des manquements comme l'absence d'affichage des listes d'électeurs dans un certain nombre de bureaux de vote, arrive à la conclusion que « ces irrégularités n'ont pas eu d'influence déterminante sur le déroulement du scrutin » (arrêt n°2013-05/CC-EP du 7 aout 2013 portant proclamation des résultats définitifs du premier tour de l'élection du Président de la République (scrutin du 28 juillet 2013). Au Niger, le juge a certes procédé à l'annulation des résultats de certains bureaux de vote dans le cadre des élections de janvier 2005, mais a aussitôt ajouté qu'il n'était pas question de reprendre le scrutin dans la mesure où cette annulation « est sans influence sur les résultats définitifs », confirmant que le juge a toujours un œil sur la balance des résultats. Enfin, la Cour électorale spéciale malgache a eu à dire que « les erreurs ou irrégularités relevées par le requérant et constatées par la Cour (...) ne sont pas constitutives de fraudes pouvant altérer la sincérité du scrutin ou modifier le sens du vote » (arrêt n°01-CES/AR du 22 novembre 2013 portant proclamation des résultats définitifs du premier tour de l'élection présidentielle du 25 octobre 2013).

Trois autres jurisprudences africaines sont intéressantes à un autre titre. Le cas de celle de la Cour constitutionnelle togolaise est assez particulier puisque la théorie de l'influence déterminante a été consacrée par le juge mais a également été codifiée, de manière implicite pourrait-on dire. La consécration jurisprudentielle résulte d'un arrêt comme celui du 12 juin 2003 portant proclamation des résultats de l'élection présidentielle du 1er juin 2003, dans lequel la Cour considère que « les incidents et les irrégularités qui ont été relevés dans les différentes préfectures ne sont pas de nature à entacher la sincérité et à affecter la validité du résultat d'ensemble du scrutin ». Il se trouve que cette jurisprudence est pour ainsi dire reprise à son compte mais *a contrario* en quelque sorte, par le Code électoral togolais lui-même, dont l'article 145 dispose que « s'il ressort de l'examen du dossier par la Cour constitutionnelle, de graves irrégularités de nature à entacher la sincérité et à affecter la validité du résultat d'ensemble du scrutin, la Cour constitutionnelle en prononce l'annulation ». N'annuler les résultats que lorsque les irrégularités sont « graves », c'est admettre que des manquements alors jugés bénins restent « acceptables ».

La jurisprudence constitutionnelle du Burkina Faso et celle de la Côte d'Ivoire constituent l'autre avatar de la théorie de l'influence déterminante, celle que l'on applique non à des manquements ponctuels, mais à une impossibilité même d'organiser l'élection. Dans le cas burkinabe, il n'est pas question, à proprement parler, d'apprécier des résultats mais de voir si la notion de force majeure est susceptible d'être appliquée à la situation de certaines portions du territoire où sévissent des groupes terroristes. La réponse du Conseil est affirmative, ce qui ouvre la possibilité d'excepter ces régions du scrutin – élections présidentielles et législatives du 22 novembre 2020 – sans remettre en cause la légalité de la compétition. L'on dira alors que la non-participation de certaines régions ou de certains citoyens n'est pas de nature à altérer la validité de l'élection. S'agissant de la Côte d'Ivoire en revanche, il était question, en plus de l'impossibilité d'organiser des élections, d'une série d'irrégularités liées à une dégradation de la sécurité dans certaines zones, avec des actes de violence et de saccage du matériel électoral. Les « irrégularités » ou anomalies constatées débordaient donc le champ strictement électoral et touchaient la paix civile et l'ordre public. Le Conseil constitutionnel n'en nie pas la réalité mais précise que « ni la Constitution, ni le Code électoral n'imposent au juge constitutionnel un nombre minimum d'électeurs ou de bureaux de vote opérationnels desquels il doit faire dépendre la validité du scrutin (…) » (décision n° CI-2020-EP-010/09-11/CC/SG du 9 novembre 2020 portant proclamation des résultats définitifs de l'élection du Président de la République du 31 octobre 2020). En d'autres termes, les manquements enregistrés ne sont pas importants au point d'exercer une influence déterminante sur les résultats de l'élection.

Hors du continent africain, la théorie de l'influence déterminante a parfois cours. Le Conseil constitutionnel français par exemple a clairement tenu compte de l'écart de voix existant entre les candidats pour annuler une élection législative, ce qui signifie qu'il ne l'aurait pas fait si cet écart était plus important. Dans sa décision n°88 – 1062 du 21 octobre 1988 en effet, il déclare « qu'il y'a lieu d'annuler les résultats des opérations électorales dans la commune de Tomblaine et (...), eu égard au faible écart de voix séparant les deux candidats (...), d'annuler l'élection » (considérant n°5). Dans une autre décision rendue le même jour, le Conseil note que « pour condamnables qu'ils soient, les appels téléphoniques adressés avant le scrutin à certains électeurs (...) ne peuvent ni par leur nombre ni par leurs incidences, être regardés comme ayant influé sur les résultats de l'élection » (décision n° 88-1081 AN du 21 octobre 1988, considérant n°1). S'agissant de la diffusion d'un tract dans la même affaire, le juge relève que « compte tenu de l'écart de voix, la distribution de ce document (...) n'a pas eu d'influence déterminante sur le résultat de l'élection » (considérant n°2).

La théorie de l'influence déterminante est donc répandue. Il s'agit à présent d'en explorer les limites.

B. Limites

La théorie de l'influence déterminante est d'inspiration « utilitariste », on l'a vu. Elle se recommande d'une vision très pragmatique du traitement du contentieux électoral et met l'accent sur le résultat final ou définitif du scrutin, sur la plus ou moins grande répercussion que les éléments débattus peuvent avoir sur lui. Parce qu'elle refuse, pour ainsi dire, de s'attarder outre mesure sur certains griefs, elle peut générer un gain de temps et d'énergie pour le juge.

Il n'en demeure pas moins qu'un certain nombre de reproches peuvent lui être adressés. L'un est le peu de cas qu'elle fait des considérations légalistes. La théorie repose sur un raisonnement quelque peu déconcertant dans la mesure où il a tendance à « faire passer par pertes et profits » des manquements donnés. Tout se passe comme si des pratiques illégales étaient effacées à l'autel des résultats globaux et finals, ce qui pourrait encourager les comportements litigieux. En somme, le juge constitutionnel serait disposé à fermer les yeux sur des irrégularités graves dès lors qu'elles ne font pas basculer le résultat, et sanctionner des incartades, plus excusables, parce qu'elles portent à conséquence. Il s'agit donc d'un raisonnement très défavorable aux candidats qui ont perdu l'élection avec un écart assez important : l'ampleur de leur défaite les prive en quelque sorte du droit de voir leur cause examinée ou entendue. D'un point de vue moral et même juridique, la théorie de l'influence déterminante reste donc très contestable.

C'est sans doute parce qu'il y'a, du point de vue de l'exigence de justice et de morale, quelque chose de troublant dans cette « tolérance » affichée par le juge constitutionnel, que celui-ci, dans les décisions qu'il rend, semble habité par un certain scrupule, un scrupule légaliste précisément, qui est comme un tempérament à la théorie de l'influence déterminante. Il substitue alors la censure juridique à l'appréciation morale. Concrètement, cette dégradation de la sanction judiciaire se traduit par une sorte de pédagogie de la remontrance, qui amène à admonester le fautif plus qu'à le sanctionner, à exprimer des « regrets ».

Par deux fois, la décision du 13 mars 1993 évoque ces « regrets » : à propos de la diffusion d'une émission religieuse suspectée de prendre parti pour un candidat (« il n'en reste pas moins », dit le juge, « que la diffusion de cette manifestation par la télévision, alors que la campagne électorale allait être clôturée, est regrettable », considérant n°19), et au sujet de l'établissement des listes électorales (« l'organisation du scrutin et en particulier l'établissement des listes électorales laisse apparaître des lacunes ou des insuffisances regrettables », considérant n°42, concède le Conseil constitutionnel). En 1998, le juge sénégalais a de nouveau considéré comme « regrettable » qu'un préfet se soit « octroyé » des attributions conférées au ministre de l'Intérieur (décision du 8 juin 1988, affaires n° 12 à 29/E/98, considérant n°26). Puis dans une décision du 14 mars 2000, prise dans le contexte de l'imminence de la première alternance démocratique au Sénégal, le Conseil, après s'être déclaré incompétent pour connaître de la composition du directoire de campagne d'un des candidats « avant le scrutin », estime néanmoins que « l'intervention d'un directoire de campagne ainsi composé, dans le déroulement de la campagne électorale, est regrettable » (décision sur les affaires n°4 à 11/E/2000 du 10 mars 2000, considérant n°5).

Dans la même veine euphémique et quelque peu contrainte, la Cour suprême sénégalaise statuant en matière constitutionnelle avait déclaré qu' « il n'est pas souhaitable (il est donc regrettable), en l'absence de toute nécessité résultant de l'exercice de fonctions d'administration ou de maintien de l'ordre », que des autorités administratives soient présentes dans des bureaux de vote (arrêt n°4/C/78 du 13 mars 1978, p.6).

Au-delà de cette forme d'inéquité, il est permis de s'interroger sur l'application de ce raisonnement à certaines circonstances, celles où il n'est pas vraiment question de statistiques, d'écarts, de considérations comptables. Il arrive en effet que le grief soumis au juge porte sur des faits, des comportements, des attitudes, dont on considère qu'ils ont exercé une influence sur les électeurs et qu'ils justifient une annulation de l'élection. La décision du 13 mars 1993 rendue par le Conseil constitutionnel du Sénégal donne une idée de ce type de contexte. L'un des manquements dénoncés par les saisissants portait sur l'influence qu'aurait exercée la diffusion par la télévision publique d'une émission religieuse dans laquelle des appels plus ou moins explicites à voter pour un candidat auraient été lancés. En réponse, le juge estime, entre autres, qu' « il n'est nullement prouvé par les requérants » que les faits en question « aient exercé une influence déterminante sur les électeurs pour modifier le résultat du scrutin » (considérants n°15 et 16). La théorie de l'influence déterminante se trouve ainsi appliquée à un cas où il n'était pas question de statistiques et de résultats, mais de quelque chose de plus diffus, de moins quantifiable, tenant d'une forme de pression psychologique, d'emprise morale. L'on peut alors douter de la pertinence de la démarche du juge sénégalais pour la raison, précisément, que par essence et par définition, cette doctrine est appropriée aux seuls contextes où il est question de mesures objectives, de proportions, de chiffres.

La théorie de l'influence déterminante soulève au demeurant une dernière question, qui est celle de ses limites, non plus théoriques – comme on vient de le voir – mais pratiques. On veut suggérer par là le seuil de tolérance, celui à partir duquel la théorie de l'influence déterminante ne peut plus être invoquée parce que les faits sont d'une gravité telle qu'ils ne peuvent être « passés par pertes et profits ». La jurisprudence constitutionnelle révèle en effet que le juge, tout en maniant cette théorie, sanctionne tout de même certains manquements, qu'il tient sans doute pour trop graves pour passer sous les radars de sa censure. Et de fait, l'analyste ne peut pas ne pas poser cette problématique qui tient en deux questions : existe-t-il des limites à la « tolérance » que postule la théorie de l'influence déterminante ? Si oui, quelles sont- elles, ou, si l'on préfère, quels sont les manquements qui doivent nécessairement être sanctionnés ?

Il ressort de la jurisprudence constitutionnelle en général que l'annulation d'un vote peut reposer aussi bien sur des considérations de forme que de fond. Par « forme », il faut comprendre la mauvaise utilisation d'une procédure ou encore une altération des documents électoraux, qui conduit souvent à l'impossibilité de les « exploiter ». Quant au « fond », il se rapporte à de véritables pratiques de fraude, avec une intention malicieuse délibérée – ce qui n'est pas nécessairement le cas des altérations de « forme » -, tendant à influer sur l'arithmétique des résultats.

Relèvent du premier cas, par exemple, la jurisprudence sénégalaise annulant un résultat parce qu'une liste d'émargement n'existait pas dans le bureau de vote ou parce que des « mandataires » avaient accompli leur devoir civique dans un bureau auquel ils n'étaient pas affectés (décision du 10 mars 2000, affaires n°4 à 11/E/2000, considérants n° 18 et 35). Les jurisprudences ivoirienne et nigérienne du 27 octobre 1995 et du 30 mars 2026 vont dans le même sens. Dans la première décision, le Conseil constitutionnel de Côte d'Ivoire annule le vote pour « absence de signature des procès

– verbaux par les membres de certains bureaux de vote, indications incomplètes, telles que le pourcentage des voix obtenues sans mention des voix recueillies par les candidats…, irrégularités suffisamment graves pour altérer la sincérité des votes, qu'il échet de déclarer nuls les résultats de ces votes » (décision n°E/005/95 du 27 octobre 1995). La Cour constitutionnelle du Niger constate pour sa part que des résultats enregistrés « font ressortir des chiffres confus, surchargés et illisibles, ce qui ne permet pas à la Cour d'exercer son contrôle, qu'il y'a donc lieu d'annuler lesdits résultats » (arrêt n°018/CC/ME du 30 mars 2016).

Des annulations pour des raisons de « fond » sont quant à elles observables dans d'autres arrêts rendus. Il a été indiqué que ce qui caractérise les manquements en question, c'est leur caractère délibérément frauduleux, le fait qu'ils entrent dans une stratégie préméditée de faussement des résultats du scrutin. Dans le cas du Sénégal, il s'agit de sanctionner des actes de violence doublés de « bourrage d'urnes » (décision du 8 juin 1998, affaires n° 12 à 29/E/98, considérants n° 50, 51, 58). La Cour constitutionnelle du Gabon pour sa part, après avoir examiné vingt et un procès – verbaux de bureaux de vote, « établit la falsification des résultats qui y sont contenus (…), il convient donc d'annuler les résultats desdits bureaux de vote » (décision n°050/CC du 23 septembre 2016 relative aux requêtes présentées par MM Gérard Ella Nguema (et autres) tendant à l'annulation partielle et à la réformation de l'élection du Président de la République ». Quant à la Cour électorale spéciale de Madagascar, elle a annulé les résultats de bureaux de vote dont les procès – verbaux ont été « emportés » chez elle par une personne (arrêt n°10-CES/AR du 17 janvier 2014 portant proclamation des résultats définitifs du second tour de l'élection présidentielle du 20 décembre 2013). Ajoutons, sans s'étendre outre mesure sur ce point, que la jurisprudence constitutionnelle malgache reste tout à fait exceptionnelle puisqu'il lui est également arrivé d'annuler des votes pour usage de biens publics par un candidat ou « détournement de prérogatives de puissance publique » par des autorités à des fins de propagande électorale (même arrêt).

Une dernière originalité des décisions commentées doit être soulignée. Il s'agit de l'exercice de mémoire auquel elles ont donné lieu. Dans la décision du 13 mars, le Conseil constitutionnel prend en effet le soin de rappeler « une jurisprudence constante », exprimée « dans la décision n°5/E/1993 du 2 mars 1993 » (considérant n°1). Il n'existe pas beaucoup d'autres cas dans lesquels un tel flashback a été fait, l'un des rares (le seul ?) cas étant constitué par la décision n)1/C/24 du 15 février 2024 dans laquelle le juge rappelle de façon extrêmement lapidaire qu'il « a déjà décidé, d'une part, que le mandat du Président de la République ne peut être réduit (….)» (considérant n°14). Or, l'on aurait aimé voir le Conseil constitutionnel rappeler plus souvent, et de manière plus diserte, sa jurisprudence. Le fait de rendre la justice comporte en effet des enjeux de mémoire. Ces commémorations ne sont pas des digressions, et cette exigence mémorielle participe à la légitimation même de la jurisprudence, en insérant celle-ci dans une continuité, dans une certaine cohérence. Il est donc souhaitable qu'à l'avenir, la juridiction constitutionnelle rappelle les décisions ou appréciations qu'elle a eu à formuler sur une question précise qui se pose derechef, au besoin en citant de façon circonstanciée son propos antérieur. Bien entendu, il n'y a pas de dictature du précédent, et l'impératif de la réminiscence n'abolit pas la nécessité de la rupture ou de l'innovation : le juge garde toujours la possibilité d'opérer des revirements de jurisprudence ou d'adapter son raisonnement à un contexte ou à des circonstances nouvelles ou inédites.

Décision N°12/C/93 du 16 décembre 1993

REPUBLIQUE DU SENEGAL

CONSEIL CONSTITUTIONNEL

N°12/95

AFFAIRE N°3/C/93

DÉCISION

Le Conseil constitutionnel, en sa séance du 16 décembre 1993, statuant en matière constitutionnelle, conformément à l'article 82 de la Consti-tution et à l'article premier de la Loi organique n°92.23 du 30 Mai 1992 sur le Conseil constitutionnel, a rendu la décision dont la teneur suit :

Vu la Constitution, notamment ses articles 78 et 82, alinéa premier ;

Vu la loi organique n°92.23 du 30 mai 1992 sur le Conseil constitutionnel, notamment ses articles premier, 14 et 15 ;

Vu le Traité de Port-Louis du 17 octobre 1993 relatif à l'Harmonisation du Droit des Affaires en Afrique ;

Vu la requête du Président de la République en date du 29 novembre 1993, enregistrée au Conseil constitutionnel le premier décembre 1993, tendant à faire déclarer la conformité dudit Traité à la Constitution ;

Monsieur IBOU DIAITE ayant été entendu en son rapport ;

APRÈS EN AVOIR DÉLIBÉRÉ CONFORMÉMENT À LA LOI :

1- CONSIDÉRANT que par requête en date du 29 novembre 1993, le Président de la République, en se fondant sur l'article 78 de la Constitution, a saisi le Conseil aux fins de voir :

« - Statuer sur la conformité à la Constitution des articles 14 à 16 du Traité relatif à l'Harmonisation du Droit des Affaires en Afrique ;

- relever d'office, le cas échéant, en application de l'avant-dernier alinéa de l'article 15 de la loi organique n°92.23 du 30 Mai 1992 sur le Conseil constitutionnel, une violation de la Constitution qui n'aurait pas été soulevée » ;

2- CONSIDÉRANT que cette requête dont le Conseil constitutionnel a été saisi après la signature de l'engagement international et avant le vote de la loi autorisant sa ratification ou son approbation, est recevable, en application des articles 78 de la constitution et 14 de la loi organique sur le Conseil constitutionnel ;

3 - CONSIDÉRANT que le Président de la République demande au Conseil constitutionnel de se prononcer sur la constitutionnalité des articles 14, 15 et 16 du Traité de Port-Louis au regard des articles 80 et 82, alinéa 3 de la Constitution ;

AU REGARD DE L'ARTICLE 80 DE LA CONSTITUTION

4. CONSIDÉRANT que les articles 14, 15 et 16 du Traité attribuent compétence à une Cour commune de Justice et d'Arbitrage devant assurer dans les États Parties l'interprétation et l'application communes du Traité et des règlements pris pour son application et des actes uniformes ;

QUE saisie par la voie du recours en cassation, cette Cour pourra égale-ment se prononcer sur les décisions rendues par les juridictions d'Appel des États Parties dans toutes les affaires soulevant des questions relatives à l'application des actes uniformes et des règlements prévus au présent Traité, à l'exception des décisions appliquant des sanctions pénales, et dans les mêmes conditions, sur les décisions non susceptibles d'appel rendues par toute juridiction des États Parties dans les mêmes contentieux ;

5 - CONSIDÉRANT que l'article 80 de la Constitution, en disposant que le pouvoir judiciaire est « exercé par le Conseil Constitutionnel, le Conseil d'État, la Cour de Cassation et les Cours et Tribunaux », réserve cet exercice aux seules institutions qu'il énumère limitativement, à l'exclusion de toute autre institution, qu'elle soit d'ailleurs nationale ou interna-tionale ;

6- CONSIDÉRANT, toutefois, que les dispositions de l'article 80 ne visent que l'exercice du pouvoir judiciaire dans l'ordre juridique sénégalais ; qu'elles n'ont ni pour objet, ni pour effet d'interdire la participation d'une institution autre que celles qu'elles énumèrent, à l'exercice du pouvoir judiciaire du Sénégal mais dans un cadre différent du cadre national ; qu'il n'y a donc pas, en l'espèce, une contrariété logique entre les dispositions de l'article 80 et les articles 14, 15 et 16 du Traité attribuant à une juridiction internationale comme la Cour commune de Justice et d'Arbitrage, la compétence de connaître, par voie de cassation, de certaines décisions rendues en dernier ressort par les juridictions du Sénégal, dans le cadre d'une organisation internationale telle que l'Organisation pour l'Harmonisation en Afrique du Droit des Affaires.

AU REGARD DE L'ARTICLE 80, ALINÉA 3 DE LA CONSTITUTION :

7- CONSIDÉRANT, il est vrai, qu'en conférant cette compétence à la Cour commune de Justice et d'Arbitrage les articles 14, 15 et 16 du Traité réduisent d'autant les attributions de la Cour de Cassation telles qu'elles sont définies par l'article 82, alinéa 3 de la Constitution, qui dispose qu'en toute matière autre que celles qui relèvent des compétences respectives du Conseil constitutionnel et du Conseil d'État (article 82, alinéas 1 et 2), « la Cour se prononce par la voie du recours en cassation sur les jugements rendus en dernier ressort par les juridictions subordonnées ».

8 - CONSIDÉRANT qu'il n'en résulte cependant ni changement du statut international du Sénégal en tant qu'État souverain et indépendant, ni modification de son organisation institutionnelle ; que le dessaisissement de certaines de ses institutions – Cour de Cassation, mais aussi Assemblée nationale – n'est ni total, ni unilatéral ; qu'il s'agit donc, en l'espèce, non pas d'un abandon de souveraineté, mais d'une limitation de compétences qu'implique tout engagement international et qui, en tant que telle, ne saurait constituer une violation de la Constitution, dans la mesure où celle-ci, en prévoyant la possibilité de conclure des traités, autorise, par cela même, une telle limitation de compétences ;

9- CONSIDÉRANT que même si les articles soumis à l'examen du Conseil constitutionnel avaient prescrit un véritable abandon de souveraineté, ils ne seraient pas inconstitutionnels ;

que s'il y avait un doute à ce sujet, il serait levé par les dispositions du paragraphe 3 du Préambule de la Constitution aux termes duquel :

« LE PEUPLE SÉNÉGALAIS

« soucieux de préparer l'unité des États de l'Afrique et d'assurer les perspectives que comporte cette unité ;
« conscient de la nécessité d'une unité politique, culturelle, économique et sociale, indispensable à l'affirmation de la personnalité africaine ;
« conscient des impératifs historiques, moraux et matériels qui unissent
les États de l'Ouest africain,

« DÉCIDE :

« QUE LA REPUBLIQUE DU SENEGAL NE MENAGERA AUCUN EFFORT POUR LA REALISATION DE L'UNITE AFRICAINE »

10 - CONSIDÉRANT, en effet, que la réalisation de l'Unité africaine impliquant nécessairement un abandon de souveraineté de la part des États qui y participent, le Peuple sénégalais, par cette « décision constitu-tionnelle », accepte d'accomplir un tel « effort » ; qu'il s'ensuit qu'un engagement international par lequel le Sénégal consentirait à aban-donner sa souveraineté dans ce but, serait conforme à la Constitution, à condition que cet abandon de souveraineté se fasse sous réserve de réciprocité et dans le respect des Droits de l'Homme et des Peuples, ainsi que des libertés fondamentales, garantis par les dispositions de valeur constitutionnelle ;

11- CONSIDÉRANT qu'il en est ainsi, a fortiori, du Traité de Port-Louis du 17 octobre 1993 relatif à l'Harmonisation du Droit des Affaires en Afrique, dont les articles 14, 15 et 16 ne prescrivent qu'une limitation de compé-tences, dans le but, selon les termes mêmes du Préambule dudit Traité, « d'accomplir de nouveaux progrès sur la voie de l'unité africaine »; que ces articles ne sont donc pas contraires à la Constitution ;

12 - CONSIDÉRANT que le Conseil constitutionnel ne relève dans le Traité, aucune violation de la Constitution susceptible d'être soulevée d'office, conformément aux dispositions de l'article 15 alinéa 3 de la loi organique sur le Conseil constitutionnel ;

D É C I D E

ARTICLE PREMIER : La requête du Président de la République est recevable ;

ARTICLE 2 : Les articles 14, 15 et 16 du Traité de Port-Louis du 17 octobre 1993 relatif à l'Harmonisation du Droit des Affaires en Afrique ne sont pas contraires à la Constitution ;

ARTICLE 3 : Aucune des autres dispositions du Traité ne lui est contraire.

ARTICLE 4 : La présente décision sera notifiée au Président de la République et au Président de l'Assemblée Nationale et publiée au Journal officiel.

Délibérée par le Conseil constitutionnel en sa séance du 16 décembre 1993 à laquelle siégeaient :

Messieurs : Youssoupha NDIAYE, Président,

Amadou Louis GUEYE, Vice-Président,

Ibou DIAITE, Membre Rapporteur,

Madame Marie-José CRESPIN, Membre,

Monsieur Amadou SO, Membre

Avec l'assistance de Maître Doudou Salmone FALL, Greffier en Chef.

En foi de quoi, la présente décision a été signée par le Président, le Vice-Président, les autres membres du Conseil et le Greffier en Chef.

Le Président

Youssoupha NDIAYE

Le Vice-Président

Amadou Louis GUEYE

Membre Rapporteur

Ibou DIAITE

Membre

Marie-José CRESPIN

Membre

Amadou SO

Le Greffier en Chef

Doudou Salmone FALL

Observations

Le Conseil constitutionnel a été saisi par le Président de la République, sur la base de l'article 78 de la Constitution, et de l'article 14 de la loi organique relative au Conseil constitutionnel, aux fins d'apprécier la conformité du traité créant l'OHADA avec la Constitution de la République du Sénégal. La question d'une telle conformité se posait parce que ce traité, conclu à Port- Louis le 17 octobre 1993, renfermait trois dispositions problématiques au regard de la Constitution. Plus précisément, les articles 14, 15 et 16 du traité semblaient être contraires aux articles 80 et 82 alinéa 3 de la Constitution dans la mesure où les dispositions constitutionnelles que voilà réservaient l'exercice du pouvoir judiciaire à des cours et tribunaux nationaux, et que, d'autre part, la création d'une Cour commune de justice et d'arbitrage (CCJA) par le traité de Port- Louis avait pour effet de réduire le domaine de compétence matériel de la Cour de cassation, tel que défini par l'article 82 alinéa 3. Il convient de préciser que cette CCJA avait vocation à se substituer aux cours de cassation nationales dans le domaine particulier du droit des affaires.

Le Conseil constitutionnel va estimer que le traité international est compatible avec la Constitution, en avançant trois séries d'arguments. Tout d'abord, il affirme qu'en définissant les instances qui exercent le pouvoir judiciaire au plan national, l'article 82 de la Constitution n'exclut pas l'exercice de la justice dans un cadre non- national, comme celui de la CCJA. Il faut donc comprendre cette disposition comme n'ayant qu'une portée nationale, et ne s'opposant pas à l'existence d'institutions juridictionnelles internationales susceptibles de « concerner » des citoyens ou des institutions du Sénégal. En deuxième lieu, et sur le sujet de la réduction de la compétence matérielle de la Cour de cassation, réduction née de la création de la CCJA, le Conseil constitutionnel répond d'un point de vue plus général, il répond sur le plan des « principes » en posant que le nouvel état de fait n'entraîne « ni changement du statut international du Sénégal en tant qu'Etat souverain et indépendant, ni modification de son organisation institutionnelle, que le dessaisissement de certaines de ses institutions –

Cour de cassation mais aussi Assemblée nationale – n'est ni total ni unilatéral ; qu'l s'agit donc, en l'espèce, non pas d'un abandon de souveraineté, mais d'une limitation de compétences qu'implique tout engagement international (...) » (considérant n°8). La réponse du juge constitutionnel à la question posée par le Président de la République se déploie sur un troisième plan, que le Conseil utilise quasiment comme un couperet, comme un « argument- massue ». Il consiste à invoquer le préambule de la Constitution, lequel proclame que : « LE PEUPLE SENEGALAIS,

- Soucieux de préparer l'unité des Etats de l'Afrique et d'assurer les perspectives que comporte cette unité ;
- Conscient de la nécessité d'une unité politique, culturelle, économique et sociale, indispensable à l'affirmation de la personnalité africaine ;
- Conscient des impératifs historiques, moraux et matériels qui unissent les Etats de l'Ouest africain,

DECIDE

QUE LA REPUBLIQUE DU SENEGAL NE MENAGERA AUCUN EFFORT POUR LA REALISATION DE L'UNITE AFRICAINE ».

C'est cette proclamation constitutionnelle qui se voit doter d'une « positivité » forte, au point de justifier même un « abandon de souveraineté ». Or, le traité de l'OHADA, nous a précédemment dit le Conseil, ne va pas jusque-là, puisqu'il n'implique qu'une « limitation de compétence ». En d'autres termes, la Constitution sénégalaise – son préambule, plus précisément – permet des sacrifices de souveraineté beaucoup plus importants que ceux qu'implique le traité de l'OHADA. Cette considération vient majorer, si l'on ose dire, la compatibilité du traité de Port-Louis avec la Loi fondamentale sénégalaise. Le Conseil prend simplement le soin de préciser qu'une telle compatibilité reste tout de même soumise à certaines conditions, qui sont au nombre de deux : la réciprocité - c'est-à-dire l'application du traité par les autres États parties - et le respect des droits de l'homme et des peuples – les impératifs supranationaux ne devant jamais, bien entendu, méconnaître cette exigence- là (considérant n°10).

La décision n°12/C/93 rendue par le Conseil constitutionnel constitue donc une jurisprudence intéressante dans la mesure où non seulement elle porte sur l'épineuse question du traitement du droit international par le juge de la Constitution, mais qu'elle constitue une tentative de réponse de principe, de réponse « systématique » à cette problématique. Intéressante, elle l'est également parce qu'elle revêt une certaine dimension « militante », procède d'une certaine rigueur et d'une certaine hardiesse dans l'interprétation des normes constitutionnelles (I). Mais une telle position suscite un certain nombre d'interrogations dans le cas présent, notamment parce qu'elle procède, à plusieurs égards, par emprunts (II).

I. Défense d'une jurisprudence « intégrationniste »

Plusieurs assertions contenues dans la décision du 16 décembre 1993 peuvent, nous semble-t-il, pouvoir être défendues. Les réponses que le Conseil donne aux questions qui lui sont posées sont assorties de précisions qu'il convenait sans doute de faire, et qui doivent être inscrites au crédit de la décision rendue. Il s'agit de vérités glissées dans le raisonnement du juge, de précisions faites en forme d'incises.

A. Au point de vue analytique : quelques incises bienvenues

Trois d'entre elles nous paraissent devoir être soulignées.

Le juge constitutionnel sénégalais a eu raison, nous semble-t-il, de redéfinir le périmètre de sa saisine en précisant que la question qui lui est posée par le Président de la République dépasse la seule soustraction de compétences à des juridictions nationales, notamment à la Cour de cassation. Au considérant n°17, le Conseil que l'Assemblée nationale fait partie des institutions sénégalaises dessaisies par le traité de l'OHADA. La raison en est simple : le « droit des affaires » sur lequel porte cette convention internationale touche à des normes qui peuvent faire partie du domaine de la loi, domaine dans lequel les organes de l'OHADA peuvent désormais entrer à travers l'édiction d' « actes uniformes », lesquels sont des actes unilatéraux de l'organisation obligatoires sur le territoire des Etats membres.

Cette sorte de « réécriture » de sa saisine est assez remarquable, parce qu'elle n'est pas courante. Le Conseil constitutionnel rétablit la vérité des choses et celle des qualifications, il reformule la ou les questions qui lui sont posées. Sa jurisprudence du 20 juillet 2021, relative à la conformité à la Constitution d'un certain nombre de dispositions du Code pénal réformé, constitue sans doute à ce jour la décision dans laquelle ces opérations de reformulation ont été portées au plus haut niveau, le Conseil remaniant onze fois les questions que les députés lui ont posées (décision n°2/C/21). Dans cette jurisprudence – ci, la redéfinition de la saisine est plus modeste, elle consiste simplement à dire que ce n'est pas seulement le pouvoir judiciaire qui est concerné par les concessions impliquées par la nouvelle organisation internationale, que le pouvoir législatif l'est également.

La confrontation de la jurisprudence sénégalaise avec celle du Bénin fait bien ressortir cet aspect des choses. La Cour constitutionnelle béninoise a en effet, à l'instar du juge sénégalais, été invitée à se prononcer sur ce même traité de l'OHADA. La dimension « normative » - et pas seulement « judiciaire » - impliquée par le projet OHADA est traitée de manière frontale, et non « latérale » ou marginale par le juge béninois. On lit dans l'arrêt rendu par celui-ci le 30 juin 1994 que « ledit traité crée une catégorie d'actes juridiques dénommés « actes uniformes » qui sont directement applicables et obligatoires dans les Etats membres, nonobstant toute disposition contraire de droit interne, antérieure ou postérieure ; (...) que les actes uniformes sont adoptés à l'unanimité des Etats parties présents et votants et sont directement applicables et obligatoires en république du Bénin (...)».

La dynamique corrosive du traité de Port- Louis touche donc la production des normes nationales elle-même, et pas seulement leur application. Cette précision est bien entendu de nature à « élever » le débat, puisqu'en portant atteinte au droit de légiférer même, le traité international offense un peu plus la souveraineté de l'Etat. Cela pourrait constituer la justification du débat de principes entamé dans le même paragraphe, puisque c'est dans ce cadre précis que le Conseil établit la distinction ente « abandon de souveraineté » et « limitation de compétences », dont il sera question plus loin. L'occasion était toutefois belle pour densifier la décision, pour montrer précisément le lien entre le symbolisme de la concession de souveraineté – renoncer à une partie du pouvoir législatif – et l'élévation du débat qu'une telle remise en cause appelle. En d'autres termes, le Conseil constitutionnel aurait pu se montrer un tout petit peu plus prolixe, un tout petit peu plus « démonstratif ».

Une deuxième vérité avancée par le juge est que tout engagement international comporte une renonciation à la liberté. L'affirmation peut confiner au truisme, mais son expression relève d'une stratégie dans ce cas précis, elle prépare la suite du raisonnement. En disant cela, le Conseil constitutionnel dédramatise en quelque sorte le débat posé devant lui. Il précise qu'une « limitation de compétences » est impliquée par « tout engagement international » (considérant n°8), « banalisant » en quelque sorte celle-ci. L'on voit donc bien qu'il y'a deux temps dans la démarche du juge, lorsqu'il traite de l'article 82 alinéa 3 de la Constitution : une phase que l'on peut qualifier d' « ascendante », un « crescendo » qui se traduit par l'élévation des enjeux et du propos – consistant à poser le problèmes en termes décisifs de souveraineté -, puis une phase « descendante », un « decrescendo » qui tient à une dédramatisation, en une désescalade – consistant à ravaler le sacrifice de souveraineté litigieux au rang de n'importe quel engagement international - . En tout état de cause, l'idée qu'un tel engagement implique toujours une réduction de la liberté de l'Etat semble être une évidence aujourd'hui, si elle ne l'a pas toujours été. Il faut rappeler ici les termes du tout premier arrêt rendu par la Cour permanente de justice internationale : « La faculté de contracter des engagements internationaux est précisément un attribut de la souveraineté de l'Etat (...). Une restriction à l'exercice de ses droits de souveraineté qu'un Etat a acceptée par traité ne saurait être considérée comme une violation de la souveraineté »[5], souligne la juridiction mondiale. Il existe donc une approche apaisée de la souveraineté, une appréhension sereine de celle-ci. La décision du 16 décembre 1993 aurait pu aussi se recommander d'un large consensus doctrinal international.

La dernière observation faite par le Conseil constitutionnel, qu'il importe de souligner, est relative à la qualification de la CCJA comme « juridiction internationale ». Observation subreptice, introduite au considérant n° 6, mais déterminante, aux yeux du Conseil, pour répondre à la question posée. Rappelons que selon le juge, en disposant que le pouvoir judiciaire est exercé par un certain nombre d'institutions nationales citées, la Constitution n'exclut pas la possibilité de confier des compétences déterminées à une juridiction internationale. Il fallait donc affirmer le caractère international de la CCJA, et le Conseil le fait ainsi.

L'analyse proprement dite de la décision du 16 décembre 1993 laisse entrevoir ces éléments importants de la *ratio decidendi*. Une appréhension plus synthétique de cette jurisprudence laisse apparaître le rôle central que le préambule y a joué.

B. Au point de vue synthétique : la valorisation du préambule constitutionnel

Le Conseil constitutionnel a répondu aux différents obstacles qui pouvaient se dresser contre la déclaration de conformité constitutionnelle : les dispositions de l'article 80 et celles de l'article 82 alinéa 3 de la Constitution. Mais après avoir traité de ces points particuliers, le Conseil sort pour ainsi dire l'artillerie lourde : le préambule constitutionnel, lequel, par l'effet drastique de ses énonciations, valide le traité de l'OHADA. Là non plus, le juge ne se sent tenu par les termes de la saisine présidentielle, qui semblait cantonnée à diverses dispositions en concurrence : articles 14, 15, 16 du traité de Port- Louis, et articles 80 et 82 alinéa 3 de la Constitution. Le Conseil répond aux questions posées sur ces sujets particuliers, mais étend sa réponse au préambule de la Constitution luimême, fait intervenir celui-ci pour quasiment « clore le débat ». C'est

[5] CPJI, aff du « Wimbledon », arrêt du 17 août 1923, série A, n°1, p.25.

l'argument massue, avons – nous écrit plus haut, et les mots mêmes du juge en attestent. Celui-ci déclare bien « que même si les articles soumis à l'examen du Conseil constitutionnel avaient prescrit un véritable abandon de souveraineté, ils ne seraient pas inconstitutionnels ; que, s'il y'avait un doute à ce sujet, il serait levé par les dispositions (…) du préambule de la Constitution aux termes duquel (…) ». L'on relèvera en outre que la suite du passage reproduit certaines mentions en majuscules, ce qui n'est pas une « invention » du juge mais constitue ce qui figure bien dans le texte de la Constitution. Le formel et le substantiel se rejoindraient alors : en écrivant ces phrases en majuscules, le Constituant révèle leur importance, veut montrer la place éminente et le caractère « engageant » de celles-ci.

L'option clairement prise est donc de doter le préambule constitutionnel d'une positivité maximale, de majorer l'effet utile de celui-ci. Un tel choix ne va pas nécessairement de soi, ni en doctrine, ni en droit positif. On se contentera, en doctrine constitutionnelle, de renvoyer à la position d'un Hans Kelsen pour qui le préambule exprime seulement « political, moral and religious ideas which the Constitution is intended to promote…This preambule usually does not stipulate any definitive norms for human behaviour and thus lack generally relevant contents. It has an ideological rather than a juristic character »[6].

L'option prise par le juge constitutionnel sénégalais est aux antipodes. Il est vrai que sur la question simple et précise de savoir si le préambule « fait partie » de la Constitution, la réponse était déjà connue puisqu'il était dit que le préambule était « partie intégrante » de la Constitution. Mais c'est dans le coefficient de positivité conférée aux proclamations du préambule que se trouve l'originalité de la décision du 16 décembre 1993. Selon le juge, « même si les articles soumis à l'examen du Conseil constitutionnel avaient prescrit un véritable abandon de souveraineté, ils ne seraient pas inconstitutionnels » pour la raison que le paragraphe 3 du préambule de la Constitution dispose que :

- Soucieux de préparer l'unité des Etats d'Afrique et d'assurer les perspectives que comporte cette unité ;
- Conscient de la nécessité d'une unité politique, culturelle, économique et sociale, indispensable à l'affirmation de la personnalité africaine ;
- Conscient des impératifs historiques, moraux et matériels qui unissent les Etats de l'Ouest africain,

  DECIDE

  Que la République du Sénégal ne ménagera aucun effort pour la réalisation de l'unité africaine ».

[6] KELSEN H., *General Theory of Law and State*, Cambridge, Mass., 1945, p.260.

C'est donc à partir de dispositions aussi « générales » que le Conseil constitutionnel du Sénégal admet la validité d'un « abandon de souveraineté ». Il ne fait pas de doute qu'une telle conclusion relève d'une interprétation quelque peu « osée » du texte, tant il est vrai que celui-ci ne contient pas vraiment d'indications autorisant un sacrifice aussi important.

Cela étant, la mobilisation des ressources du préambule n'est pas une spécificité de la jurisprudence constitutionnelle sénégalaise. D'autres juges, africains notamment, ont eu à tirer de cette composante du texte constitutionnel des conclusions décisives, dans certaines affaires. Ainsi, alors que la Constitution est muette sur la valeur juridique du préambule, le Conseil constitutionnel ivoirien a déclaré « qu'à défaut d'élections dans les délais, les pouvoirs de l'Assemblée nationale ne peuvent prendre fin sans porter atteinte à des principes et règles de valeur constitutionnelles ; qu'il en va ainsi : de la séparation et de l'équilibre des pouvoirs auxquels de peuple de Côte d'Ivoire exprime son attachement dans le préambule de la Constitution (...), de la continuité de la vie de la Nation, qui implique le maintien du Parlement, pouvoir public essentiel à la sauvegarde des valeurs démocratiques auxquelles le peuple de Côte d'Ivoire est attaché, comme il résulte du préambule de la Constitution » (Avis n°2005-013/CC/SG du 15 décembre 2005).

Au Niger et au Gabon, c'est dans le cadre de la délimitation du périmètre du contrôle de constitutionnalité que le préambule a été promu. Dans un arrêt rendu le 18 janvier 2002 en effet, la Cour constitutionnelle du Niger a précisé, que « le contrôle de conformité d'un texte de loi à la Constitution doit s'apprécier non seulement par rapport aux dispositions de la Constitution, mais aussi par rapport au contenu des textes et principes de valeur constitutionnelle énumérés dans le préambule de la Constitution qui forment avec elle ce qu'il est convenu d'appeler le bloc de constitutionnalité » (arrêt 2002-010/CC du 18 janvier 2002).. Au Gabon, c'est une décision du 28 février 1992 évoquant les normes de référence du contrôle exercé par la Cour, qui renseigne que « la conformité d'un texte de loi à la Constitution doit s'apprécier non seulement par rapport aux dispositions de celle-ci, mais aussi par rapport au contenu des textes et normes de valeur constitutionnelle énumérés dans le préambule de la Constitution, auxquels le peuple gabonais a solennellement affirmé son attachement et qui constituent, avec la Constitution, ce qu'il est convenu d'appeler boc de constitutionnalité ».

Deux autres cas de « valorisation » du préambule peuvent encore cités, qui n'ont pas eu lieu dans le cadre de la définition des paramètres textuels de la constitutionnalité, mais à travers un simple renvoi à lui, une sorte de consécration implicite ou *de facto*. Relève de cas de figure l'application de la Déclaration universelle des droits de l'homme dans une affaire soumise au juge nigérien, alors que cet instrument juridique, dont l'article 8 a été violé, figure dans le préambule (arrêt n°2002-004/CC du 16 janvier 2002). De même à Madagascar, divers instruments juridiques adoptés dans le cadre de l'ONU mais ayant été « constitutionnalisés » dans le préambule ont été cités par la Haute Cour constitutionnelle appelée à exercer un contrôle sur des règles de procédure pénale. La juridiction considère « qu'au regard de la nature pénale de la procédure de déchéance du Président de la République, celle-ci est soumise, à toutes les étapes, au respect, en matière pénale, des principes constitutionnels d'une procédure équitable, indépendante et impartiale, contradictoire et garantissant l'équilibre des droits des parties, tels que ceux procédant des dispositions de l'article 10 de la Déclaration universelle des droits de l'homme adoptée le 10 décembre 1948 par l'Assemblée générale de l'ONU et de celles de l'article 14 du Pacte international sur les droits civils et politiques adopté par la même Assemblée générale le 16 décembre 1966 ; que ces deux instruments internationaux faisant partie de la Charte internationale des droits de l'homme, s'imposent à l'ensemble du dispositif normatif malgache en application du Préambule de la Constitution, qui les intègre au sein du bloc de constitutionnalité ».

Toutes ces illustrations jurisprudentielles révèlent que l' « activation » du préambule de la Constitution n'est pas une spécificité sénégalaise. Mais la décision du 16 décembre 1993 revêt quelque originalité parce que le juge « survalorise » en quelque sorte le préambule, il en exploite au maximum les virtualités alors pourtant qu'il reste affecté de deux limites. La première limite est son caractère restrictif. Cela n'a pas toujours été bien mis en évidence, et le Conseil lui-même, pour des raisons aisément imaginables, ne s'arrête pas à cette considération, mais la formule textuelle pèche par compression ou resserrement. Il est en effet question, dans le passage précité, des « impératifs(...) qui unissent les Etats de l'Ouest africain ». L' « Ouest africain », et non l'Afrique toute entière. Cette restriction n'est pas nécessairement le fruit du hasard, elle renvoie aux conditions historiques dans lesquelles le processus d'intégration des Etats a été pensé en Afrique. On sait que cette question a amplement occupé les débats qui ont lieu en 1963 à Addis - Abéba, au moment de la création de l'Organisation de l'Unité africaine (OUA), et qu'il a été décidé, en définitive, que cette « intégration » ne devait pas être immédiate mais graduelle : unités sous – régionales d'abord, union continentale ensuite. Cette approche par séquences reste, aujourd'hui encore, la doctrine officielle de l'organisation panafricaine (Union africaine). Voilà sans doute pourquoi le préambule constitutionnel sénégalais se réfère à l'union de l'Afrique de l'Ouest, et non à celle de l'Afrique. Un « puriste » pourrait cependant trouver à y redire, sachant que l'OHADA est une organisation qui s'étend à toutes les parties du continent.

Mais surtout, le texte sénégalais est « en – deçà » d'un certain nombre d'autres énoncés constitutionnels, lesquels sont non seulement plus explicites sur la question des sacrifices de souveraineté impliqués par les dynamiques de solidarité régionale, mais vont plus loin en spécifiant le résultat auquel ces dynamiques peuvent aboutir. L'on aurait donc pu penser que n'étant pas allé aussi loin que ces autres proclamations constitutionnelles, le préambule de la Constitution sénégalaise n'avait pas nécessairement la portée que le juge lui confère dans la présente décision.

Ainsi, la Constitution du Burkina Faso par exemple contient deux énoncés relatifs à la réalisation de l'unité africaine, qui vont plus loin que le texte sénégalais. Dans le préambule d'abord, qui indique que la recherche de « l'intégration économique et politique avec les autres peuples d'Afrique » doit aboutir à « la construction d'une unité fédérative de l'Afrique ». Puis, deux articles sont réservés au chapitre relatif à « l'unité africaine ». L'un - l'article 146 – précise que cette recherche de cette unité peut déboucher sur « un abandon total ou partiel de souveraineté », et l'autre – l'article 147 – qu'il peut s'agir d'une « confédération, une fédération ou une union d'Etats africains ». Le schéma est à peu près le même que celui de la Constitution du Mali, dont le préambule contient une profession de foi continentaliste, suivi d'un article 180 précisant que les accords conclus en vue de la réalisation de l'unité africaine peuvent être des « accords d'association ou d'intégration comprenant abandon partiel ou total de souveraineté en vue de réaliser l'unité africaine ». La Constitution Nigérienne de 2010, enfin, reprend à son compte le credo du panafricanisme dans les mêmes conditions : proclamation de principe dans le préambule et affirmation de la possibilité de conclure, à l'instar du Mali, des « accords d'association ou de communauté emportant abandon partiel ou total de souveraineté » (article 172). D'autres Etats, sans aller jusque-là, prévoient tout de même dans leurs Constitutions des dispositions afférentes à l'unité continentale. C'est le cas pour le Bénin, le Burundi ou le Cameroun.

C'est sur la base d'énoncés de ce type, pas nécessairement longs mais assurément plus « parlants », en droit, que le préambule sénégalais, que certaines juridictions ont affirmé la compatibilité du même traité de l'OHADA avec la Constitution. Deux jurisprudences peuvent être citées à cet égard. Celle de la Cour constitutionnelle du Bénin d'abord, qui, dans sa décision du 30 juin 1994, renvoie à des dispositions de la Constitution pour « valider » le traité : *« un abandon partiel de souveraineté dans le cadre d'un traité ne saurait constituer une violation de la Constitution dans la mesure où celle-ci, à l'article 144, a prévu que le Président de la République négocie et ratifie les traités et accords internationaux et ledit traité se justifie, au surplus, par la nécessité de l'intégration régionale ou sous- régionale affirmée par le préambule et l'article 149 de la Constitution »*(décision DCC-19-94 du 30 juin 1994). De la même manière, la Cour suprême de justice faisant office de Cour constitutionnelle transitoire en RDC a, dans un arrêt de 2010, favorablement accueilli ce traité fondateur de l'OHADA dans la mesure où une disposition de la Constitution en particulier autorisait la conclusion d'une telle convention. Le juge estime en effet que les dispositions qui lui étaient soumises constituaient *« des clauses de transfert de compétence et de limitation de souveraineté des États membres au profit de l'OHADA, susceptibles d'être adoptées en vertu de l'article 217 de la Constitution qui édicte que : « la République démocratique du Congo peut conclure des traités ou des accords d'association ou de communauté comportant un abandon partiel de souveraineté en vue de promouvoir l'unité africaine »* (arrêt R.Const.112/TSR, 5 février 2010).

En Côte d'Ivoire, l'examen du traité de l'OHADA a donné lieu à la décision du 23 décembre 1994. Dans un style particulièrement lapidaire, le Conseil constitutionnel considère que *« ledit Traité ne comporte pas de clauses contraires à la Constitution, nonobstant certaines dispositions susceptibles d'entraîner des modifications des lois internes »* et conclut à la conformité du traité à la Constitution, donnant ainsi l'impression que le plus important pour lui est de décerner un brevet de conformité de principe au traité international qui lui est déféré, les *« modifications des lois internes »* susceptibles d'advenir étant pour ainsi dire reléguées au second plan décision DCC 94-034 du 23 décembre 1994).

L'on comprend alors à quel point le juge constitutionnel sénégalais a « maximisé » les effets des proclamations du préambule de la Constitution sénégalaise. Des conséquences décisives ont été attachées à une profession de foi relativement laconique, jamais assortie de précisions supplémentaires, même succinctes, sur les voies et moyens de réaliser la visée exprimée. En cela, la décision du 16 décembre 1993 est quelque peu « originale ». Elle constitue, en tous les cas, un modèle de « sollicitation » - d'autres diraient de « forçage » - d'un texte. Il s'agit d'une jurisprudence qui fait également question au point de vue de ses « sources d'inspiration ». Car certains raisonnements ou concepts qu'on y retrouve ont eu à être menés ou maniés par d'autres juges, confrontés à une question similaire quelques années auparavant. La question est de savoir si la tentation du mimétisme jurisprudentiel n'a pas opéré au – delà du raisonnable, si la part peut-être excessive des emprunts n'a pas produit une jurisprudence « extravertie », tournée vers l'extérieur plus que de raison.

II. La part des emprunts dans le raisonnement judiciaire : une jurisprudence extravertie ?

Les « importations » dont il est question sont observables à deux niveaux : à travers la distinction que le juge fait entre les notions d' « abandon de souveraineté » et de « limitation des compétences » - notions d'origine purement prétorienne - (A) et au sujet de la place que le concept de réciprocité occupe dans le raisonnement du juge (B).

A. L'attraction exercée par des catégories jurisprudentielles étrangères : la distinction abandon de souveraineté/limitation de compétence

C'est aux considérants n° 8 et 10 que l'on trouve ces expressions. Elles semblent importantes dans la pensée du Conseil constitutionnel du Sénégal puisqu'on les retrouve lorsqu'il s'agit de répondre à la question du requérant aussi bien du point de vue de l'article 82 alinéa 3 de la Constitution (soustraction des compétences de la Cour de cassation) que de celui de la portée de la proclamation du préambule (engagement à réaliser l'unité africaine). Sur le premier point, le Conseil fait valoir que le projet de l'OHADA n'implique « ni changement du statut international du Sénégal en tant qu'Etat souverain et indépendant, ni modification de son organisation institutionnelle » ; que le dessaisissement postulé par le traité de Port – Louis – dessaisissement de la Cour de cassation mais aussi de l'Assemblée nationale – « n'est ni total ni unilatéral ; qu'il s'agit donc, en l'espèce, non pas d'un abandon de souveraineté mais d'une limitation de compétences qu'implique tout engagement international », et qu'il n'y a dès lors pas de violation de la Constitution (considérant n°8). Au sujet du préambule, le Conseil estime qu'il autorise jusqu'à l'abandon de souveraineté, encore faut-il, ajoute – t-il, qu'un tel abandon « se fasse sous réserve de réciprocité et dans le respect des droits de l'homme et des peuples, ainsi que des libertés fondamentales (...) » (considérant n°10).

Or, les développements que voilà posent problème à au moins deux égards.

L'on pourrait d'abord se demander, à l'aune de toute la décision rendue elle-même, si le couplet des considérants n° 7 et 8 était nécessaire ; en d'autres termes, si la réponse formulée au sujet de l'article 80 (considérants n° 4 à 6) ne suffisait pas, si elle ne constituait déjà pas une réponse à la question soulevée pour l'article 82 alinéa 3. En somme, la question se pose de savoir si ces deux considérants n'étaient pas superfétatoires. Il n'est pas absurde, en effet, de se demander si en avançant qu'il n'y a aucun obstacle constitutionnel à l'exercice d'une juridiction internationale (débat autour de l'article 80), le Conseil constitutionnel ne répond pas, au moins implicitement, à la question plus précise de la réduction du domaine de compétence de la Cour de cassation (débat autour de l'article 82 alinéa 3). Certes, il est possible de rétorquer que le débat sur l'article 82 alinéa 3 ne concerne pas que la Cour de cassation, mais touche également l'Assemblée nationale, à qui l'OHADA peut « retirer » certaines compétences. Cette circonstance peut effectivement justifier les développements qui figurent aux considérants 7 et 8, mais l'on concédera alors que la pertinence de ces deux paragraphes n'est que partielle, puisqu'au sujet de la Cour de cassation, des passages antérieurs avaient déjà répondu à la question.

En second lieu, la distinction faite entre « abandon de souveraineté » et « limitation de compétences » fait question parce qu'il n'est finalement pas évident qu'elle soit utile. Dans un premier temps en effet, le juge établit la distinction que voilà en semblant récuser la possibilité d'un « abandon de souveraineté » (considérant n°8). Pourtant, immédiatement après, il ajoute que « même si les articles soumis à l'examen du Conseil constitutionnel avaient prescrit un véritable abandon de souveraineté, ils ne seraient pas inconstitutionnels » parce que les dispositions du préambule permettent un tel abandon. L'exercice est un peu contorsionné, le Conseil affirme tour à tour l'impossibilité d'un abandon de souveraineté, puis sa possibilité. Ce flou relatif pose de nouveau la question de l'utilité d'un débat autour de l'article 82 alinéa 3 car c'est à ce sujet que la distinction a été faite. L'on peut se demander si le Conseil n'aurait pas tout simplement pu dire, de façon générale et presque en forme de principe, que les dispositions du préambule permettent d'aller jusqu'à l' « abandon de souveraineté, c'est-à-dire, si l'on comprend bien, et aux termes des considérants n°8 et 10, jusqu'à un dessaisissement « total » ou « unilatéral ». Le propos aurait alors été plus clair, le message plus limpide. Cela étant, la distinction opérée par le juge pourrait encore avoir un intérêt, mais celui-ci serait purement théorique ou académique: ranger dans une taxinomie le projet de l'OHADA, le classer dans la catégorie des « limitations de compétences », une strate en – dessous des « abandons de souveraineté ».

Sur ce point particulier, la jurisprudence sénégalaise est passible de la même critique que la jurisprudence béninoise précitée. La remarque ne vaut donc pas que pour elle. L'on a vu plus haut qu'une différence existe entre les deux décisions : celle du Conseil constitutionnel est adossée à une proclamation lapidaire du préambule alors que l'arrêt de la Cour béninoise renvoie à des dispositions précises de la Constitution. Mais hormis ce point, le raisonnement et les termes utilisés sont très semblables. Selon la juridiction béninoise, les dispositions problématiques du traité de Port- Louis « ne visent que l'exercice du pouvoir judiciaire dans l'ordre juridique béninois », qu' « il n'en résulte pas un changement du statut international du Bénin en tant qu'Etat souverain et indépendant », que « le dessaisissement de certaines institutions telles que les juridictions et l'Assemblée nationale n'est ni total ni unilatéral, qu'il s'agit en l'espèce d'un abandon partiel de souveraineté, voulu et accepté par les Etats Parties qu'implique tout engagement international, en particulier celui relatif à l'intégration régionale ou sous -régionale ».

Plus loin, la Cour parle en termes plus systématiques, à l'instar du juge sénégalais évoquant le préambule, avec quasiment les mêmes mots. Selon la juridiction béninoise en effet, « en admettant même que les clauses du traité prescrivent un abandon de souveraineté, l'on peut soutenir valablement en se fondant sur la Constitution, qu'elles ne sont pas inconstitutionnelles ; qu'en effet, l'on lit dans le Préambule de la Constitution : « Nous, peuple béninois…proclamons notre attachement à la cause de l'unité africaine et nous engageons à tout mettre en œuvre pour réaliser l'intégration sous – régionale et régionale ; que l'article 149 de la Constitution dispose : « La République du Bénin, soucieuse de réaliser l'unité africaine, peut conclure tout accord d'intégration régionale ou sous- régionale conformément à l'article 145 ; que la réalisation de l'unité africaine implique nécessairement un abandon et à tout le moins, une limitation de souveraineté, qu'une telle limitation ou un tel abandon partiel de souveraineté a un fondement constitutionnel ; qu'il faut et suffit alors qu'une loi en autorise la ratification, eu égard bien entendu au principe de réciprocité affirmé par l'article 147 de la Constitution ».

Devant la juridiction constitutionnelle sénégalaise comme devant la béninoise, il semble donc que la Constitution puisse supporter des sacrifices de souveraineté importants, allant jusqu'à l' « abandon de souveraineté ». Et qu'en conséquence, il devient moins intéressant d'opérer des distinctions suivant l'intensité de ces sacrifices. Qui peut le plus peut se passer du moins, serait-on tenté de dire.

C'est ici qu'il convient de s'interroger sur les raisons qui ont pu pousser les juges à éprouver le besoin d'aborder la problématique de la constitutionnalité des concessions de souveraineté en termes de strates, d'échelons. Il convient de rester bien entendu prudent, mais il ne serait pas extravagant de penser que certains précédents jurisprudentiels ont pu exercer une forme d'attraction sur le raisonnement des juges sénégalais et béninois. En effet, dans la mesure où la décision commentée établit une différenciation entre « abandon de souveraineté » et « limitation de compétences », elle n'est pas sans rappeler un précédent français bien connu, délivré dans des conditions quasi-similaires à celles de la décision du 16 décembre 1993. Rendue le 30 décembre 1976 au sujet des concessions de souveraineté impliquées par l'intégration européenne – élection au suffrage universel direct de l'Assemblée européenne -, la décision n°76-71 comporte un paragraphe ainsi libellé : « Considérant que si le préambule de la Constitution de 1946, confirmé par celui de la Constitution de 1958,, dispose que sous réserve de réciprocité, la France consent aux limitations de souveraineté nécessaires à l'organisation et à la défense de la paix, aucune disposition de nature constitutionnelle n'autorise des transferts de tout ou partie de la souveraineté nationale à quelque organisation internationale que ce soit » (décision n° 76-71 DC du 30 décembre 1976, considérant n°2).

Il ne serait pas surprenant – il est même hautement probable – que le Conseil constitutionnel du Sénégal ait eu connaissance de cette décision au moment où il rendait la sienne. Alors que le juge français distingue ainsi « limitation de souveraineté et « transfert de souveraineté », son homologue du Sénégal différencie « abandon de souveraineté » et « limitation de compétences ». D'un point de vue terminologique, la jurisprudence sénégalaise est sans doute plus satisfaisante que la française. En effet, en faisant du concept de souveraineté le pivot de sa bipartition – « transfert de souveraineté »/ « limitation de souveraineté » -, le juge français donne à penser qu'une organisation internationale peut être titulaire de tout ou partie d'une souveraineté, perspective qui n'est pas juridiquement admissible. La « souveraineté » d'une organisation internationale reste inconcevable parce que les organisations en question n'existent pas ou n'agissent pas sur le mode de l'exclusivité territoriale, ce que suggère la souveraineté. C'est donc le concept de compétence qui leur siérait davantage, et c'est bien celui que le juge sénégalais utilise. On regrettera seulement que celui-ci, comme son homologue béninois, ait évoqué plus d'une fois, une notion – celle d' « abandon de souveraineté » - qui va s'avérer, en définitive, d'une utilité marginale. Il est un autre concept dont le rôle dans la décision du 16 décembre 1993 suscite des interrogations parce qu'il pourrait bien, lui aussi, être étranger à la problématique soulevée : celui de réciprocité.

B. L'attraction exercée par des catégories juridiques étrangères : la notion de réciprocité

Le terme de réciprocité est d'abord suggéré, puis littéralement repris dans la décision rendue par le Conseil constitutionnel sénégalais.

Son évocation implicite se trouve au considérant n°8, lorsque le Conseil indique que le dessaisissement consenti par la République du Sénégal n'est pas « unilatéral ». Il faut comprendre par là qu'il est réciproque, la réciprocité étant, on le devine bien, une condition de sa compatibilité avec la Constitution. D'autre part, ladite concession n'est pas « totale », par quoi il faut comprendre que l'Etat subsiste, n'est pas dissout dans une autre entité, disparition qui eût été contraire à la Constitution dans l'esprit du juge, on le devine également. L'évocation explicite de la notion de réciprocité se trouve quant à elle au considérant n°10, où il est spécifié que l'abandon de souveraineté reste possible « à condition » qu'il « se fasse sous réserve de réciprocité et dans le respect des droits de l'homme et des peuples ». On remarquera, au passage, que ce concept de réciprocité est tout aussi présent dans la décision déjà évoquée rendue par la Cour constitutionnelle du Bénin.

Cette donnée que constitue l'importance de la notion de réciprocité dans le raisonnement judiciaire n'a peut-être pas été suffisamment soulignée. Tout se passe comme si elle était normale, comme si la constitutionnalité d'une sujétion internationale avait partie liée avec la réciprocité.

La question qu'il convient de se poser est celle de la source même de cette considération : où, dans la Constitution, est-il question de réciprocité dans les engagements internationaux ? La réponse va de soi : c'est lorsque le constituant envisage les effets des traités internationaux dans l'ordre interne, leur autorité vis-à-vis d'autres normes, de nature nationale. La formule utilisée dans le cas du Sénégal comme dans d'autres pays de tradition francophone est alors celle du fameux article 55 de la Constitution française, qui dispose en substance que les traités et accords ont une autorité supérieure aux lois sous réserve de leur publication et de leur application par l'autre partie, c'est-à-dire de réciprocité. Avec de légères variantes, cet énoncé est repris dans un certain nombre de Constitutions en Afrique. Plusieurs observations critiques peuvent pourtant être faites à ce sujet.

La première est d'ordre général. On ne s'y attardera pas outre mesure : c'est le caractère inapproprié du concept lorsque l'on sort du cadre rigoureusement interétatique ou bilatéral. La réciprocité a un sens lorsque la relation conventionnelle se rapporte à une certaine mutualité des intérêts, lorsque ces intérêts sont – on pardonnera la tautologie – « réciproques ». Lorsque l'on sort d'un contexte aussi « relationnel » pour entrer dans un cadre « institutionnel », lorsqu'il n'est plus question pour des Etats de défendre leurs intérêts respectifs dans une perspective simplement coopérative mais d'instituer quelque chose de plus « ambitieux » et de plus pérenne, dépassant leurs intérêts propres, lorsque donc une logique « institu-tionnelle » se substitue à une logique « relationnelle », la réciprocité cesse d'avoir un sens parce que l'entreprise solidariste la bat en brèche. Entrevoir les relations internationales sur le seul mode de la réciprocité, c'est n'envisager celles-ci que comme une juxtaposition d'intérêts concurrents, c'est se priver donc d'une appréhension de la dynamique solidariste et interdépendante qui gouverne aussi le monde, incontestablement. La réciprocité ne peut pas, ne doit pas être partout, elle n'est pas un critère d'appréciation systématique.

L'on voit donc bien que c'est au sujet de l'autorité des traités dans l'ordre national – « les traités et accords ont une autorité supérieure aux lois… » - que la réciprocité est évoquée. Or, la question de cette autorité ou de ces effets juridiques est indépendante de la question soumise au juge constitutionnel, qui est celle de la compatibilité du traité avec la Constitution. Il s'agit de deux questions différentes, mais que la jurisprudence sénégalaise – comme la béninoise, laquelle renvoie clairement, au demeurant, à la disposition constitutionnelle relative à l'autorité des traités dans l'ordre national – ne distingue pas. Le problème de la conformité à la Constitution est différent de celui de son autorité au plan national, et la réciprocité n'est évoquée par les Constitutions qu'à ce second titre. Voilà pourquoi, à notre sens, sa présence même dans une argumentation judiciaire relative au premier problème pourrait être discutée.

On peut, là encore, penser que la manière dont la question a été posée sous d'autres latitudes a pu influencer le Conseil constitutionnel du Sénégal. Car le fait est que, dans deux décisions célèbres, le juge constitutionnel d'un autre pays – la France – a évoqué la réciprocité comme condition de l'admissibilité des sujétions liées à l'intégration européenne. Il l'a d'abord fait dans une décision du 19 juin 1970, relative à certaines dispositions budgétaires des traités européens. Le Conseil note que « les engagements contenus dans les dispositions soumises à (son) examen ne prennent effet qu'après le dépôt du dernier instrument de ratification et qu'ils ont donc le caractère d'engagements réciproques » (décision n°70-39 DC du 19 juin 1970, considérant n°3). Puis il est précisé, après quelques observations, « que la condition de réciprocité susmentionnée se trouve remplie » (considérant n°6). La seconde jurisprudence mentionnant la réciprocité est celle, précitée, du 30 juin 1976, qui évoque la « réserve de réciprocité » (considérant n°2).

Il semble pourtant que le juge constitutionnel français soit un peu mieux fondé que ses homologues sénégalais et béninois à parler de réciprocité dans un contrôle préventif de constitutionnalité des normes internationales. La raison en est simple : il puise une telle habilitation du préambule de 1946, repris par la Constitution de 1958. Dans le corpus constitutionnel Hexagonal, la réciprocité n'est donc pas entrevue sous le seul angle de l'autorité et des effets de la norme internationale dans l'ordre interne, elle l'est aussi, d'un point de vue plus général, comme condition structurelle de validité constitutionnelle des engagements internationaux. Bien entendu, il ne faut pas s'y méprendre : cela ne signifie pas que dans toutes les configurations conventionnelles, le principe de réciprocité s'appliquera – on a vu les limites de principe plus haut – mais seulement que celui-ci constitue une sorte de paramètre ou de boussole pouvant orienter le juge dans son évaluation. La réciprocité est une composante de cette évaluation, ce qui ne signifie pas qu'elle doit pleinement s'appliquer dans tous les cas. C'est l'alinéa 15 du préambule de la Constitution de 1946 qui dispose en effet que « sous réserve de réciprocité, la France consent aux limitations de souveraineté nécessaires à l'organisation et à la défense de la paix ». Et le juge français lui-même se réfère *expressis verbis* à ce préambule de 1946 dans la décision du 30 décembre 1976.

La décision rendue par le Conseil constitutionnel du Sénégal le 16 décembre 1993 foisonne d'enseignements, à maints égards. Sans doute l'abondance des débats qu'elle peut susciter tient aussi à sa dimension quelque peu conjecturale, à l'espèce d'extrapolation à laquelle elle procède, à partir d'énoncés assez laconiques et dont la teneur en droit pourrait être discutée. L'on notera pour finir que l'état du droit sur ce point a évolué, la Constitution sénégalaise ayant été « retouchée » en 2016. Désormais en effet, il existe un article 96 alinéa 4 libellé dans les mêmes termes que dans d'autres Constitutions africaines : « la République du Sénégal peut conclure avec tout Etat africain des accords d'association ou de communauté comprenant abandon partiel ou total de souveraineté en vue de réaliser l'unité africaine ».

Décision N°16/C/95 du 13 février 1995

REPUBLIQUE DU SENEGAL

CONSEIL CONSTITUTIONNEL

N°16/95

AFFAIRE N°1/C/95

DÉCISION

DEMANDEUR : DEMBA MBAYE (MAÎTRE CIRÉ CLÉDOR LY)

Le Conseil Constitutionnel, en sa séance du 13 février 1995 en matière constitutionnelle conformément à l'article 82, alinéa premier, de la Constitution et à l'article premier de la loi organique n°92.23 du 30 mai 1992 sur le Conseil constitutionnel, a rendu la décision dont la teneur suit :

LE CONSEIL CONSTITUTIONNEL,

VU la Constitution notamment en son article 82, alinéa premier ;

VU la loi organique n°92.23 du 30 mai 1992 sur le Conseil constitutionnel, notamment en son article 20 ;

VU la loi organique n°92.25 du 30 Mai 1992 sur la Cour de Cassation, notamment en son article 67 ;

VU le recours en cassation du 26 janvier 1994 de Maître Ciré Clédor Ly, Avocat à la Cour, représentant Demba Mbaye invoquant l'inconstitution-nalité de l'article 140 du code de procédure pénale (C.P.P), dans l'affaire l'opposant à la Caisse de Péréquation et de Stabilisation des Prix et au Ministère public ;

VU l'arrêt n°2 du 17 janvier 1995 rendu par la première chambre de la Cour de Cassation statuant en matière pénale ;

VU la lettre de transmission n°81 du 24 janvier 1995 enregistrée le même jour au greffe du Conseil constitutionnel sous le n°1/C/95 ;

Madame Marie-José Crespin ayant été entendue en son rapport ;

Après en avoir délibéré conformément à la loi :

1 - CONSIDÉRANT que par arrêt n°2 du 17 janvier 1995, la première chambre de la Cour de Cassation statuant en matière pénale, a décidé de saisir le Conseil constitutionnel de l'exception d'inconstitutionnalité de l'article 140 du code de procédure pénale (C.P.P) et de surseoir à statuer sur le pourvoi formé par Demba Mbaye contre l'arrêt n° 7 rendu le 20 janvier 1994 par la Chambre d'accusation ;

2 - CONSIDÉRANT que la loi organique sur la Cour de Cassation dispose en son article 67 : *« Lorsque la solution d'un litige porté devant la Cour de Cassation est subordonnée à l'appréciation de la conformité des dispositions d'une loi ou des stipulations d'un accord international à la Constitution, la Cour saisit obligatoirement le Conseil constitutionnel de l'exception d'inconstitutionnalité ainsi soulevée et surseoit à statuer jusqu'à ce que le Conseil constitutionnel se soit prononcé... »* ;

3 - CONSIDÉRANT qu'en vertu de cette disposition, il convient que le Conseil constitutionnel ne soit saisi que de recours recevables devant la Cour de Cassation ;

4 - CONSIDÉRANT, en effet, que la Cour de Cassation doit se prononcer avant toute saisine du Conseil constitutionnel, sur sa compétence et sur la recevabilité du pourvoi ou la déchéance, tout examen de la « solution du litige » leur étant subordonné ; qu'un pourvoi, non purgé de toutes fins de non-recevoir ou simplement fantaisiste, ne saurait servir de prétexte pour saisir le Conseil constitutionnel d'une exception d'inconstitutionnalité qui, si elle devait être reçue et examinée par le Conseil, constituerait un véritable détournement de procédure ;

DÉCIDE

1° - En conséquence, le renvoi à la Cour de Cassation du dossier de la procédure faisant l'objet de l'arrêt n°2 du 17 janvier 1995 ;

2° - La publication de la présente décision au Journal officiel et par toutes autres voies jugées opportunes ;

Délibérée par le Conseil constitutionnel en sa séance du 13 février 1995 à laquelle siégeaient :

Messieurs : Youssoupha NDIAYE, Président

Amadou Louis GUEYE, Vice-Président

Madame Marie José CRESPIN, Membre rapporteur

Messieurs : Amadou SO, Membre

Ibou DIAITE, Membre

Avec l'assistance de Madame Ndèye Maguette MBENGUE, Greffier en Chef

En foi de quoi, la présente décision a été signée par le Président, le vice-Président, les autres membres du Conseil et le Greffier en Chef

Le Président

Youssoupha NDIAYE

Le Vice-Président

Amadou Louis GUEYE

Membre Rapporteur

Marie-José CRESPIN

Membre

Amadou SO

Membre

Ibou DIAITE

Le Greffier en Chef

Ndèye Maguette MBENGUE

Observations

Par un arrêt n°2 du 17 janvier 1995, la première Chambre de la Cour de cassation a saisi le Conseil constitutionnel d'une exception d'inconstitutionnalité visant l'article 140 du Code de procédure pénale du Sénégal. Le Conseil rappelle les dispositions de l'article 67 de la loi organique sur la Cour de cassation, relatives aux conditions dans lesquelles celle-ci doit transmettre à la juridiction constitutionnelle une exception d'inconstitutionnalité. Parmi ces conditions, la « purge » des fins de non-recevoir, c'est-à-dire le fait que la juridiction qui procède au renvoi devant le Conseil constitutionnel doive s'assurer de sa compétence et de la recevabilité de la demande, relativement au litige principal dont elle est saisie. Le Conseil constitutionnel considère, eu égard aux conditions dans lesquelles il a été saisi, que ce préalable n'a pas été satisfait. Il renvoie donc le dossier à « l'envoyeur », c'est-à-dire à la Cour de cassation, afin que celle-ci effectue ce travail préliminaire.

La décision n°1/C/95 du 13 février 1995 est relativement brève. Elle n'en est pas moins importante dans la mesure où elle renferme, explicitement ou implicitement, des affirmations intéressantes relativement au régime de l'exception d'inconstitutionnalité en droit constitutionnel sénégalais, mais également parce que cette jurisprudence va connaître des « développements » très instructifs sur cette procédure exceptionnelle, du point de vue des règles qui la régissent comme des difficultés auxquelles sa mise en œuvre peut donner lieu.

L'affaire elle-même, ses suites ainsi que les règles qu'elle a mises en évidence, montrent que l'avatar sénégalais de l'exception d'inconstitutionnalité comporte quelques spécificités, encore que le droit et la jurisprudence comparés permettent, là également, d'observer que certaines options nationales sont parfois partagées à travers le monde. Dans ce contexte national lui-même, il apparaît d'autre part que l'encadrement de l'exception d'inconstitutionnalité n'est pas tout à fait stabilisé, que si certaines règles peuvent être tenues pour acquises en l'état actuel des choses, d'autres flottements jurisprudentiels sont observables, d'autres doutes subsistent autour de la procédure de l'exception d'inconstitutionnalité. En sorte que l'on pourrait avancer que, sur le sujet, l'on peut relever, à côté des questions résolues (I), des zones d'ombre, et notamment une question encore débattue, qui est celle de la détermination du véritable juge de l'exception (II).

I. Les questions résolues

Quelques points de consensus peuvent être repérés, dans le traitement de l'exception d'inconstitutionnalité. Il s'agit d'acquis, de quasi- certitudes eu égard au fait que nul, vraiment, ne les conteste aujourd'hui. Certains de ces acquis se trouvent dans les textes mêmes qui organisent la procédure de l'exception, ils sont codifiés (A), alors que d'autres résultent de l'activité et de l'interprétation juridictionnelles, on peut donc les qualifier de prétoriens (B).

A. Les solutions codifiées

Les deux points qui sont retenus à ce titre méritent quelques précisions. L'un est le domaine du contrôle de constitutionnalité par voie d'exception, plus précisément, les actes susceptibles de faire l'objet d'un tel contrôle. A vrai dire, ce point de la règlementation n'a jamais vraiment fait question. Il est abordé ici parce qu'il recèle une certaine particularité, liée à l'inclusion des normes internationales dans les actes susceptibles de contrôle, et que l'hypothèse d'un contrôle de ces normes internationales a eu à se réaliser au moins deux fois dans l'activité du Conseil constitutionnel du Sénégal. L'autre acquis « codifié » peut sembler aller de soi et, pour cette raison, étonner peut-être quelque peu le lecteur. Il s'agit du caractère « accessoire », « incident », du procès en constitutionnalité dans cette procédure. En d'autres termes, ce procès constitue bien une « exception », comme son nom l'indique allait-on dire. Evident, pourrait-on alors rétorquer. Mais l'interprétation de cette « évidence » dans le système sénégalais a conduit à lui attacher d'autres conséquences, qui, elles, ne vont pas nécessairement de soi. Voilà pourquoi il peut être utile de s'attarder sur ce second acquis.

Et d'abord le premier, relatif aux actes susceptibles de faire l'objet d'un contrôle. Aux termes de l'article 67 de la loi organique relative à la Cour de cassation, qui était en vigueur au moment où le Conseil constitutionnel était saisi, en 1995, « lorsque la solution d'un litige porté devant la Cour de cassation est subordonnée à l'appréciation de la conformité des dispositions d'une loi ou des stipulations d'un accord international à la Constitution, la Cour saisit obligatoirement le Conseil constitutionnel de l'exception d'inconstitutionnalité ainsi soulevée et sursoit à statuer jusqu'à ce que le Conseil constitutionnel se soit prononcé ». Précisons à ce stade que la rédaction de cette disposition n'a pas changé depuis, elle a simplement été adaptée aux différentes réformes judiciaires que le Sénégal a connues par la suite : suppression du Conseil d'Etat et retour à une « Cour suprême », puis, en 2016, possibilité d'invoquer l'exception d'inconstitutionnalité devant cette Cour suprême et devant la Cour d'appel (article 22 de la loi organique 2016-23 du 14 juillet 2016 relative au Conseil constitutionnel).

L'existence d'un contrôle de constitutionnalité *a posteriori* des lois est une banalité dans le contentieux constitutionnel. Ce qui est moins courant, c'est l'application d'un tel contrôle aux traités internationaux. Il convient toutefois de ne pas s'y méprendre : il ne s'agit pas là d'une originalité sénégalaise. L'on peut citer d'autres exemples dans le monde. Comme la Constitution moldave, dont l'article 135 (1) dispose que « la Cour constitutionnelle ...exerce sur saisine le contrôle de constitutionnalité des lois et des arrêtés du Parlement, des décrets du Président de la République de Moldova, des arrêtés et des ordonnances du gouvernement ainsi que des traités internationaux auxquels la République de Moldova est partie ». L'article 188 de Constitution de la Pologne dispose également que « le Tribunal constitutionnel statue sur (...) la conformité des lois aux traités ratifiés dont la ratification exige l'autorisation préalable d'une loi (...), la conformité des actes réglementaires émanant des autorités centrales de l'Etat à la Constitution, aux traités ratifiés et aux lois ». Une disposition analogue se trouve dans la Constitution de la Biélorussie (article 116) et dans celle de la Mongolie (article 66 alinéa 2).

Qu'en est-il, de la pratique sénégalaise sur ce point, c'est-à-dire de la jurisprudence relative au contrôle de constitutionnalité *a posteriori* des accords internationaux ? Deux sentences – sauf erreur – sont pertinentes : la décision n°1/C/2000 du 8 février 2001 et la décision n°1/C/2015 du 2 mars 2015. La première étant relative à la contestation de la conformité à la Constitution de l'Accord de siège conclu entre le Sénégal et la BCEAO, en ce que cet Accord prévoyait une immunité de juridiction à cette dernière, alors que le droit au recours à un juge est prévu par un certain nombre d'instruments juridiques cités dans le préambule constitutionnel. Sans s'attarder outre mesure sur cette première décision relative à l'exception d'inconstitutionnalité soulevée contre un accord international, on relèvera que cette jurisprudence du 8 février 2001 pose problème à trois égards au moins. Tout d'abord, l'absence de précision sur un certain nombre de dates est susceptible d'embarrasser le lecteur – il est question d'un Accord de siège conclu en 1997 mais l'Accord de siège auquel il est renvoyé dans les développements date de... 1978 (on suppose qu'en réalité, un nouvel Accord s'est substitué à lui, avec la reconduction de certaines dispositions, dont la litigieuse). En deuxième lieu, alors que le Conseil constitutionnel vérifie systématiquement que les « fins de non-recevoir ont été purgées » - c'est-à-dire que le juge du renvoi a vérifié qu'il était compétent au principal et que la demande qui lui est soumise est recevable -, il n'en dit rien cette fois, escamotant ce point qu'il dit pourtant être essentiel dans d'autres décisions. Enfin, le Conseil ne juge pas vraiment la constitutionnalité de l'Accord incriminé, il élude le débat pour lequel il a été saisi en émettant un seul « considérant » sur le sujet, qui tient quasiment du simple constat de fait – on ne dira pas de l'aveu d'impuissance - et qui est ainsi libellé : « Considérant que ledit Accord de siège régulièrement approuvé par le décret n°78-099 du 2 février 1998 et publié au Journal officiel par le décret n°78-216 bis du 18 mars 1978 est partie intégrante de l'ordre juridique interne ; qu'il est en conséquence conforme à la Constitution » (considérant n°4). Un point de vue plus sévère consisterait même à avancer que le Conseil n'a aucunement procédé à un examen de constitutionnalité.

Dans la seconde jurisprudence pertinente en revanche – celle du 2 mars 2015 -, le Conseil procède à un véritable contrôle de fond. A l'allégation d'inconstitutionnalité de l'accord liant le Sénégal à l'Union africaine et prévoyant la mise en place de la juridiction chargée de juger l'ancien chef d'État du Tchad Hissène Habré, au motif que les dispositions constitutionnelles relatives à la conclusion des traités ont été méconnues, le juge répond, en substance, que non seulement le droit et la pratique du Sénégal attestent que des conventions internationales ont pu antérieurement être conclues selon la même procédure, mais que les règles du droit international elles-mêmes – et notamment la convention de Vienne de 1969 sur le droit des traités – autorisent le recours à la procédure qui a été choisie par le Sénégal. Contrôle de fond donc, traitement frontal de la question de la constitutionnalité, même si les normes de référence sur lesquelles le Conseil s'est appuyé peuvent susciter l'interrogation : il s'agit en effet de normes internationales, alors qu'il est arrivé que le juge déclare que ces normes-là ne se trouvent pas dans le bloc de la constitutionnalité[7].

Le second acquis codifié de la procédure de l'exception d'inconstitutionnalité est que celle-ci est l'accessoire d'un procès principal. C'est sa définition même dira-t-on. Il est pourtant arrivé que le juge éprouve le besoin de redire cette évidence, tel le Conseil constitutionnel du Burkina Faso dans deux décisions rendues en 2018. Dans la première, il déclare que « (...) l'exception d'inconstitutionnalité (...) n'est pas invoquée dans le cadre d'une instance pendante devant une juridiction ; qu'en conséquence les recours doivent être déclarés irrecevables en application de l'article 157 de la Constitution » (décision n°2018-005/CC du 14 mars 2018). Le juge burkinabe va réitérer cette position dans une autre décision (décision n°2018-008/CC du 27 mars 2018).

---

[7] V. plus loin le commentaire de la décision 1 et 2/C/2005 du 12 février 2005.

Mais c'est dans le contexte sénégalais lui-même que le rappel de la solidarité entre l'instance principale et l'instance en constitutionnalité a été exprimé de manière assez saisissante non par le juge de la Constitution lui-même, mas par le juge du renvoi. Ce rappel a consisté à déclarer que l'exception d'inconstitutionnalité doit être soulevée en même temps que la saisine au principal, qu'elle ne peut être évoquée, notamment, après cette saisine. En d'autres termes, l'unité qui existe entre le procès principal et le procès incident n'est pas seulement matérielle – ils ne sont pas seulement liés par le fait qu'ils ont le même objet ou portent sur la même affaire » - , elle est également d'ordre temporel – ils doivent être soulevés en même temps -. Dans son arrêt n°01 du 4 janvier 2024, la Cour suprême du Sénégal a en effet déclaré « qu'il résulte de la jurisprudence de la Cour, qu'en vertu des dispositions de l'article 33 de la loi organique sur la Cour suprême modifiée, « sont irrecevables les moyens additionnels contenus dans un mémoire et qui n'ont pas été présentés dans la requête initiale aux fins de cassation ». En l'espèce, la requête en cassation avait été déposée le 7 juillet 2023, et l'exception d'inconstitutionnalité le 23 octobre 2023. On notera que la Cour suprême s'appuie sur un argument de texte pour déclarer l'exception irrecevable : l'unité matérielle du principal et de l'incident implique leur unité temporelle (Cour suprême, arrêt n°01 du 4 janvier 2024, « Ousmane Sonko contre Ministère public, et Mame Mbaye Niang).

A côté des deux acquis codifiés que voilà, l'exception d'inconstitutionnalité est organisée autour de règles qui résultent de la pratique des juges, et dont la décision du 13 février 1995 rend compte, de façon explicite ou implicite.

B. Les solutions prétoriennes

Les solutions prétoriennes en question tournent autour de trois : la « purge » des fins de non-recevoir, l'irrecevabilité de toute exception ayant déjà été traitée par le juge au cours d'un examen précédent et la détermination du juge devant opérer le renvoi de l'exception.

Le Conseil constitutionnel relève dans la décision commentée que la juridiction qui lui transmet l'exception d'inconstitutionnalité doit s'assurer préalablement qu'elle-même est compétente et que la demande qui lui est soumise est recevable : c'est ce que l'on entend par « purge des fins de non – recevoir », ces mots étant ceux du juge constitutionnel lui – même. Après avoir rappelé les termes de l'article 67 de la loi organique sur la Cour de cassation, qui traite des conditions dans lesquelles cette juridiction transmet l'exception d'inconstitutionnalité, la juridiction constitutionnelle précise « qu'en vertu de cette disposition, il convient que le Conseil constitutionnel ne soit saisi que de recours recevables devant la Cour de cassation », que « la Cour de cassation doit se prononcer avant toute saisine du Conseil constitutionnel sur sa compétence et sur la recevabilité du pourvoi ou la déchéance, tout examen de la « solution du litige » leur étant subordonné ; qu'un pourvoi, non purgé de toutes fins de non-recevoir ou simplement fantaisiste, ne saurait servir de prétexte pour saisir le Conseil constitutionnel d'une exception d'inconstitutionnalité qui, si elle devait être reçue et examinée par le Conseil, constituerait un véritable détournement de procédure » (considérant n° 3 et 4).

La décision n°1/C/95 du 13 février 1995 constitue sur ce point un arrêt de principe car c'est là, pour la première fois, que le Conseil constitutionnel formule cette règle et s'évertue à en vérifier le respect dans les affaires qui vont désormais lui être soumises – à une exception peut-être, sur laquelle on reviendra - . Dans cette jurisprudence pionnière, le juge constitutionnel sénégalais exprime une règle et la justifie en même temps, puisqu'il précise que c'est pour éviter les requêtes « fantaisistes » ou manifestement mal-fondées qu'il demande au juge du renvoi de procéder à la « purge » en question.

La quasi-totalité des décisions rendues à la suite de celle-là réitèrent la position du Conseil constitutionnel. Il en est ainsi d'une décision rendue exactement le même jour, sur une autre exception d'inconstitutionnalité, mais transmise par le Conseil d'Etat, juridiction qui existait à l'époque (décision n°2/C/95 du 13 février 1995, considérant n° 3 et 4). Dans une autre affaire, transmise cette fois par la Cour de cassation, le juge de la Constitution constate que l'examen préalable requis a été accompli et valide sa saisine sur l'exception, laquelle portait sur des dispositions du code de procédure pénale : « Considérant (...) que la Chambre pénale de la Cour de cassation, en rappelant dans les motifs de l'arrêt du 18 avril 1995 que le pourvoi formé par Demba Mbaye est régulier (...) a précisé « qu'elle a vérifié sa compétence et constaté que le pourvoi a satisfait à toutes les conditions exigées par la loi pour être déclaré recevable (...) ; considérant en conséquence qu'il y'a lieu d'examiner le problème de l'exception d'inconstitutionnalité, régulièrement soumise au Conseil constitutionnel » (décision n°3/C/95 du 19 juin 1995, considérants n°6 et 8).

En 2012 en revanche, le Conseil constitutionnel constate qu'un tel travail préalable n'a pas été fait et renvoie en conséquence le dossier à la Chambre administrative de la Cour suprême. Le Conseil écrit : « Considérant que le juge du fond ne s'est prononcé ni sur sa compétence ni sur la recevabilité du recours porté devant lui ; que la saisine du Conseil constitutionnel d'une exception d'inconstitutionnalité ne peut intervenir que lorsque le juge aura préalablement statué sur ces questions ; considérant en conséquence qu'une telle procédure, non purgée des fins de non-recevoir, ne peut être soumise à l'examen du Conseil constitutionnel » (considérants n° 5 et 6). En dehors de la malencontreuse mention du « juge du fond » - il s'agissait bien du juge de cassation, qui n'est pas un « juge du fond » -, la décision que voilà confirme donc la doctrine esquissée en 1995 (décision n°2/C/2012 du 6 décembre 2012).

En 2014 et en 2015, c'est pour prendre acte de l'accomplissement de ce préalable que le Conseil s'exprime, à propos de deux saisines. L'une se rapporte à la constitutionnalité d'une juridiction, la Cour de répression de l'enrichissement illicite (CREI). Selon le juge, « la Cour suprême doit se prononcer avant toute saisine du Conseil constitutionnel sur sa compétence et sur la recevabilité du recours ou la déchéance », il constate que « ce préalable a été formellement observé » (décision n°1/C/2014 du 3 mars 2014, considérant n°2). L'autre décision, rendue en 2015, concerne la conformité à la Constitution de l'établissement des « Chambres africaines extraordinaires » pour juger l'ancien président Habré ; le Conseil constitutionnel y déclare que « la Cour suprême doit se prononcer avant toute saisine du Conseil constitutionnel sur sa compétence et sur la recevabilité du recours ou la déchéance » et « que ce préalable a été formellement observé » (décision n°1/C/2015 du 2 mars 2015, considérant n°2).

Dans ce concert jurisprudentiel, il existe pourtant deux fausses notes, deux décisions de justice qui ont totalement fait l'impasse sur la purge des fins de non-recevoir, sans qu'aucune explication de ce silence ne soit donnée par le Conseil constitutionnel. C'est le cas de la décision n°4/C/2000 du 8 février 2001 relative à l'exception d'inconstitutionnalité de l'Accord de siège entre le Sénégal et la BCEAO, et celui de la décision n°2/C/2013 du 18 juillet 2013 censée examiner la constitutionnalité de certaines dispositions du statut du personnel des douanes. Il s'agit donc de sentences quelque peu hérétiques, qui rompent l'unité jurisprudentielle observée depuis 1995 sur la question de la purge des fins de non-recevoir, laquelle constitue, il faut le rappeler, un premier acquis prétorien majeur de l'organisation de la procédure de l'exception d'inconstitutionnalité dans le système sénégalais.

Le deuxième acquis répertorié est la règle de l'irrecevabilité de toute exception ayant déjà fait l'objet d'un contrôle de constitutionnalité. A vrai dire, ce point n'est pas dégagé par la décision n°1/C/95 du 13 février 1995, mais au moment où celle-ci est prise, la règle est considérée comme établie. L'on peut également la considérer comme implicite en quelque sorte, dans la mesure où elle serait une question « écartée », au même titre que la compétence et la recevabilité ; en somme, elle aussi figure parmi les « préalables » qu'il faut considérer comme « réglés » au moment où le Conseil constitutionnel entreprend l'examen de l'exception.

La consécration de ce point résulte en vérité de la première décision rendue par le Conseil constitutionnel en matière d'exception d'inconstitutionnalité, la décision n°11/C/93 du 23 juin 1993. De façon assez subreptice – au point que l'affirmation pourrait échapper à la vigilance d'un lecteur non attentif -, le Conseil écrit que « la question préjudicielle est recevable, comme ayant été soulevée contre une loi organique qui n'a pas fait l'objet d'un contrôle de conformité à la Constitution, avant sa promulgation (...) ». Le lecteur averti aura compris le contexte dans lequel le juge parle. Dans certains pays en effet – comme le Sénégal, à tel ou tel autre moment de son histoire constitutionnelle -, il existe un contrôle de constitutionnalité obligatoire des lois organiques, qui se définissent elles-mêmes comme se situant dans le prolongement de normes constitutionnelles. La question est alors de savoir si, après avoir fait l'objet d'un tel contrôle préventif – ou même, d'un contrôle non préventif -, une norme peut de nouveau être déférée au juge constitutionnel à travers une procédure d'exception d'inconstitutionnalité. On peut le redire plus simplement : une norme, peut-elle faire deux fois l'objet d'un contrôle de constitutionnalité ? La réponse donnée par le Conseil constitutionnel dans la décision précitée est donc claire : une exception d'inconstitutionnalité est irrecevable dès lors qu'un premier examen de la norme critiquée a eu lieu. En matière de contrôle de constitutionnalité, serait –on tenté de dire, « saisine sur saisine ne vaut ».

Après la juridiction constitutionnelle, c'est le juge ordinaire qui va s'attacher à affirmer cette règle, cette circonstance montrant bien que la mise en œuvre de la procédure de l'exception d'inconstitutionnalité peut être une belle opportunité de collaboration inter-juridictionnelle. En effet, dans son arrêt n° 8 du 10 mars 2022, c'est la Cour suprême qui écarte l'exception d'inconstitutionnalité soulevée au sujet de l'article 6 de la loi organique portant Statut des magistrats au motif que dans une décision intervenue cinq ans plus tôt, le Conseil constitutionnel – à qui les lois organiques doivent systématiquement être soumises – avait estimé que cette disposition « n'est pas contraire à l'article 90 alinéa 3 de la Constitution ». La Cour suprême rappelle par ailleurs que les décisions du Conseil constitutionnel ne sont susceptibles d'aucun recours et s'imposent à toutes les autorités du pays (« Ngor Diop contre Etat du Sénégal »).

La juridiction judiciaire aurait pu s'arrêter à cette considération décisive, mais elle éprouve le besoin d'ajouter à cet argument des développements relatifs au principe d'égalité, dont le respect était mis en doute par le requérant. A vrai dire, ces développements-là sont surabondants et nuisent à la clarté de la démarche qui a abouti au rejet de l'exception. Il est souhaitable qu'à l'avenir, lorsque le juge – constitutionnel ou ordinaire – estime qu'un débat sur la constitutionnalité ne peut être tenu deux fois de suite, qu'il s'en tienne à cette règle décisive et n'ajoute rien à sa motivation. Autrement, il pourrait créer le sentiment qu'une telle règle ne se suffit pas à elle-même.

Le même jour – 10 mars 2022, arrêt n°10 -, la Cour suprême a réitéré son raisonnement dans le traitement d'une exception d'inconstitutionnalité articulée à l'encontre de l'article 9 de la loi organique portant statut des magistrats. La Cour a fait remarquer que « le Conseil constitutionnel, par décision n°2-C-2017 du 9 janvier 2017, a déclaré conforme à la Constitution l'article 9 de la loi organique portant Statut des magistrats ; que dès lors il n'y a pas lieu à renvoi » (« Souleymane Téliko contre État du Sénégal »).

Enfin, dans un arrêt n°64 rendu le 8 décembre 2022, la Cour suprême a encore déclaré l'exception d'inconstitutionnalité soulevée irrecevable, pour la raison que la règle litigieuse – la parité homme- femme dans l'établissement de la liste des candidats aux élections – a fait l'objet, dans le passé, d'un contrôle devant le juge constitutionnel, la Cour citant au demeurant non une mais deux jurisprudences constitutionnelles : décision n° 3/C/2021 du 22 juillet 2021 et décision n°9/E/2022 du 2 juin 2022 (« Birame Souleye Diop contre Etat du Sénégal »).

Il existe un troisième acquis dans l'organisation de la procédure de l'exception d'inconstitutionnalité, après la nécessité de purger les fins de non-recevoir (compétence et recevabilité) et l'irrecevabilité de toute exception ayant déjà été traitée : il porte sur la détermination du juge du renvoi.

La question s'est posée dans une affaire qui a connu quatre temps.

Premier temps : la chambre d'accusation (de la Cour d'appel) rend un arrêt n°53 du 24 février 2022 par lequel elle rejette l'exception d'inconstitutionnalité soulevée par le demandeur au motif que l'article 344 du Code des douanes (dont la conformité à la constitution était contestée) ne viole pas les dispositions constitutionnelles invoquées et confirme les ordonnances de refus de mise en liberté provisoire.

Deuxième temps : les inculpés se pourvoient en cassation contre cet arrêt en ce qu'il aurait violé l'article 22 de la loi organique de 2016 sur le Conseil constitutionnel, qui porte sur les conditions de transmission de l'exception d'inconstitutionnalité.

Troisième temps : la Cour de cassation, par un arrêt n°27 du 19 mai 2022 donne raison aux requérants, elle « casse et annule l'arrêt n°53 de la chambre d'accusation ; saisit le Conseil constitutionnel de l'exception d'inconstitutionnalité de l'article 344 du Code des douanes ; dit que la procédure d'appel contre les ordonnances entreprises va se poursuivre après la décision du Conseil constitutionnel ».

Quatrième temps : le Conseil constitutionnel ainsi saisi décide d'une part que la Chambre d'accusation saisie d'une exception d'inconstitutionnalité a l'obligation de transmettre celle-ci au Conseil constitutionnel et de surseoir à statuer et, d'autre part, et en conséquence, qu'est irrecevable la saisine du Conseil constitutionnel par la Cour suprême de l'exception d'inconstitutionnalité dirigée contre l'article 344 du Code des douanes (décision n°5/C/2022 du 28 septembre 2022, considérant n°10 notamment).

Le feuilleton judiciaire se conclut ainsi par l'affirmation d'un point important, qu'il convient de considérer comme étant, en principe, désormais acquis : c'est le juge devant qui l'exception d'inconstitutionnalité est soulevée qui, seul, est habilité à transmettre celle-ci. Ainsi, la détermination du juge du renvoi – c'est-à-dire auteur du renvoi au Conseil constitutionnel – a été faite. Il faut espérer que la solution ainsi dégagée est stabilisée.

L'on aura remarqué, au passage, que le Conseil constitutionnel a, en quelque sorte profité de cette affaire pour livrer sa conception de l'office du juge du renvoi : celui-ci « a l'obligation de transmettre au Conseil constitutionnel l'exception ainsi soulevée » (article premier du dispositif de la décision). « Obligation », est-il bien dit, ce qui pose une autre question. Si le renvoi de l'exception est une « obligation », c'est qu'en aucune façon la juridiction devant laquelle elle est soulevée ne peut esquisser ou suggérer un débat sur la constitutionnalité, prérogative dont le Conseil constitutionnel aurait alors l'exclusivité. Après l'identification du juge du renvoi, il convient d'aborder ce problème précis : la détermination du juge de l'exception, c'est - à-dire du juge de la constitutionnalité.

II. Une question débattue : la détermination du juge de l'exception

Le juge de la constitutionnalité ne peut être que le Conseil constitutionnel, serait-on tenté de répondre de façon immédiate et certaine : n'est-ce- pas cela le sens même de la transmission de l'exception ? Mais les choses sont moins évidentes que cela. L'expérience sénégalaise en tous les cas atteste que ce point a donné lieu non seulement à des divergences de jurisprudence (A), mais également à des tiraillements d'ordre presque « relationnel », le style feutré des décisions de justice rendues à cette occasion dissimulant mal une certaine tension entre juridictions (B).

A. Dissonances jurisprudentielles

La décision n°1/C/95 du 13 février 1995 prend position, de manière au moins implicite, sur cette question centrale. Pour elle, le juge de la constitutionnalité ne peut être que le Conseil constitutionnel, plus précisément : les juges judiciaires devant qui l'exception est soulevée – cour d'appel ou cour suprême – doivent impérativement transmettre l'exception et ne sauraient en aucune façon entamer un débat constitutionnel. Le Conseil rappelle en 1995 qu'il statue en matière constitutionnelle « conformément à l'article 82 alinéa premier de la Constitution et à l'article premier de la loi organique n°92-23 du 30 mai 1992 sur le Conseil constitutionnel », textes qui se rapportent à la compétence du Conseil en général et aux conditions dans lesquelles les exceptions d'inconstitutionnalité doivent lui être transmises.

Il ressort de cette décision de 1995 que l'office du juge du renvoi – qui était à l'époque la seule Cour de cassation – s'arrête à la « purge des fins de non-recevoir » (compétence et recevabilité). Plus précisément, le juge judiciaire n'est absolument pas invité par la loi à opérer une espèce de premier contrôle de constitutionnalité, comme pourrait le faire un autre juge, incidemment saisi d'une question de constitutionnalité -. L'on songe à cet égard à l'aménagement français de la « question prioritaire de constitutionnalité » devant la Cour de cassation et le Conseil d'Etat. Ces deux juridictions suprêmes de l'Hexagone sont en effet, de par la loi française, de véritables juges du « filtre », appelées qu'elles sont à apprécier ne serait-ce que *prima facie* la pertinence de la question de constitutionnalité soulevée devant elles, avant de la déférer éventuellement au juge de la Constitution. Le système d'un autre pays, l'Italie, se rapproche de cette forme de « sécularisation » de la *jurisdictio* constitutionnelle, celle-ci n'étant plus vraiment l'apanage du juge de la Constitution proprement dit. En France, l' « implication » du juge ordinaire dans cette *jurisdictio* s'accomplit à travers l'appréciation du caractère « sérieux » de l'exception, laquelle lui revient (article 23-2 de la loi organique n° 2009-1523 du 10 décembre 2009), alors qu'en Italie elle résulte du fait que la transmission de l'exception est subordonnée au fait, que seul le juge ordinaire apprécie que celle-ci n'est pas « manifestement infondée » (loi constitutionnelle n°1 de 1948 et loi n°87 du 11 mars 1953).

La loi sénégalaise ne se situe pas, a priori, sur le même plan, et le Conseil constitutionnel en a rappelé la teneur dans la présente décision : il déclare que « la Cour de cassation saisit obligatoirement le Conseil constitutionnel » selon l'article 67 de la loi organique sur la Cour de cassation. La décision du 13 février 1995, interprétative des dispositions légales qui régissent l'exception d'inconstitutionnalité, a donc une double portée : « positive » en ce qu'elle prescrit ou assigne un devoir à la Cour de cassation – s'assurer de sa compétence et de la recevabilité -, « négative » dans la mesure où elle interdit au juge judiciaire de connaître, même *a minima*, de la question constitutionnelle.

Or, c'est ce schéma – là qui a pu être remis en question à deux titres différents, l'un étant plus préoccupant que l'autre. Il faut, pour comprendre ce débat-là, retourner aux dispositions de l'article 22 de la loi organique sur le Conseil constitutionnel (dont la version actuelle date de 2016, il convient de le préciser). Elle se lit comme suit : « Lorsque la solution d'un litige porté devant la Cour d'appel ou la Cour suprême est subordonnée à l'appréciation de la conformité des dispositions d'une loi ou des stipulations d'un accord international à la Constitution, la juridiction saisit obligatoirement le Conseil constitutionnel de l'exception d'inconstitutionnalité ainsi soulevée et sursoit à statuer jusqu'à ce que le Conseil constitutionnel se soit prononcé

(…) ». Les choses paraissent claires, la délimitation de l'office des juges plutôt simple.

Il existe pourtant une lecture de cette disposition qui pourrait conférer au juge du renvoi – Cour de cassation ou Cour d'appel – un rôle plus actif qu'on pourrait le croire ; elle consiste à lui reconnaître un pouvoir d'appréciation sur un point précis : non la conformité à la Constitution de la norme contestée mais l'appréciation de la « subordination » - mot figurant à l'article 22 - de la question incidente – constitutionnelle- sur la question principale – dont il est saisi -. En d'autres termes, ce juge du renvoi évaluerait un lien de dépendance, de connexité, une articulation décisive entre l'exception de constitutionnalité soulevée et la solution du litige dont il est saisi. Si l'on valide une telle lecture, si l'on admet que sans s'ériger bien entendu en juge de la constitutionnalité le juge judiciaire peut effectuer une évaluation de ce type, alors, l'on concédera qu'il n'est pas tout à fait « passif » dans la procédure de l'exception d'inconstitutionnalité, et qu'il y joue même un rôle actif.

Seulement, un tel acquis ne va pas sans conséquence. Il conduit nécessairement à s'interroger sur l'usage de l'adverbe « obligatoirement ». Et la question devient alors la suivante : est-il logique, cohérent, de considérer que le juge judiciaire a un pouvoir d'appréciation du lien de subordination ou de connexité – dont l'usage peut déboucher sur un rejet de l'exception – et, en même temps, lui faire « obligation » - comme cela figure dans la loi organique - de transmettre l'exception ? On peut le dire autrement : il peut exister deux motifs de rejet d'une exception d'inconstitutionnalité et pas un seul, pour absence de relation avec le litige principal (le juge judiciaire l'écarte alors) ou pour non-conformité à la Constitution (que seul le juge constitutionnel peut déclarer). Si l'on admet un tel raisonnement, il est alors logique, il faut le redire, de s'interroger sur la pertinence du libellé suivant de la loi organique : « la juridiction saisit *obligatoirement* le Conseil constitutionnel ». De deux choses l'une en effet : soit le juge exerce son pouvoir d'appréciation et la saisine du Conseil constitutionnel n'est pas « obligatoire », soit ce pouvoir d'appréciation est inexistant ou ne doit pas être exercé et la saisine est alors, effectivement, « obligatoire ». Un doute est donc susceptible d'exister, sur le rôle du juge ordinaire dans le traitement de l'exception d'inconstitutionnalité.

A l'aune de la pratique africaine, il est possible de trouver des choix différents, consistant à faire de la juridiction judiciaire une simple « courroie de transmission » de l'exception, dépourvue d'un quelconque pouvoir d'appréciation. Tel est le cas dans la Constitution du Burkina Faso, où il est énoncé que « (…) tout citoyen peut saisir le Conseil constitutionnel, sur la constitutionnalité des lois, soit directement, soit par la procédure de l'exception d'inconstitutionnalité invoquée dans une affaire le concernant devant une juridiction. Celle-ci doit sursoir à statuer jusqu'à la décision du Conseil constitutionnel qui doit intervenir dans un délai maximum de trente jours à compter de la saisine » (article 157 alinéa 2). De même au Togo, « au cours d'une instance judiciaire, toute personne physique ou morale peut, in *limine litis*, devant les cours et tribunaux, soulever l'exception d'inconstitutionnalité d'une loi. Dans ce cas, la juridiction sursoit à statuer et saisit la Cour constitutionnelle » (article 104 alinéa 5 de la Constitution).

L'expérience sénégalaise révèle que par deux fois au moins, le juge judiciaire a exercé – ou prétendu exercer – ce pouvoir d'appréciation du lien de subordination, et rejeté l'exception d'inconstitutionnalité soulevée devant lui. La Cour suprême, dans un arrêt n°21 du 24 mars 2016 a ainsi procédé car elle a considéré « qu'en l'espèce, la solution du litige n'est pas subordonnée à l'appréciation par le Conseil constitutionnel de la conformité à la Constitution de l'article incriminé » (« Société Regipub SA et autres contre Commune de Mermoz Sacré Cœur »). Une année plus tard, c'est la Chambre d'accusation qui conteste la relation qu'il y'a entre une disposition du Statut de l'inspection générale d'Etat – dont la constitutionnalité est mise en doute – avec la demande d'annulation d'un rapport émané de ce corps de contrôle. Selon la Chambre d'accusation, « au regard de tout ce qui précède, il apparaît que la conformité ou non de l'article 5 de la loi n°2011-14 du 8 juillet 2011 portant statut des inspecteurs généraux d'Etat n'aurait aucune incidence sur l'issue de la demande d'annulation du rapport querellé » (arrêt n° 168 du 16 mai 2017, « Khalifa Ababacar Sall »).

Des jurisprudences de cette nature, par lesquelles est défendue la thèse du pouvoir d'appréciation du lien de subordination ou de connexité par le juge judiciaire peuvent sans doute se défendre, ne serait-ce que parce qu'une certaine interprétation du texte les légitime. Mais il advient que le juge devant qui l'exception est soulevée aille plus loin et opère, il faut bien le dire, un véritable contrôle de constitutionnalité, c'est-à-dire se substitue au juge de la Constitution. Il va de soi que dans de telles circonstances, la décision judiciaire pose problème, elle tend à méconnaître les règles de compétence qui régissent le système judiciaire, et qui sont des règles d'ordre public.

Trois décisions de justice peuvent être relevées, qui tiennent de ce cas de figure. La première est un arrêt de l'ancien Conseil d'Etat, daté du 30 août 1995. Le demandeur alléguait l'inconstitutionnalité d'un décret, sur la base duquel un autre décret, « individuel », avait été pris. Le Conseil d'Etat s'évertue à trancher lui-même la question de la constitutionnalité en déclarant « qu'il est constant (…) que la limitation de l'âge d'exercice d'une profession, surtout libérale, touche à la capacité des personnes que l'article 56 de la constitution place sous la compétence de la loi et non du règlement ; qu'il en résulte que l'article 5 du décret n°89-690 susvisé viole ledit article 56 de la Constitution » et « dit n'y avoir lieu à saisir le Conseil constitutionnel » (arrêt n°0121, 30 aout 1995, « Adama Thiam contre Etat du Sénégal »).

Dans les deux autres arrêts en revanche, le juge n'accueille pas l'exception d'inconstitutionnalité mais l'écarte. Seulement, il le fait en procédant à un contrôle de constitutionnalité proprement dit – ou à quelque chose qui y ressemble -, ce qui revient à empiéter dans le domaine de compétence du Conseil constitutionnel. C'est d'ailleurs ce dernier lui-même qui rappelle ce point de principe dans sa décision n°1/C/2014 du 3 mars 2014, après que la Cour suprême eût rendu un arrêt n°23 du 6 février 2014 sur l'exception d'inconstitutionnalité des textes organisant la Cour de répression de l'enrichissement illicite. Selon le Conseil, « l'appréciation de la conformité de la loi à la Constitution échappe totalement à l'emprise de la Cour suprême ; qu'en effet, cette mission est expressément et exclusivement dévolue au Conseil constitutionnel conformément à l'article 92 de la Constitution (…) ; qu'en statuant ainsi, la Cour suprême a non seulement dépassé les limites de sa compétence, mais aussi et surtout, a empiété sur celle du Conseil constitutionnel », ce dernier se considérant tout de même toujours saisi « indépendamment de la violation manifeste de la loi opérée par la Cour suprême » (considérants n°3, 4, 6)[1].

Dans la décision n°5/C/2022, rendue le 28 septembre 2022, le Conseil constitutionnel note que la Chambre d'accusation « a rejeté l'exception d'inconstitutionnalité au motif que l'article 344 du Code des douanes ne viole pas les dispositions constitutionnelles invoquées » (considérant n°6). En soi, une telle sentence pose problème parce qu'il n'appartient pas à la chambre d'accusation d'émettre une quelconque appréciation d'ordre constitutionnel. En le faisant, elle s'est substituée au Conseil constitutionnel. La décision rendue par ce dernier ne s'attarde pas outre mesure sur ce point, et l'on a compris qu'elle était plutôt soucieuse de restaurer l'orthodoxie du circuit procédural de l'exception d'inconstitutionnalité, en soulignant que c'est au juge devant qui cette exception a été soulevée – devant aucun autre juge - de transmettre le cas au juge constitutionnel.

On le voit, l'entente n'est pas toujours cordiale entre les juridictions impliquées dans la procédure de l'exception d'inconstitutionnalité. Des querelles de territoires, des mésintelligences peuvent naître de l'exercice de l'office de l'un ou de l'autre juge et l'écoulement d'un certain temps – le temps de l'acclimatation – peut être nécessaire pour que les choses se stabilisent et que le mécanisme fonctionne de façon satisfaisante. Ce temps d'adaptation peut toutefois être par moments périlleux, il peut connaître des pics de tension, des pointes de crispation révélées par de véritables tiraillements dont les mots des arrêts rendus peuvent eux- mêmes témoigner.

B. Tiraillements relationnels

Trois décisions rendues par le Conseil constitutionnel du Sénégal peuvent à cet égard constituer des illustrations de ces dissentiments inter-juridictionnels.

L'une est précisément est la décision ici commentée, n°1/C/95 du 13 février 1995. Le Conseil constitutionnel semble y déplorer que la juridiction de renvoi, la Cour de cassation, n'ait pas purgé les fins non - recevoir, c'est-à-dire ne se soit pas formellement assurée de sa compétence et de la recevabilité de la demande à elle soumise. Le considérant n°4 de la décision précise en effet « que la Cour de cassation doit se prononcer avant toute saisine du Conseil constitutionnel sur sa compétence et sur la recevabilité du pourvoi ou la déchéance, tout examen de la « solution du litige » leur étant subordonné ; qu'un pourvoi, non purgé de toutes fins de non-recevoir ou simplement fantaisiste, ne saurait servir de prétexte pour saisir le Conseil constitutionnel d'une exception d'inconstitutionnalité qui, si elle devait être reçue et examinée par le Conseil, constituerait un véritable détournement de procédure ». Une autre jurisprudence du même jour – décision n°2/C/95 du 13 février 1995 – formule la même observation à l'égard d'un renvoi effectué par le Conseil d'Etat - juridiction qui existait à l'époque - les mots utilisés étant quasiment les mêmes que pour la décision précitée (considérant n°4 également). Et le juge constitutionnel renvoie alors les dossiers devant les deux juridictions concernés, afin que celles-ci règlent la question des fins de non – recevoir.

Or, s'agissant de la décision commentée ici, celle qui opère renvoi devant la Cour de cassation, la réaction de cette juridiction sera quelque peu bougonne, si l'on en croit les termes par lesquels le Conseil, de nouveau saisi (décision n°3/C/95 du 19 juin 1995), s'exprime. Il indique que « par arrêt n°12 du 18 avril 1995, la première Chambre de la Cour de cassation statuant à nouveau, tout en reprenant le même dispositif que celui de l'arrêt du 17 janvier 1995, a estimé d'abord, que le Conseil constitutionnel par sa décision du 13 février 1995, lui a fait une injonction qui ne résulte pas des termes de l'article 67 précité ; qu'elle a ensuite expliqué que par son arrêt du 17 janvier 1995, elle « a pris soin de préciser que le pourvoi formé par Demba Mbaye est régulier, qu'elle a poursuivi en écrivant : « qu'elle n'a pu affirmer la régularité dudit pourvoi qu'après avoir vérifié sa compétence et constaté que le pourvoi a satisfait à toutes les conditions exigées par la loi pour être déclaré recevable » (considérant n°3).

Après avoir rapporté la réplique du juge judiciaire, le Conseil constitutionnel entreprend d'y répondre en précisant le sens et l'esprit de sa démarche. Il note que « la seule préoccupation du Conseil constitutionnel demeure le fonctionnement harmonieux et complémentaire des juridictions qui commande aux juges de corriger les imperfections de la loi, de combler ses lacunes par des constructions jurisprudentielles réfléchies, patientes et parfois audacieuses (...) ; que par sa décision, le Conseil constitutionnel voulait signifier, tout simplement, que la recevabilité du pourvoi ne résultant pas du dispositif, le doute pouvait exister sur l'examen de toutes les fins de non – recevoir susceptibles d'entacher le recours avant saisine du Conseil constitutionnel ; que cette préoccupation est très éloignée d'une « injonction » que le Conseil constitutionnel n'a aucun pouvoir de donner sauf dans certaines hypothèses résultant de l'application de l'article premier de la loi organique sur le Conseil constitutionnel » (considérants n°4 et 5). On l'aura compris : en dépit de leur vernis « diplomatique », les passages que voilà constituent de véritables « séances d'explication ». A la réaction quelque peu « offensée » de la Cour de cassation, le Conseil constitutionnel répond par une « mise au point » qui veut allier mesure et clarté.

Ces petites tensions que génère la mise en œuvre de la procédure de l'exception d'inconstitutionnalité sont encore perceptibles dans une décision rendue près de vingt ans plus tard, en 2014. A propos de la conformité à la Constitution de certaines règles en vigueur devant la Cour de répression de l'enrichissement illicite (CREI), une exception avait été soulevée devant la Cour suprême, qui a alors rendu un arrêt n°23 du 6 février 2014. Manifestement, cet arrêt outrepasse la compétence de la haute juridiction, du point de vue du Conseil constitutionnel. Celui-ci considère en effet, dans la décision n°1/C/2014 du 3 mars 2014, que dans la procédure en cause, la Cour suprême ne détient que le pouvoir de purger les fins de non – recevoir, à l'exclusion de tout autre. « Considérant », écrit le Conseil, « que l'appréciation de la conformité de la loi échappe totalement à l'emprise de la Cour suprême ; qu'en effet, cette mission est expressément et exclusivement dévolue au Conseil constitutionnel conformément à l'article 92 de la Constitution (...) ; qu'en statuant ainsi, la Cour suprême a non seulement dépassé les limites de sa compétence, mais aussi et surtout, a empiété sur celle du Conseil constitutionnel », ce dernier restant tout de même saisi « indépendamment de la violation manifeste de la loi opérée par la Cour suprême » (considérants n°3, 4, 6).

Le contentieux constitutionnel du Sénégal n'est pas le seul à connaître ce type de tiraillements. Des « grincements » de cette nature ont pu être observés dans un pays comme le Gabon, la Cour constitutionnelle ayant eu à déplorer la position du juge judiciaire. « Considérant », écrit-elle, « qu'il ressort de l'instruction qu'effectivement, les requérants avaient soulevé une exception d'inconstitutionnalité devant la Cour d'appel à l'encontre des dispositions de l'article 598 du Code de procédure civile ; que le juge d'appel n'a pas cru devoir surseoir à statuer et transmettre le dossier à la Cour constitutionnelle, tel que le lui exigent les dispositions sus- rappelées de la loi organique sur la Cour constitutionnelle (...) ; qu'il découle de tout ce qui précède, que bien que blâmable que puisse être l'attitude du juge d'appel, il y'a lieu de souligner que la Cour constitutionnelle ne peut être saisie directement par voie d'exception par un justiciable ; qu'en conséquence, la requête présentée (...) doit être déclarée irrecevable » (décision n°026/CC du 7 juin 2011 relative à la requête présentée par Me Homa Moussavou et la SCP Boussougou et Couprie aux fins de voir déclarer inconstitutionnelles les dispositions de l'article 598 du Code de procédure civile, considérants n° 4 et 5).

Des flottements de ce type ont pu également être observés au Togo. Ici, ce sont les conditions de transmission de l'exception par le président de la Cour d'appel qui ont été critiquées par la Cour constitutionnelle. La décision de sursis à statuer qui doit être prise préalablement à ladite transmission ne l'ayant pas été, la Cour considère que la transmission effectuée « ne peut valoir saisine » et « qu'il y' a lieu de demander au président de la Cour d'appel de se conformer aux prescriptions de l'article 104 alinéa 5 précité » (décision n° C-002/03 du 26 novembre 2003).

La pratique de la procédure sénégalaise de l'exception d'inconstitutionnalité laisse apparaître une face « positive », « optimiste » : c'est celle des acquis qui ont été inventoriés, certains résultant des textes, d'autres d'un travail prétorien. Une vue rétrospective de cette institution procédurale, dont l'arrangement et le maniement sont beaucoup plus subtils qu'on pourrait le croire de prime abord, tend également à établir que l'exception d'inconstitutionnalité trouve ses marques avec le temps, que les difficultés auxquelles sa mise en œuvre donne lieu pourraient n'être que des « crises de croissance », appelées donc, par définition, à être dépassées.

Il n'en demeure pas moins qu'une hypothèque continue à peser sur l'aménagement de cette procédure au Sénégal, et elle porte sur l'interprétation de l'article 22 de la loi organique sur le Conseil constitutionnel, actuellement en vigueur. La question a été entrevue précédemment, elle est au cœur des dissonances et tiraillements jurisprudentiels observés, et se ramène à ceci : quel est le périmètre exact du pouvoir d'appréciation du juge devant qui l'exception est soulevée ? L'on sait, bien entendu, qu'il ne saurait être juge de la constitutionnalité, même s'il lui est arrivé dans le passé de méconnaître cette règle, mais l'interrogation se rapporte à l'évaluation qu'il est susceptible d'effectuer au sujet du lien de subordination ou de connexité entre le litige principal et le litige incident, l'exégèse de l'article 22 n'excluant peut-être pas une telle marge d'appréciation. La difficulté ne doit pas être « surévaluée », des jurisprudences apaisantes pourraient contribuer à la résorber, et la thérapie appropriée pourrait ne pas être forcément d'ordre législatif. Mais poser ce débat-là n'est pas déraisonnable, dans la mesure où la persistance cette équivoque fait toujours planer le risque de flottements et de mésintelligences jurisprudentiels.

Décision N° 11/E/98 du 18 mai 1998

N° 11/E/98

REPUBLIQUE DU SENEGAL

LE CONSEIL CONSTITUTIONNEL

DÉCISION

Demandeur : Alliance « JEF Jël USD » — Union pour le Renouveau Démocratique

Séance du : 18 mai 1998

Matière : ÉLECTORALE

En sa séance du 18 mai 1998 statuant en matière électorale, conformément à l'article 80 de la Constitution ;

VU la Constitution, notamment en ses articles 29, 49, 80 et 84 ;

VU le Code électoral, notamment en ses articles L 6 et L 45 ;

VU la loi organique n° 92.23 du 30 mai 1992, sur le Conseil constitutionnel ;

VU la saisine du Conseil constitutionnel par Maître Amadou Aly KANE, mandataire de l'Alliance « Jef Jël – U.S.D. » enregistrée au greffe du Conseil constitutionnel le 6 mai 1998 sous le numéro 11/E/98 ;

VU les pièces produites et jointes au dossier ;

Le rapporteur ayant été entendu en son rapport ;

Après en avoir délibéré conformément à la loi ;

1. CONSIDÉRANT que par sa saisine, l'alliance « Jef Jël – U.S.D. » Union pour le Renouveau Démocratique vise à entendre le Conseil constitutionnel dire si le Ministre de l'Intérieur est tenu de mettre à la disposition de l'O.N.E.L. et en définitive des partis politiques, l'intégralité du fichier électoral ou seulement une partie de ce fichier et de dire également si l'installation de terminaux informatiques et d'un site internet font obstacle à l'accès direct par l'ONEL au fichier précité ;

2. CONSIDÉRANT qu'ainsi l'auteur de la saisine demande en réalité un avis au Conseil ;

3. CONSIDÉRANT que, juge d'attribution, le Conseil constitutionnel ne peut se prononcer que sur des cas limitativement prévus par les textes qui fixent sa compétence ; qu'aucun de ces textes ne lui confère une attribution consultative ; que dès lors le recours dont il est saisi échappe à sa compétence ;

DÉCIDE

Article premier : Le Conseil constitutionnel est incompétent pour connaître de la requête de l'Alliance « Jëf Jël – USD » qui présente la liste « Union pour le Renouveau Démocratique » aux élections législatives du 24 mai 1998.

Article 2 : La présente décision sera publiée au Journal officiel de la République du Sénégal.

Délibérée par le Conseil constitutionnel en sa séance du 18 mai 1998 à laquelle siégeaient :

Youssoupha NDIAYE, Président ;

Ibou DIAITE, Vice-Président ;

Amadou SO, Membre ;

Marie-José CRESPIN, Membre ;

Mamadou LO, Membre ;

Avec l'assistance de Madame Ndèye Maguette MBENGUE, Greffier en Chef ;

En foi de quoi, la présente décision a été signée par le Président, le Vice-Président, les autres Membres et le Greffier en Chef.

Le Président

Youssoupha NDIAYE

Le Vice-Président

Ibou DIAITE

Membre

Amadou SO

Membre

Marie-José CRESPIN

Membre

Mamadou LO

Le Greffier en Chef

Ndèye Maguette MBENGUE

Observations

La décision n° 11/E/98 du 18 mai 1998 a été rendue à la suite d'une saisine du Conseil constitutionnel par une coalition de partis politiques, l' « Alliance Jef-Jel – USD ». Il était demandé à la juridiction de dire si le ministre de l'Intérieur est tenu de mettre à la disposition de l'organe de surveillance des élections – l'Observatoire national des élections (ONEL), qui n'existe plus aujourd'hui – ainsi que des partis politiques, tout ou partie du fichier électoral. La demande ne sera pas déclarée recevable, au motif qu'il s'agit en réalité d'une demande d'avis et que le Conseil constitutionnel n'a pas compétence pour délivrer un avis dans les circonstances de la cause.

L'affaire est intéressante à deux titres. D'abord par le rejet de toute compétence consultative, réponse qui se rattache à une certaine manière de concevoir la fonction juridictionnelle. Ce n'est au demeurant pas la première fois que le juge constitutionnel sénégalais écarte la possibilité de livrer des avis puisqu'on se souvient que la Cour suprême du Sénégal statuant en matière constitutionnelle, avait également refusé d'exercer une fonction consultative alors qu'elle était requise pour délivrer une interprétation de certaines dispositions du Code électoral (arrêt n° 2/C/88 du 5 février 1988). La décision du 18 mai 1998 mérite qu'on s'y arrête à un autre titre, et c'est sous cet angle qu'elle sera commentée ici : elle constitue en effet la première affaire dans laquelle la juridiction constitutionnelle sénégalaise va exprimer une doctrine dont il sera beaucoup question par la suite, que l'on pourrait appeler la théorie des compétences d'attribution (I). Se rattachant à un *self – restraint* assumé, traduisant une perception délibérément minimaliste de l'office, elle ne va cependant pas tarder à être battue en brèche et reniée, en quelque sorte, par le juge lui-même (II).

I. La cristallisation de la théorie des compétences d'attribution

Cette théorie part de la décision n°11/E/98 du 18 mai 1998, dans laquelle elle est donc affirmée pour la première fois, elle sera réitérée dans un certain nombre d'autres affaires dont le Conseil sera saisi (A). Elle a bien entendu des implications, qui consistent en un rétrécissement important du champ des actes susceptibles de faire l'objet d'un contrôle de constitutionnalité (B).

A. La sédimentation jurisprudentielle

La doctrine des compétences d'attribution est exprimée dans toute sa splendeur au considérant n° 3 de la décision du 18 mai 1998, dans les termes suivants : « Considérant que, juge d'attribution, le Conseil constitutionnel ne peut se prononcer que sur des cas limitativement prévus par les textes qui fixent sa compétence » (considérant n°3).

Ce bout de phrase, qui reste très « chargé » parce qu'il renvoie à une certaine manière de concevoir l'office du juge constitutionnel, connaîtra plusieurs déclinaisons, au fil du temps. La sédimentation jurisprudentielle de la doctrine des compétences d'attribution va s'opérer, à travers un certain nombre de jurisprudences dont les formules méritent d'être rapportées.

Dans une décision rendue le 9 octobre 1998, le Conseil déclare : « Considérant que, juge d'attribution, le Conseil constitutionnel ne peut se prononcer que sur des cas limitativement prévus par les textes qui déterminent ses attributions ; qu'aucun de ces textes ne lui confère compétence pour statuer sur la contrariété entre les lois ou entre les dispositions d'une même loi » (décision n°10/C/1998 du 9 octobre 1998, considérant n° 9).

Le 31 décembre 1999, le juge constitutionnel sénégalais écrit : « Considérant que le Conseil constitutionnel est une juridiction d'attribution dont la compétence est strictement limitée par les textes qui le régissent et qu'il ne saurait se prononcer que sur des cas expressément prévus par ces textes » (décision n° 3/E/99 du 31 décembre 1999, considérant n° 9).

Puis le 24 juillet 2002 : « Considérant qu'aucune des dispositions de la Constitution, des lois organiques sur le Conseil constitutionnel et sur le Règlement intérieur de l'Assemblée nationale ou du Code électoral ne donne compétence au Conseil pour se prononcer en l'espèce » (décision n°2/C/2002 du 24 juillet 2002, considérant n° 7).

Dans la décision rendue le 11 juillet 2005, le juge note encore : « Considérant que la compétence du Conseil constitutionnel est strictement délimitée par la Constitution et la loi organique sur le Conseil constitutionnel ; que le Conseil constitutionnel ne saurait donc être appelé à se prononcer sur d'autres cas que ceux limitativement énumérés par ces lois » (décision n°1 et 2/E/2005 du 11 juillet 2005, considérant n° 9).

Deux mois plus tard, le juge réitère la doctrine des compétences d'attribution : « Considérant que la Constitution et la loi organique (...) ont strictement délimité la compétence du Conseil constitutionnel ; que celui-ci ne saurait être appelé à statuer ou à émettre un avis dans d'autres cas que ceux qu'ils ont expressément prévus » (décision n°1/E/2005 du 7 septembre 2005, considérant n° 1).

En 2009, le Conseil rappelle de nouveau que « la compétence du Conseil constitutionnel est strictement délimitée par la Constitution ; qu'elle n'est susceptible d'être précisée et complétée que par la Constitution ou par une loi organique qui lui est conforme ; que le Conseil constitutionnel ne saurait être appelé à se prononcer dans d'autres cas que ceux qui sont expressément fixés par ces textes » (décision n°2/C/2009 du 18 juin 2009, considérant n° 2).

Enfin, dans une décision rendue en 2012, la théorie des compétences d'attribution est formulée ainsi : « Considérant que le Conseil constitutionnel ne tient ni de l'article 92 de la Constitution, ni d'aucune disposition de la loi organique le pouvoir de statuer sur l'élection des membres du Bureau de l'Assemblée nationale » (décision n°1/C/2012 du 14 août 2012, considérant n° 6).

B. Les implications de la théorie

L'idée que la juridiction constitutionnelle n'a que des compétences d'attribution, et l'interprétation stricte que le Conseil semble faire de celles-ci débouchent sur un rétrécissement des actes susceptibles de faire l'objet de constitutionnalité. L'on peut même avancer que ces actes se réduisent, de fait, aux lois ordinaires et aux lois organiques dont le contrôle a pu être systématique (il est arrivé, sur certaines périodes de l'histoire constitutionnelle nationale, qu'un tel contrôle ne soit pas obligatoire).

Il en résulte que le Conseil refuse d'exercer sa juridiction lorsque lui est déféré un certain nombre d'actes : les lois constitutionnelles, dont il sera question plus loin, mais aussi des actes qui relèvent de la vie du Parlement, comme l'élection des membres du Bureau de l'Assemblée nationale (décision précitée de 2012), ou, plus récemment, la résolution portant levée de l'immunité parlementaire (décision n° du 17 mars 2021).

C'est aussi de la théorie des compétences d'attribution que se recommande le refus du juge de délivrer des avis, comme on l'a précédemment vu. C'est encore de cela qu'il s'agit lorsque, dans une formule traduisant une volonté de tracer une frontière étanche entre le domaine de la politique – qui lui échappe – et celui du droit – qui est le sien -, le Conseil constitutionnel du Sénégal reprend une formule qui rappelle celle de son homologue français, consistant à dire qu'il « n'a pas un pouvoir d'appréciation identique à celui du Parlement » (décision n° 2/C/2021 du 20 juillet 2021, considérant n° 62).

La théorie des compétences d'attribution a donc beaucoup d'implications. Pendant longtemps, elle a inspiré le juge, mais elle a également provoqué des critiques, lesquelles se sont nourries d'un certain sentiment de frustration des saisissants, lesquels étaient ainsi susceptibles de se retrouver dans un contentieux sans juge, ou sevrés d'un règlement de litiges dans lesquels ils estimaient être des victimes aspirant à une « réparation ». La fonction cathartique et apaisante de la juridiction constitutionnelle a fait défaut, dans un contexte où le besoin s'en faisait pourtant sentir – contexte d'oppositions politiques ou de tensions électorales -. Autant dire que le juge se trouvait soumis à une sorte de pression, la pression de sortir de sa réserve. L'on pouvait raisonnablement gager que la montée de l'exigence démocratique – observable dans le pays – ne pouvait s'accommoder de cette forme d'immobilisme judiciaire, et qu'il était dit que la doctrine des compétences d'attribution était appelée à être dépassée.

II. Le dépassement de la théorie des compétences d'attribution

Il convient cependant d'écarter préalablement un malentendu. Que la position du juge ait pu être décevante ou être en - deçà des enjeux démocratiques et sociaux ne fait pas de doute, mais cela ne veut pas dire qu'en telle ou telle circonstance, la réponse judiciaire manquait de pertinence. En d'autres termes, il est arrivé, plus d'une fois, que le juge ait eu raison de refuser de suivre des plaideurs parce que la satisfaction de leur demande eût été une grossière violation des règles qui régissent la juridiction et sa compétence. En somme, il a eu raison de se prévaloir de son credo, dans un certain nombre de cas.

Ce qui peut lui être reproché est cependant l'affirmation quasi – dogmatique de sa doctrine, au point de ne sembler ouvrir aucune échappatoire pour lui-même, aucune fenêtre pour s'engouffrer dans les interstices de la réglementation de ses compétences, pour s'en forger d'autres, comme le font tellement de juridictions. Le Conseil aurait pu, aurait dû s'affranchir, ne serait-ce que partiellement, de l'étau de ses compétences d'attribution. Il aurait pu s'enchaîner moins, non pas tant en ignorant les limites que lui tracent les textes, mais en ménageant des possibilités d'évolution. Car de telles possibilités existent. Elles sont tantôt inscrites dans la dynamique même de la juridiction constitutionnelle, intrinsèquement attachées à elle (A), tantôt commandées par une conjoncture donnée (B). Ces impératifs-là, le Conseil constitutionnel du Sénégal semble les avoir intériorisés dans un passé récent, à la grande satisfaction, sans doute, des contempteurs de sa retenue.

A. Les outils structurels

Les outils structurels dont il est question tiennent de la spécificité de l'interprétation constitutionnelle, ou, si l'on préfère, de la *jurisdictio* constitutionnelle. Dire la vérité constitutionnelle est un peu différent de l'office d'autres juges parce que l'énoncé constitutionnel est souvent gros de considérations implicites, contient volontiers plus qu'il n'exprime. Il n'est pas étonnant, dans ces conditions, que le juge de la Constitution soit relativement prolifique dans la production de règles non – écrites, que lui-même tient cependant à présenter, chaque fois que possible, comme dérivant de normes écrites, afin d'exorciser le soupçon de « gouvernement des juges ».

La terminologie jurisprudentielle est parlante. Il est banal d'évoquer aujourd'hui des normes et autres « principes » dont on ne trouve pas la trace dans la Constitution écrite, et à l'aune desquels est appréciée la constitutionnalité d'un certain nombre d'actes juridiques. « Principes, valeurs, normes à valeur constitutionnelle », « objectifs de valeur constitutionnelle » sont devenus des normes de référence pour le juge alors même qu'ils ne figurent pas en tant que tels dans la loi fondamentale des Etats. C'est dire que la jurisprudence constitue assurément une source de droit constitutionnel. Et en soi, cela est un cinglant démenti de la théorie des compétences d'attribution.

Il arrive d'abord que ces réserves de compétence du juge – au sens où l'on parle de réserves de ressources naturelles, de potentialités – résultent d'une disposition de la Constitution. En somme, la créativité prétorienne serait codifiée et établie à l'avance, estompant alors tout procès en excès de pouvoir judiciaire. Le cas de figure n'est pas si courant que cela, mais il existe. C'est l'exemple de la loi relative à la juridiction constitutionnelle de la République dominicaine par exemple, dont l'article 7 dispose que « la violation des valeurs, principes et règles constitutionnelles est sanctionnée par la nullité ».

Dans le cas de la juridiction sénégalaise, il est possible de trouver trace de ces virtualités d'extension de compétence à au moins six niveaux, sur lesquels il convient de s'attarder. Une précision liminaire mais essentielle doit être faite ici : chacune de ces strates constitue une espèce de réfutation de la théorie des compétences d'attribution ; en d'autres termes, rien qu'en les énonçant, le juge sénégalais a, en fait, rompu avec une doctrine exprimée à maintes reprises comme on l'a vu.

Il existe d'abord un premier bloc normatif de référence, composé de « règles, principes, normes, valeurs constitutionnelles ». La notion de « principes », « normes » ou « règles de valeur constitutionnelle » figure dans un certain nombre de décisions, auxquelles il est simplement renvoyé et dans le détail desquelles on n'entrera pas[8]. Une question fondamentale se pose cependant ici : que recouvrent exactement ces « principes » et autres « règles » et « normes » ? Sont-ils inscrits dans la Constitution ou se trouvent-ils hors d'elle – question importante eu égard à la validité ou au respect de la théorie des compétences d'attribution - ?

La réponse est mitigée. Il faut convenir en effet que dans la majorité des jurisprudences concernées, il est question de contrôle de lois organiques, et que lorsque le Conseil évoque un « principe » ou une « règle » ou « norme », il se réfère en fait au texte de la Constitution. Mais cela n'est pas toujours vrai. Un seul exemple l'atteste : dans la décision du 19 juin 1995, le Conseil évoque les « principes de valeur constitutionnelle tels que la préservation de l'ordre public ou la sauvegarde de l'intérêt général » (décision n°3/C/95 du 19 juin 1995, considérant n°16). On ne discutera pas de la question de savoir si l'ordre public et l'intérêt général constituent vraiment des « principes constitutionnels », c'est un autre débat. On se contentera de relever qu'ils ne figurent pas dans la Constitution, et donc, que ce premier bloc normatif de référence peut renfermer des principes et normes non – écrits, lesquels résultent donc de l'activité prétorienne et constituent dès lors une remise en question de la doctrine des compétences d'attribution. Si un « principe » peut être ainsi « forgé » par le juge, peut-être est-il raisonnable de penser qu'un «principe général » peut aussi l'être, cette dernière terminologie étant utilisée dans une décision n° 2,3, 4 /E/2001 du 26 mars 2001 (considérant n° 5), et dans une autre, n° 2/C/21 du 20 juillet 2021 (considérant n°1).

Il faut bien comprendre que tous ces principes et règles constituent des paramètres de constitutionnalité, c'est-à-dire des standards auxquels seront confrontés les actes litigieux déférés au juge. On peut le dire en termes plus

[8] Décisions n°2/C/94 du 9 juillet 1994, considérant n° 6 ; n°3/C/94 du 27 juillet 1994, considérant n°6 ; n° 3/C/95 du 19 juin 1995, considérant n°16 ; n° 1/C/96 du 18 mars 1996, considérant n°6 ; n° 10/C/1998 du 9 octobre 1998, considérant n° 8 ; n° 1 et 2/C/2005 du 12 février 2005, considérants n°4 et 12 ; n°1/C/2007 du 27 avril 2007, considérant n° 5.

« vertigineux » : il existe une part non – écrite de la Constitution, une Constitution non – écrite, forgée par le juge et appelée à constituer une norme de référence pour lui.

Une deuxième réserve d'extension de la compétence juridictionnelle se trouve dans la notion d' « esprit de la Constitution ». Le mot est évidemment très parlant : il suggère un au-delà constitutionnel, plus précisément un au-delà du texte de la Constitution, autre chose que sa lettre, par définition. Or, par quatre fois au moins, le Conseil constitutionnel a eu à considérer l' « esprit » de la Constitution. En 2003 d'abord, il déclare qu' « il a été fait de l'article 82 alinéa 2 de la Constitution une application non conforme à sa lettre et à son esprit » (décision n° 2/C/2003 du 29 août 2003, considérant n° 6). Dans le très riche avis qu'il a rendu en 2016, il déclare que « la sécurité juridique et la stabilité des institutions (...) constituent des objectifs de valeur constitutionnelle que toute révision doit prendre en considération pour être conforme à l'esprit de la Constitution » (décision n°1/C/2016, considérant n°25, v aussi n°6 ainsi que le dispositif de la décision). Puis dans la décision n°2/C/21 du 20 juillet 2021, le Conseil note – sans objecter ou corriger - qu'il a été saisi par des députés pour « contrôler la conformité à l'esprit général de la Constitution et aux principes généraux du droit des dispositions contenues dans les lois (...) portant code pénal et code de procédure pénale » (considérant n° 1). Enfin, dans la décision du 15 février 2024, le juge sénégalais considère « qu'au regard de l'esprit et de la lettre de la Constitution et de la loi organique relative au Conseil constitutionnel, le Conseil constitutionnel doit toujours être en mesure d'exercer son pouvoir régulateur (...) » (considérant n° 19).

Or, rien n'est plus « élastique » que l' «esprit » d'une Constitution. Autant dire que lorsqu'il l'évoque, le juge se délivre quasiment un blanc – seing dans l'usage de son pouvoir interprétatif, même s'il arrive – rarement – que les dispositions constitutionnelles l'y habilitent, à l'instar de l'article 152 de la Constitution de l'Estonie, qui énonce que « si une loi ou un autre acte juridique est contraire aux dispositions et à l'esprit de la Constitution, il doit être déclaré nul par la Cour suprême ».

Il n'est dès lors pas étonnant que la Haute Cour constitutionnelle malgache invoque l'esprit de la Constitution lorsqu'elle s'investit dans la mission particulièrement hardie de déchéance du Président de la République, parce que celui-ci aurait quasiment commis un parjure. Elle avance qu'elle statue en l'espèce « conformément à l'esprit de la Constitution » et qu'en exerçant son office, elle agit « dans l'intérêt de la Constitution (...) et par la nécessité de faire respecter l'esprit de la Constitution ». Toute référence textuelle est escamotée, au profit de ce fameux « esprit » (décision n°186 HCC du 25 mai 2018).

Les conditions dans lesquelles un autre Conseil constitutionnel – celui de France – a invoqué l'esprit de la Constitution illustrent également, par la controverse qu'elles ont soulevée, à quel point ce concept peut être à la fois malléable et son maniement discutable. Alors qu'aucune disposition de la Constitution ne l'y contraignait, le juge français a refusé d'exercer un contrôle de constitutionnalité d'une loi référendaire, au motif qu' « il résulte de l'esprit de la Constitution (...) que les lois que la Constitution a entendu viser dans son article 61 sont uniquement les lois votées par le Parlement et non point celles qui, adoptées par le peuple à la suite d'un référendum, constituent l'expression directe de la souveraineté nationale » (décision n°62-20 DC du 6 novembre 1962, considérant n° 2).

Mobilisation de la créativité prétorienne encore, lorsque le juge de la Constitution au Sénégal évoque un « objectif de valeur constitutionnelle » pour faire entrave à un projet de révision de la Constitution dont l'une des dispositions tendait à réduire la durée du mandat présidentiel en cours. Le Conseil lui oppose « la sécurité juridique et la stabilité des institutions ». Ces impératifs ne se trouvent nulle part dans la Constitution, leur caractère artificiel – au sens propre du terme, c'est-à-dire « fabriqué » - ne fait pas de doute, même si le juge s'efforce de les rattacher à un texte puisqu'il avise qu'ils sont « inséparables de l'Etat de droit dont le respect et la consolidation sont proclamés dans le préambule de la Constitution » (décision précitée, considérant n°25). Dans la perspective de l'évaluation de la théorie des compétences d'attribution, on notera cette troisième notion – celle d'« objectif de valeur constitutionnelle », baromètre de constitutionnalité - qui concourt à l'effritement de cette théorie.

La notion d' « exigences constitutionnelles » est, quant à elle, apparue deux fois dans la jurisprudence sénégalaise. A l'occasion de l'examen de la loi organique portant statut de la magistrature d'abord, avec une décision dans laquelle le juge estime que les dispositions en cause « n'ont pas méconnu les exigences constitutionnelles relatives au respect des droits de la défense » (décision n1/C/2017 du 9 janvier 2017, considérant n° 19). Auparavant, dans la décision n°4/C/2016 du 11 juillet 2016, le juge déclarait qu' « il résulte des exigences constitutionnelles que les dispositions fixant une inéligibilité ou une incompatibilité sont d'interprétation stricte » (considérant n°12).

Enfin, le Conseil constitutionnel du Sénégal a dit se référer à des « valeurs », par définition absents du texte de la Constitution. Il l'a notamment déclaré dans l'Avis n°1/C/2016 du 12 février 2016 : « Considérant qu'au regard des termes généraux par lesquels la demande est formulée, le Conseil doit se prononcer sur le respect des principes et des valeurs sur lesquels repose la Constitution » (considérant n°7). Par ses renvois à l' « esprit de la Constitution » ainsi qu'aux « valeurs » de celle-ci et aux « précédents » répertoriés, cette décision de 2016 constitue, sinon l'acte de décès de la théorie des compétences d'attribution, du moins un jalon important dans la longue agonie de celle-ci. Mais les causes du décès ne sont pas seulement structurelles, elles ne tiennent pas qu'à la dynamique naturelle de la juridiction constitutionnelle, elles relèvent parfois de facteurs plus circonstanciels, plus conjoncturels, plus ponctuels. C'est alors sur des stratégies interprétatives du même ordre que le juge s'appuie pour étendre ses compétences.

B. Les outils conjoncturels

Il existe deux leviers que le juge constitutionnel sénégalais a pu mobiliser dans des circonstances précises pour sortir du carcan des compétences d'attribution, ce qui explique qu'ils soient qualifiés ici de conjoncturels.

Deux précisions doivent cependant être faites à cet égard. La première est qu'il est toujours possible de trouver d'autres « outils », d'autres stratégies tendant à la même fin, cela dépend du point où l'on se situe. Il n'existe donc aucune prétention à l'exhaustivité à ce sujet, les deux leviers en question n'étant que des illustrations -peut – être parmi d'autres - du dépassement de la doctrine des compétences d'attribution. La seconde précision est relative à l'usage du terme « conjoncturels ». Ce qu'il faut comprendre derrière cet adjectif, c'est que les deux éléments répertoriés à ce titre – qui sont d'une part l'invocation de la fonction de régulation et, d'autre part, la revendication de la plénitude de compétence en matière électorale – doivent être reliés aux circonstances de la cause, c'est-à-dire appréhendés dans un contexte donné. Ils ne résultent pas de la dynamique naturelle de la juridiction constitutionnelle, ne sont pas intrinsèquement liés à l'office de cette juridiction, comme le sont les facteurs structurels précédemment passés en revue. Là se situe leur différence : les uns sont portés par l'exercice de la justice constitutionnelle comme les nuages portent la pluie, ils en dérivent de façon quasi-automatique, ils en constituent des prolongements naturels, alors que les autres – les outils conjoncturels – constituent des moyens appropriés à un contexte précis, ils relèvent d'une sorte de chirurgie locale, constituent des instruments mobilisés de façon topique face à une difficulté ponctuelle, difficulté qui est précisément le carcan des compétences d'attribution.

Le concept de régulation – le premier des outils conjoncturels dont dispose le juge constitutionnel - peut être appréhendé sous deux angles, en réalité : comme élément générateur d'une dilatation de la compétence du juge constitutionnel en général et, plus spécifiquement, comme servant à conjurer un péril, à intervenir dans des situations d'urgence ou de danger pour les institutions. Cette seconde dimension sera évoquée plus loin, dans le cadre du commentaire d'une autre décision[9]. Pour l'heure, c'est la première dimension qui nous importe et à ce titre, les références ne manquent pas.

Le Conseil constitutionnel du Sénégal a lui-même eu, par deux fois, à se prévaloir d'une fonction de « régulation » qu'il ne tient d'aucun texte et dont l'évocation a pour effet d'élargir sa compétence, ce qui est déjà une atteinte à la doctrine des compétences d'attribution, affirmée dans des jurisprudences antérieures. Si la décision n°2/C/2021 du 20 juillet 2021 évoque la mission de régulation dans des conditions quelque peu floues ou inconsistantes – elle revient en l'espèce à juste demander et obtenir du Secrétariat de l'Assemblée nationale des textes (considérant n°17) - , la jurisprudence du 15 février 2024 révèle bien qu'en parlant de son « pouvoir régulateur », le Conseil constitutionnel entend, dans une perspective radicalement différente de celle de la théorie des compétences d'attribution, exercer sa fonction de garante du bon fonctionnement des institutions, attribution qu'il ne tient formellement de nul texte, mais qu'il revendique dans un contexte politique et préélectoral particulier.

Ce n'est pas un hasard, au reste, que la mission de régulation fasse corps avec l'évocation de l'esprit de la Constitution. Le passage en question est éloquent : « Considérant qu'au regard de l'esprit et de la lettre de la Constitution et de la loi organique relative au Conseil constitutionnel, le Conseil constitutionnel doit toujours être en mesure d'exercer son pouvoir régulateur et de remplir ses missions au nom de l'intérêt général, de l'ordre public, de la paix, de la stabilité et du principe de la nécessité de la continuité de leur fonctionnement » (considérant n°19). Le ton est grave, la motivation sentencieuse, mais le style emphatique est au service d'une finalité : en élevant son propos, le juge cherche à justifier la majoration de sa compétence.

Sous d'autres latitudes, l'évocation de la fonction de régulation a pu obéir à la même motivation. Le juge constitutionnel ivoirien par exemple s'est fondé sur celle-ci pour justifier sa compétence à répondre à une demande d'avis du Président de la République. Constatant d'abord que « la demande ne repose sur aucune des dispositions expressément prévues par la Constitution relatives à la compétence consultative du Conseil constitutionnel », le juge ivoirien estime néanmoins devoir donner suite à la requête parce qu'il doit, dit-il, « assurer la régulation du fonctionnement des pouvoirs publics » (Avis n° 004/CC/SG du 17 décembre 2003). La Cour constitutionnelle centrafricaine pour sa part a excipé de sa fonction de « gardienne de la Constitution et organe de régulation du fonctionnement des pouvoirs publics » pour censurer un projet de révision de la Constitution initié par des députés de l'Assemblée nationale (Avis n°

[9] V. le commentaire de la décision n° 1/C/2024 du 15 février 2024.

015/CC/20 du 5 juin 2020 relatif à la révision de certaines dispositions de la Constitution du 30 mars 2016).

Doit-on en conclure que le concept de régulation constitue en soi un sésame universel, une arme infaillible aux mains de tout juge constitutionnel soucieux de sortir du corset des compétences d'attribution ? La réponse est certainement négative. En effet, le concept en question est loin d'être d'une clarté cristalline et univoque. Alors même qu'il sert à dilater la compétence de certains juges, il advient qu'il contribue à restreindre celle d'autres juges, aussi paradoxal que cela puisse être. Le contre-exemple, en l'occurrence, est français. C'est au nom de sa qualité d' « organe régulateur de l'activité des pouvoirs publics » que ce juge - là a justifié sa retenue.

Tout part, en 1962, de la saisine du Conseil par le président du Sénat Gaston Monnerville, sur la base de l'article 61 alinéa 2 de la Constitution française, aux fins d'appréciation de la constitutionnalité de la loi qui venait d'être adoptée par référendum et qui modifiait le mode d'élection du Président de la République. Le Conseil se déclare incompétent pour connaître de cette question. Les motifs qu'il avance sont en substance les suivants : « La compétence du Conseil constitutionnel est strictement délimitée par la Constitution ainsi que par les dispositions de la loi organique du 7 novembre 1958 sur le Conseil constitutionnel (...) le Conseil ne saurait donc être appelé à se prononcer sur d'autres cas que ceux qui sont limitativement prévus par ces textes » (décision n° 62-20 DC du 6 novembre 1962, considérant n°1). En outre, « il résulte de l'esprit de la Constitution qui a fait du Conseil constitutionnel un organe régulateur de l'activité des pouvoirs publics que les lois que la Constitution a entendu viser dans son article 61 sont uniquement les lois votées par le Parlement et non point celles qui, adoptées par le peuple à la suite d'un référendum, constituent l'expression directe de la souveraineté nationale » (ibid.)

La notion centrale d' « organe régulateur de l'activité des pouvoirs publics », sur la base de laquelle le Conseil décline sa compétence, doit être rattachée, plus généralement, à la conception même que les rédacteurs de la Constitution de la Vème République française se faisaient du contrôle de constitutionnalité et de l'organe chargé d'y pourvoir. Un tel organe doit rester cantonné dans une fonction modeste, le nouveau contrôle institué ne doit pas contrarier outre mesure les acteurs politiques en général, et les faiseurs de la loi en particulier.

Si la notion de régulation a pu donner lieu à des applications si différentes - moyen d'émancipation ici, prétexte à la retenue ailleurs-, c'est que c'est le sens même de celle-ci qui fait question, c'est que le mot reste essentiellement polysémique. Mais on n'entrera pas ici dans ce débat-là, qui nous éloignerait du sujet. Ce qu'il convient de retenir à ce stade, c'est l'utilisation stratégique du concept de régulation, comme moyen d'accroître la compétence du juge, et comme démenti, alors, de la doctrine des compétences d'attribution exprimée en manière de principe dans le précédent que constitue la décision n°11/E/98 du 18 mai 1998 rendue par le Conseil constitutionnel sénégalais. Retenons aussi que d'autres juges ont procédé de la même manière.

Le juge constitutionnel sénégalais a pu utiliser, après la fonction de régulation, un second moyen pour se dégager du corset des compétences d'attribution. La conjoncture à laquelle ce moyen est appliqué est celle des élections. Dans un contexte électoral en effet, le juge a pu énoncer la thèse de sa plénitude de juridiction pour étendre son contrôle à des actes qui n'étaient pas nécessairement visés par le Constituant ou le législateur organique, et il a justifié cette extension de compétence par le fait que les règles qui régissent l'élection forment une sorte de bloc normatif unique, un ensemble dont les éléments se tiennent, sont imbriqués les uns aux autres, et que le juge doit alors appréhender de manière unitaire ou holistique. Dans un tel contexte, sa juridiction devient pour ainsi dire « contagieuse » : il suffit qu'il soit compétent sur un ou sur quelques éléments pour l'être sur tous les autres, précisément parce que ceux-ci « se tiennent » mutuellement ; la solidarité ou la connexité normative implique une solidarité ou une connexité juridictionnelle.

La philosophie sur laquelle repose une telle perception des choses est bien, si l'on va au fond des choses, aux antipodes de la théorie des compétences d'attribution. A cette dernière, on opposerait une doctrine contraire, que nous proposons d'appeler « théorie des grappes de compétences » car, à l'instar des grappes de fruits, elle unit des individualités, voue au même destin des éléments épars. La différence entre les deux approches est radicale : la thèse des compétences d'attribution, longtemps défendue par le juge, procède d'une analyse, au sens presque médical du terme, c'est-à-dire dissocie, disloque son objet d'étude, là où la doctrine des grappes de compétences procède de la synthèse, c'est-à-dire réunit, associe, fusionne ; la théorie des compétences d'attribution participe de la dissection, alors que celle des grappes de compétences tient de l'agglomération ; la théorie des compétences d'attribution égrène, quand celle des grappes de compétences embrasse : d'un côté le fétichisme du texte, de l'autre le déterminisme du contexte.

La plénitude de juridiction en question s'applique à l'élection, le contentieux électoral n'étant absolument pas négligeable dans le contexte sénégalais en particulier, africain en général. Au demeurant, sa revendication commence, on l'a vu, un an après la mise en place du Conseil, en 1993. Deux décisions antérieurement commentées, datées du 2 et du 13 mars en sont les illustrations. La jurisprudence du 2 mars 1993 déclare qu' « à titre préliminaire, le Conseil estime qu'après s'être déclaré valablement saisi et malgré le silence des textes, il a l'obligation de se prononcer sur la question portée devant lui ; qu'en effet, ni le silence de la loi, ni l'insuffisance de ses dispositions, n'autorisent le Conseil, compétent en l'espèce, à s'abstenir de régler le différend porté devant lui ; qu'il doit se prononcer par une décision en recourant, au besoin, aux principes généraux du droit, à la pratique, à l'équité et à toute autre règle compatible avec la sauvegarde de l'Etat de droit et avec l'intérêt commun » (considérant n°17). Puis il est précisé que « le Conseil, seul juge chargé du contentieux des élections, est la seule instance de recours post – électoral habilitée à connaître de toute difficulté susceptible de faire échec au processus établi par le Code électoral pour le recensement des votes » (considérant n°12), avant qu'il ne soit fait état de « sa plénitude de juridiction en la matière » (considérant n°33). La décision du 13 mars, quant à elle, énonce dans la même veine que « le Conseil constitutionnel, juridiction suprême, est le seul juge des élections » (considérant n° 1).

Le Conseil constitutionnel sénégalais a également revendiqué la plénitude de sa juridiction dans le domaine électoral à l'occasion des élections présidentielles de mars 2024. Dans sa décision du 15 février 2024, alors qu'étaient en jeu non seulement la conformité à la Constitution d'une loi constitutionnelle prorogeant le mandat du Président de la République mais le décret portant convocation du corps électoral, le Conseil écrit que « s'il est vrai que la Cour suprême est juge de l'excès de pouvoir des autorités exécutives, le Conseil constitutionnel juge de la régularité des élections nationales, , dispose d'une plénitude de juridiction en matière électorale, sur le fondement de l'article 92 de la Constitution ; que cette plénitude de juridiction lui confère compétence pour connaître de la contestation des actes administratifs participant directement à la régularité d'une élection nationale, lorsque ces actes sont propres à ce scrutin » (décision n°1/C/2024 du 15 février 2024, considérant n°7). Ainsi, la plénitude de compétence électorale accroît le pouvoir du juge constitutionnel, elle va à l'encontre de la théorie des compétences d'attribution énoncée dans la décision du 18 mai 1998.

Les enseignements de la jurisprudence constitutionnelle comparée sont éloquents, sur ce point également. On trouve un certain nombre de juridictions, africaines notamment, qui ont développé le même point de vue.

Dans un arrêt AE 012 du 13 août 2020, la Cour constitutionnelle guinéenne s'exprime en ces termes, à propos de la suspension du parrainage aux élections : « Conformément aux articles 103 de la Constitution et 29 alinéa 4 de la loi organique (…) et en sa qualité de gardienne de la Constitution, qui découle de l'article 1er de la loi organique relative à la Cour constitutionnelle, celle-ci a un pouvoir d'interprétation général de toutes les dispositions constitutionnelles qui lui sont soumises, en l'espèce, les modalités d'application de l'article 42 alinéa 1er de la Constitution relatif aux conditions de candidature à l'élection présidentielle ; que dès lors, la Cour est compétente pour en fixer les modalités, notamment la question relative au parrainage ». La même juridiction a appliqué le même raisonnement à la procédure référendaire quelques semaines plus tôt, à partir de l'énoncé de la loi organique posant que la Cour est « l'organe régulateur du fonctionnement et des activités des pouvoirs législatif et exécutif et des autres organes de l'Etat ». Le juge guinéen déclare : « Considérant qu'au regard des dispositions sus- visées, la Cour constitutionnelle (…) dispose des pleins pouvoirs de connaître, d'examiner ou de constater la régularité de toutes les étapes de la procédure du référendum, de l'initiative à la publication au journal officiel (…) » (arrêt AC 014 du 11 juin 2020).

Une dernière juridiction peut être citée, la Cour constitutionnelle du Congo. Dans sa « Délibération n°001/IDEL/CC 16 du 27 janvier 2016 relative à la régularité de l'élection du Président de la République, la Cour considère que « l'expression « veiller à la régularité de l'élection du Président de la République » signifie apprécier la validité de l'ensemble des actes régissant le processus électoral, à savoir la préparation, l'organisation, le suivi, le déroulement du scrutin et les résultats provisoires (…) ; qu'en effet, si en règle générale la compétence de la Cour constitutionnelle se limite notamment au contrôle de constitutionnalité des lois, des traités et des accords internationaux et à statuer, en cas de contestation, sur la régularité des élections législatives et sénatoriales, il en est autrement en cas d'élection du Président de la République, à laquelle sa compétence s'étend, exceptionnellement, à la connaissance de tous les textes, de quelque nature qu'ils soient, qui lui sont soumis ».

La théorie des compétences d'attribution, point de cristallisation majeur des critiques qui ont pendant longtemps été adressées au juge constitutionnel sénégalais, inaugurée avec la décision du 18 mai 1998, est aujourd'hui dépassée au Sénégal. Son déclin était sans doute dans l'ordre des choses, le juge ne pouvant continuer à s'asservir lui-même à une doctrine formulée en termes quasiment dogmatiques, alors même que la demande de justice et la nécessité de l'arbitrage juridictionnel de la vie publique s'accroissaient. Mais en dehors de cette « demande sociale », le recul de la thèse des compétences d'attribution était porté par la dynamique même de la juridiction constitutionnelle, le sourd mouvement de l'interprétation constitutionnelle, qui mène presque fatalement à la dilatation du réseau de normes de références, à l'extension de la Constitution au-delà de son texte. En somme, la dissolution d'une conception uniquement exégétique de la Constitution était inscrite dans la marche du temps.

Décisions N° 9/C/1998 du 9 octobre 1998 et N° 1/C/2024 du 15 février 2024

I. Décision N° 9/C/1998 du 9 octobre 1998

N°9/C/98

DEMANDEURS

23 DEPUTES

REPUBLIQUE DU SENEGAL

LE CONSEIL CONSTITUTIONNEL

Saisi le 2 septembre 1998 d'un recours en inconstitutionnalité contre la loi portant révision des articles 21 et 28 de la Constitution votée par l'Assemblée nationale le jeudi 27 août 1998, introduit par Abdoulaye FAYE, Coumba BA, Amath DANSOKHO, Modou DIAGNE, Awa DIOP, Mamadou DIOP, papa DIOP, Mamadou Lamine DRAME, Abdou FALL, Alioune NIANG, Landing SAVANE, Abdoulaye SY, Amadou Yoro SY, Iba Der THIAM, Doudou WADE du groupe « Liberté, Démocratie et Progrès » et Djibo KA, Modou AMAR, Abdoulaye BATHILY, Abdou Aziz DIAGNE, Madior DIOUF, Famara SARR, Boubacar THIOUB, Abdourahmane TOURE du groupe « Démocratie et Liberté », tous députés à l'Assemblée nationale ;

VU la Constitution, notamment en ses articles 82 et 63 - 2è ;

VU la loi organique n°92-23 du 30 mai 1992 sur le Conseil constitutionnel, notamment en son article premier ;

VU le recours des 23 députés en date du 2 septembre 1998 ;

VU l'extrait du procès-verbal analytique de la séance du jeudi 27 août 1998 de l'Assemblée nationale réunie en session ordinaire ;

Le rapporteur ayant été entendu en son rapport ;

Après en avoir délibéré conformément à la loi ;

En la forme

Sur la recevabilité du recours

1 - CONSIDERANT que par requête en date du 31 août 1998, enregistrée le 2 septembre 1998 au greffe du Conseil constitutionnel sous le numéro 9/C/98, 23 députés à l'Assemblée nationale ont saisi le Conseil constitutionnel aux fins de voir déclarer inconstitutionnelle la loi portant révision des articles 21 et 28 de la Constitution votée par l'Assemblée nationale le 27 août 1998 ;

2 - CONSIDERANT que le recours est recevable comme ayant été introduit conformément à l'article 63-2è de la Constitution et à l'article premier de la loi organique 92.23 du 30 mai 1992 sur le Conseil constitutionnel, dans les délai et forme prescrits par la loi ;

Au fond

3 - CONSIDERANT qu'à l'appui de leur recours, les auteurs de la saisine font grief à la loi portant révision des articles 21 et 28 de la Constitution d'être entachée de vice de forme pour avoir été adoptée en violation de l'article 69 de la Constitution et de l'article 52 du Règlement intérieur de l'Assemblée nationale en ses alinéas 1er, 2 et 4 ;

4 - CONSIDERANT que la loi attaquée modifie les articles 21 et 28 de la Constitution ; qu'elle est donc une loi constitutionnelle dont le contrôle échappe à la compétence du Conseil constitutionnel ;

5 - CONSIDERANT, en ce qui concerne la violation des alinéas 1er, 2 et 4 de l'article 52 du Règlement intérieur de l'Assemblée nationale, que le contentieux y relatif n'entre pas dans la compétence du Conseil constitutionnel ;

DECIDE

Article premier : Le contrôle de la loi portant révision des articles 21 et 28 de la Constitution votée par l'Assemblée nationale en sa séance du 27 août 1998, échappe à la compétence du Conseil constitutionnel ;

Article 2 : La présente décision sera publiée au Journal officiel de la République du Sénégal ;

Délibérée par le Conseil constitutionnel en sa séance du 9 octobre 1998 à laquelle siégeaient :

Messieurs : Youssoupha NDIAYE, Président,

Ibou DIAITE, Vice-Président,

Amadou SO, Membre,

Mamadou LO, membre,

Avec l'assistance de Maître Ndèye Maguette MBENGUE, Greffier en Chef ;

En foi de quoi, la présente décision a été signée par le Président, le Vice-Président, les autres Membres et le Greffier en Chef.

Le Président — Youssoupha NDIAYE

Le Vice-Président — Ibou DIAITE

Membre — Amadou SO

Membre — Mamadou LO

Le Greffier en Chef

Ndèye Maguette MBENGUE

II. Décision N° 1/C/2024 du 15 février 2024

RÉPUBLIQUE DU SÉNÉGAL

Un Peuple – Un But – Une Foi

CONSEIL CONSTITUTIONNEL

DÉCISION N° 1/C/2024

AFFAIRES N° 1/C/24 à 9/C/24

Demandeurs :

- Mouhamed Ayib Salim DAFFÉ, Samba DANG et 38 autres députés ;

- Babacar MBAYE et 16 autres députés ;

- El Hadji Malick GAKOU, Cheikh Tidiane DIÈYE, Habib SY, Bassirou Diomaye Diakhar FAYE, El Hadji Mamadou DIAO, Thierno Alassane SALL et Daouda NDIAYE, candidats à l'élection présidentielle du 25 février 2024.

Séance du 15 février 2024

Matière constitutionnelle

LE CONSEIL CONSTITUTIONNEL,

Vu la Constitution ;

Vu la loi organique n° 2016-23 du 14 juillet 2016 relative au Conseil constitutionnel ;

Vu les pièces des dossiers ;

Vu les lettres de notification des recours adressées le 9 février 2024 au Président de la République, au Président de l'Assemblée nationale et au Premier ministre ;

Le rapporteur ayant été entendu ;

Après en avoir délibéré conformément à la loi ;

SUR LA SAISINE

Considérants 1 à 3 relatifs aux recours contre la loi n° 4/2024 et le décret n° 2024-106 du 03 février 2024 portant abrogation du décret convoquant le corps électoral pour l'élection présidentielle du 25 février 2024.

SUR LA COMPOSITION DU CONSEIL CONSTITUTIONNEL

Considérant que le Conseil constitutionnel, constatant l'absence d'un de ses membres, peut valablement délibérer et statuer.

SUR LA JONCTION DES REQUÊTES

Considérant que les requêtes présentent un lien de connexité suffisant ; qu'il y a lieu, pour une bonne administration de la justice, d'en ordonner la jonction et de statuer par une seule et même décision.

SUR LA COMPÉTENCE DU CONSEIL CONSTITUTIONNEL

Considérants 6 à 8.

SUR LA RECEVABILITÉ

Considérants 9 à 11.

AU FOND

Sur les moyens tirés de la violation des articles 27 et 103 de la Constitution et du principe de sécurité juridique.

Considérants 12 à 17.

Sur la demande tendant à ordonner la poursuite du processus électoral.

Considérants 18 à 20.

Sur le défaut de base légale du décret n° 2024-106 du 03 février 2024 portant abrogation du décret convoquant le corps électoral.

Considérants 21 à 23.

DÉCIDE

Article premier. Les requêtes sont recevables.

Article 2. La loi portant dérogation aux dispositions de l'article 31 de la Constitution, adoptée sous le n° 4/2024 par l'Assemblée nationale en sa séance du 5 février 2024, est contraire à la Constitution.

Article 3. –Le décret n° 2024-106 du 03 février 2024 portant abrogation du décret convoquant le corps électoral pour l'élection présidentielle du 25 février 2024 est annulé.

Article 4. La présente décision sera publiée au Journal officiel de la République du Sénégal.

Délibéré par le Conseil constitutionnel en sa séance du 15 février 2024 où siégeaient :

Monsieur Mamadou Badio CAMARA, Président ;

Madame Aminata Ly NDIAYE, Vice-présidente ;

Messieurs Mouhamadou DIAWARA et Youssoupha Diaw MBODJ, membres ;

Madame Awa DIÈYE, membre ;

Monsieur Cheikh Ahmed Tidiane COULIBALY, membre ;

Avec l'assistance de Maître Ousmane BA, Chef du greffe.

En foi de quoi, la présente décision est signée par :

- Mamadou Badio CAMARA, Président ;
- Aminata Ly NDIAYE, Vice-présidente ;
- Mouhamadou DIAWARA, Membre ;
- Youssoupha Diaw MBODJ, Membre ;
- Awa DIÈYE, Membre ;
- Cheikh Ahmed Tidiane COULIBALY, Membre ;
- Maître Ousmane BA, Chef du greffe.

Observations

Les lois qui révisent les Constitutions sont, sur le continent africain en particulier, des réformes souvent controversées parce que porteuses d'enjeux de pouvoir importants. Le juge qui est appelé à les contrôler est alors dans l'œil du cyclone, son « audace » pouvant conduire jusqu'à sa « révocation » - comme le montre l'exemple du Niger en 2010-, sa tiédeur passant à l'inverse pour une forme de connivence avec le pouvoir en place. Le traitement juridictionnel des lois de révision constitutionnelle au Sénégal n'est pas toujours resté le même. Il y'a d'abord eu une assez longue période au cours de laquelle le juge a estimé n'être pas habilité à étendre son contrôle sur de telles lois, consacrant leur immunité contentieuse, la décision dont il est question ici, celle du 9 octobre 1998 inaugurant cette ère (I). Par la suite, il y'a eu un assouplissement de cette jurisprudence, et la décision la plus récente rendue sur le sujet, celle du 15 février 2024, pourrait bien constituer l'amorce d'un revirement. Dira-t-on qu'une telle inflexion est souhaitable ? Le fait est, en tous les cas, que la thèse de l'impossibilité juridique d'un contrôle des lois de révision peut être contestée, d'un point de vue théorique d'abord, et pratique ensuite car elle est quelque peu malmenée par des dynamiques contentieuses en cours (II).

I. L'immunité contentieuse des lois de révision

Tout commence donc, dans la jurisprudence sénégalaise, par la décision n°9/C/1998 du 9 octobre 1998. Le Conseil constitutionnel a été saisi le 2 septembre d'un recours en inconstitutionnalité de la loi portant révision des articles 21 et 28 de la Constitution, adoptée par l'Assemblée nationale le 26 aout 1998. Selon les demandeurs, la loi « est entachée de vice de forme après avoir été adoptée en violation de l'article 69 de la Constitution et de l'article

52 du Règlement intérieur de l'Assemblée nationale en ses alinéas 1er, 2, 4 » (considérant n°3).

Par deux motifs assez laconiques, le Conseil rejette la requête : « Considérant que la loi attaquée modifie les articles 21 et 28 de la Constitution ; qu'elle est donc une loi constitutionnelle dont le contrôle échappe à la compétence du Conseil constitutionnel ; considérant qu'en ce qui concerne la violation des alinéas 1er, 2 et 4 de l'article 52 du Règlement intérieur de l'Assemblée nationale, le contentieux y relatif n'entre pas dans la compétence du Conseil constitutionnel » (considérants n° 4 et 5).

On le voit bien, le juge n'est pas très prolixe dans la motivation, et force est d'admettre que ce précédent de 1998 laisse le lecteur songeur sur les raisons de ce refus d'en connaître. Il faut en effet attendre des décisions suivantes pour mieux saisir les motifs de la réticence du juge, et l'exégèse même des textes relatifs à sa compétence semble, à cet égard, être un élément décisif (A). Des considérations politiques, moins avouables, peuvent également entrer en jeu dans la réticence du juge constitutionnel, quel qu'il soit, à contrôler les lois de révision de la Constitution (B).

A. Considérations exégétiques

C'est dans la décision n°1/C/2003 du 11 juin 2003, relative à une autre loi de révision constitutionnelle, que le Conseil s'exprime en termes plus explicites : « Considérant que la compétence du Conseil constitutionnel est délimitée par la Constitution ; qu'elle n'est susceptible d'être précisée et complétée que par une loi organique dans le respect des principes posés par la Constitution ; que le Conseil constitutionnel ne saurait être appelé à se prononcer dans d'autres cas que ceux qui sont expressément fixés par les textes (...) ; le Conseil constitutionnel ne tient d'aucun texte le pouvoir de statuer sur une révision constitutionnelle » (considérant n° 2).

A partir de cette décision, on comprend mieux les raisons pour lesquelles le Conseil refuse de connaître des lois de révision, et elles sont simples : aucun texte ne lui confère compétence, dit-il, pour exercer tel un contrôle. En 2006, une autre décision relative à la prorogation du mandat des députés donne lieu à la déclaration suivante, également fondée sur des considérations exégétiques : « Considérant que la compétence du Conseil constitutionnel est strictement délimitée par la Constitution et la loi organique sur le Conseil constitutionnel ; que le Conseil ne saurait être appelé à se prononcer dans d'autres cas que ceux limitativement prévus par ces textes ; que le Conseil constitutionnel ne tient ni des articles 74 et 103 de la Constitution ni d'aucune disposition de la loi organique le pouvoir de statuer sur une révision constitutionnelle » (décision n°3/C/2005 du 18 janvier 2006, considérant n° 12). En 2018 enfin, le juge retient également que les textes qui organisent sa compétence sont le principal écueil à la justiciabilité des lois de révision : « L'alinéa premier de l'article 92 de la Constitution et l'article premier de la loi organique relative au Conseil constitutionnel donnent compétence au Conseil pour connaître de la constitutionnalité des lois ordinaires et des lois organiques ; que le Conseil ne tient ni de ces textes ni d'aucune autre disposition de la Constitution et de la loi organique le pouvoir de statuer sur une révision constitutionnelle » (décision n°1/C/2018 du 9 mai 2018, considérant n°6).

Dans toutes ces décisions, le juge se prévaut donc du fait qu'aucun texte ne lui donne compétence pour connaître des lois de révision, qui ne sont ni des lois ordinaires, ni des lois organiques, normes pour lesquelles sa compétence est affirmée. Dès lors qu'il ne bénéficie pas d'une attribution expresse de compétence, le juge doit s'abstenir d'exercer un contrôle. Si le Conseil constitutionnel du Sénégal est resté longtemps enserré dans l'image d'un juge révérencieux des textes et réticent à chercher d'autres sources de compétence, c'est précisément eu égard au traitement qu'il réservait aux lois de révision. C'est à leur sujet qu'il a bâti sa théorie des compétences d'attribution, aux termes de laquelle les compétences de la juridiction ne sont que celles qui lui ont été explicitement attribuées, à l'exclusion de toute autre. L'on a déjà vu, dans le cadre d'un commentaire précédent, comment cette conception quelque peu « dogmatique » de la compétence juridictionnelle « enchaînait » le juge, le condamnait à l'immobilisme et neutralisait toute virtualité d'évolution de son office. L'argument textuel revenait à dire qu'il ne faut pas attendre grand-chose du juge, que les transformations de son office ne pouvaient venir que des autorités politiques, et notamment des faiseurs de la loi. L'image qui était ainsi projetée du juge n'était pas, il faut bien le dire, tellement valorisante. Littéralement, celui-ci était « la bouche qui prononce les paroles de la loi », comme disait Montesquieu.

La jurisprudence sénégalaise du 9 octobre 1998 repose sur un raisonnement que d'autres juridictions constitutionnelles ont eu à faire valoir. Celle du Niger, par exemple, qui a déclaré dans un arrêt du 7 aout 2002 qu' « autant la Cour constitutionnelle peut apprécier la conformité d'une loi par rapport à une disposition constitutionnelle qui lui sert de base légale, autant elle ne saurait apprécier la conformité d'une disposition constitutionnelle par rapport à une autre disposition constitutionnelle » (arrêt n° 2002-013/CC). Le juge constitutionnel ivoirien ensuite, dans une décision du 4 novembre 2004, considère que s'il « a le pouvoir de contrôler un texte législatif, il n'entre pas dans sa compétence de censurer une disposition constitutionnelle qui demeure intangible à son égard » (décision CC n°001/SG/CC). Le juge constitutionnel français enfin, qui écrit dans sa décision du 26 mars 2003 : « Considérant que la compétence du Conseil constitutionnel est strictement délimitée par la Constitution ; qu'elle n'est susceptible d'être précisée et complétée par voie organique que dans le respect des principes posés par le texte constitutionnel ; que le Conseil constitutionnel ne saurait être appelé à se prononcer dans d'autres cas que ceux qui sont expressément prévus par ces textes ; considérant que l'article 61 de la Constitution donne au Conseil constitutionnel mission d'apprécier la conformité à la Constitution des lois organiques et, lorsqu'elles lui sont déférées dans les conditions fixées par cet article, des lois ordinaires ; que le Conseil constitutionnel ne tient ni de l'article 61, ni de l'article 89, ni d'aucune autre disposition de la Constitution le pouvoir de statuer sur une révision constitutionnelle » (décision n° 2003-469, considérants n° 1 et 2).

Ces jurisprudences s'appuient donc sur l'absence, dans les textes pertinents, de disposition les habilitant à connaître des lois de révision, mais l'objectivité commande d'apporter une petite nuance à la prévalence des considérations exégétiques dans l'affirmation de l'immunité contentieuse des lois de révision. Les textes ont joué un rôle important dans le choix du Conseil constitutionnel, mais ils ne sont les seuls éléments explicatifs du refus de contrôler les lois de révision. Il existe deux autres considérations qui ont joué. La première est une affirmation de principe : celle suivant laquelle « le pouvoir constituant est souverain », propos lourd de sens et de conséquences, dont la justesse pourrait, à notre sens, être sujette à caution, comme on va le voir plus loin, dans une partie réservée à ce point précis. La seconde considération, qu'il est temps d'examiner, est d'ordre politique.

B. Considérations politiques

Ces considérations ne sont pas toujours assumées ou revendiquées par les juges constitutionnels lorsqu'ils refusent de contrôler les lois constitutionnelles. Il n'est toutefois pas improbable qu'elles influencent ces juges, dans la mesure où elles renvoient à la solennité de la norme en cause et au risque que prendrait le juge s'il la censurait.

Il convient en effet de se rappeler le particularisme de la procédure de révision des Constitutions. Ce qui caractérise cette procédure, c'est sa quête de consensus, la volonté de rendre la révision acceptable par le plus grand nombre. D'où le formalisme, la solennité et l'implication d'une pluralité d'acteurs dans ce processus constituant. Il y'a d'abord le rehaussement des majorités nécessaires (des majorités qualifiées c'est-à-dire renforcées étant exigées à des moments données de la procédure, pour certains votes) ; il y' a ensuite la pluralité des acteurs impliqués (qui sont souvent l'Exécutif et le Législatif, mais également le judiciaire, dont l'intervention se fera plutôt *a priori*, et le peuple aussi, dont l'importance de la norme appelle la participation) ; le rallongement de la procédure (celle de la révision se déroulant souvent en deux ou trois phases) ; le formalisme de la procédure (réunion des deux chambres législatives en une seule) etc.

Il en résulte que les lois de révision sont pourvues d'une certaine force symbolique et politique. Cela n'est pas nécessairement dit dans les décisions de justice, mais cela va de soi. Devant des normes dotées d'un tel potentiel consensuel, adoptées selon un formalisme renforcé, le juge constitutionnel peut éprouver quelque appréhension à exercer un contrôle susceptible de déboucher sur une censure. Une alternative s'offre alors à lui : décliner sa compétence (en n'avouant pas nécessairement ces considérations politiques mais en y étant sensible) ou refouler la question du contrôle de conformité constitutionnelle dans le domaine de l'opportunité politique, domaine dans lequel il s'interdit d'entrer.

Tel a été le cas aux Etats Unis d'Amérique dès les années 30. Dans une affaire « Coleman v Miller », la Cour suprême a rendu un arrêt en date du 5 juin 1939 dans lequel elle considère qu'elle n'a pas compétence pour contrôler les « Amendements » à la Constitution car il s'agit d'une « question politique ». Elle déclare : « Congress, possessing exclusive power over the amending process, cannot be bound by, and is under no duty to accept, the pronouncements upon that exclusive power by this Court or by the Kansas Courts. Neither State nor Federal Courts can review that power. Therefore, any judicial expression amounting to more than mere acknowledgment of exclusive congressional power over the politicial process of amendment is a mere admonition to » (307 US 433).

Si la question de la révision de la Constitution est susceptible d'avoir une forte dimension politique, on ne s'étonnera pas que le contrôle des lois de révision ait donné lieu à des batailles épiques entre le juge constitutionnel et le pouvoir politique. En 1952, en Afrique du Sud, l'arrêt rendu par la Cour suprême dans l'affaire « Harris v Minister of the Interior » rejette un amendement à la Constitution ; en réaction, le Parlement crée un organe d'appel des décisions de la Cour suprême, la « High Court », qui ne tarde pas à casser la décision rendue par la Cour suprême. L'affaire ne s'arrête pas là, puisque la Cour suprême va censurer la loi créant la High Court et en « représailles », le gouvernement va décider d'accroître le nombre de juges à la Cour suprême pour contrer la « rébellion » des juges. Dans ce même pays, la Cour constitutionnelle rappelle dans une jurisprudence du 6 septembre 1996 que dans son contrôle de constitutionnalité des lois constitutionnelles, elle n'a pas à prendre en compte les motivations politiques qui ont pu guider le pouvoir constituant dérivé (CCT 23/96 du 6 septembre 1996, « Ex parte Chairperson of the Constitutional Assembly : in re-Certification of the Constitution of the Republic of South Africa, 1996, §§ 16-20). Citons également l'exemple du Niger : après que la Cour constitutionnelle eût rejeté le projet de modification de la Constitution inspiré par le Président sortant M Tandja, projet qui entendait revenir sur la limitation des mandats, le Président dissout l'Assemblée nationale et veut passer par le référendum pour changer la Constitution. Le 29 juin 2009, il « limoge » les sept juges constitutionnels s'étant opposés au projet de révision, et ouvre une crise politique qui ne connaîtra son épilogue qu'avec le coup d'Etat de 2010. Enfin, la Cour constitutionnelle du Bénin, infléchissant sa jurisprudence « Consensus national » du 8 juillet 2006 dans laquelle elle avait poussé assez loin le contrôle de constitutionnalité d'une loi de révision, se ravise dans un arrêt du 7 janvier 2021 et déclare que « nul pouvoir constitué ne peut contrôler, modifier suspendre ou supprimer un acte de volonté du pouvoir constituant originaire ou dérivé que lorsqu'il en est spécialement habilité », considérant qui consacre la dimension éminemment politique des lois de révision (Décision DCC 21-010).

Il existe donc des raisons pour s'opposer à un contrôle de constitutionnalité des lois de révision en l'absence d'une autorisation expresse. Ces raisons sont juridiques et politiques. Les raisons juridiques sont plus précisément exégétiques, c'est-à-dire qu'elles résultent de l'exégèse des textes, de leur interprétation littérale, l'inexistence d'une habilitation, c'est-à-dire le cantonnement du contrôle de constitutionnalité à certaines lois seulement – lois ordinaires et lois organiques notamment – signifiant que le juge est incompétent pour exercer son contrôle sur les lois constitutionnelles. Les raisons politiques, moins avouables mais qui exercent une pression indéniable, tiennent au particularisme procédural des lois de révision et à l'exigence consensuelle à laquelle ce particularisme répond : de même que l'on réfléchira par deux fois avant de censurer une loi arrêtée par le peuple – on pense à la réticence du juge constitutionnel à contrôler une loi référendaire -, de même celui-ci hésitera-t-il à sanctionner une norme dotée d'un coefficient consensuel aussi élevé. Mais toutes ces raisons, suffisent-elles à définitivement disqualifier une évaluation juridictionnelle des lois constitutionnelles ? Rien n'est moins sûr, à notre sens, car il existe tout autant des raisons de procéder à un tel contrôle.

II. La possibilité d'un contrôle des lois de révision

L'idée que les lois constitutionnelles ne doivent pas nécessairement échapper à un contrôle peut être défendue à deux points de vue. D'abord par la remise en question d'une affirmation qui accompagne trop souvent la déclaration d'incompétence des juges : celle selon laquelle le pouvoir constituant serait « souverain » (A). Ensuite par le fait qu'un tel contrôle existe dans un certain nombre de pays, et qu'il a même pu être affiné à travers deux variantes qu'il peut avoir : une variante « douce » ou minimale strictement limitée aux conditions procédurales de l'adoption de la loi, et une variante « dure » ou maximale, consistant à opérer un contrôle de fond sur la révision, démarche qui pourrait vite déboucher sur la consécration de normes supérieures à la Constitution, la supra –constitutionnalité (B).

A. La réfutation d'un axiome : la souveraineté du pouvoir constituant

Le terme d'« axiome » ici utilisé doit être pris dans son acception mathématique, son sens originel : une vérité admise, mais pas vraiment démontrée. Et de fait, l'idée que le pouvoir constituant est « souverain » peut, à notre sens, être discutée à plusieurs égards.

Mais observons, pour commencer, la récurrence de l'affirmation dans les jurisprudences qui dénient toute compétence au juge constitutionnel. S'agissant du Sénégal, au moins trois décisions peuvent être citées, qui se rapportent toutes à des saisines contre des lois de révision. Dans la décision n°3/C/2005 du 18 janvier 2006 précitée, le Conseil constitutionnel avance que « le pouvoir constituant est souverain, que sous réserve d'une part des « limitations qui résultent des articles 39, 40 et 52 du texte constitutionnel touchant aux périodes au cours desquelles une révision de la Constitution ne peut être engagée ou poursuivie », d'autre part « du respect des prescriptions de l'alinéa 7 de l'article 103 en vertu desquelles la forme républicaine du gouvernement ne peut faire l'objet d'une révision, il peut abroger, modifier, des dispositions de valeur constitutionnelle dans la forme qu'il estime appropriée » (considérant n°3). Trois ans plus tard, le Conseil constitutionnel réitère que « le pouvoir constituant est souverain, qu'il lui est loisible d'abroger, de modifier, ou de compléter des dispositions de valeur constitutionnelle dans la forme qu'il estime appropriée ; qu'ainsi, rien ne s'oppose à ce qu'il introduise dans le texte de la Constitution des dispositions nouvelles qui dérogent implicitement ou expressément à une règle ou à un principe de valeur constitutionnelle sous réserve, d'une part, des limitations touchant aux périodes au cours desquelles une révision ne peut pas être engagée ou poursuivie qui résultent des articles 40 et 52 de la Constitution et, d'autre part, des prescriptions du sixième alinéa de l'article 103 susvisé en vertu desquelles « la forme républicaine de l'Etat ne peut faire l'objet d'une révision » (décision n°2/C/2009 du 18 juin 2009, considérant n° 1). Enfin, dans la décision n°1/C/2018 du 9 mai 2018, le Conseil constitutionnel réaffirme que « le pouvoir constituant est souverain, qu'il lui est loisible d'abroger, de modifier ou de compléter les dispositions de valeur constitutionnelle dans la forme qu'il estime appropriée ; qu'ainsi, rien ne s'oppose à ce qu'il introduise dans le texte de la Constitution des dispositions nouvelles qui dérogent implicitement ou expressément à une règle ou à un principe de valeur constitutionnelle sous réserve des interdictions de révision prévues par la Constitution elle-même » (considérant n°7).

L'affirmation récurrente de la souveraineté du pouvoir constituant, les termes dans lesquels celle-ci est faite, font raisonnablement penser que le juge sénégalais n'a pas été insensible à la jurisprudence française du 2 septembre 1992, connue sous le nom de « Maastricht 2 ». Au considérant n° 19 de celle-ci, le Conseil constitutionnel français écrit en effet que « sous réserve, d'une part, des limitations touchant aux périodes au cours desquelles une révision de la Constitution ne peut pas être engagée ou poursuivie, qui résultent des articles 7, 16 et 89 alinéa 4 du texte constitutionnel et, d'autre part, du respect des prescriptions du cinquième alinéa de l'article 89 en vertu desquelles « la forme républicaine du gouvernement ne peut faire l'objet d'une révision », le pouvoir constituant est souverain, qu'il lui est loisible d'abroger, de modifier ou de compléter des dispositions de valeur constitutionnelle dans la forme qu'il estime appropriée, qu'ainsi, rien ne s'oppose à ce qu'il introduise dans le texte de la Constitution des dispositions nouvelles qui, dans le cas qu'elles visent, dérogent à une règle ou à un principe de valeur constitutionnelle ; que cette dérogation peut être aussi bien expresse qu'implicite » (décision n° 92-313 DC). On le voit, la similarité rédactionnelle avec les décisions sénégalaises est frappante. Il faut ajouter que l'on trouve également dans deux arrêts au moins de la Cour constitutionnelle du Bénin, la formule suivant laquelle « le pouvoir constituant (...) est souverain dans les conditions et sous le respect des procédures fixées par la Constitution » (décisions DCC 21-010 du 7 janvier 2021 et DCC 25-293 du 12 décembre 2025).

L'assertion selon laquelle le pouvoir constituant est souverain se heurte, à notre sens, à deux données. La première est relative, spécifique, elle se trouve dans la cohérence de cette presque clause de style que l'on trouve dans les jurisprudences sénégalaise, française et béninoise ; la seconde donnée est plus générale, elle touche les mutations du contentieux constitutionnel lui-même, voire du droit constitutionnel dans son entier, et qui devraient incliner à au moins une relativisation de la souveraineté du pouvoir constituant.

Sur le premier point, l'introduction de l'idée de souveraineté du pouvoir constituant brouille, à notre sens, les choses. La thèse de la souveraineté, si elle devait être soutenue, ne pourrait l'être, à la rigueur, que pour le pouvoir constituant originaire, qui ne souffre en principe d'aucun conditionnement, qui s'exerce, on allait dire *ex nihilo*, c'est-à-dire lorsqu'il s'agit de faire ou refaire une toute nouvelle Constitution. Mais lorsqu'il s'agit seulement de réviser la Constitution, c'est-à-dire lorsqu'il est question du pouvoir constituant dérivé, donc de greffer une loi dans un corps qui existe déjà, il nous semble quelque peu curieux de parler de pouvoir souverain. Un pouvoir qui doit rester attentif à sa compatibilité avec quelque chose qui lui préexiste, peut-il prétendre être souverain ?

Ce sont, au demeurant, les décisions rendues elles-mêmes qui introduisent en quelque sorte une nuance dans cette souveraineté en utilisant la formule, tellement suggestive « sous réserve que » (jurisprudence sénégalaise et française) ou « dans les conditions et sous le respect de » (jurisprudence béninoise). Le pouvoir constituant dérivé n'aurait donc pas la latitude de tout faire, précisément parce qu'il s'insère dans un existant. Dans ces conditions, pourquoi affirmer qu'il est souverain ? On peut le dire en d'autres termes : est-il de l'essence d'un pouvoir souverain d'être tributaire de limitations (limitations bien connues du pouvoir de réviser la Constitution, pouvant tenir à la période ou aux matières en cause) ? Un pouvoir conditionné, peut-il être souverain ? On aura compris que l'objection qui est faite ici porte sur ce terme tellement chargé de « souverain ». Ce mot n'est pas, à notre sens nécessaire dans ce débat. La liberté d'action du pouvoir constituant dérivé peut être soulignée sans l'usage du mot « souverain » parce que celui-ci est de nature à créer l'illusion d'une toute – puissance et, d'un point de vue psychologique, agir sur un juge dès lors enclin à soutenir la thèse de l'injusticiabilité des lois de révision. Il existe donc, d'abord, et de notre point de vue, un problème de cohérence dans cette motivation partagée par les trois juges.

Mais il y'a autre chose. De façon plus générale, plus « structurelle » pourrait-on dire, la souveraineté du pouvoir constituant est ébréchée par un certain nombre de tendances contemporaines, que l'on ramènera, pour rester synthétique, à deux : l'investissement du champ du droit constitutionnel par le droit international ou par les réalités internationales, - c'est l'aspect normatif - et l'assujettissement du pouvoir constituant, qu'il soit au demeurant originaire ou dérivé, à un contrôle supranational, lequel est susceptible de déboucher sur une invalidation de la norme constitutionnelle – c'est l'aspect contentieux ou jurisprudentiel- . La souveraineté prétendue du pouvoir constituant fait ainsi l'objet d'un double harcèlement.

Ces thématiques ont eu à être abordées dans la doctrine contemporaine, et il n'est question, ici, que d'en brosser quelques aspects, qui sont au nombre de trois : le cas des réformes constitutionnelles imposées par l'adhésion à une organisation internationale ou à un instrument international, le cas d'aménagements ou de réaménagements constitutionnels imposés dans le cadre d'un processus de paix piloté au plan international et le cas du contrôle de conventionalité de normes constitutionnelles. Dans tous ces trois cas, la prétendue souveraineté du pouvoir constituant est mise à mal.

Sur le premier point, on ne reviendra pas sur la potentialité constitutionnelle d'un certain nombre d'instruments juridiques internationaux, conçus notamment dans le cadre africain. L'on a vu comment des traités comme la Charte africaine de la démocratie, des élections et de la gouvernance (2007), ou le Protocole de la CEDEAO sur la démocratie et la bonne gouvernance (2001) ont exercé une attraction sur le contentieux constitutionnel dans les Etats Parties, au point, soit de conduire ceux-ci à les insérer dans le bloc de constitutionnalité, soit d'amener le juge à les intégrer dans les paramètres de constitutionnalité alors même que rien ne les y obligeait formellement (v notamment le second commentaire de la décision n° 1 et 2/C/2005 du 12 février 2005). Ajoutons à cela deux initiatives prises par le Conseil de paix et de sécurité de l'Union africaine, qui montrent que le pouvoir constituant des Etats membres n'est pas si souverain que cela. D'une part, un communiqué de la 432ème réunion de cet organe, tenue le 29 avril 2014, suggère la création d'une base de données des Constitutions des Etats membres de l'UA pour permettre à l'organisation de se pencher sur les « manquements aux standards constitutionnels et de bonne gouvernance » (doc PSC/PR/BR (CDXXXII). Et dans la Déclaration d'Accra du 17 mars 2022 sur les changements anticonstitutionnels de gouvernement, le même CPS propose l'adoption de directives sur les révisions constitutionnelles « en se fondant sur les lois, les politiques et les pratiques existantes de l'UA relatives au constitutionnalisme et à l'Etat de droit, avec une référence particulière à la Charte africaine de la démocratie, des élections et de la gouvernance ».

Des dynamiques de ce type sont observables ailleurs que sur le continent africain. En Europe, l'adhésion même à l'UE a pu être subordonnée à la satisfaction d'un certain nombre d'exigences d'ordre constitutionnel, tenant, aux termes de l'article 2 du traité de l'UE, aux valeurs de respect de la dignité humaine, de liberté, de démocratie, d'égalité, de l'Etat de droit, ainsi que du respect des droits de l'homme, y compris des droits des personnes appartenant à des minorités ». « Ces valeurs », poursuit l'article 2, « sont communes aux Etats membres dans une société caractérisée par le pluralisme, la non-discrimination, la tolérance, la justice, la solidarité et l'égalité entre les femmes et les hommes ». C'est ensuite l'article 49 qui précise que tout Etat souhaitant devenir membre de l'Union doit respecter ces valeurs-là.

Les stipulations que voilà ne tiennent pas de la « pétition de principe », elles sont rapportées au comportement des Etats candidats à une entrée dans l'Union, et cette évaluation donne lieu à des rapports. Ce qui intéressant ici, ce sont les implications constitutionnelles de l'article 2 précité, l'emprise internationale sur le pouvoir constituant qui se trouve ainsi mise en exergue. Aussi bien, s'agissant de la Turquie par exemple, un rapport d'évaluation de 2018 relève ce qui suit : « It concluded that the constitutional amendments, which were drafted without consultations with the Council of Europe, represent a dangerous step backwards in Turkey's constitutional democratic tradition » (SWD (2018), 153 final, p.10). Il est également question de réformes constitutionnelles s'agissant de la Bosnie – Herzégovine. On lit dans le rapport du Parlement européen du 13 février 2019, relatif lui-même au rapport 2018 de la Commission de l'UE concernant cet Etat, que « la Commission devrait donc analyser les questions liées au fonctionnement et examiner la mise en conformité du cadre juridique avec l'acquis de l'Union afin d'identifier les réformes constitutionnelles et autres nécessaires, que la nécessité d'une réforme constitutionnelle visant à améliorer le fonctionnement du pays et garantir la protection des droits de l'homme sera d'autant plus pressante que la

Bosnie – Herzégovine se rapprochera de l'adhésion à l'Union ». Au point 13 de la résolution, il est précisé que « de même que tout candidat à l'adhésion à l'Union, la Bosnie – Herzégovine doit progressivement aligner son système constitutionnel et juridique sur les exigences de l'acquis de l'Union ».

Les choix constitutionnels faits par les Etats sont également susceptibles d'être remis en question par l'organisation internationale sur la base de l'article 7 du traité de l'UE, qui est relatif à la violation ou au risque de violation de l'article 2. Ainsi, la Commission de l'UE a demandé à un Etat comme la Pologne de « réévaluer » le projet de loi de réforme du tribunal constitutionnel que le gouvernement avait préparé, dans la mesure où il contenait un certain nombre de dispositions considérées comme pouvant porter atteinte à l'article 2 : raccourcissement du mandat des juges, plus forte emprise du pouvoir politique sur les nominations. Plus tard, la Commission constatera que l'initiative du gouvernement polonais constituait une « menace systémique » sur l'Etat de droit. S'agissant de l'application de l'article 7 à la Hongrie, il était également question de mesures de type constitutionnel puisque le Parlement européen avait exprimé ses « préoccupations » touchant le système constitutionnel et l'indépendance de la justice (résolution 2017/2131 (INL)).

La pression que les institutions internationales exercent parfois sur le système constitutionnel des Etats peut également se manifester à l'occasion du traitement de crises internes. Elle s'insère ainsi dans des processus de paix pilotés de l'extérieur. Dans les termes du règlement de la crise, figurent alors des éléments qui touchent la Constitution de l'Etat. Un droit constitutionnel d'exception vient se greffer sur le droit constitutionnel commun, greffe qui n'est pas sans poser des problèmes dans certains cas, comme la jurisprudence du Conseil constitutionnel ivoirien l'a fait apparaître à propos de résolutions du Conseil de sécurité prenant acte des accords de paix conclus et comportant l'exhortation à engager des réformes constitutionnelles qui étaient clairement en contradiction avec les dispositions en vigueur. En Côte d'Ivoire en effet, les accords de paix de Linas- Marcoussis, signés le 24 janvier 2003, étaient censés mettre fin à une crise politique qui perdurait. Les incidences constitutionnelles de ces accords étaient évidentes puisqu'il était question d'une part, d'une interprétation de l'article 35 de la Constitution relatif à l'élection du Président de la République et, d'autre part, de la nomination d'un nouveau premier ministre, telle que prévue par la résolution 1633 du Conseil de sécurité adoptée le 21 octobre 2005, sachant que cette résolution s'inscrivait dans la suite des accords de Linas – Marcoussis.

En République centrafricaine, les accords de paix qui font suite à la longue crise qu'a connue ce pays dans les années 2000 mettent en place un « Cadre stratégique » le 9 juin 2009, et évoquent la nécessité d'adopter et de promulguer « un certain nombre de lois et de textes réglementaires nécessaires (…) pour renforcer et rendre plus cohérent le fonctionnement des principales institutions de la République » (document PBC/3/CAF/7). Un arrêt rendu par la Cour constitutionnelle centrafricaine le 8 aout 2015 met bien en évidence les intrications entre le processus de paix et le processus constitutionnel. Le passage que voici, relatif à l'éligibilité des acteurs de la « transition » en témoigne : « (…) La transition a été prolongée une première fois de six (6) mois sur avis conforme du Médiateur international de la crise centrafricaine en date du 22 décembre 2014, avis dont la conformité a été constatée par la Cour constitutionnelle de Transition dans sa décision n° 003/15/CCT du 16 janvier 2015, la fin de la Transition étant ainsi reportée au 17 aout 2015 (…). Par décision des chefs d'Etat de la CEEAC du 30 juillet 2015, dont la conformité à la Charte (Charte de la Transition, faisant office de Constitution) a été constatée par la Cour constitutionnelle de Transition dans sa décision n° 009 du 14 aout 2015 (…) » (décision n° 010/15/CCT du 28 aout 2015).

Sur le continent européen, le processus de paix qui a conduit aux accords de Dayton, s'agissant de la crise et de la guerre dans l'ex-Yougoslavie, est également révélateur de ces situations où un accord de paix conçu au plan international impose des réformes constitutionnelles à un Etat. Les éléments d'internationalisation de la Constitution nationale figurent dans l'Annexe 4 des accords de Dayton. Ainsi, il est prévu que la juridiction constitutionnelle elle-même sera composée d'un tiers de juges internationaux (c'est-à-dire non - nationaux), que la Convention européenne des droits de l'homme fera partie des normes de référence de la juridiction constitutionnelle. De façon plus précise, l'article VI §3 alinéa c) de l'Annexe 4 énonce que cette juridiction pourra connaître des « questions déférées par tout autre tribunal de Bosnie- Herzégovine pour dire si une loi, dont la validité de sa décision dépend, est conforme à la Constitution, à la Convention européenne de sauvegarde des droits de l'homme et des libertés fondamentales et ses protocoles, ou aux lois de la Bosnie – Herzégovine ou en ce qui concerne l'existence ou la portée d'une règle générale de droit international public pertinente pour la décision du tribunal ». Et dans le mandat assigné à la Cour constitutionnelle, figure la mission d'assurer la « continuité juridique internationale de la Bosnie – Herzégovine » (Article I, Annexe 4).

Telles sont, au plan normatif, les atteintes à la liberté des Etats dans l'exercice de leur pouvoir constituant.

Au plan jurisprudentiel, il est également possible d'observer un tel phénomène. Celui-ci s'accomplit alors par l'exercice d'un contrôle supranational sur les lois constitutionnelles des Etats, un contrôle de conventionalité des révisions de la Constitution. Cela signifie donc que pendant que le juge constitutionnel national se déclare incompétent pour connaître d'une loi de révision – comme dans ce cas-ci pour le Conseil constitutionnel sénégalais -, un juge international peut affirmer son aptitude à en connaître. L'hypothèse n'a rien de surréaliste, elle est même très probable puisqu'un tel contrôle de conventionalité des normes constitutionnelles est aujourd'hui une réalité dans les trois grands systèmes mondiaux de protection des droits de l'homme : systèmes européen (Convention européenne des droits de l'homme), américain (Convention américaine des droits de l'homme) et africain (Charte africaine des droits de l'homme et des peuples).

La Cour européenne des droits de l'homme a eu à sanctionner des normes constitutionnelles adoptées dans des Etats parties. Elle a déclaré non conforme à la Convention la dissolution d'un parti politique - le TBKP -qui avait été prononcée par la Cour constitutionnelle turque elle-même, dans un arrêt du 16 juillet 1991 et sur la base d'un certain nombre de dispositions de la Constitution turque relatives notamment à l'unité de la nation et à l'interdiction du séparatisme. La Cour européenne considère qu'une telle mesure est contraire à la Convention (arrêt du 30 janvier 1998, « Parti unifié de Turquie et autres c Turquie, n°133/1996/752/951). L'on peut également signaler l'arrêt « Lykourezos c Grèce », rendu le 15 juin 2006, dans lequel la Cour a déclaré non conforme à la Convention une révision constitutionnelle qui avait conduit à la déchéance du mandat de député du requérant.

Sur le continent américain, la Cour inter américaine des droits de l'homme, dans son Avis du 30 janvier 1987 déjà, avait déclaré contraires à la Convention américaine des droits de l'homme des dispositions constitutionnelles adoptées dans certains Etats parties, et qui portaient sur l'état d'urgence et l'état d'exception (Advisory Opinion « Habeas Corpus in Emergency Situations », Séries A 8 (1987) ; 9 HRLJ 94 (1988). Au titre des sanctions politiques et non plus judiciaires, une résolution de l'Assemblée générale de l'OEA relative au Honduras et adoptée le 1er juin 2011, révèle bien que l'organisation internationale ne s'interdit absolument pas de connaître des normes constitutionnelles des Etats lorsque celles-ci sont susceptibles de violer leurs engagements d'Etats membres. Les termes de la résolution sont les suivants : « Sharing the conviction that democracy is one of our region's most valued accomplishments and that the peaceful transfer of power through constitutional means and in strict copmliance with the constitutional rules of each of our States is the product of a continuous and irreversible process in which the region allows no interruption or setbacks » (Resolution of the OAS General Assembly on participation of Honduras in the Organization of American States, AG/RES 1 (XLI –E/11). On ajoutera qu'aux termes de l'article 19 de la Charte démocratique inter – américaine, « l'interruption inconstitutionnelle de l'ordre démocratique ou l'altération de l'ordre constitutionnel qui menace sérieusement l'ordre démocratique dans un Etat membre de l'OEA constitue, tant que dure la situation, un obstacle insurmontable à la participation de son gouvernement » aux organes de l'OEA.

Sur le continent africain, le terrain de prédilection de cette immixtion juridictionnelle dans la matière constitutionnelle est le droit électoral. Le contrôle opéré par les deux organes de protection – Commission et Cour africaines des droits de l'homme et des peuples - y révèle deux choses : une volonté de « saisir » tous les aspects des processus électoraux d'une part, et la soumission de la législation nationale – qui est alors une législation constitutionnelle – aux critères de validité conventionnelle – ladite convention pouvant aussi bien être la Charte africaine des droits de l'homme et des peuples que la Charte de la démocratie et des élections conclue en 2007 dans le cadre de l'Union africaine, ou le Protocole de 2001 de la CEDEAO relatif à la démocratie et à la bonne gouvernance -.

Les obligations électorales des Etats sont, selon la jurisprudence, nombreuses. Elles existent avant, pendant et après les élections. Ainsi, le juge n'hésite pas à exercer son contrôle de conformité conventionnelle sur l'environnement de l'élection, par exemple sur les éventuelles restrictions à créer des partis politiques. L'interdiction de créer des formations politiques a ainsi été sanctionnée par la Commission africaine des droits de l'homme et des peuples, qui l'a jugée contraire au droit de participation aux affaires publiques, stipulé par l'article 13 de la Charte africaine (Commission africaine des droits de l'homme et des peuples, « Lawyers for Human Rights c Swaziland », communication n° 251/02, décision du 11 mai 2005) ou à la liberté d'association prévue à l'article 10(La Cour a quant à elle considéré qu'une législation sanctionnant de « dissolution » tout parti politique qui s'abstient de participer à deux élections législatives successives constitue également une violation de l'article 10 (Cour africaine, « Sébastien G.MA. Ajavon c République du Bénin », arrêt du 4 décembre 2020, §§ 198 et s.). De même, par deux fois, l'interdiction des candidatures indépendantes a été considérée par la Cour comme contraire au droit de libre participation (« aff jointes « Tangayika Law Society and The Legal and Human Rights Center c Tanzaine » et « Révérend Christopher R Mtilika c Tanzanie », arrêt du 14 juin 2013 ; « Sébastion G.MA. Ajavon c République du Bénin » précité.). D'autres fois, c'est l'entrave faite à la liberté de candidature par une législation constitutionnelle restrictive portant sur la condition de nationalité qui a été invalidée (Commission africaine des droits de l'homme et des peuples, « John Modise c Botswana », communication 97/93, décision du 6 novembre 2000).

La volonté de cerner tous les aspects des processus électoraux peut conduire à des condamnations plus « générales », - comme l'invalidation de l'annulation d'une élection, le changement anticonstitutionnel de gouvernement (Commission africaine des droits de l'homme et des peuples, « Media Rights Agenda et Constitutional Rights Project c Nigeria », communication 105/93, 130/94, 152/96, décision du 31 octobre 1998) – ou donner lieu à l'usage d'un pouvoir d'injonction très ambitieux – comme l'ordre de reporter une élection prévue dans un Etat (Cour africaine, « Sébastien G.M.A Ajavon c Bénin », Ordonnance du 17 avril 2020, § 69).

Une décision rendue par la Commission africaine des droits de l'homme et des peuples en juillet 2014 peut sans doute être considérée comme une décision de principe dans la mesure où l'organe quasi-juridictionnel livre ses critères d'appréciation de la validité des processus électoraux. Les termes dans lesquels elle s'exprime méritent d'être intégralement rapportés dans la mesure où ils révèlent une approche aussi systématique qu'ambitieuse, soucieuse de ne laisser aucun interstice du processus échapper à son contrôle. Selon la Commission, « un processus électoral libre est constitué d'une série d'actes et de critères minimaux. Les plus importantes de ces composantes incluent : l'existence d'une loi et d'un système électoral, la transparence dans l'organisation de la gestion des élections, le droit de voter, l'inscription des électeurs, l'éducation civique et l'information des électeurs, la participation des candidats, des partis politiques et des organisations politiques, une campagne électorale au cours de laquelle la protection des droits de l'homme et l'accès libre aux médias sont assurés, un scrutin libre soumis à un contrôle indépendant et dont les résultats sont publiés, et enfin un mécanisme crédible de gestion du contentieux des élections » (Commission ADHP, communication 320/06, Pierre Mamboundou c Gabon », décision de juillet 2014,§§ 48 et 49).

Un contrôle aussi exhaustif portait sans doute les germes d'une évaluation de la conventionalité de l'ensemble de la législation relative à la matière électorale. Or, ces normes électorales se trouvant régulièrement dans la Constitution, les organes de protection n'ont pas tardé à confronter des dispositions constitutionnelles à des exigences contenues dans les instruments internationaux pertinents : Charte africaine des droits de l'homme et des peuples, bien entendu, mais également, comme cela a été souligné, Charte africaine de la démocratie et des élections et Protocole de la CEDEAO sur la démocratie et la bonne gouvernance. Et de fait, une telle confrontation s'est parfois traduite par une invalidation de dispositions constitutionnelles.

C'est l'article 10 de la charte africaine de la démocratie, des élections et de la gouvernance qui a été le levier de cette politique jurisprudentielle « activiste ». Aux termes du paragraphe 2 de celui-ci en effet, « les Etats Parties doivent s'assurer que le processus d'amendement ou de révision de leur Constitution repose sur un consensus national comportant, le cas échéant, le recours au référendum ». Sur la base de cet article, la Cour africaine a, par deux fois, invalidé une révision constitutionnelle au Bénin (Cour ADHP, « XYZ c Bénin », arrêt du 27 novembre 2020 ; « Sébastien G.M.A Ajavon c Bénin », arrêt du 4 décembre 2020, précités).

Mais l'organe juridictionnel de protection des droits de l'homme n'exerce pas le contrôle de conventionalité des révisions constitutionnelles sur le seul versant « procédural », on veut dire par là celui de la procédure d'adoption de la révision, laquelle peut effectivement révéler l'absence de consensus. Le contrôle exercé porte aussi sur le « fond » de la révision opérée. Dans ce cas de figure, l'audace du juge international est plus remarquable puisqu'il est alors conduit à porter un jugement de valeur démocratique sur la législation litigieuse, à soumettre au crible d'un standard international une mesure constitutionnelle nationale. Il en a été ainsi lorsque la Cour a condamné une révision constitutionnelle relative à la nationalité des candidats aux élections, et qui s'est traduite par l'exclusion de certaines personnes. Un arrêt rendu le 13 novembre 2024, « Samia Zorgati c République Tunisienne », doit également être versé dans ce débat-là. La Cour africaine a condamné l'Etat défendeur pour méconnaissance du principe de la séparation des pouvoirs (du fait de la suspension puis la dissolution de l'Assemblée des représentants du peuple), elle a également considéré que la suppression du conseil supérieur de la magistrature et la non mise en place de la Cour constitutionnelle violent l'article 26 de la Charte africaine des droits de l'homme et de peuples, qui impose aux Etats le devoir de garantir l'indépendance des tribunaux et de mettre en place des institutions nationales de garantie des droits énoncés par la Charte.

La thèse de la souveraineté du pouvoir constituant sort de tous ces développements quelque peu affaiblie. On comprend mieux alors pourquoi elle a été qualifiée d' « axiome » dès le départ. Il n'est pas certain, au terme de tout ce qui précède, que l'on puisse encore, comme le fait le juge français, mais également le juge sénégalais ou béninois, soutenir l'idée que le pouvoir constituant, surtout s'il est dérivé, c'est-à-dire s'il consiste en une révision, s'exerce hors de toute contrainte, en dehors de celles que la Constitution prévoit expressément. Cette thèse-là doit, à notre sens, être relativisée car comme on l'a longuement vu, les contraintes que subit le pouvoir constituant débordent le texte constitutionnel lui-même. Certaines juridictions constitutionnelles ont du reste pris le parti contraire de celui de l'immunité contentieuse : elles ont exercé un contrôle sur les lois de révision, et n'ont nullement éprouvé le besoin de poser le problème en termes hyperboliques ou exorbitants, comme semble le faire le Conseil constitutionnel sénégalais.

B. Les modalités d'un contrôle

Le contrôle des révisions de la Constitution est susceptible de deux modalités : un contrôle « minimum » et un contrôle « maximum ».

Le contrôle minimum consiste à s'intéresser aux seuls aspects procéduraux de la révision, à l'exclusion de toute considération sur le fond.

Il s'agit alors pour le juge de voir, par exemple, si les conditions de majorité ont été respectées, si les interdictions de réviser n'ont pas été bravées. Ce sont les juges eux-mêmes qui parlent le mieux de leur approche. Ainsi, dans un arrêt du 12 décembre 2001, la Cour constitutionnelle du Mali relève que « le contrôle de constitutionnalité de la loi portant révision de la Constitution consiste à l'analyser pour déterminer si l'autorité qui en a pris l'initiative est habilitée à le faire de par la Constitution, si le quorum indiqué par la Constitution a été atteint lors de son vote par l'Assemblée nationale, si son vote n'a pas eu lieu alors qu'il était porté atteinte à l'intégrité du territoire et enfin si elle n'a pas révisé les normes qui, de par la Constitution, ne peuvent faire l'objet d'une révision ». A l'instar du juge malien, la Cour constitutionnelle de la Guinée déclare dans son arrêt n° AC 014 du 11 juin 2020 que « la Cour constitutionnelle, conformément à sa ligne jurisprudentielle indiquée dans son Avis n° 002/2019/CC du 19 décembre 2019 relatif à l'avant-projet de Constitution, a précisé que son appréciation portera sur la régularité de la procédure de référendum, et non sur le contenu du projet de Constitution ; que sur ce fondement, elle a écarté dans son raisonnement toute possibilité de contrôle de conformité au regard de son contenu dont l'appréciation dépend du peuple souverain de Guinée ». Enfin le juge constitutionnel béninois, opérant en 2021 un revirement par rapport à une jurisprudence de 2006 qui avait fait beaucoup de bruit et sur laquelle nous reviendrons, exprime en termes saisissants le contrôle minimum des lois de révision auquel il se rallie désormais : « Considérant que nul pouvoir constitué ne peut contrôler, modifier, suspendre ou supprimer un acte de volonté du pouvoir constituant originaire ou dérivé que lorsqu'il en est spécialement habilité ; que le pouvoir constituant détenu par le peuple par voie référendaire et par l'Assemblée nationale (...) est souverain dans les limites et le respect des procédures fixées par la Constitution et ne peut faire, quant au contenu de cette volonté, l'objet d'un contrôle de constitutionnalité, a priori ou a posteriori, par la Cour constitutionnelle ; que lorsqu'elle est saisie dans le cadre d'un contrôle a priori ou à l'initiative du Président de la République ou de tout autre membre de l'Assemblée nationale (...), elle ne peut que procéder d'une part, au contrôle du respect par l'Assemblée nationale de la procédure de révision fixée aux articles 154 et 155 de la Constitution et, d'autre part, au contrôle du respect par la représentation nationale, des dispositions énoncées à l'article 156 de la Constitution, à moins qu'elle relève ou corrige les erreurs matérielles ou formelles éventuelles ; considérant qu'en l'espèce, en demandant à la Haute juridiction d'examiner l'applicabilité et la portée de l'article 157- 3 de la loi n° 2019-40 du 7 novembre 2019 portant révision de la Constitution, le requérant soumet au contrôle a posteriori un aspect du contenu de la volonté souverainement exprimée par l'Assemblée nationale dans le cadre de l'exercice par elle du pouvoir constituant dérivé dont l'appréciation excède les prérogatives de la Cour constitutionnelle » (décision DCC 21-010 du 7 janvier 2021).

Tel se présente donc le contrôle minimum des lois de révision : centré sur les aspects procéduraux de celles-ci, ne portant jamais sur le fond car un tel examen reviendrait à entrer dans le domaine de l'opportunité politique et à remettre ainsi en question la puissance du pouvoir constituant. A l'inverse, le contrôle maximum de craint pas de sanctionner le fond des lois de révision, la question étant alors, on le devine, de savoir en vertu de quelles normes supérieures le juge se donne un tel pouvoir.

Un exemple de contrôle maximum est fourni par la fameuse jurisprudence dite « consensus national », rendue par la Cour constitutionnelle du Bénin en 2006. La loi qui révise la Constitution et proroge le mandat des députés est récusée dans les termes suivants : « Considérant que le mandat de quatre ans, qui est une situation constitutionnellement établie, est le résultat du consensus national, dégagé par la conférence des Forces vives de la Nation de février 1990 et consacré par la Constitution en son préambule qui réaffirme l'opposition fondamentale du peuple béninois à la confiscation du pouvoir ; que si la Constitution a prévu les modalités de sa propre révision, la détermination du peuple béninois à créer un Etat de droit et de démocratie pluraliste, la sauvegarde de la sécurité juridique et de la cohésion nationale commandent que toute révision tienne compte des idéaux qui ont présidé à l'adoption de la Constitution du 11 décembre 1990, notamment le consensus national, principe à valeur constitutionnelle » (décision DC 06-074 du 8 juillet 2006). La Cour va donc censurer la loi de révision constitutionnelle au nom d'un principe – celui du « consensus national » - qui présente toutes les apparences d'une norme « supraconstitutionnelle » dans la mesure où il ne figure pas dans la Constitution, bien que la Cour la qualifie de « principe constitutionnel ».

C'est une décision tout aussi « hardie » que prend la Cour constitutionnelle centrafricaine dans son Avis n° 015/CC/20 du 5 juin 2020 relatif à la révision de certaines dispositions de la Constitution. La Cour sanctionne non seulement l'irrégularité de la procédure de révision de la Constitution (article 3 du dispositif de l'arrêt), mais elle constate que ce qu'elle appelle les « verrous constitutionnels » concernant le nombre et la durée des mandats du Président de la République ont été méconnus, ainsi que celui des députés (articles 4 et 5 du dispositif) et estime que certaines dispositions du projet de révision ne doivent pas être introduites dans la Constitution (article 6). Le contrôle est donc poussé à son niveau maximal, il n'épargne aucun aspect de la loi de révision. Tout aussi poussé semble être le contrôle exercé par la Cour constitutionnelle du Gabon, si l'on en juge par le considérant suivant, qui résume la portée de ce contrôle : « Considérant qu'il ressort de l'instruction que le Parlement, réuni en congrès le 29 décembre 2020, a adopté la loi ci-dessus référencée, conformément à la procédure prévue à cet effet par les dispositions de l'article 109 de la Constitution ; que l'examen de cette loi a révélé que les modifications ainsi adoptées, non seulement sont compatibles avec l'ensemble des autres dispositions de la Constitution, mais qu'aucune desdites modifications n'est entachée d'inconstitutionnalité ; qu'il échet donc de déclarer la loi n° 046/2020 conforme à la Constitution » (décision n°088/CC du 30 décembre 2020). Le Conseil constitutionnel tchadien, enfin, semble égale-ment faire sien le contrôle maximum, si l'on se fie à deux énoncés qu'il a eu à formuler dans sa jurisprudence : « dit que la loi portant adoption de la Constitution de la IVème République est intervenue dans les conditions de forme et de fond légalement requises » (décision n° 002/CC/SG/2018 du 3 mai 2018, dispositif) et, à propos d'une loi portant révision de la Constitution, « (...) Tenant compte de l'avis et des observations pertinentes issus de cette décision (décision n°002/CC/SG/2013 du 9 mars 2013 rendue par le Conseil constitutionnel), l'Assemblée nationale a, d'une part retiré les dispositions jugées non conformes à la Constitution et, d'autre part, procédé à l'amendement des dispositions des articles 123, 129 et 153 (...) » (décision n°004/CC/SG/2013 du 28 juin 2013).

L'une des questions les plus redoutables et les plus discutées posées par le contrôle maximum des lois de révision reste bien entendu celle de la « supra constitutionnalité », c'est-à-dire l'idée qu'il existerait des normes « supérieures » à la Constitution, qui s'imposeraient au pouvoir constituant, même originaire, la question étant, on le devine, l'identification même de ces normes et, si l'on ose dire, leur « domiciliation ». Un débat aussi épineux ne sera pas repris ici. Constatons simplement qu'à côté de ses pourfendeurs, existent ses défenseurs, dont certaines juridictions constitutionnelles qui assument parfaitement ce parti- pris. La Cour constitutionnelle allemande par exemple a pu écrire, au sujet des « écoutes téléphoniques », que « la limitation du pouvoir constituant dérivé a pour objet d'empêcher que l'ordre constitutionnel soit détruit dans sa substance, dans ses fondements, par l'adoption formelle d'une loi modifiant la Constitution » (arrêt du 15 décembre 1970). De manière encore plus frappante, la Cour constitutionnelle italienne a déclaré que la Constitution « renferme certains principes suprêmes qui ne peuvent être ni violés, ni modifiés dans leur contenu essentiel, ni par des lois de révision constitutionnelle, ni par d'autres lois constitutionnelles ». Ces principes supérieurs « consistent tant dans les principes que la Constitution prévoit comme limites absolues au pouvoir de révision constitutionnelle, telle la forme républicaine (article 139 de la Constitution) que dans les principes qui, bien que n'étant pas mentionnés expressément parmi ceux qui ne peuvent être soumis à la procédure de révision constitutionnelle, relèvent de l'essence même des valeurs suprêmes sur lesquelles se fonde la Constitution italienne » (arrêt n°1146/1988 du 29 décembre 1988). « Substance », « essence », disent les arrêts allemand et italien, la doctrine du contrôle maximum reste très « éthérée », très « volatile ». La théorie de la supra constitutionalité sur laquelle elle est susceptible de déboucher reste controversée, et c'est sans doute pourquoi bien des juridictions constitutionnelles hésitent à la revendiquer *expressis verbis*.

On finira ce commentaire sur l'actualité du contentieux des lois de révision au Sénégal. Le 15 février 2024, dans un climat préélectoral passablement tendu, le Conseil constitutionnel a censuré une loi de révision de la Constitution, qui tendait à « proroger » le mandat du Président de la République de quelques mois. Il s'agit assurément d'une décision qui marque un tournant dans le contentieux des révisons de la Constitution. On retiendra qu'elle renferme une nouveauté et deux confirmations. La nouveauté pourrait bien être la consécration, désormais, d'un contrôle des lois de révision, au rebours d'une longue jurisprudence. Les confirmations portent quant à elles d'une part sur la revendication par le juge d'un pouvoir de « régulation » et, d'autre part, sur celle d'une plénitude de compétence en matière électorale, ce qui amène le Conseil à connaitre notamment d'actes administratifs qui scandent le processus électoral.

Et d'abord, un tournant. Etaient en cause deux articles de la Constitution, dont voici la teneur. L'article 27 : « La durée du mandat du Président de la république est de cinq ans. Nul ne peut exercer plus de deux mandats consécutifs ». Puis l'article 103, alinéas 7 et 8 précisément : « La forme républicaine de l'Etat, le mode d'élection, la durée et le nombre de mandats consécutifs du Président de la République ne peuvent faire l'objet de révision. L'alinéa 7 du présent article ne peut faire l'objet de révision ». Sur la base de ces deux dispositions, le Conseil invalide la loi qui lui est déférée, laquelle portait « prorogation » de quelques mois du mandat du chef de l'Etat (jusqu'au 15 décembre 2024), alors que le pays allait vers une élection présidentielle (en principe prévue le 25 février 2024).

On relèvera d'abord – pour bien entendu l'approuver -, que le juge constitutionnel procède à une restitution de la vérité des qualifications, en tenant la loi querellée pour une « loi constitutionnelle » ou une « loi de révision constitutionnelle » et en n'accordant pas une grande importance à son intitulé officiel qui est « loi portant dérogation aux dispositions de l'article 31 de la Constitution ». Le Conseil estime que la loi en question a méconnu les deux dispositions de la Constitution, en ce qu'elle « repousse » la date de l'élection. Pour censurer la loi, le juge invoque également l'impératif de « sécurité juridique et de stabilité des institutions » (considérant n°17), lequel doit dépouiller la législation constitutionnelle de toute considération de « circonstances », notamment de « circonstances politiques » (considérant n°14). C'est ensuite quasiment une leçon d'art de légiférer que le juge donne lorsqu'il récuse « le caractère temporaire ou personnel » de la loi, et rappelle la nécessité qu'elle conserve son « caractère permanent et général » (considérant n°14). Les lois de circonstance sont des lois suspectes, elles s'éloignent des valeurs de la Constitution en s'assujettissant à des considérations éphémères ou conjoncturelles.

C'est finalement à un véritable discours de la méthode constituante que procède ainsi le Conseil constitutionnel sénégalais. Ce qui permet sans doute de tenir un propos aussi systématique, c'est que ce n'est pas la première fois que le Conseil subordonne la constitutionnalité d'une norme à l'atteinte d'un certain niveau d'abstraction, à son détachement de certaines contingences : contingences temporelles - il faut légiférer au-delà du présent-, contingences personnelles - il faut légiférer au-delà des individualités-. L'on se souvient, en effet, que dans sa décision du 16 février 2016 portant sur le projet de réforme constitutionnelle, le juge avait exprimé les mêmes impératifs pour l'autorité qui légifère (v. le commentaire fait de cette décision). Il est quelque peu dommage que le juge n'ait pas évoqué en termes plus circonstanciés sa jurisprudence antérieure, se contentant de l'évoquer de façon très elliptique (considérant n°14).

Deux observations peuvent en outre être faites au sujet de la décision du 15 février 2024. La première est qu'elle constitue une approche assez « téméraire » du contrôle de constitutionnalité, contrairement à ce qu'affirme le Conseil lui-même. Au considérant n°6 en effet, le Conseil décline sa méthode, dit comment il entend aborder la question qui est posée. Il écrit alors que « le périmètre de la compétence du Conseil constitutionnel dans le contrôle de constitutionnalité des lois est circonscrit, en matière de révision constitutionnelle, à la vérification du respect des conditions d'adoption, d'approbation et des limites temporelles et matérielles que la Constitution elle-même fixe à l'exercice des pouvoirs du constituant dérivé ».

L'on notera au passage que cette déclaration est importante dans la mesure où elle constitue l'affirmation d'un tournant jurisprudentiel, le Conseil n'ayant jamais dit cela auparavant. C'est même le contraire qu'il affirmait : qu'il n'avait pas reçu compétence pour contrôler les lois de révision. Mais le passage précité est également important parce que, cela a été dit, le Conseil indique sa méthode de contrôle. La question est cependant de savoir si sa démarche effective reste fidèle à la méthode qu'il décline. Il est permis de se poser la question car le Conseil dépasse le « périmètre » qu'il indique, il ne se limite pas à « la vérification des conditions d'adoption, d'approbation et des limites temporelles et matérielles » de la révision. Lorsque, pour motiver la censure de la loi constitutionnelle, le juge évoque la nécessité qu'elle soit détachée de contingences de temps et de personnes, lorsqu'il met en exergue l'exigence de prévisibilité et de sécurité dans l'élaboration de normes constituantes, il va plus loin que la simple vérification de données factuelles comme les conditions d'adoption de la loi ou la non- transgression des interdictions de réviser. Il est certes question de ces limites matérielles du pouvoir constituant dérivé, et c'est pour méconnaissance de l'une d'elles – la limitation de la durée du mandat- que la loi est censurée mais il n'y pas que cela : le Conseil stigmatise, quoiqu'en termes très mesurés, le conditionnement conjoncturel de la loi litigieuse. Ces motifs que l'on trouve dans la décision attestent que le contrôle de constitutionnalité de la loi constitutionnelle n'est ni « formel », ni « minimum », il est plus ambitieux que cela.

La seconde question que l'on pourrait se poser porte sur la portée « révolutionnaire » de la décision du 15 février 2024 : s'agit-il, vraiment, d'un revirement de jurisprudence ? La question n'est pas absurde eu égard aux particularités de l'espèce. En effet, la loi constitutionnelle discutée a la particularité de constituer elle-même une violation des interdictions de réviser, prévues par l'article 103 de la Constitution. Il s'agit donc d'une méconnaissance manifeste de la Constitution. La question est alors de savoir si le Conseil n'aurait pas continué à affirmer sa traditionnelle incompétence si la transgression n'était pas aussi grossière, en somme, si la justification de la compétence du juge ne se trouve pas dans l'énormité ou l'évidence du manquement.

Il n'est en effet pas exclu, dans le contentieux judiciaire en général et dans le contentieux constitutionnel en particulier, qu'une « violation manifeste » du droit ait pour répercussion un gonflement de la compétence du juge. C'est à une configuration de ce type que fait référence, par exemple, la Cour constitutionnelle du Gabon dans son arrêt n°001/CC/ du 17 janvier 2001, lorsqu'elle relève que « (...) la Haute instance peut, lorsqu'elle statue sur la constitutionnalité d'une loi, d'une ordonnance ou d'un acte règlementaire, soulever des moyens d'office en cas de violation manifeste de la Constitution ou de principes à valeur constitutionnelle » (considérant n°11).

Il nous semble toutefois que la position dégagée dans la décision du 15 février 2024 pourrait ne pas être liée à des considérations casuelles, aux circonstances de l'espèce, mais constituer l'amorce d'une véritable évolution de la jurisprudence du Conseil constitutionnel. Il suffit, pour cela, de rappeler les termes du considérant n°6 précité, relatif à la méthode de contrôle du Conseil : le juge y parle en termes de principe, et ne fait nullement état de l'espèce elle-même. Telle est donc la nouveauté : le Conseil n'affirme plus son incompétence pour contrôler les lois de révision.

Pour le surplus, on relèvera qu'il existe dans la décision au moins deux éléments qui, eux, relèvent de la continuité et non d'une rupture. D'abord, la notion d'organe ou de pouvoir « régulateur », énoncée au considérant n° 19. Ce n'est pas une nouveauté puisque dans la décision n°2/C/2021 du 20 juillet 2021, le Conseil affirmait qu'il avait une « mission de régulation », alors qu'aucun texte ne le spécifie. Il semble donc que la juridiction constitutionnelle se soit attribué une telle mission, qui n'est pas neutre. La fonction de régulation des juridictions constitutionnelles est en effet souvent associée, on l'a vu, à un certain activisme (Madagascar, Togo, Bénin, Djibouti, Mali), la Cour constitutionnelle du Congo étant peut-être la seule à avoir conçu la mission de régulation en termes plutôt minimalistes (décision n°008 DCC/SVA/19 du 10 décembre 2019).

L'affirmation d'une plénitude de compétence est l'autre confirmation que l'on trouve dans la jurisprudence du 15 février 2024. Cette plénitude de compétence va amener le Conseil constitutionnel à connaître d'actes administratifs, pour lesquels la Cour suprême est compétente mais que le Conseil examine parce qu'ils s'insèrent dans un processus électoral dont il est juge, il s'agit donc d'un « package », d'un bloc de compétence qu'il réaffirme au considérant n°7 : « (...) S'il est vrai que la Cour suprême est juge de l'excès de pouvoir des autorités exécutives, le Conseil constitutionnel, juge de la régularité des élections nationales, dispose d'une plénitude de juridiction en matière électorale, sur le fondement de l'article 92 de la Constitution ; que cette plénitude de juridiction lui confère compétence pour connaître de la contestation des actes administratifs participant directement à la régularité d'une élection nationale, lorsque ces actes sont propres à ce scrutin ». Or, on se souvient que dans sa décision n°5/93 du 2 mars 1993 - commentée précédemment- le Conseil s'était exprimé en ces termes : « à titre préliminaire, le Conseil estime qu'après s'être déclaré valablement saisi et malgré le silence des textes, il a l'obligation de se prononcer sur la question portée devant lui ; qu'en effet, ni le silence de la loi, ni l'insuffisance de ses dispositions, n'autorisent le Conseil, compétent en l'espèce, à s'abstenir de régler le différend porté devant lui ; qu'il doit se prononcer par une décision en recourant, au besoin, aux principes généraux du droit, à la pratique, à l'équité et à toute autre règle compatible avec la sauvegarde de l'Etat de droit et avec l'intérêt commun » (considérant n°17). La même décision du 2 mars 1993 ajoute que « le Conseil, seul juge chargé du contentieux des élections, est la seule instance de recours post – électoral habilitée à connaître de toute difficulté susceptible de faire échec au processus établi par le Code électoral pour le recensement des votes » (considérant n°12), avant de conclure la motivation de sa décision par le fait qu'il exerce « sa plénitude de juridiction en la matière » (considérant n°33). La décision qui a suivi celle du 2 mars, datée du 13 mars 1993, souligne également que « le Conseil constitutionnel, juridiction suprême, est le seul juge des élections » (décision n°6/93, considérant n°1).

La décision du 15 février 2024 est donc importante à plus d'un titre. Outre la rupture qu'elle opère sur le traitement des lois de révision, elle est porteuse d'une conception de l'office du juge constitutionnel qui rompt avec la perception que l'on a pendant longtemps eue de celui-ci. Elle porte, assurément, la promesse d'une évolution positive.

Décision sur les affaires N°2,3 et 4/E/2001 du 26 mars 2001

RÉPUBLIQUE DU SÉNÉGAL

Un Peuple – Un But – Une Foi

CONSEIL CONSTITUTIONNEL

AFFAIRES : N°2/E/2001 - N°3/E/2001 - N°4/E/2001

DEMANDEURS :

- Liste « Le Renouveau »
- Parti Socialiste
- Alliance des Forces de Progrès (A.F.P.)

SÉANCE DU 26 MARS 2001

MATIÈRE ÉLECTORALE

DECISION

LE CONSEIL CONSTITUTIONNEL,

En sa séance du 26 mars 2001 statuant en matière électorale conformément à l'article 88 de la Constitution ;

VU la Constitution, notamment en ses articles 6, 37, 38 et 42 ;

VU le Code électoral notamment en ses articles LO 174, L 165, L 169 et R 48 ;

VU la loi organique n°92-23 du 30 mai 1992 sur le Conseil constitutionnel, modifiée ;

VU la requête en date du 22 mars 2001 présentée par Maître Amadou Aly KANE, mandataire de la liste « Le Renouveau » ;

VU la requête en date du 23 mars 2001 présentée par le sieur Khalifa Ababacar SALL, mandataire du Parti Socialiste ;

VU la requête en date du 23 mars 2001 présentée par Maître Abdoulaye BABOU, mandataire de la liste de l'Alliance des Forces de Progrès (A.F.P.) ;

VU l'arrêté n°001667 du 21 mars 2001 fixant les couleurs et les symboles des bulletins de vote pour l'élection du 29 avril 2001 des députés à l'Assemblée nationale ;

VU les autres pièces produites et jointes au dossier ;

Le rapporteur ayant été entendu en son rapport ;

Après en avoir délibéré conformément à la loi ;

I. SUR LA RECEVABILITÉ

1 - CONSIDÉRANT que par leurs requêtes enregistrées le 23 mars 2001 au Greffe du Conseil constitutionnel sous les numéros 2/E/2001, 3/E/2001 et 4/E/2001 :

a) Maître Amadou Aly Kane, mandataire de la liste « Le Renouveau » demande au Conseil constitutionnel de :

- déclarer la requête recevable sur le fondement des articles 60 de la Constitution et LO 174 du code électoral ;

- au principal, déclarer la liste de la coalition « WADE » irrecevable en l'état ;

- au subsidiaire, dire et juger que seule l'effigie ou la photo du candidat occupant le premier rang de la liste doit figurer sur le bulletin de vote.

b) Khalifa Ababacar Sall, mandataire du Parti Socialiste, demande au Conseil constitutionnel :

- déclarer la requête recevable ;

- déclarer l'arrêté n°001667 du 21 mars 2001 illégal ;

- l'annuler purement et simplement.

c) Maître Abdoulaye Babou, mandataire de la liste de l'Alliance des Forces de Progrès (AFP), demande au Conseil constitutionnel :

- d'annuler l'arrêté n°001667 pris par le Ministère de l'Intérieur fixant les couleurs et les symboles des bulletins de vote pour l'élection du 29 avril 2001 ;

- déclarer irrecevable la liste de la coalition WADE.

2 - CONSIDÉRANT que les requêtes susvisées ayant été faites et déposées dans les forme et délai prescrits par la loi sont recevables ;

II - SUR LA JONCTION DES REQUÊTES

3 - CONSIDÉRANT que les requêtes demandent au Conseil constitutionnel de prononcer l'irrecevabilité ou la modification de la liste de la coalition WADE, l'illégalité de l'arrêté n°001667 du 21 mars 2001 et son annulation pure et simple ;

4 - CONSIDÉRANT qu'il existe entre ces demandes un lien si étroit qu'il est de l'intérêt d'une bonne justice de les instruire et de les juger ensemble ; qu'il convient, en conséquence, d'ordonner d'office leur jonction ;

III - AU FOND

5 - CONSIDÉRANT que les requêtes visent à rappeler certains principes généraux du droit constitutionnel et du droit électoral ;

6 - CONSIDÉRANT que le Conseil constitutionnel estime que le principe d'égalité entre les partis ou coalitions de partis commande qu'ils connaissent le même traitement ;

7 - CONSIDÉRANT surtout que l'article R 48 dispose que pour les élections législatives, chaque bulletin de vote porte l'effigie du candidat occupant le premier rang de sa liste ;

8 - CONSIDÉRANT, en conséquence, qu'il y a lieu de décider que l'arrêté n°001667 du 21 mars 2001 doit être modifié ; que l'appellation « Coalition WADE » et la photographie du Président de la République ne doivent pas figurer sur le bulletin de vote de cette coalition de partis politiques ;

DECIDE

Article premier : Les requêtes de la liste « Le Renouveau », du Parti Socialiste et de l'Alliance des Forces de Progrès (A.F.P.) sont recevables.

Article 2 : La jonction desdites requêtes.

Article 3 : Le nom « WADE » et la photographie du Président de la République ne doivent pas figurer sur le bulletin de vote de la « Coalition WADE » visée sous le n°18 de l'arrêté n°001667 du 21 mars 2001 du Ministère de l'Intérieur.

Article 4 : La présente décision sera publiée au Journal officiel de la République du Sénégal.

Composition :

Youssoupha Ndiaye, Président

Abdoul Aziz Ba, Vice-Président

Amadou Sô, Membre

Mamadou Lo, Membre

Abdoulaye Lath Diouf, Membre

Avec l'assistance de Maître Ndèye Maguette Mbengue, Greffier en Chef.

Observations

Saisi par un certain nombre de candidats ou de listes de candidats au scrutin législatif de 2001, le Conseil constitutionnel était invité à se prononcer sur la régularité de la liste du camp majoritaire, à qui il était reproché de comporter l'effigie du président de la République, lequel n'était pas, bien entendu, partie prenante à l'élection. Il était plus précisément requis du juge de la Constitution de déclarer irrecevable la liste de la majorité au pouvoir, et, à titre subsidiaire, de déclarer que seule l'effigie ou la photo du candidat en tête de liste doit figurer sur le bulletin de vote.

Après avoir joint toutes les requêtes qui lui ont été présentées dans le même but, le Conseil va donner satisfaction aux requérants en déclarant que « le nom « WADE » et la photographie du président de la République ne doivent pas figurer sur le bulletin de vote de la « Coalition WA.DE » visée sous le n°18 de l'arrêté n°001667 du 21 mars 2001 du Ministre de l'Intérieur ».

Le Conseil rend ce verdict eu égard à deux considérations. Légales d'abord : l'article R.48 du Code électoral énonce expressément que chaque bulletin de vote porte l'effigie de la personne tête de liste aux législatives ; principielles ensuite : le principe d'égalité entre les partis politiques ou coalitions de partis politiques implique que le Président de la République se tienne pour ainsi dire à l'écart d'une compétition électorale dans laquelle il n'est pas concerné.

Il s'agit là d'une décision remarquable à trois titres. Tout d'abord, elle traduit une conception assez exigeante du principe d'égalité en matière électorale, le juge ne se référant à aucun texte en particulier, lorsqu'il évoque au soutien de sa décision ce principe. Il est vrai que dans son raisonnement, l'argument légaliste semble être privilégié, puisqu'il est explicitement indiqué que c'est « surtout » la disposition du Code électoral qui a dicté la solution donnée par le juge. Il n'en demeure pas moins que pour une juridiction qui, à l'époque, avait la réputation d'être strictement attachée aux textes qui définissent sa compétence, l'évocation d'une règle non-écrite avait quelque chose de surprenant. En deuxième lieu, la jurisprudence sur l'effigie du Président de la République est remarquable parce qu'à l'opposé d'un certain préjugé, elle est défavorable au pouvoir en place. Enfin, cette jurisprudence est intéressante parce qu'elle a donné lieu à une « riposte » du Président de la République et, dans une configuration qui confine au « cas d'école », à la résurgence de ce serpent de mer qu'est le titulaire de la garde de la Constitution. En effet, tirant prétexte de ce que cette norme faisait de lui aussi le « gardien de la Constitution », le Président de la République de l'époque a, de façon quelque peu curieuse, éprouvé la nécessité d'adresser une correspondance au Conseil, dans laquelle il faisait état d'un certain nombre d'entorses à la procédure en vigueur devant la juridiction, entorses imputables au Conseil lui-même (lettre du Président de la République au président du Conseil constitutionnel, publiée dans le journal *Le Soleil* du 10 avril 2001).

L'analyse d'une telle décision n'est vraiment utile que si on la met en perspective. Perspective nationale d'abord, qui renvoie à sa place dans une certaine tradition jurisprudentielle. Il apparaît alors, à cette aune-là, que le verdict rendu est loin de se situer dans une cohérence et une continuité, tant il est vrai que la jurisprudence constitutionnelle sénégalaise reste aussi marquée par une certaine réticence à sanctionner de façon systématique les violations du principe d'égalité en matière électorale (I). Perspective internationale ensuite : on veut dire par là que la décision du 26 mars 2001, saluée quasiment par tout le monde au moment où elle a été rendue, pourrait précisément signer la fin d'une certaine inconstance jurisprudentielle, en se prévalant non seulement de précédents étrangers, mais en s'appuyant sur un certain nombre de considérations d'ordre général et théorique tout à fait pertinents dans le cas d'espèce (II).

I. Une jurisprudence nationale inconstante

Nul n'ignore à quel point la jurisprudence constitutionnelle sénégalaise en particulier, africaine en général, reste dominée par le contentieux des élections. Nul n'ignore, non plus, que ce contentieux tourne régulièrement autour du traitement égal des candidats, soit que la loi électorale est présentée comme méconnaissant cet impératif, soit que, dans l'accès aux moyens publics en général, et aux médias en particulier, le camp de l'opposition se plaigne d'être discriminé ou lésé. L'expérience sénégalaise revêt alors un caractère quelque peu curieux. Le principe d'égalité électorale a eu à être consacré par la jurisprudence, de façon que l'on pourrait même qualifier de précoce, puisque cette consécration date – on a tendance à l'oublier – de la Cour suprême, bien avant l'avènement du Conseil constitutionnel en 1992 (A). Dans le même temps pourtant, aussi bien avant qu'après 1992, le juge sénégalais a maintes fois refusé de consacrer le principe d'égalité, sur la base de raisonnements certainement discutables, comme on le verra (B). En somme, la consécration du principe d'égalité électorale est restée affectée d'une certaine précarité dans la tradition jurisprudentielle sénégalaise.

A. La consécration du principe d'égalité

Aussi remarquable soit-elle, eu égard au contexte politique dans lequel elle a été rendue, la décision du 26 mars 2001 est loin de constituer un précédent au Sénégal. Avant même l'avènement du Conseil constitutionnel, c'est-à-dire sous la Cour suprême, le principe d'égalité des candidats à une élection a été consacré par au moins deux arrêts. Le premier est celui du 17 juin 1982. La Cour, saisie pour apprécier une loi organique portant modification de certaines dispositions du Code électoral, en arrive à la conclusion qu' « en affectant au « parti appartenant à la majorité » un temps d'émissions radio- diffusées et télévisées supérieur à celui des « partis qui ne lui appartiennent pas », l'article 35 de la loi organique (...) est contraire aux dispositions constitutionnelles précitées », lesdites dispositions étant d'une part l'article 1er de la Constitution – qui évoque l'égalité des citoyens devant la loi – et les articles 27 et 49 du même texte – qui appliquent ce principe à la compétition électorale – (Cour suprême, aff n° 1/C/82, arrêt du 17 juin 1982).

Le second arrêt a été rendu le 19 février 1988. Il est assez particulier puisqu'il revêtait une dimension quelque peu *ad-hominem*, le requérant, candidat à l'élection présidentielle, contestant la présence dans l'équipe de campagne du chef de l'Etat d'un haut fonctionnaire des douanes, nommé ministre, mais qui, du fait de son statut de douanier – Statut du personnel des douanes , était frappé d'incapacité à être électeur ou éligible. C'est sous l'angle de l'égalité entre les candidats que la Cour suprême appréhende la question posée, puisqu'elle estime que « la participation à la campagne électorale de Moussa Touré, membre du personnel des douanes est illégale et regrettable ; qu'au surplus, cette participation est de nature à rompre l'égalité entre les candidats et les listes de candidats » (Cour suprême, aff n° 11/C/88, arrêt du 19 février 1988).

Par deux fois donc, la jurisprudence constitutionnelle sénégalaise a eu à dire ce qu'elle a déclaré dans la décision du 26 mars 2001. On regrettera, ici encore, ce qui a été dit plus haut : que le juge constitutionnel sénégalais n'ait pas toujours la mémoire de sa jurisprudence, car le rappel des jurisprudences de 1982 et 1988 était sans doute opportun.

La décision du 26 mars 2001 revêt cependant une importance intrinsèque, elle a une certaine spécificité dans la mesure où elle concerne directement le Président de la République, dont on connaît l'importance sous des régimes précisément « présidentialistes ». Elle vient rappeler que le chef de l'Etat, même s'il évolue dans un système de collaboration des pouvoirs – régime parlementaire - impliquant qu'il s'inquiète de l'existence d'une majorité parlementaire favorable à sa politique - car il était question d'élections législatives – reste en quelque sorte « au-dessus de la mêlée », il est au service de tous et ne s'« appartient » pour ainsi dire pas. C'est une affirmation symboliquement très forte, d'autant plus remarquable qu'au moment où le Conseil l'exprime – ou le suggère -, le Président de la République était effectivement chef de son parti. La jurisprudence du 26 mars 2001 arrache le chef de l'Etat à son appartenance partisane.

Il convient d'autre part de souligner que cette jurisprudence a connu une certaine postérité, un futur immédiat et un futur un peu plus lointain. Dans sa suite immédiate, le Conseil a rendu une décision qui y renvoie. Dans la décision du 12 mai 2001 en effet, rendue donc moins de deux mois plus tard, le juge rappelle son verdict et indique qu'« en application de la décision précitée, le ministre de l'Intérieur (...) a modifié l'arrêté (...) portant publication des listes de candidats pour l'élection du 29 avril 2001 (...) » (aff n° 6 à 12/E/2001, considérant n°11). Plus lointainement, c'est une décision rendue quasiment dix ans plus tard par le Conseil constitutionnel qui fait écho à celle du 26 mars 2001. Le juge y rappelle que la Cour d'appel a eu, dans le contexte de l'élection d'alors, à rendre un arrêt n°9 du 22 juin 2012 « interdisant la diffusion de l'image du président de la République sur les supports de campagne » (aff n° 20 à 25/E/2012 du 12 juillet 2012, considérant n°9). L'opportunité était sans doute belle pour rappeler le précédent qui est ici commenté, mais là encore, le juge de la Constitution n'a pas valorisé la mémoire de sa jurisprudence.

La décision du 26 mars 2001 est donc assurément importante, on l'a assez souligné. On veillera cependant à ne pas lui faire dire plus que ce qu'elle dit. Il a été souligné d'une part que pour rendre son verdict, le juge s'est plus fondé sur un argument de texte – l'article R 48 du Code électoral – que sur le principe général d'égalité, ce qui témoigne d'une démarche quelque peu « classique » et moins « révolutionnaire » qu'on pourrait le croire. D'autre part, ce qui vient d'être dit de l'institution présidentielle ne se trouve pas explicitement dans la décision du juge, mais il en découle nécessairement, pensons-nous. Les implications de principe de la jurisprudence du 26 mars 2001 ne sont donc pas explicitement assumées par le juge, la décision rendue n'a, de façon expresse tout au moins, nulle prétention à dépasser l'espèce qui l'a suscitée. Il faut ajouter, pour finir sur ce point et pour relativiser encore quelque peu l'enracinement jurisprudentiel du principe d'égalité, que ce n'est pas de tout temps que celui-ci a été couronné, ce qui signifie bien que la jurisprudence n'a pas été constante, comme on va le voir à présent.

B. Le refus de consacrer le principe d'égalité

Il est en effet arrivé que le Conseil constitutionnel lui-même ait refusé de consacrer l'égalité des candidats à une élection. Cette posture négative s'est appuyée soit sur la théorie de l'influence déterminante, soit sur une incompétence du juge à connaître du cas.

Au titre du premier cas de figure, il est possible de donner l'exemple de la décision n°6/93 du 13 mars 1993. Saisi à propos d'irrégularités commises pendant une campagne électorale et qui auraient entraîné une rupture du principe d'égalité (utilisation de biens ou de médias publics, « partialité » des organes d'information de l'Etat), le Conseil répond qu'« il n'est pas évident » que les émissions dénoncées aient « eu une influence déterminante sur le scrutin » ou aient « porté atteinte à la liberté de vote des électeurs » (considérant n° 16). Il est encore question d'influence déterminante dans la décision rendue dans les affaires n° 4 à 11/E/ 2000 du 10 mars 2000 dans laquelle le juge estime qu'au sujet des griefs d'utilisation des biens ou moyens publics dans la campagne électorale, « le Conseil constitutionnel ne pourrait les retenir que s'ils ont exercé une influence déterminante sur les électeurs pour modifier les résultats du scrutin » (considérant n°6). Enfin, dans la décision précitée du 12 mai 2001, le Conseil réitère, au sujet de faits irréguliers allégués, qu' « en admettant qu'il soient établis, il n'est nullement rapporté qu'ils aient exercé une influence déterminante sur les électeurs pour modifier le résultat du scrutin » (considérant n° 16).

Il convient de s'arrêter un moment sur l'évocation de la théorie de l'influence déterminante dans le contexte particulier d'atteintes au principe d'égalité des candidats à une élection. A notre sens, l'influence déterminante peut être évaluée lorsqu'il est question, précisément, de choses quantifiables, comme les statistiques sorties des urnes. Il est alors possible de peser les données en concurrence : les pourcentages obtenus par les candidats et la plus ou moins grande ampleur des irrégularités dénoncées. Mais lorsqu'il est question, non d'éléments objectifs mais de données subjectives, comme l'impact que la diffusion d'une émission peut avoir, il devient alors difficile d'évoquer la théorie de l'influence déterminante, comme le fait le Conseil constitutionnel. Cela reviendrait à mettre sur le demandeur une charge de la preuve quelque peu déraisonnable car il est difficile d'évaluer une influence d'ordre psychologique, comme cela a été le cas dans les espèces qui viennent d'être citées. Ces limites de la théorie de l'influence déterminante ont été précédemment évoqués (commentaire des décisions du 2 et du 13 mars 1993).

L'autre justification du refus de sanctionner des violations prétendues du principe d'égalité est sans doute plus solide, puisqu'elle repose sur l'incompétence du juge constitutionnel. La demande n'est alors pas examinée par le juge de la Constitution parce que c'est à un autre juge qu'est conférée l'aptitude à trancher le différend. Tel a été le cas dans les décisions précitées du 13 mars 1993 (compétence de la Cour d'appel) et du 12 mai 2001 (compétence du juge pénal).

Il résulte de ce bref tour d'horizon de la jurisprudence que la décision du 26 mars 2001, si importante soit-elle, ne doit pas masquer les flottements observés dans l'appréhension du principe d'égalité des candidats dans une campagne électorale. Or, avec les progrès de la démocratie et de la transparence électorale dans le pays, les temps sont sans doute mûrs pour en finir avec l'inconstance jurisprudentielle, pour installer de façon définitive ce principe dans l'arbitrage des différends électoraux au Sénégal.

II. Les fondements d'une stabilisation du principe d'égalité électorale

Pour un enracinement définitif de ce principe, deux séries de considérations peuvent être avancées. La jurisprudence d'instances comparables d'abord : sous d'autres latitudes – pays africains dont l'expérience démocratique est moins riche ou plus récente -, le principe d'égalité électorale a pu être conçu en termes particulièrement hardis, et la dimension arbitrale de l'institution présidentielle affirmée dans des conditions assez remarquables (A). Des considérations plus générales et plus théoriques peuvent également justifier une promotion du principe d'égalité des candidats aux élections. Elles conduisent à mettre l'accent sur l'une des vocations possibles de la justice constitutionnelle, qui est la préservation des droits des minorités politiques. En somme, en veillant à ce que les candidats à la compétition soient traités de façon égale, le juge de la Constitution incarne la « promesse démocratique »[10] en donnant toutes ses chances à la possibilité d'une alternance politique, en sauvegardant la glorieuse incertitude de la compétition électorale, en préservant la réversibilité de l'exercice du pouvoir : il donne ainsi, par le seul exercice de son office, une image vivante et topique de la démocratie (B).

A. Fondements jurisprudentiels

L'égalité des candidats à une élection, qui s'est traduite dans la décision du 26 mars 2001 par la mise du président de la République à l'écart du jeu

---

[10] L'expression est d'Antoine Garapon, *Le gardien des promesses, Justice et démocratie*, Paris, Odile Jacob, 1996.

politique et de la joute électorale a pu, dans certains pays, être poussée assez loin. L'on peut évoquer deux jurisprudences, rendues au Tchad et à Madagascar, dans lesquelles le juge a considéré que la position prééminente du chef de l'Etat ne devait pas induire un traitement inégal des candidats. La décision du 9 mars 2013 rendue par le Conseil constitutionnel tchadien rappelle la jurisprudence sénégalaise dans la mesure où elle tend à limiter l'implication du chef de l'Etat dans la vie politique en général et dans une campagne électorale en particulier. Examinant une loi de révision de la Constitution, le juge a eu à se pencher sur la question précise du statut du président de la République et sur sa participation à la vie politique.

Les termes de son appréciation sont les suivants : « Considérant que l'article 71 nouveau de la loi constitutionnelle portant révision de la Constitution dispose que « les fonctions de président de la République sont incompatibles avec l'exercice de tout autre mandat électif et de toute autre activité professionnelle lucrative. Toutefois, le président de la République a la faculté de participer aux activités d'un parti politique ou groupement de partis politiques, ou d'être membre d'associations à caractère académique, scientifique ou culturel, sans y être néanmoins membre de l'organe dirigeant » ; considérant que cette faculté laissée au président de la République de participer « aux activités d'un parti politique ou groupement de partis politiques (...) sans y être néanmoins membre de l'organe dirigeant » est susceptible de compromettre son rôle constitutionnel d'arbitre tel que défini par l'article 60 de la Constitution ; en outre cette modification porte atteinte aux principes de l'inviolabilité de la personne du chef de l'Etat, des privilèges et immunités dont il dispose pendant son mandat » (décision n° 002/CC/SG/2013).

Deux points doivent être mis en exergue dans cette décision du Conseil constitutionnel du Tchad. Tout d'abord, le juge a censuré une disposition de la loi de révision eu égard à la fonction arbitrale du président de la République. Un arbitre, dit en somme le Conseil, ne peut pas être d'un « parti », on allait dire d'une « partie » de la population. La fonction arbitrale énoncée par la Constitution met le chef de l'Etat « en surplomb », au-dessus de la mêlée politique, éloigné du champ partisan. Il s'agit d'une conséquence décisive de l'interprétation de la notion d'arbitrage, qui n'est pas forcément partagée par d'autres Constitutions ou juges constitu-tionnels. Dans certains pays, la vocation « olympienne » du premier magistrat a pu être affirmée sans que cette posture tutélaire n'implique une quelconque « renonciation » à la politique, le Président de la République pouvant notamment rester le « président » voire le « secrétaire général » de son parti. Disons – le clairement : c'est la position dégagée par le juge tchadien qui paraît plus logique, plus conséquente, une fois que l'on a fait du chef de l'Etat un homme « au-dessus de la mêlée ».

La décision du juge constitutionnel tchadien est également intéressante parce qu'elle ne se limite pas à une furtive interprétation de la fonction arbitrale du chef de l'Etat. Le juge va plus loin, il motive davantage sa position par le déséquilibre ou l'iniquité qui résulterait de la situation dans laquelle un personnage pourvu de privilèges et de prérogatives exorbitantes pourrait se mêler de politique, sans coup férir allait-on dire. En d'autres termes, permettre au Président de la République d'être dans le jeu politique et électoral alors qu'il bénéficie d'une protection que les autres n'ont pas – la décision évoque notamment l'inviolabilité de sa personne -, c'est faire le lit de l'abus de pouvoir, c'est avaliser une inégalité des armes qui, dans le contexte particulier d'une élection, pourrait altérer la sincérité du scrutin. En somme, l'égalité est consubstantielle à l'expression démocratique et électorale.

Intéressant est également, dans la même perspective, l'arrêt rendu par la Cour électorale spéciale de Madagascar le 22 novembre 2013. Portant proclamation des résultats du premier tour de l'élection présidentielle du 25 octobre 2013, il a décidé l'annulation partielle de votes favorables au Président de la République candidat, au motif que dans les circonscriptions électorales en cause, ce dernier avait mésusé de moyens mis à sa disposition en sa qualité de chef de l'Etat. La cour s'exprime ainsi : « Considérant qu'en vertu de l'article 133 du Code électoral, l'utilisation des biens publics ainsi que des prérogatives de puissance publique à des fins de propagande électorale entraîne l'annulation des voix éventuellement obtenues par le candidat mis en cause, dans la ou les localités où l'infraction a été constatée ; considérant qu'il est parvenu à la Cour des pièces démontrant l'usage de prérogatives de puissance publique et de biens publics à des fins de propagande électorale en faveur du candidat Hery Rajaonarimampianina dans les localités suivantes (...) ; considérant qu'il y' a lieu par voie de conséquence d'annuler 5.774 voix obtenues par le candidat Hery Rajaonarimampianina dans lesdites communes (...) » (arrêt n° 01-CES/AR).

B. Fondements théoriques

Est-il possible d'extrapoler toutes ces décisions – dont bien entendu celle qui est commentée ici –, de tenter de « systématiser » tout ce qu'elles disent ? Ce qu'elles disent, c'est une opposition ponctuelle du juge constitutionnel à une entreprise gouvernementale, c'est la mise en échec d'une majorité politique. Systématiser ce qu'elles disent, c'est se demander si la fonction même de la justice constitutionnelle ne devrait pas, précisément, consister à « résister » aux majorités politiques, à garantir de manière systématique les droits des minorités face au risque d'abus de pouvoir qui guette toute majorité.

Le débat est intéressant à deux titres. D'abord parce que de façon régulière, le juge constitutionnel est suspect de partialité, suspect de proximité avec les gouvernements en place. Cela est vrai sous les latitudes où la démocratie peine parfois à s'épanouir, comme dans un certain nombre de pays africains, le juge passant pour être une sorte de caution morale et juridique d'actes antidémocratiques comme les manipulations de la Constitution aux fins de se maintenir au pouvoir, ou même les coups d'Etat, les juridictions constitutionnelles passant alors pour des « chambres d'enregistrement » de ces ruptures de la légalité républicaine. Mais le grief de partialité existe aussi, bien entendu, dans des pays à la tradition démocratique plus forte. Il suffit de songer aux accusations de complicité avec le pouvoir gaullien qu'un homme comme l'ancien Président François Mitterrand avait exprimées à l'encontre du Conseil constitutionnel français, ou aux critiques adressées à la Cour constitutionnelle italienne réputée, comme la Tour de Pise, toujours pencher du même côté, qui est celui du pouvoir en place. Dans de telles conditions, où le juge constitutionnel est presque systématiquement suspecté de parti pris politique, l'affirmation que celui-ci a au contraire pour vocation de s'opposer aux majorités politiques peut être perçue comme un coup de tonnerre dans un ciel serein.

Le débat autour de l'idée qu'une fonction essentielle de la justice constitutionnelle est de freiner les emballements des majorités politiques qui gouvernent est également intéressant parce qu'il a pu trouver un fort écho dans la pensée politique, dans la doctrine juridique et dans la jurisprudence constitutionnelle elle-même. En somme, la jurisprudence sénégalaise du 26 mars 2001 pourrait se prévaloir d'une illustre lignée, d'un véritable courant de pensée attaché à l'idée que la démocratie est moins le règne du plus grand nombre que le respect des droits des personnes ainsi que d'un certain nombre de valeurs.

Dans son ouvrage *De la démocratie en Amérique*, Alexis de Tocqueville s'insurge contre la dictature du nombre, et sa funeste règle selon laquelle dans une démocratie, ceux qui ont conquis le pouvoir par le suffrage – c'est-à-dire par le nombre – ont le droit d'ignorer les aspirations de la minorité. Qualifiant cette croyance de « détestable », il déclare qu'au contraire, « le pouvoir accordé aux tribunaux américains de se prononcer sur l'inconstitutionnalité des lois forme l'une des plus puissantes barrières qu'on ait jamais élevées contre la tyrannie des assemblées politiques ». Ce point de vue n'est pas très éloigné de l'opinion émise par Hans Kelsen lui-même, lorsqu'il explique et justifie le contrôle de constitutionnalité des lois. « Si l'on voit l'essence de la démocratie », écrit-il, « non dans la toute-puissance de la majorité mais dans le compromis constant entre les groupes représentés au Parlement par la majorité et la minorité, et par suite dans la paix sociale, la justice constitutionnelle apparaît comme un moyen particulièrement propre à réaliser cette idée »[11].

Il s'est trouvé un juge et une jurisprudence pour corroborer ce point de vue. En effet, dans la décision « Marbury v Madison », qui fonde le contrôle de constitutionnalité aux Etats-Unis, John Marshall, mettant en exergue la nécessité d'avoir une institution qui contrôle le pouvoir politique et qui soit située hors de la politique, écrit : « Les compétences du pouvoir législatif sont définies et limitées ; et c'est pour que ces limites ne soient pas ignorées ou oubliées que la Constitution est écrite. A quoi servirait-il que ces pouvoirs soient limités et que ces limites soient écrites si ces dites limites pouvaient, à tout moment, être outrepassées par ceux qu'elles ont pour objet de restreindre ? ».

Il faut comprendre qu'au-delà de la question de la préservation des droits des minorités politiques par le juge de la Constitution, c'est une conception de la démocratie même qui est en jeu. Celle-ci consiste alors à éviter un gouvernement tyrannique, les majorités écrasantes et imbues de leur puissance faisant le lit des autocraties. Il s'agit d'une appréhension renouvelée de l'idéal démocratique, dans lequel le juge constitutionnel jouerait un rôle majeur.

[11] Kelsen H., « La garantie juridictionnelle de la Constitution » (La justice constitutionnelle », p.253.

Décisions N° 1 et 2/C/2005 du 12 février 2005 et N°1/C/25 du 23 avril 2025

I. Décision N° 1 et 2/C/2005 du 12 février 2005

RÉPUBLIQUE DU SÉNÉGAL

Un Peuple – Un But – Une Foi

CONSEIL CONSTITUTIONNEL

Décision N°1 et 2/C/2005

AFFAIRE N°1 ET 2/C/2005

DEMANDEURS :

29 DEPUTES

SÉANCE DU 12 FEVRIER 2005

MATIERE CONSTITUTIONNELLE

DÉCISION

LE CONSEIL CONSTITUTIONNEL

Saisi de deux recours en inconstitutionnalité par requêtes en date des 12 et 13 janvier 2005 enregistrées à son greffe les 13 et 14 janvier 2005 sous les n° 1/C/2005 et 2/C/2005 contre la loi n° 01/2005 portant amnistie votée par l'Assemblée nationale le 7 janvier 2005 par Abdoulaye BA, Abdoulaye BABOU, Boubacar BADJI, Abdoulaye BA-

THILY, Oumou Khaltoum CISSE, Oulimata Diom CISSE, Amath DANSOKHO, Thiedel DIALLO, Opa DIALLO, Seynabou KA DIALLO, Ousmane Tanor DIENG, Madia DIOP, Mamadou DIOP, Mamadou DIOP dit Castro, Madior DIOUF, Madieyna DIOUF, Wagane FAYE, Birane GAYE, Cheikh Hamidou KANE, Aminata MBAYE, Ousseynou MBOW, Aminata MBENGUE NDIAYE, Moustapha NIASSE, Cheikh Bamba SALL, Khalifa Ababacar SALL, Etienne SARR, Famara SARR, Djibril SOW et Moussa TINE, tous députés à l'Assemblée nationale ;

Vu la Constitution ;

Vu la loi organique n° 92-23 du 30 mai 1992 sur le Conseil constitutionnel modifiée par la loi organique n° 99-71 du 17 février 1999 ;

Ensemble les pièces du dossier, notamment le compte rendu des débats du 7 janvier 2005 de l'Assemblée nationale réunie en session ordinaire ;

Le rapporteur ayant été entendu ;

Après en avoir délibéré conformément à la loi ;

SUR LA PREMIÈRE REQUÊTE ;

1. CONSIDÉRANT que les auteurs de la première saisine demandent au Conseil constitutionnel de déclarer contraire à la Constitution la loi n° 01/2005 votée le 7 janvier 2005 ; qu'à l'appui de leur recours, ils font valoir que les articles 1er, 2, 4 al 2, 5 al 2 et 10 de la loi violent le Préambule notamment les articles 7, 8 et 10 de la Déclaration Universelle des Droits de l'Homme et les articles 1er, 67, 76 et 88 de la Constitution, et les articles 3 et 7.1.a. de la Charte Africaine des Droits de l'Homme et des Peuples ;

SUR LES ARTICLES 1er et 2 de la loi ;

2. CONSIDÉRANT que les auteurs de la saisine font grief aux articles 1er et 2 de la loi d'être conçus en des termes généraux et impersonnels incluant les infractions en matière de terrorisme, les fraudes électorales et les assassinats politiques ; qu'ils n'excluent de leur champ d'application aucune catégorie d'infraction ; qu'ils sont, dès lors, en contradiction avec les principes fondamentaux d'une loi d'amnistie et ne garantissent pas les intérêts civils des victimes et des tiers ; qu'ils amnistient des faits déjà amnistiés ; qu'ils violent le Préambule de la Constitution notamment les articles 7 et 8 de la Déclaration Universelle des Droits de l'Homme et les articles 3 et 7.1.a. de la Charte Africaine des Droits de l'Homme et des Peuples relatifs à l'égalité devant la loi, à une égale protection de la loi et au droit à un recours effectif devant les juridictions ; qu'ils violent la Constitution en ses articles 67 et 88 relatifs au principe de la séparation des pouvoirs;

3. CONSIDÉRANT que les articles 1er et 2 de la loi sont ainsi conçus :

Article premier : « Sont amnistiées, de plein droit, toutes les infractions criminelles ou correctionnelles commises, tant au Sénégal qu'à l'étranger, en relation avec les élections générales ou locales ou ayant eu une motivation politique, situées entre le 1er janvier 1983 et le 31 décembre 2004, que leurs auteurs aient été jugés ou non » ;

Article 2 : « Sont amnistiées de plein droit toutes les infractions criminelles ou correctionnelles commises, tant au Sénégal qu'à l'étranger, en relation avec le décès de Monsieur Babacar Sèye, magistrat au Conseil constitutionnel, que leurs auteurs aient été jugés ou non » ;

EN CE QUI CONCERNE LA GÉNÉRALITÉ DES TERMES ET LA NON EXCLUSION DE CERTAINES INFRACTIONS

4. CONSIDÉRANT que, sur le fondement de l'article 67 de la Constitution le législateur peut faire disparaître pour l'avenir tout caractère délictueux à certains faits pénalement répréhensibles, en interdisant toute poursuite à leur égard et en effaçant les condamnations qui les ont frappés ; qu'il lui appartient de déterminer les infractions amnistiées en fonction de critères objectifs et, au besoin, les personnes auxquelles doit s'appliquer le bénéfice de l'amnistie ; que ni la Constitution ni aucune norme de valeur constitutionnelle ne limitent le pouvoir du législateur d'amnistier des catégories quelconques d'infractions qu'elles soient punies de peines criminelles, correctionnelles ou contraventionnelles, ni des faits déjà amnistiés sous réserve du respect du principe de l'intangibilité des droits acquis ;

5. CONSIDÉRANT dès lors que les dispositions des articles 1er et 2 ne contreviennent en rien à ces exigences ;

EN CE QUI CONCERNE LES DROITS DES VICTIMES ET DES TIERS ;

6. CONSIDÉRANT que la loi d'amnistie n'efface pas la faute civile commise à l'encontre des victimes et des tiers ; qu'elle conserve son caractère illicite et permet d'obtenir devant les tribunaux la réparation du préjudice subi ;

7. CONSIDÉRANT au demeurant que l'article 7 de la loi déférée précise qu'en cas d'instance sur les intérêts civils, le dossier pénal sera versé aux débats et mis à la disposition des parties ; qu'il en résulte que la loi ne préjudicie pas aux droits des tiers ;

EN CE QUI CONCERNE LA SÉPARATION DES POUVOIRS ;

8. CONSIDÉRANT que les requérants font valoir qu'en amnistiant des infractions définitivement jugées ou non, les articles 1er et 2 ont pour effet de dessaisir le juge d'un dossier et de permettre l'immixtion du pouvoir législatif dans l'exercice du pouvoir judiciaire ; que l'article 10, qui ne prévoit l'action en révision devant la juridiction compétente qu'au profit des seuls condamnés en vue de faire établir leur innocence, entraîne une limitation du pouvoir judiciaire par le pouvoir législatif ;

9. CONSIDÉRANT qu'il est de la nature même de la loi d'amnistie de faire disparaître pour l'avenir tout caractère délictueux de certains faits pénalement répréhensibles, en interdisant toute poursuite à leur égard ou en effaçant les condamnations qui les ont frappés ; que la dérogation ainsi apportée au principe de la séparation des pouvoirs trouve son fondement dans les dispositions de l'article 67 de la Constitution qui font figurer au nombre des matières qui relèvent de la loi la fixation des règles concernant l'amnistie ;

SUR LES ARTICLES 1er, 4 al 2, et 5 al 2 de la loi ;

10. CONSIDÉRANT que les requérants soutiennent que l'article 1er, en laissant au pouvoir judiciaire le soin de déterminer les infractions amnistiées, a violé l'article 67 de la Constitution qui donne compétence au législateur pour fixer les règles de l'amnistie ; qu'en outre, en renvoyant au pouvoir réglementaire la mission de déterminer les conditions de la réintégration des bénéficiaires de l'amnistie, les articles 4 al 2 et 5 al 2 opèrent une subdélégation contraire à la Constitution ;

11. CONSIDÉRANT qu'il appartient au législateur, dans l'exercice de sa compétence en matière de fixation des règles de l'amnistie, de dégager les critères objectifs qui permettent de définir les infractions entrant dans le champ de la loi d'amnistie ;

12. CONSIDÉRANT qu'en laissant le soin au juge d'interpréter la loi et au pouvoir réglementaire la compétence pour prendre des mesures individuelles de réintégration, le législateur ne viole ni les articles 1er, 67 et 76 ni aucun principe de valeur constitutionnelle ;

SUR LES ARTICLES 2, 4 al 2, 5 al 2 et 10 de la loi ;

13. CONSIDÉRANT que selon les requérants les articles 2, 4 al 2, 5 al 2 et 10 de la loi méconnaissent le principe en vertu duquel tous les citoyens sont égaux devant la loi, le service public de la justice et jouissent d'une égale protection de la loi ; qu'ils estiment que l'article 2 viole l'article 10 de la Déclaration Universelle des Droits de l'Homme et l'article 7-1.a. de la Charte Africaine des Droits de l'Homme et des Peuples qui consacrent le droit de saisir les juridictions nationales compétentes de tout acte violant les droits fondamentaux reconnus à toute personne et garantis par les conventions internationales; que les articles 4 al 2 et 5 al 2 de la loi accordent aux personnes qui en feront la demande la possibilité d'être réintégrées par décret individuel dans les fonctions ou emplois publics et les ordres nationaux ;

14. CONSIDÉRANT que la loi d'amnistie n'a pas pour effet d'interdire les recours aux juridictions nationales compétentes ; qu'elle ne comporte pas obligatoirement la réintégration de ses bénéficiaires dans les fonctions, emplois publics et les ordres nationaux ; que cependant le législateur peut apporter à cette règle des exceptions sans contrevenir à aucun principe de valeur constitutionnelle sous réserve que les réintégrations ne soient pas contraires aux droits et libertés des personnes tierces ;

15. CONSIDÉRANT qu'en conséquence le moyen tiré de la violation du principe d'égalité n'est pas fondé ;

SUR L'ARTICLE 2

16. CONSIDÉRANT que selon les requérants la loi déférée tend à assurer l'impunité et l'injustice et non le pardon ; qu'elle constitue un détournement de pouvoir dans la mesure où son but est contraire à celui d'une loi d'amnistie ;

17. CONSIDÉRANT que c'est dans un but d'apaisement politique ou social que le législateur doit rechercher, dans l'exercice de la compétence que la Constitution lui reconnaît en matière d'amnistie, l'oubli de certains faits par l'effacement de leur caractère répréhensible ;

18. CONSIDÉRANT qu'il ressort de l'examen des travaux préparatoires notamment de l'exposé des motifs de la loi qu'« à la suite d'actes criminels ayant entraîné le décès de Babacar Sèye...Vice-président du Conseil constitutionnel...l'exploitation de ces actes crapuleux ne fait que réveiller des souvenirs douloureux pour la famille et les proches du défunt...qui ont le droit ...au respect de leur nom, intimité et dignité » ;

19. CONSIDÉRANT qu'en poursuivant un objectif de protection des intérêts d'une famille et les proches du défunt, l'article 2 de la loi vise un but différent de celui pour lequel compétence a été conférée au législateur ; qu'en conséquence, il est entaché de détournement de procédure ;

SUR LA DEUXIÈME REQUÊTE

20. CONSIDÉRANT que les requérants font valoir que les articles 1er et 2 de la loi d'amnistie seraient contraires à l'article 4.o. de l'Acte constitutif de l'Union Africaine qui consacre le respect du caractère sacré de la vie humaine, condamne et rejette les assassinats politiques, les actes de terrorisme et les activités subversives ;

21. CONSIDÉRANT que l'article 74 de la Constitution donne au Conseil constitutionnel compétence pour se prononcer seulement sur la conformité à la Constitution des lois déférées à son examen ;

22. CONSIDÉRANT qu'aux termes de l'article 98 de la Constitution, « les traités ou accords régulièrement ratifiés ou approuvés ont, dès leur publication, une autorité supérieure à celle des lois, sous réserve, pour chaque accord ou traité, de son application par l'autre partie » ; que ces dispositions ne prescrivent ni n'impliquent le contrôle de la conventionnalité des lois dans le cadre du contrôle de la conformité des lois à la Constitution prévu à l'article 74 de celle-ci ;

23. CONSIDÉRANT, par suite, qu'il n'appartient pas au Conseil constitutionnel d'apprécier la conformité de la loi aux stipulations d'un traité ou d'un accord international ;

DÉCIDE

Article premier : Les articles 1er, 4 al 2, 5 al 2 et 10 de la loi n° 01/2005 du 7 janvier 2005 portant amnistie ne sont pas contraires à la Constitution ;

Article 2 : L'article 2 est non conforme à la Constitution ;

Article 3 : La présente décision sera publiée au Journal officiel de la République du Sénégal.

Délibérée par le Conseil constitutionnel en sa séance du 12 février 2005 à laquelle siégeaient :

Madame Mireille NDIAYE, Président,

Messieurs Babacar KANTE, Vice-Président,

Abdoulaye Lath DIOUF, Membre,

Mamadou SY, Membre,

Mamadou Kikou NDIAYE, Membre

Avec l'assistance de Maître Ndèye Maguette MBENGUE, Greffier en Chef ;

En foi de quoi, la présente décision a été signée par le Président, le Vice-Président, les autres membres et le Greffier en Chef.

Le Président	**Le Vice-Président**
Mireille NDIAYE	Babacar KANTE
Membre	**Membre**
Abdoulaye Lath DIOUF	Mamadou SY
Membre	**Le Greffier en Chef**
Mamadou Kikou NDIAYE	Ndèye Maguette MBENGUE

Décision N°1/C/25 du 23 avril 2025

RÉPUBLIQUE DU SÉNÉGAL

Un Peuple – Un But – Une Foi

DÉCISION N° 1/C/2025

AFFAIRE N° 1/C/25

Requête de Abdou MBOW
et 23 autres députés du 3 avril 2025

SÉANCE DU 23 avril 2025

MATIÈRE CONSTITUTIONNELLE

LE CONSEIL CONSTITUTIONNEL,

Vu la Constitution ;

Vu la loi organique n° 2016-23 du 14 juillet 2016 relative au Conseil constitutionnel ;

Vu la loi n° 2024-09 du 13 mars 2024 portant amnistie ;

Vu la requête introduite le 8 avril 2025 par Abdou MBOW et 23 autres députés ;

Vu les lettres du 8 avril 2025 notifiant le recours au Président de la République, au Président de l'Assemblée nationale et au Premier ministre, en application de l'article 14 de la loi organique susvisée ;

Vu les mémoires en réponse du 11 avril 2025 du Président de l'Assemblée nationale et de l'Agent judiciaire de l'État ;

Vu les pièces produites et jointes au dossier ;

Le rapporteur ayant été entendu ;

Après en avoir délibéré conformément à la loi ;

1. Considérant que par requête reçue au greffe le 8 avril 2025 et enregistrée le même jour sous le numéro 1/C/25, Abdou MBOW, Abdou Karim SALL, Adama DIALLO, Aïssata Ousmane DIALLO, Aïssata Tall, Amadou BA (N°1), Amadou DIALLO (N°1), Anta Babacar Ngom-DIACK, Barane FOFANA, Daouda DIA, Fabinetou NDIAYE, Fatou SOW, Maguette SENE, Mamadou DIAW, Mbaye DIONE, Moussa SARR, Nafy KANE, Raqui DIALLO, Rokhaya CAMARA, Salimata DIOP, Sokhna BA, Thérèse FAYE, Thierno Alassane SALL et Cheikh Oumar HANNE ont saisi le Conseil constitutionnel d'un recours visant à faire

« déclarer contraire à la Constitution la loi enregistrée à l'Assemblée nationale sous le numéro 2025/08, adoptée par l'Assemblée nationale réunie en sa séance plénière du 02 avril 2025 » ;

SUR LA COMPOSITION

2. Considérant que le Conseil constitutionnel, présentement composé de cinq membres, peut, dès lors que le quorum de quatre membres prévu par l'article 23 de la loi organique n° 2016-23 du 14 juillet 2016 relative au Conseil constitutionnel est atteint, valablement délibérer et statuer ;

SUR LA COMPÉTENCE

3. Considérant que dans leurs mémoires en réponse du 11 avril 2025, le Président de l'Assemblée nationale et l'Agent judiciaire de l'État ont soutenu en substance que les requérants excipent de la non-conformité de la loi interprétative à la Constitution, alors que le Conseil constitutionnel ne détient pas le pouvoir de statuer sur la conformité d'une loi interprétative avec une autre loi, c'est-à-dire hors du champ du contrôle de constitutionnalité ; que le contrôle de constitutionnalité des lois dévolu au Conseil constitutionnel ne s'étend pas aux lois interprétatives ; qu'ils ont ajouté que la loi interprétative n'est pas une loi nouvelle puisqu'elle fait corps avec la loi qu'elle interprète et ne saurait en conséquence faire l'objet d'un contrôle de constitutionnalité par voie d'action, indépendamment du texte de base dont elle est indissociable ; qu'ils ont également soutenu que le Conseil constitutionnel n'est pas un juge de l'opportunité ou de la qualification formelle de la loi ;

4. Considérant qu'aux termes de l'article 92 de la Constitution, le Conseil constitutionnel « connaît de la constitutionnalité des lois (...) » ;

5. Considérant que ce texte ne distingue pas les lois en fonction de leur caractère interprétatif ou non ; que dès lors, la loi n° 08/2025 du 02 avril 2025, adoptée par l'Assemblée nationale suivant la procédure législative prévue à cet effet, peut, indépendamment de la loi qu'elle interprète, faire l'objet d'un recours par voie d'action, conformément à l'article 74 de la Constitution ;

6. Considérant, dès lors, que le Conseil constitutionnel est compétent pour contrôler la conformité de ladite loi à la Constitution ;

SUR LA RECEVABILITÉ

7. Considérant que dans son mémoire en réponse, l'Agent judiciaire de l'État a relevé que les députés Pape Djibril FALL, Djimo SOUARE, Mamadou Lamine THIAM et Mouhamadou NGOM n'ont pas signé la requête, laquelle n'est accompagnée que d'une copie de la loi déférée,

sans l'exposé des motifs ; qu'il a conclu à l'irrecevabilité du recours au motif que la requête ne respecte pas les dispositions de l'article 16 de la loi organique n° 2016-23 du 14 juillet 2016 susvisée ;

8. Considérant que l'exposé des motifs a pour objet d'indiquer les raisons pour lesquelles le projet de loi est soumis à l'Assemblée nationale ; qu'il vise à éclairer le sens et la portée des dispositions de la loi ainsi que la démarche suivie lors de son élaboration ; qu'il n'a pas un caractère normatif ;

9. Considérant, en outre, que la requête, bien que n'ayant pas été signée par Pape Djibril FALL, Djimo SOUARE, Mamadou Lamine THIAM et Mouhamadou NGOM, comporte la signature de 24 députés et est accompagnée de deux copies du texte de loi attaquée ;

10. Considérant, en conséquence, que le recours introduit conformément aux dispositions des articles 74 de la Constitution et 16 de la loi organique n° 2016-23 du 14 juillet 2016 relative au Conseil constitutionnel, est recevable ;

SUR LA CONFORMITÉ À LA CONSTITUTION DE L'ALINÉA PREMIER DE L'ARTICLE PREMIER DE LA LOI ATTAQUÉE

11. Considérant que pour faire déclarer inconstitutionnelle la loi déférée, les requérants ont soutenu « qu'une loi ne peut être considérée comme interprétative qu'autant qu'elle se borne à reconnaître, sans rien innover, un droit préexistant qu'une définition imparfaite a rendu susceptible de controverse » ; qu'en excluant du champ de l'amnistie tous les faits « sans lien avec l'exercice d'une liberté publique ou d'un droit démocratique », le législateur a rendu la loi interprétative extrêmement confuse dans sa mise en œuvre future en raison du caractère vague et imprécis de l'expression « sans lien avec l'exercice d'une liberté publique ou d'un droit démocratique » ; qu'ils en ont déduit que la loi interprétative ne respecte pas les principes à valeur constitutionnelle d'intelligibilité, d'accessibilité et de sécurité juridique et viole l'article 2 de la Déclaration des Droits de l'Homme et du Citoyen de 1789, qui fait de la sûreté « une garantie d'ordre et de sécurité collective » ayant valeur constitutionnelle ;

12. Considérant que dans leurs mémoires en réponse respectifs, le Président de l'Assemblée nationale et l'Agent judiciaire de l'État ont relevé que la loi n° 08/2025 du 02 avril 2025 a été adoptée pour corriger les ambiguïtés et les équivoques de la loi portant amnistie et en définir le champ d'application ;

13. Considérant que l'intelligibilité de la loi, souvent corrélée à l'accessibilité de la loi, est un des principes constitutionnels qui participent à la sécurité juridique ; que l'intelligibilité et l'accessibilité de la loi s'apprécient au regard du bon entendement de la norme

législative et également par rapport aux conditions d'application de la loi ; que le principe d'intelligibilité est lié au principe de clarté de la loi ;

14. Considérant qu'en disposant que « les faits susceptibles de qualification criminelle ou correctionnelle ayant une motivation politique ou se rapportant à des manifestations s'entendent de faits liés à l'exercice d'une liberté publique ou d'un droit démocratique », le législateur a indiqué le sens qu'il entend donner à l'expression « faits susceptibles de qualification criminelle ou correctionnelle ayant une motivation politique ou se rapportant à des manifestations » ;

15. Considérant, en l'espèce, que l'on ne peut tirer de la seule exclusion, par la loi dite interprétative, de faits du champ d'application de la loi portant amnistie, une atteinte au principe constitutionnel d'intelligibilité ; que le moyen est rejeté ;

16. Considérant, par ailleurs, que les requérants ont estimé que la loi attaquée modifie la loi n° 2024-09 du 13 mars 2024 portant amnistie en rendant possible le jugement de faits amnistiés ; qu'ils ont affirmé qu'elle était « dépourvue de caractère interprétatif » et violait le principe constitutionnel de la non-rétroactivité des lois pénales plus sévères ;

17. Considérant qu'ils ont également soutenu que « pour les mêmes événements portant sur les mêmes faits », la loi interprétative exonère certaines personnes de toute responsabilité et ne le fait pas pour d'autres ; qu'ils ont ajouté que la loi portant amnistie votée en 2024 ayant déjà acquis une autorité depuis sa promulgation, la loi interprétative introduit, plus d'un an après le vote de la loi initiale, un critère discriminant qui rompt l'égalité ;

18. Considérant que dans leurs mémoires en réponse, le Président de l'Assemblée nationale et l'Agent judiciaire de l'État ont rétorqué que la loi attaquée est une loi interprétative qui ne crée ni des incriminations ni des peines nouvelles et, en cela, se distingue des lois pénales de fond ; qu'elle ne porte atteinte à aucune liberté et se borne à rendre plus claire une disposition ambiguë et sujette à controverse, à savoir « la motivation politique se rapportant à des manifestations politiques » ; qu'ils ont relevé, en outre, que la loi interprétative « est la même pour ceux qui se trouvent dans son champ d'application », à savoir « l'exercice d'une liberté publique ou d'un droit démocratique » ; qu'ils ont ajouté qu'en l'espèce « ni les faits ni les qualifications ne sont identiques » ;

19. Considérant qu'une loi est considérée comme interprétative lorsqu'elle se borne à expliciter le sens d'un texte antérieur, dont la signification était obscure ou ambiguë, sans poser une règle nouvelle ;

20. Considérant que la loi portant amnistie ne présentait aucune ambiguïté en ce qu'elle incluait dans son champ d'application, pour les avoir expressément cités, les faits se rapportant à des manifestations, et ce indifféremment de l'existence d'un lien avec l'exercice d'une liberté publique ou d'un droit démocratique ;

21. Considérant, en conséquence, que la loi déférée en tant qu'elle restreint le champ d'application de la loi portant amnistie, en excluant des faits que celle-ci couvrait, modifie substantiellement cette dernière ;

22. Considérant que l'article 9 de la Constitution dispose en son alinéa 2 que « Nul ne peut être condamné si ce n'est en vertu d'une loi entrée en vigueur avant l'acte commis » ; que ce principe est également affirmé par l'article 8 de la Déclaration des Droits de l'Homme et du Citoyen 1789, partie intégrante de la Constitution ;

23. Considérant que ces textes prohibent l'application rétroactive des lois pénales plus sévères, y compris lorsqu'elles prennent la forme d'une loi interprétative ;

24. Considérant qu'en mettant hors du champ d'application de la loi portant amnistie, les faits se rapportant à des manifestations ou ayant une motivation politique, lorsque ces faits ne sont pas liés à l'exercice d'une liberté publique ou d'un droit démocratique, l'alinéa premier de la loi n° 08/2025 du 02 avril 2025 pose une règle nouvelle et permet la poursuite de faits déjà amnistiés ; qu'en cela, il est plus sévère que la loi n° 2024-09 du 13 mars 2024 portant amnistie ;

25. Considérant, dès lors, qu'étant plus sévère que la loi qu'il est censé interpréter et devant s'appliquer à des faits antérieurs à son entrée en vigueur, l'alinéa premier de l'article premier de la loi n° 08/2025 du 02 avril 2025 viole le principe de la non-rétroactivité des lois pénales plus sévères prévu par l'article 9 de la Constitution ;

SUR LA CONFORMITÉ À LA CONSTITUTION DE L'ALINÉA 2 DE L'ARTICLE PREMIER DE LA LOI ATTAQUÉE

26. Considérant, conformément à l'article 17 de la loi n° 2016-23 du 14 juillet 2016 relative au Conseil constitutionnel, que si le Conseil constitutionnel relève dans la loi contestée soumise à son examen une violation de la Constitution, qui n'a pas été invoquée, il doit la soulever d'office ;

27. Considérant que le Préambule de la Constitution, partie intégrante de la loi fondamentale, confère une valeur constitutionnelle aux instruments juridiques internationaux adoptés par l'Organisation des Nations Unies et l'Organisation de l'Unité africaine ; que ces instruments déclarent imprescriptibles, et donc non susceptibles

d'amnistie, les faits tenus pour criminels d'après les règles du droit international ;

28. Considérant, d'une part, qu'en vertu de l'alinéa 3 de l'article 9 de la Constitution, le principe de la non-rétroactivité des lois pénales plus sévères ne fait pas obstacle à la poursuite des faits tenus pour criminels d'après les règles du droit international ;

29. Considérant, d'autre part, que la Charte africaine des Droits de l'Homme et des Peuples dispose en son article 5 : « Tout individu a droit au respect de la dignité inhérente à la personne humaine (...). Toute forme d'exploitation ou d'avilissement de l'homme, notamment, (...) la torture physique ou morale et les peines ou les traitements cruels, inhumains ou dégradants sont interdits. » ;

30. Considérant que le législateur ne saurait, par une loi dite interprétative, ni faire obstacle à la répression de crimes imprescriptibles, ni priver de leur portée les principes relatifs à la sauvegarde de la dignité humaine, motif pris de ce que ces crimes seraient liés à l'exercice d'une liberté publique ou d'un droit démocratique ;

31. Considérant qu'au sens de l'alinéa 2 de la loi attaquée, les faits tenus pour criminels d'après les règles du droit international, notamment l'assassinat, le meurtre, le crime de torture, les actes de barbarie, les traitements inhumains, cruels ou dégradants, sont inclus dans le champ de l'amnistie lorsqu'ils ont un lien avec l'exercice d'une liberté publique ou d'un droit démocratique ; qu'en incluant ainsi dans le champ d'application de la loi portant amnistie des faits imprescriptibles au regard des engagements internationaux à valeur constitutionnelle du Sénégal, l'alinéa 2 de l'article premier de la loi n° 08/2025 du 02 avril 2025, viole la Constitution ;

32. Considérant que le Conseil constitutionnel n'a relevé aucun autre motif d'inconstitutionnalité de la loi attaquée ;

DÉCIDE :

Article premier : L'article premier de la loi n° 08/2025 adoptée par l'Assemblée nationale en sa séance du 2 avril 2025 est contraire à la Constitution ;

Article 2 : La présente décision sera publiée au Journal officiel de la République du Sénégal et partout où besoin sera.

Délibéré par le Conseil constitutionnel en sa séance du 23 avril 2025, où siégeaient Madame Aminata LY NDIAYE, Vice-président, Monsieur Youssoupha Diaw MBODJ, Madame Awa DIEYE, Monsieur Cheikh NDIAYE et Cheikh Ahmed Tidiane COULIBALY, membres.

Avec l'assistance de Maître Ousmane BA, Chef du greffe.

En foi de quoi, la présente décision est signée par le Vice-président, les autres membres et le Chef du greffe.

Membre	Le Vice-président
Youssoupha Diaw MBODJ	**Aminata LY-NDIAYE**
Membre	Membre
Cheikh NDIAYE	**Awa DIEYE**
Membre	Le Chef du greffe
Cheikh Ahmed Tidiane COULIBALY	**Ousmane BA**

Pour expédition certifiée conforme, Dakar, le 23 AVR. 2025
L'ADMINISTRATEUR DU Greffe
Me Ousmane BA

Observations

Le Sénégal, à l'inverse d'autres, est un pays qui n'a pas connu beaucoup de lois d'amnistie. Il se trouve pourtant que les deux lois de ce type adoptées ces dernières années ont donné lieu à une controverse juridique qui a trouvé son dénouement devant la juridiction constitutionnelle. La première décision, ici commentée, est celle du 12 février 2005 (décision n°1 et 2/C/2005). Elle fait suite à l'adoption, le 7 janvier 2005, de la loi n° 01/2005 portant amnistie d'infractions s'étant déroulées entre le 1er janvier 1983 et le 31 décembre 2004. Elle « amnistie » également toutes les infractions liées à l'assassinat d'un ancien membre du Conseil constitutionnel, crime commis dans le contexte des troubles qui ont suivi les élections de 1993.

Il est toutefois utile, pour mieux mettre en perspective le traitement des lois d'amnistie par le juge constitutionnel du Sénégal, d'analyser cette décision en relation avec une jurisprudence récente, intervenue le 23 avril 2025, et consécutive à l'adoption d'une « loi interprétative » par l'Assemblée nationale (loi n° 08- 2025 du 2 avril 2025), l'« interprétation » en question portant sur une autre loi d'amnistie adoptée presque un an plus tôt (loi n° 2024-09 du 13 mars 2024), dans un contexte préélectoral tendu.

On aura donc compris que le contrôle de constitutionnalité des lois d'amnistie, pour n'être pas fréquent, n'en reste pas moins empreint, dans le contexte sénégalais, d'une certaine gravité. Ce contrôle est intervenu, dans les deux cas qui font l'objet de ce commentaire, dans un climat politique lourd, l'effacement des infractions ou de leur poursuite ravivant des imputations ou des supputations sur la culpabilité de tel ou tel camp, de tels ou tels de leurs militants.

Une analyse croisée des deux décisions est intéressante à plusieurs égards. Le premier est la rareté de la matière, on l'a dit plus haut. Une deuxième raison est que l'étude permet d'observer que les positions du juge constitutionnel sur le sujet ne sont pas restées statiques, qu'elles ont évolué, notamment dans le sens d'une plus grande ouverture de la Constitution aux sources extérieures, réceptivité que plaide, plus fondamentalement et plus systématiquement, le présent ouvrage. Mais la sensibilité du juge constitutionnel au droit international ne va pas toujours sans poser des problèmes, et les deux décisions sont également dignes d'intérêt de ce point de vue, elles révèlent une forme d'inconfort ou de malaise lorsque le juge national entreprend de mêler le droit international à ses raisonnements, sachant, on l'aura deviné, que ce droit intervient aussi au titre des critères de validité des lois d'amnistie.

Au demeurant, les éléments d'un tel débat restent somme toute assez classiques. La question posée au juge constitutionnel – mais aussi au juge international – est presque systématiquement celle de l'étendue du pouvoir législatif d'amnistier, et l'expérience contentieuse sénégalaise confirme cela. C'est cette problématique centrale qui sera reprise ici, sous deux aspects qui se répondent en quelque sorte : ce que la loi d'amnistie peut faire (I) et ce qu'elle ne peut pas faire (II).

I. Ce que la loi peut faire : l'étendue du pouvoir législatif d'amnistie

Il faut comprendre ici la marge de manœuvre du législateur. Dans les deux décisions rendues par le Conseil constitutionnel sénégalais, les saisissants ont eu, à maintes reprises, à exprimer une sorte de grief d'excès de pouvoir du Parlement lorsque celui-ci a adopté une loi d'amnistie. Sur un certain nombre de points, cette critique a été rejetée par le juge, ce qui donne la mesure de l'étendue du pouvoir législatif en matière d'amnistie (A). Les requérants ont également eu à émettre des objections fondées sur le principe de séparation des pouvoirs, la dynamique amnistiante ayant méconnu, ont-ils argué, un tel principe dans la mesure où, soit l'autonomie du pouvoir judiciaire a été méconnue, soit le pouvoir exécutif a été érigé en législateur – une sorte d' « incompétence négative » du législateur en somme, qui n'aurait pas assumé jusqu'au bout sa compétence législative - . Sur ce point non plus, la critique de la loi d'amnistie n'a pas été acceptée par le juge (B).

A. La marge de manœuvre du législateur

Le premier axe du débat engagé devant le juge constitutionnel a porté sur la marge de manœuvre du législateur, sur sa liberté d'accorder l'amnistie. Les députés saisissants ont critiqué « la généralité des termes » de la loi et « la non-exclusion de certaines infractions ». Le Conseil note à ce sujet que « les auteurs de la saisine font grief aux articles 1er et 2 de la loi d'être conçus en termes généraux et impersonnels incluant les infractions en matière de terrorisme, les fraudes électorales et les assassinats politiques ; qu'ils n'excluent de leur champ d'application aucune catégorie d'infraction » (considérant n°2).

Il convient de rappeler les dispositions des deux articles litigieux. L'article 1er de la loi en cause énonce : « Sont amnistiées, de plein droit, toutes les infractions criminelles ou correctionnelles commises, tant au Sénégal qu'à l'étranger, en relation avec les élections générales ou locales ou ayant eu une motivation politique, situées entre le 1er janvier 1983 et le 31 décembre 2004, que leurs auteurs aient été jugés ou non ». L'article 2, pour sa part, est ainsi libellé : « Sont amnistiées de plein droit toutes les infractions criminelles ou correctionnelles commises, tant au Sénégal qu'à l'étranger, en relation avec le décès de Monsieur Babacar Sèye, magistrat au Conseil constitutionnel, que leurs auteurs aient été jugés ou non ».

La réponse du juge au grief articulé par les demandeurs est que précisément le législateur dispose d'un pouvoir étendu en matière d'amnistie. C'est au considérant n°4 que l'étendue de ce pouvoir est suggérée. L'on pourrait résumer la réponse du Conseil en avançant que ce pouvoir est large à deux points de vue : celui de son objet et celui de ses effets.

Du point de vue de son objet, le juge indique que « ni la Constitution, ni aucune norme de valeur constitutionnelle ne limitent le pouvoir du législateur d'amnistier des catégories quelconques d'infractions qu'elles soient punies de peines criminelles, correctionnelles, ou contraventionnelles, ni des faits déjà amnistiés sous réserve du respect du principe de l'intangibilité des droits acquis » (considérant n°4).

Il s'agit donc d'une large gamme de faits, la Constitution ne contenant aucune disposition ou un principe qui interdit au législateur d'accorder le pardon pour certains faits. Le pouvoir d'amnistier est un pouvoir de principe, c'est le moins que l'on puisse dire. Trois nuances doivent toutefois être apportées à cette assertion majeure, dans le traitement juridictionnel des lois d'amnistie au Sénégal. L'une est contenue dans le paragraphe 4 lui-même de la décision. Trois lignes avant l'extrait qui vient d'être cité, le Conseil constitutionnel écrit en effet que « sur le fondement de l'article 67 de la Constitution, le législateur peut faire disparaître pour l'avenir tout caractère délictueux à *certains* faits pénalement répréhensibles (... ». Il existe donc une différence de taille entre ces deux affirmations que renferme le paragraphe 4 : d'abord celle d'un pouvoir normatif limité, puis celle d'une compétence inconditionnée.

La seconde nuance qu'il convient d'apporter à la quasi- absoluité du pouvoir législatif d'amnistier se trouve non plus dans la décision de 2005 mais celle rendue vingt ans plus tard, le 23 avril 2025. Le Conseil constitutionnel excepte du pouvoir législatif d'amnistie ce qu'il appelle « les faits tenus pour criminels d'après les règles du droit international » (considérant n° 27). Un mot sera dit loin sur l'impossibilité d'amnistier de tels faits, retenons pour l'instant que dans la perspective d'une analyse globale du traitement juridictionnel des lois d'amnistie au Sénégal, la décision de 2025 enrichit le débat en introduisant une exception qui n'était absolument pas envisagée en 2005 par le juge.

Enfin, une dernière nuance porte sur la nécessité, énoncée par le juge, que les faits visés dans la loi d'amnistie, qui sont en principe des infractions, soient définis avec des « critères objectifs », expression que l'on retrouve aussi bien au considérant n° 4 qu'au considérant n° 11 de la décision du 12 février 2005. Cela signifie qu'en visant des faits donnés, le législateur doit se faire aussi précis que possible, la loi ne doit pas en principe renfermer des éléments propices à une interprétation « subjective » de ses dispositions, bref une obligation de cohérence et de clarté s'impose à lui. Or, le débat sur la clarté de la loi s'est précisément posé vingt ans plus tard, dans la jurisprudence de 2025. L'un des moyens soulevés par les requérants portait sur la clarté et l'intelligibilité de la « loi interprétative » en débat, ces qualités faisant défaut selon les demandeurs. Il est, en tout état de cause, advenu qu'une loi d'amnistie soit censurée parce que les faits sur lesquels elle portait n'étaient pas définis avec la rigueur et la précision souhaitables. Le Conseil constitutionnel de la transition du Niger a désavoué la loi n° 2011- 03 du 26 mai 2011 portant amnistie « en ce qu'elle s'étend aux « événements connexes » du coup d'Etat du 18 février 2010 », alors que la Constitution, plus précise, n'accordait le pardon qu' « aux auteurs, coauteurs, et complices du coup d'Etat » en question (qui date du 18 février 2010). C'est bien la notion, quelque peu insaisissable d' « événements connexes », qui explique la décision du juge.

Cela étant, et en dépit de ces trois nuances qu'il convient de garder à l'esprit, le pouvoir législatif d'amnistier reste important. Il l'est du point de vue des faits qu'il est susceptible de viser, on vient de le voir ; il l'est également du point de vue des effets qu'il peut induire. Selon le Conseil constitutionnel en effet, l'amnistie peut non seulement dissiper le caractère infractionnel des faits, mais elle peut également paralyser toute poursuite à leur encontre. Cette portée des lois d'amnistie est rappelée aux considérants n° 4 et n° 9 de la décision du 12 février 2005.

Une dernière donnée témoigne de la grande liberté du législateur en matière d'amnistie. L'on aura remarqué que dans la loi en discussion devant le Conseil en 2005, l'article 1er visait des faits ayant eu lieu « entre le 1er janvier 1983 et le 31 décembre 2004 » (considérant n°3). Ce qui est frappant alors est l'étendue de la séquence temporelle visée : plus de vingt ans ! Cette durée est d'autant plus frappante qu'elle ne correspond, à vrai dire, à aucune situation particulière que le Sénégal aurait connue dans ce laps de temps. Or, les lois d'amnistie renvoient souvent à des épisodes, douloureux ou commotionnels, d'une histoire nationale ou d'une conjoncture politique. Dans le cas du Sénégal, l'on n'a retenu de la loi d'amnistie du 7 janvier 2005 que le fait qu'elle absolvait les meurtriers d'un membre de la juridiction constitutionnelle. Il est donc étonnant que le législateur ait embrassé une charnière temporelle aussi vaste. En tout état de cause, il l'a fait et le juge n'a pas trouvé à y redire. L'on aurait pu imaginer, de la même manière que le Conseil exige que les faits visés soient déterminés sur la base de « critères objectifs » - comme il dit lui-même – qu'il prescrivît que l'amnistie doit s'appliquer à une conjoncture donnée, sans nécessairement aller jusqu'à enfermer celle-ci dans une période précise. Le juge constitutionnel ne l'a pas fait, et sans doute convient-il d'interpréter cette permission ou cette tolérance comme une autre manifestation de la puissance de légiférer en matière d'amnistie.

Il existe donc, au final, trois manifestations de l'importance de la marge de manœuvre du législateur en matière d'amnistie selon la décision du 12 février 2005 : quant aux faits visés, quant aux effets recherchés et quant au champ temporel concerné. Mais le débat n'a pas porté que sur l'*imperium* législatif en soi, il a également été posé sur le terrain de la séparation des pouvoirs, les saisissants arguant que la mécanique de la loi d'amnistie était susceptible de conduire à une violation de ce principe fondamental.

B. La subsistance du principe de séparation des pouvoirs

Les députés qui ont saisi le Conseil constitutionnel ont fait valoir que la loi d'amnistie autorisait « l'immixtion du pouvoir législatif dans l'exercice du pouvoir judiciaire » (considérant n°8). De façon plus circonstanciée, les requérants ont critiqué le fait qu' « en laissant au pouvoir judiciaire le soin de déterminer les infractions amnistiées », la loi « a violé l'article 67 de la Constitution qui donne compétence au législateur pour fixer les règles de l'amnistie » et qu'en outre, « en renvoyant au pouvoir réglementaire la mission de déterminer les conditions de la réintégration des bénéficiaires de l'amnistie, les articles 4 al 2 et 5, al 2 opèrent une subdélégation contraire à la Constitution » (considérant n°10). En somme, la mise en œuvre de la loi d'amnistie va donner lieu, estiment les demandeurs, à une confusion des rôles qui est une négation du principe de la séparation des pouvoirs.

L'argument a, à vrai dire, de quoi étonner. Il est même paradoxal à certains égards. D'une part en effet, il est reproché au pouvoir législatif d'excéder ses compétences – c'est l'enjeu du débat précédemment entrevu sur la marge de manœuvre du législateur – et, d'autre part, il lui est fait grief de ne pas aller jusqu'au bout de sa prérogative, en laissant au judiciaire le pouvoir de déterminer les infractions amnistiées et en concédant à l'exécutif le soin de déterminer la réintégration de certains bénéficiaires de l'amnistie.

La réponse à une telle imputation n'était pas très difficile à trouver. Il suffisait juste de rappeler qu'en agissant comme il le fait, les organes qui concourent à l'application de la loi d'amnistie sont dans leurs rôles respectifs. C'est ce que fait le Conseil : « Considérant qu'en laissant le soin au juge d'interpréter la loi et au pouvoir réglementaire la compétence pour prendre des mesures individuelles de réintégration, le législateur ne viole ni les articles premier, 67 et 76 ni aucun principe de valeur constitutionnelle » (considérant n°12). On précise que les deux dispositions que voilà portent respectivement sur le « domaine de la loi » (qui couvre l'amnistie) et celui du règlement (qui concerne tout ce qui ne relève pas du domaine de la loi).

Une analyse de la seule décision du 12 février 2005 ne rend assurément pas compte du traitement juridictionnel de la loi d'amnistie au Sénégal. La décision du 23 avril 2025 constitue un important jalon dans l'évaluation constitutionnelle de celle-ci, puisqu'elle se rapporte, on l'a dit, à une autre loi d'amnistie adoptée en 2024 et surtout, qu'elle a donné l'opportunité au juge d'affiner son évaluation et, notamment, d'assigner de nouvelles limites au législateur. C'est cet apport qu'il convient à présent d'examiner, encore que dans cette limitation du pouvoir législatif, la décision de 2005 n'est pas tout à fait absente puisqu'elle renfermait déjà l'idée qu'une loi d'amnistie est assujettie à une visée précise, qu'elle devait avoir une finalité donnée.

II. Ce que la loi ne peut pas faire : les limites du pouvoir législatif d'amnistie

Les limites des lois d'amnistie sont notamment de deux ordres. L'une consiste en l'assignation d'une finalité, on vient de l'indiquer, et elle figure dans la décision du 12 février 2005 ; l'autre tient en l'assignation d'un domaine, et c'est dans la décision de 2025 qu'on la trouve. Il s'agit là de limitations de fond, de limitations générales (B). Il faut faire une place spéciale, particulière, à une limitation du pouvoir législatif qui a été exprimée de façon purement casuelle au moment de la saisine de 2025. La question posée au juge était de savoir si la loi qui lui a été déférée, définie comme étant une « loi interprétative », en constituait vraiment une dans la mesure où il lui était reproché, dans son énoncé, d'être plus qu'une simple « interprétation », et de modifier pour ainsi dire l'ordonnancement juridique. Le Conseil fera droit à cette critique. Il s'agissait donc d'une question de légistique à proprement parler, mais appliquée à la matière de l'amnistie. Les enseignements susceptibles d'en être tirés pourraient, ultérieurement, être appliqués à une loi ayant un autre objet, dès lors qu'elle est « interprétative ». Voilà pourquoi cette limite du pouvoir législatif doit être traitée à part, n'étant pas indissolublement liée à la matière de l'amnistie (A).

A. Une limite particulière : le débat autour de la « loi interprétative » de 2025

En 2025, le juge constitutionnel sénégalais avait été saisi par des députés au motif que la loi qualifiée d'« interprétative », adoptée le 2 avril 2025, ne satisfaisait non seulement pas aux exigences de clarté et d'intelligibilité, mais était allée au-delà d'une simple « interprétation » de la loi d'amnistie n° 2024-09 adoptée le 13 mars 2024. Précisons d'emblée que sur le premier point, les saisissants n'obtiendront pas gain de cause. C'est sur le second sujet que la décision de 2025 va apporter quelques lumières.

Les termes du débat étaient les suivants. La loi de 2024 portant amnistie visait les faits se rapportant à des manifestations socio-politiques que le pays a connues dans les mois qui ont précédé l'élection présidentielle de mars 2024, sans préciser leur lien avec des motivations politiques ni avec « l'exercice d'une liberté publique ou d'un droit démocratique ». S'attachant à « interpréter » cette loi, et qualifiée pour cela d' « interprétative », une autre loi adoptée le 2 avril 2025 par la nouvelle majorité dispose que les faits amnistiés doivent être liés à « l'exercice d'une liberté publique ou d'un droit démocratique », ajout ou précision dont l'effet est donc de restreindre la gamme des actes ou des personnes susceptibles de bénéficier de l'amnistie, et d'ainsi exposer les faits jadis couverts par l'amnistie de 2024 à des poursuites. Dans ces conditions, le verdict du juge va de soi : « (...) En mettant hors du champ d'application de la loi portant amnistie les faits se rapportant à des manifestations ou ayant une motivation politique, lorsque ces faits ne sont pas liés à l'exercice d'une liberté publique ou d'un droit démocratique, l'alinéa 1er de la loi n°08- 2025 du 2 avril 2025 pose une règle nouvelle et permet la poursuite de faits déjà amnistiés ; qu'en cela, il est plus sévère que la loi n°2024-09 du 13 mars 2024 portant amnistie » (considérant n° 24). Auparavant, le Conseil aura rappelé qu' « une loi est considérée comme interprétative lorsqu'elle se borne à expliciter le sens d'un texte antérieur, dont la signification était obscure ou ambigüe, sans poser une règle nouvelle » (considérant n°19).

La « loi interprétative » de 2025 est donc sanctionnée à un double titre : sur la forme, pourrait-on dire, parce qu'elle n'est pas qu' « interprétative » ; elle ajoute ou retranche, elle modifie l'ordonnancement juridique, elle a une portée « constitutive » et pas seulement « déclarative » comme elle devrait ; sur le fond ensuite, dans la mesure où elle introduit plus de sévérité dans la poursuite des infractions pénales et ignore le principe de la non-rétroactivité des lois plus sévères, qui figure notamment à l'article 9 de la Constitution sénégalaise.

Le débat constitutionnel esquissé au sujet de la notion de « loi interprétative » a eu à se poser dans d'autres prétoires. En Italie par exemple, où, comme au Sénégal, le juge a dénié à la norme déférée cette caractéristique. « Après vérification », relève la Cour constitutionnelle italienne dans son arrêt n° 23/1988 du 3 mars 1988, « il résulte que la loi attaquée ne présente pas les caractères propres d'une loi interprétative. Cette qualification juridique revient, en fait, à ces lois ou à ces dispositions qui, en se référant et en se soudant à d'autres dispositions (celles interprétées), interviennent exclusivement sur la signification normative de ces dernières (sans, donc, en toucher ou en intégrer la donnée textuelle), en en clarifiant ou en en explicitant le sens (s'il est considéré obscur) ou bien en excluant ou en retenant un sens parmi les différents sens possibles afin, dans tous les cas, d'imposer à l'interprète une signification normative déterminée de la disposition interprétée. Mais, comme cela résulte de la description formulée dans l'exposition des faits (point n°1), la loi attaquée – au lieu de déduire, retenir ou exclure une quelconque signification déjà inhérente à la disposition « interprétée » - intervient sur le texte législatif, en ajoutant une disposition différente ».

En Côte d'Ivoire également, le Conseil constitutionnel a eu à apprécier la nature « interprétative » d'une loi et, contrairement aux cas sénégalais et italien, a au contraire retenu que la loi en discussion constituait bien une « loi interprétative ». Dans sa décision du 11 avril 2017 en effet, rendue dans le cadre d'un recours en exception d'inconstitutionnalité de l'annexe fiscale de la loi de finance rectificative portant modification du budget, le Conseil déclare : « Considérant, par ailleurs, que l'annexe fiscale à la loi de finance de 2015, qui complète l'article 51 du Code général des impôts, doit être vue comme une loi d'interprétation, c'est-à-dire une loi visant à remédier au manque de clarté d'un texte antérieur, en l'espèce la loi de finance de 2013, en fixant le sens que cette loi est censé avoir depuis l'origine ; qu'elle fait corps avec le texte interprété, ne contient aucun droit nouveau ou charge nouvelle, doit à ce titre rétroagir » (décision n°CI-2017-308/11-04/CC/SG du 11 avril 2017).

La décision n°1/C/25 du 23 avril 2025 a donc une portée d'ordre légistique, elle informe sur la manière d'écrire les lois « interprétatives ». En l'occurrence, ce sont des impératifs de cet ordre qui ont été appliqués en matière d'amnistie. Plus directement liées à la matière de l'amnistie sont les limites systématiquement pertinentes, invariablement valables, qualifiées pour cela de « générales » et consistant à « borner » le pouvoir législatif.

B. Des limites générales : l'assignation d'une finalité et l'assignation d'un domaine

C'est en effet en cela que consistent les limites en question. Il y'a des choses que les lois d'amnistie ne peuvent pas, en dépit de l'affirmation précédemment faite de la marge de liberté du législateur. Une loi de ce type doit, pour être conforme à la Constitution, être pourvue d'une finalité, elle doit avoir une visée. Ce principe figure dans la décision du 12 février 2005. Une loi d'amnistie ne peut pas, d'autre part, effacer n'importe quelle infraction ou neutraliser des poursuites contre elle. Cette restriction essentielle est évoquée dans la décision du 23 avril 2025. Voilà une affirmation qui nous amène, vingt ans après la première affaire, à relativiser l'idée, affirmée avec force en 2005, que « ni la Constitution, ni aucune norme de valeur constitutionnelle ne limitent le pouvoir du législateur d'amnistier des catégories quelconques d'infractions » (considérant n°4). On le voit bien : il n'est que logique de procéder à une analyse « groupée » des deux jurisprudences sénégalaises en matière d'amnistie, la seconde se superposant à la première et continuant le travail d'équarrissage de la loi d'amnistie, les deux formant assurément un *continuum*. Qu'il nous soit permis, là aussi, de regretter que la jurisprudence de 2025 n'ait à aucun moment rappelé celle de 2005, regretté que la mémoire jurisprudentielle du Conseil constitutionnel ait failli.

Une loi d'amnistie doit être articulée à une finalité, qui est sociale et non individuelle ou « parcellaire ». Voilà ce qu'affirme le juge dès 2005. L'article 2 de la loi critiquée ayant énoncé que l'amnistie couvrait les infractions liées à l'assassinat d'un juge constitutionnel en 1993, le Conseil « reprend » le législateur en lui précisant qu'une loi de cette nature doit avoir une finalité sociale, à l'exclusion de toute considération individuelle : « Considérant que c'est dans un but d'apaisement politique ou social que le législateur doit rechercher, dans l'exercice de la compétence que la Constitution lui reconnaît en matière d'amnistie, l'oubli de certains faits par l'effacement de leur caractère répréhensible » (considérant n° 17). La dimension *ad hominem* de la législation critiquée ne résulte pas seulement de l'article 2 de la loi, dont la teneur a déjà été indiquée, et qui visait effectivement, nommément, l'assassinat du juge constitutionnel. Elle est également clairement suggérée par l'exposé des motifs de la loi d'amnistie de 2005, dans lequel on peut lire qu' « à la suite d'actes criminels ayant entraîné le décès de Babacar Sèye (...) Vice – président du Conseil constitutionnel (...), l'exploitation de ces actes crapuleux ne fait que réveiller des souvenirs douloureux pour sa famille et les proches du défunt (...) qui ont le droit (...) au respect de leur nom, intimité et dignité » (considérant n° 18).

C'est à cette réduction individuelle ou familiale des enjeux d'une loi d'amnistie que le juge constitutionnel s'oppose, aussi respectable que soit, bien entendu, la douleur familiale. La dimension purement prétorienne de ce passage ne semble pas avoir été perçue comme il se doit. A aucun moment en effet, le Conseil constitutionnel ne se fonde sur un texte pour censurer l'article 2 de la loi. Et ce n'est sans doute pas dans la Constitution que figure une disposition renseignant sur la finalité des lois d'amnistie. Il est peut-être dommage que le juge n'ait pas rattaché sa position à un principe, écrit ou non-écrit, mais peu importe, en définitive : l'essentiel, pour l'analyste, est dans la manifestation éclatante d'un pouvoir créateur du juge constitutionnel, s'agissant d'une juridiction qui, en 2005, faisait encore l'objet de critiques pour son attachement strict aux règles qui régissent sa compétence et sa réticence à enjamber les entraves textuelles.

En tous les cas, cette jurisprudence de 2005 vient en écho à une décision rendue par le Tribunal constitutionnel allemand, le 15 décembre 1959. Le juge y affirme, au sujet d'amnisties accordées en 1949 et en 1954 et liées à la deuxième guerre mondiale, que le pardon ne peut poursuivre qu'un objectif général et social, et qu'il n'a pas vocation à s'appliquer à des individualités ou à des cas particuliers (15 décembre 1959, BVerfGE 10, 234).

L'assignation d'un domaine à la loi d'amnistie est l'autre fait qu'il faut souligner. A vrai dire, cette limitation *rationae materiae* du pouvoir législatif a deux objets : les droits des personnes privées et les infractions particulièrement graves selon le droit international.

La loi d'amnistie ne doit pas affecter les droits des personnes privées parce que, répondant précisément à une nécessité sociale, sa portée doit rester « collective », elle ne peut se déployer que dans le champ de la communauté, et jamais dans celui des intérêts privés. On peut, en forçant un peu le trait, le dire en termes plus systématiques : une loi d'amnistie relève du droit pénal, qui est celui de l'intérêt public – et non du droit civil – qui reste celui des individus - . Voilà pourquoi une loi de ce type ne saurait avoir des effets sur les personnes privées, sur leurs intérêts ou sur leurs patrimoines. Dans la décision du 12 février 2005, il était précisément reproché à la loi de ne pas garantir « les intérêts civils des victimes et des tiers » (considérant n°2). Le Conseil répond que la loi d'amnistie laisse intacte la faute commise à l'encontre des personnes privées, qu'en somme la sphère des relations interindividuelles est hors de portée de cette loi, dont l'article 7 préserve au demeurant les intérêts civils des personnes. En recourant à une loi d'amnistie, le législateur agit à une échelle macrosociale seulement, le niveau microsocial, celui des relations privées, lui étant inaccessible.

Mais il faut aller plus loin, être plus précis, et répondre à la question suivante : quels sont, concrètement, les droits des personnes dont il est question ? Le droit qui vient le plus immédiatement à l'esprit est, bien entendu, celui de réparer les préjudices causés par les infractions amnistiées. Le pardon ne fait pas disparaître cette règle élémentaire de la vie civile suivant laquelle celui qui, par son action ou son abstention cause un dommage à autrui doit le réparer.

Mais le traitement des lois d'amnistie devant d'autres instances juridictionnelles nous apprend que les droits des personnes ne sont pas seulement d'ordre patrimonial, ils peuvent aussi être des prétentions extra-patrimoniales, et consister alors, notamment, en un droit à être entendu. Il va de soi qu'un tel droit ne se conçoit que lorsque peuvent être mises en œuvre des procédures de type judiciaire, ou quasi- judiciaire, ou relevant encore de formes de justice dites « alternatives ». L'on sait, s'agissant de ces dernières, à quel point la justice, rompant avec le paradigme pénal classique, devenant « narrative » plutôt que « répressive », peut conférer une importance de premier ordre au récit, au témoignage, à la parole libérée. Dans un cadre de cette nature, le droit d'être entendu prend une résonnance particulière.

Ces variations autour de la préservation des intérêts privés ont été exprimées devant des juridictions ou « quasi – juridictions », au plan international notamment. Dans son observation générale 20, adoptée à sa 44ème session en 1992, le Comité des droits de l'homme de l'ONU note, à propos des actes de torture, que « l'amnistie est généralement incompatible avec le devoir qu'ont les Etats d'enquêter sur de tels actes, de garantir la protection contre de tels actes dans leur juridiction et de veiller à ce qu'ils ne se reproduisent pas à l'avenir. Les Etats ne peuvent pas priver les particuliers du droit à un recours utile, y compris le droit à une indemnisation et à la réadaptation la plus complète possible ». En manière de principe également, la Commission africaine des droits de l'homme et des peuples a considéré, dans son Observation générale n°4 sur la Charte africaine des droits de l'homme et des peuples, et au sujet du droit à la réparation, que « les lois d'amnistie couvrant les actes de torture sont en violation du droit des victimes à la protection judiciaire et à faire entendre leur cause en vertu de l'article 7 (1) de la Charte africaine des droits de l'homme et des peuples ». Sur le continent américain, la Commission interaméricaine des droits de l'homme, dans un rapport daté du 24 septembre 1992 et concernant le Salvador, note que « l'application (de la loi d'amnistie adoptée en 1987 en vue d'une réconciliation nationale) constitue une violation flagrante de l'obligation du gouvernement salvadorien d'enquêter et de sanctionner les violations des droits des victimes de Las Hojas, et d'indemniser les dommages » résultant des violations en question (aff 10.287).

Il est également arrivé que la sauvegarde des intérêts privés évoquée dans la décision sénégalaise du 12 février 2005 soit garantie devant d'autres juges de la Constitution. C'est le cas du Conseil constitutionnel français, lorsqu'il déclare que « le respect des droits et des libertés des personnes étrangères aux faits amnistiés et, a fortiori, de ceux qui ont pu, sans faute de leur part, en subir les conséquences dommageables, impose des limites à l'exercice de la compétence confiée au législateur en matière d'amnistie » (DC 88-244, 20 juillet 1988, considérant n°23).

A côté des droits des personnes privées, le législateur doit également veiller à ce que la loi d'amnistie n'entrave pas la poursuite et la répression de ce que le Conseil constitutionnel appelle dans sa décision de 2025 des « faits tenus pour criminels d'après les règles du droit international » (considérant n° 27). C'est sans doute là l'un des apports majeurs de cette décision, la limitation en question n'étant pas évoquée dans la jurisprudence de 2005. Précisons en outre que l'assignation d'une telle limite est d'autant plus remarquable qu'elle procède d'une sorte d'auto saisine du juge, sur la base de la loi organique relative au Conseil constitutionnel, dont l'article 17 prévoit que si le Conseil constitutionnel relève dans la loi qui lui est déférée une violation de la Constitution, il doit la soulever d'office (considérant n° 26). Ce faisant, le juge va censurer sur cet autre point la « loi interprétative », celle-ci ayant inclus dans le champ de l'amnistie des « faits tenus pour criminels d'après les règles du droit international ». En somme, le juge va faire une réserve que le législateur aurait dû faire, qui est celle des crimes du droit international, qui sont hors de portée des lois d'amnistie.

La position ainsi dégagée par le Conseil constitutionnel du Sénégal est à l'avenant des tendances actuelles du droit international et il convient de s'en réjouir. Il existe en effet une quantité impressionnante de sources de droit qui convergent sur la limitation du pouvoir d'amnistier, sur la nécessité d'excepter des lois d'amnistie des infractions pénales internationales particulièrement graves.

Quatre catégories, au moins, de sources convergentes peuvent être citées. Des accords politiques conclus dans un cadre national ou international témoignent en premier lieu de la restriction du pouvoir législatif. L'accord de paix conclu le 23 mars 2009 entre le gouvernement de la République démocratique du Congo et le « Congrès national pour la défense du peuples » (CNDP) pose par exemple, en son article 3 qu' « en vue de faciliter la réconciliation nationale, le gouvernement s'engage à promulguer une loi d'amnistie couvrant la période allant de juin 2003 à la date de sa promulgation, et ce *conformément au droit international* ».

Ce sont ensuite des résolutions d'organes divers qui vont dans le même sens. Ainsi, l'ancienne Commission des droits de l'homme de l'ONU reconnaît, dans une résolution du 25 avril 2002, « qu'il ne devrait pas y avoir d'amnistie en faveur des auteurs de violations du droit international humanitaire qui constituent de graves infractions et invite instamment les Etats à agir conformément à leurs obligations en vertu du droit international » (res. 2002/79). A l'échelle régionale, on peut encore citer l'exemple de la Commission européenne pour la démocratie par le droit, également appelée Commission de Venise, organe consultatif du Conseil de l'Europe, qui déclare dans son Avis sur les exigences en matière d'Etat de droit relatives aux amnisties, qu' « il existe une tendance récente à soutenir la proposition selon laquelle les amnisties couvrant des crimes internationaux graves sont inadmissibles et ne devraient pas être reconnues par la communauté internationale » (§65).

La jurisprudence internationale donne également des indications intéressantes sur la limitation du pouvoir législatif d'amnistie. A maintes reprises, des législations nationales ont pu être censurées parce qu'elles n'étaient pas conformes aux normes du droit international, parce que les lois en question n'avaient pas exclu de leur champ d'application les crimes les plus graves du droit international. La Commission africaine des droits de l'homme et des peuples l'a suggéré dans au moins deux affaires : celle du « Forum des ONG zimbabwéennes c. Zimbabwe » en 2006 (Communication 245/2002, §§ 211 et 212) et celle de « Malawi African Association et autres c Mauritanie » (Communication 6/191, 11 mai 2000). La Cour interaméricaine des droits de l'homme, dans son arrêt de 2001, « Barrios Altos », où était en cause une loi d'amnistie péruvienne, a estimé qu'elle « considère inadmissibles les dispositions d'amnistie, les dispositions de prescriptions et l'établissement de dispositions visant l'exclusion de responsabilité ayant pour objet d'empêcher l'enquête et la sanction des responsables de violations graves des droits de l'homme telles que la torture, les exécutions sommaires, extrajudiciaires ou arbitraires ainsi que les disparitions forcées, qui sont toutes interdites car elles contreviennent à des droits indérogeables reconnus par le droit international des droits humains. L'autre grande Cour régionale de protection des droits de l'homme, la Cour européenne, a également eu l'opportunité de se prononcer sur une loi d'amnistie adoptée en Croatie. Pour la Cour, « le droit international tend de plus en plus à considérer ces amnisties comme inacceptables car incompatibles avec l'obligation universellement reconnue pour les Etats de poursuivre et de punir les auteurs de violations graves des droits fondamentaux de l'homme », et au bout de son raisonnement, elle considère que la loi critiquée n'est pas conforme à la convention européenne des droits de l'homme (« Margûs c Croatie », arrêt du 27 mai 2014, considérant n°139).

On citera enfin la jurisprudence d'une Cour de justice sous -régionale, qui est celle de la CEDEAO. Elle a en effet rendu un arrêt le 23 octobre 2015, dans l'affaire des « ayant - droits I. Mainassara Bare c République du Niger » (arrêt du 23 octobre 2015) et dans laquelle le juge communautaire émet une opinion en des termes qui méritent d'être rapportés : « Dans la mesure où chaque fois qu'une réponse a été donnée aux ayants - droit Bare, celle-ci a consisté à invoquer les effets de la loi d'amnistie, la Cour estime que c'est sur ce point précis qu'il faut porter le débat. La question qui se pose à elle est dès lors assez simple et peut être formulée comme suit : une mesure légale d'amnistie, ferme -t- elle la porte à toute investigation judiciaire, constitue-t-elle une fin de non-recevoir à toute entreprise à vocation purement informative, consistant à rechercher la vérité ou à enquêter sur des faits ? La Cour ne saurait partager une conception aussi tyrannique des effets d'une mesure d'amnistie. Elle rappelle qu'elle a eu, dans le passé, à se pencher, s'agissant du même Etat – le Niger – sur la portée d'une telle loi. En effet, dans l'affaire *« Sidi Amar Ibrahim et autres contre République du Niger »* (arrêt du 8 février 2011), elle avait eu à apprécier les effets de l'ordonnance n° 2009-19 du 23 octobre 2009 portant amnistie pour des faits ayant eu lieu entre 2005 et 2009. Si elle avait pris acte de l'existence de cette ordonnance, et accepté la décision prise par les autorités nigériennes d'écarter toute poursuite judiciaire relativement aux faits en cause, elle avait cependant énoncé l'inefficacité d'une loi d'amnistie en cas de « violations graves et massives des droits fondamentaux de l'homme » (ECW/CCJ/JUD/23/15, §§51 et 52).

Toutes ces illustrations de la restriction du pouvoir législatif en matière d'amnistie montrent bien que le Conseil constitutionnel du Sénégal a parfaitement eu raison d'introduire, en 2025, le paramètre de la légalité internationale, ce qui n'avait pas été fait en 2005. Un système de droit moderne ne peut en effet pas faire abstraction d'une donnée aussi essentielle, ne peut pas ignorer l'apport de la jurisprudence internationale sur un sujet comme l'amnistie. En outre, cette percée du droit international semble bien valider la thèse, développée dans cet ouvrage, d'une ouverture du juge de la Constitution au droit international, notamment dans le domaine des droits des personnes, dans lequel le juge de la Constitution et le juge international interviennent concurremment.

Cela étant précisé, on regrettera que la prise en compte du droit international par le juge constitutionnel n'ait pas été correctement expliquée. Aussi bien dans la décision de 2005 que dans celle de 2025, les termes dans lesquels le droit international est évoqué posent problème.

En 2005, c'est en réponse à l'une des requêtes introduites que le Conseil constitutionnel aborde la question du droit international. Les demandeurs faisaient en effet valoir que la loi d'amnistie était contraire à une disposition de l'Acte constitutif de l'Union africaine, aux termes de laquelle les atteintes à la vie, le terrorisme, l'impunité, les assassinats politiques et les activités subversives sont proscrits (article 4, O). Il suffisait pour le Conseil de répondre, en vertu d'une position arrêtée depuis longtemps, que les traités internationaux ne font pas partie de ses normes de référence, c'est-à-dire qu'il a vocation à exercer un contrôle de constitutionnalité et non un contrôle de conventionalité. Plutôt de que livrer cette réponse simple et robuste, le juge évoque notamment l'article 98 de la Constitution qui est une disposition « classique » sur la supériorité des traités sur les lois, alors qu'une telle évocation était parfaitement superflue. Ce « corps étranger » a passablement obscurci le raisonnement juridictionnel. En définitive, le juge dit, vers la fin de la décision rendue, ce qu'il aurait dû dire dès le début, c'est-à-dire « qu'il n'appartient pas au Conseil constitutionnel d'apprécier la conformité de la loi aux stipulations d'un traité ou d'un accord international » (considérant n°23). Une telle position de principe est claire, même si on peut la discuter (ce qui est précisément fait dans un commentaire suivant).

Dans la décision de 2025, il est également possible de déceler quelques approximations – c'est le moins que l'on puisse dire – lorsque le juge introduit le paramètre du droit international dans le débat sur la conformité à la Constitution de la loi d'amnistie.

Il est question, en premier lieu, du préambule constitutionnel qui aurait conféré une valeur constitutionnelle aux « instruments juridiques internationaux adoptés par l'Organisation des Nations Unies et l'Organisation de l'unité africaine », lesquels instruments, poursuit le juge, « déclarent imprescriptibles, et donc non susceptibles d'amnistie, les faits tenus pour criminels d'après les règles du droit international » (considérant n°27). Or, presque chacune des affirmations que voilà est contestable.

En premier lieu, les instruments juridiques internationaux auxquels il est conféré une valeur constitutionnelle sont ceux qui sont explicitement nommés dans le préambule ; on ne peut donc pas donner l'impression que *tous* les instruments adoptés dans ces organisations jouissent d'un rang constitutionnel par leur intégration dans le préambule. Le considérant n°27 évoque, par deux fois, « les instruments » en question, de façon générale, et comme si tous étaient concernés.

En deuxième lieu, ni « tous les instruments » adoptés par les deux organisations internationales, ni même les instruments cités dans le préambule constitutionnel sénégalais ne contiennent, *expressis verbis*, une quelconque disposition relative à l'imprescriptibilité. Il y'a là une petite liberté que le juge prend, en écrivant « que ces instruments déclarent imprescriptibles (...) les faits tenus pour criminels (...) ». En somme, l'on a fait dire à des textes ce qu'ils n'ont pas vraiment dit.

En troisième lieu, l'expression même de « faits tenus pour criminels par le droit international » pose problème. De quels « crimes » s'agit-il vraiment ? Nous sommes bien dans la matière pénale et le principe de légalité des infractions doit être respecté, d'autant plus qu'il est question d'une mesure gravissime, qui est précisément l'imprescriptibilité. Le juge aurait pu dire de quels crimes il parle.

Une quatrième question est précisément celle-là : est-il certain qu'il s'agisse toujours de « crimes » et tous les « crimes », sont-ils imprescriptibles ? La question se pose parce que lorsque le juge s'évertue à citer ces « crimes », il évoque certains actes dont le caractère infractionnel ne fait aucun doute, mais dont il n'est pas forcément dit qu'ils sont « imprescriptibles ». Au considérant 31, il est ainsi question d'un certain nombre d'agissements dont la définition pénale est acquise (torture, traitement cruel, inhumain ou dégradant) mais également d'autres qui sont plus problématiques, non seulement parce qu'ils restent relativement « vagues » mais parce que nul instrument de droit international n'a jamais prescrit qu'ils étaient imprescriptibles et donc non susceptibles d'amnistie (« assassinat », « meurtre », « actes de barbarie »). De nouveau, serait-on tenté de dire, le juge « force » quelque peu la vérité juridique et procède à des affirmations fort discutables.

Mais il ne faut pas s'arrêter à ces scories de la jurisprudence du 23 avril 2025. Il faut aller plus loin, et se demander pourquoi elles ont été produites. La réponse est simple : le Conseil devait bien justifier, sur la base de la Constitution bien entendu, l'interdiction de l'amnistie pour des faits particuliers visés en droit international. Il fallait donc, vaille que vaille serait-on tenté de dire, trouver dans la Constitution des normes de référence pertinentes. Il n'est pas certain, à notre sens, que ces normes existent. La question est alors de savoir comment justifier dès lors l'intrusion de considérations de droit international dans la décision de 2025, sachant que l'on s'accorde sur la pertinence d'une telle intrusion.

Deux voies de sortie auraient pu, de notre point de vue, être explorées. La première consisterait non à évoquer un principe d'imprescriptibilité – ou d'impossibilité d'amnistier – qui de toute façon n'existe pas en tant que tel dans les normes disponibles, mais de déduire une telle impossibilité d'une disposition constitutionnelle. Au considérant n° 29, le Conseil constitutionnel semble s'engager dans une telle voie, puisqu'il se réfère à l'article 5 de la Charte africaine des droits de l'homme et des peuples, qui est relatif au droit à la vie, à l'intégrité physique et morale, à la dignité. Mais le lien avec l'impossibilité d'amnistier n'est jamais fait, il n'est jamais explicite. Ce moment fatidique de jonction n'apparaît pas dans la décision, et cela est regrettable. Si l'articulation était établie dans un raisonnement logique, le Conseil se serait passé des quatre ou cinq approximations qui entachent son raisonnement dans cette partie de la décision du 23 avril 2025. Bien entendu, il n'est pas question de résoudre ici le problème auquel le juge était confronté, mais un examen minutieux de ses normes de référence, leur « exploitation » optimale pouvait conduire à surmonter cette difficulté.

Une seconde manière de résoudre le problème posé aurait été de procéder de manière plus syncrétique, plus éclectique. Elle aurait conduit à avancer à visage découvert pourrait-on dire, le juge assumant clairement la liberté qu'il se donne de s'éloigner quelque peu des contraintes textuelles.

Il ne s'agirait donc pas de « raccrocher » vaille que vaille la restriction de l'amnistie à un texte donné, même implicitement, mais d'assumer et de revendiquer le fait que le juge se joint à un consensus sur la limitation des lois d'amnistie. Plusieurs leviers peuvent, dans cette perspective, être utilisés. Le droit ou la jurisprudence comparée d'abord : il arrive, dans le contentieux constitutionnel, que des juridictions se citent mutuellement, cette forme d'hommage réciproque étant l'un des avatars du « dialogue des juges » dont on a tant parlé. Le Conseil constitutionnel du Sénégal aurait pu s'insérer dans le mouvement jurisprudentiel qui vient d'être indiqué. Un autre levier peut être l'appel à des notions absentes, en tant que telles de la Constitution, mais ayant une portée « propulsive » ou « prospective », comme la notion d' « objectif de valeur constitutionnelle » par exemple, dont il a été précédemment dit qu'il est parfois utilisé par le juge sénégalais. Par définition, des concepts de cette nature ne requièrent pas une inscription dans le texte de la Constitution. De même encore, le Conseil aurait pu présenter la limitation des lois d'amnistie comme un principe émergent non –écrit, fruit, à la fois, du développement de la protection des droits de l'homme et de convergences jurisprudentielles, deux phénomènes observables aussi bien au niveau national (droit constitutionnel) qu'international (droit international).

On le voit, les stratagèmes interprétatifs ne manquent pas, et leur mobilisation était sans doute préférable aux quelques « arrangements avec la vérité juridique » auxquels le juge s'est livré dans les considérants 27 et suivants de sa décision du 23 avril 2025. L'inventivité prétorienne qu'une telle option aurait mise en évidence n'eût été nullement extravagante. Il faut se souvenir, en effet, que dans la décision du 12 février 2005, le Conseil constitutionnel a tracé des limites à la loi d'amnistie sans même éprouver la nécessité de rattacher cette restriction à un texte. L'assignation d'une finalité à l'amnistie, qui est l'apport le plus important de cette jurisprudence, ne repose sur aucun texte, et n'a, en dépit de cela, été contestée par personne.

Cela étant, il est clair que l'absence d'une norme de référence explicite n'a pas facilité la tâche du Conseil constitutionnel en 2025. De ce point de vue, le juge sénégalais est moins « chanceux » que d'autres de ses homologues. Il existe en effet dans certains pays des dispositions constitutionnelles claires, qui encadrent l'amnistie en en excluant les crimes les plus graves : crimes de guerre et génocide en Bosnie – Herzégovine, crimes contre la paix et crimes contre l'humanité en Bulgarie, violations graves du droit international humanitaire en Croatie, génocides, crimes contre l'humanité et crimes de guerre en Arménie, agression, terrorisme et enlèvement au Brésil, violations des droits de l'homme en Belgique, restrictions énoncées par la Cour interaméricaine des droits de l'homme au Costa Rica.

Lorsque ce n'est pas la Constitution qui formule l'interdiction d'amnistier, ce sont parfois des lois qui y procèdent : loi n° 2003- 309 du 8 aout 2003 en Côte d'Ivoire, loi n° 08-020 du 13 octobre 2008 en République centrafricaine, loi n°014- 006 du 11 février 2014 en République démocratique du Congo, loi 1820 en Colombie. Dans cette dernière configuration, c'est-à-dire lorsque c'est la loi et non la Constitution qui formule une restriction, il va de soi que le juge constitutionnel ne peut faire prévaloir une loi sur une autre, lorsqu'il est invité à examiner une loi d'amnistie. Cela étant, il ne fait pas de doute, à notre sens, qu'il peut évoquer cette prohibition légale comme un élément ou un indice – parmi d'autres, de nature constitutionnelle - propre à conforter une censure de la loi d'amnistie.

Décision N°1 et 2 /C/2005 du 12 février 2005

RÉPUBLIQUE DU SÉNÉGAL

Un Peuple – Un But – Une Foi

CONSEIL CONSTITUTIONNEL

Décision N°1 et 2/C/2005

AFFAIRE N°1 ET 2/C/2005

DEMANDEURS :

29 DEPUTES

SÉANCE DU 12 FEVRIER 2005

MATIERE CONSTITUTIONNELLE

DÉCISION

LE CONSEIL CONSTITUTIONNEL

Saisi de deux recours en inconstitutionnalité par requêtes en date des 12 et 13 janvier 2005 enregistrées à son greffe les 13 et 14 janvier 2005 sous les n° 1/C/2005 et 2/C/2005 contre la loi n° 01/2005 portant amnistie votée par l'Assemblée nationale le 7 janvier 2005 par Abdoulaye BA, Abdoulaye BABOU, Boubacar BADJI, Abdoulaye BATHILY, Oumou Khaltoum CISSE, Oulimata Diom CISSE, Amath DANSOKHO, Thiedel DIALLO, Opa DIALLO, Seynabou KA DIALLO, Ousmane Tanor DIENG, Madia DIOP, Mamadou DIOP, Mamadou DIOP dit Castro, Madior DIOUF, Madieyna DIOUF, Wagane FAYE, Birane GAYE, Cheikh Hamidou KANE, Aminata MBAYE, Ousseynou MBOW, Aminata MBENGUE NDIAYE, Moustapha NIASSE, Cheikh Bamba SALL, Khalifa Ababacar SALL, Etienne SARR, Famara SARR, Djibril SOW et Moussa TINE, tous députés à l'Assemblée nationale ;

Vu la Constitution ;

Vu la loi organique n° 92-23 du 30 mai 1992 sur le Conseil constitutionnel modifiée par la loi organique n° 99-71 du 17 février 1999 ;

Ensemble les pièces du dossier, notamment le compte rendu des débats du 7 janvier 2005 de l'Assemblée nationale réunie en session ordinaire ;

Le rapporteur ayant été entendu ;

Après en avoir délibéré conformément à la loi ;

SUR LA PREMIÈRE REQUÊTE ;

1. CONSIDÉRANT que les auteurs de la première saisine demandent au Conseil constitutionnel de déclarer contraire à la Constitution la loi n° 01/2005 votée le 7 janvier 2005 ; qu'à l'appui de leur recours, ils font valoir que les articles 1er, 2, 4 al 2, 5 al 2 et 10 de la loi violent le Préambule notamment les articles 7, 8 et 10 de la Déclaration Universelle des Droits de l'Homme et les articles 1er, 67, 76 et 88 de la Constitution, et les articles 3 et 7.1.a. de la Charte Africaine des Droits de l'Homme et des Peuples ;

SUR LES ARTICLES 1er et 2 de la loi ;

2. CONSIDÉRANT que les auteurs de la saisine font grief aux articles 1er et 2 de la loi d'être conçus en des termes généraux et impersonnels incluant les infractions en matière de terrorisme, les fraudes électorales et les assassinats politiques ; qu'ils n'excluent de leur champ d'application aucune catégorie d'infraction ; qu'ils sont, dès lors, en contradiction avec les principes fondamentaux d'une loi d'amnistie et ne garantissent pas les intérêts civils des victimes et des tiers ; qu'ils amnistient des faits déjà amnistiés ; qu'ils violent le Préambule de la Constitution notamment les articles 7 et 8 de la Déclaration Universelle des Droits de l'Homme et les articles 3 et 7.1.a. de la Charte Africaine des Droits de l'Homme et des Peuples relatifs à l'égalité devant la loi, à une égale protection de la loi et au droit à un recours effectif devant les juridictions ; qu'ils violent la Constitution en ses articles 67 et 88 relatifs au principe de la séparation des pouvoirs;

3. CONSIDÉRANT que les articles 1er et 2 de la loi sont ainsi conçus :

Article premier : « Sont amnistiées, de plein droit, toutes les infractions criminelles ou correctionnelles commises, tant au Sénégal qu'à l'étranger, en relation avec les élections générales ou locales ou ayant eu une motivation politique, situées entre le 1er janvier 1983 et le 31 décembre 2004, que leurs auteurs aient été jugés ou non » ;

Article 2 : « Sont amnistiées de plein droit toutes les infractions criminelles ou correctionnelles commises, tant au Sénégal qu'à l'étranger, en relation avec le décès de Monsieur Babacar Sèye, magistrat au Conseil constitutionnel, que leurs auteurs aient été jugés ou non » ;

EN CE QUI CONCERNE LA GÉNÉRALITÉ DES TERMES ET LA NON EXCLUSION DE CERTAINES INFRACTIONS

4. CONSIDÉRANT que, sur le fondement de l'article 67 de la Constitution le législateur peut faire disparaître pour l'avenir tout caractère délictueux à certains faits pénalement répréhensibles, en interdisant toute poursuite à leur égard et en effaçant les condamnations qui les ont frappés ; qu'il lui appartient de déterminer les infractions amnistiées en fonction de critères objectifs et, au besoin, les personnes auxquelles doit s'appliquer le bénéfice de l'amnistie ; que ni la Constitution ni aucune norme de valeur constitutionnelle ne limitent le pouvoir du législateur d'amnistier des catégories quelconques d'infractions qu'elles soient punies de peines criminelles, correctionnelles ou contraventionnelles, ni des faits déjà amnistiés sous réserve du respect du principe de l'intangibilité des droits acquis ;

5. CONSIDÉRANT dès lors que les dispositions des articles 1er et 2 ne contreviennent en rien à ces exigences ;

EN CE QUI CONCERNE LES DROITS DES VICTIMES ET DES TIERS ;

6. CONSIDÉRANT que la loi d'amnistie n'efface pas la faute civile commise à l'encontre des victimes et des tiers ; qu'elle conserve son caractère illicite et permet d'obtenir devant les tribunaux la réparation du préjudice subi ;

7. CONSIDÉRANT au demeurant que l'article 7 de la loi déférée précise qu'en cas d'instance sur les intérêts civils, le dossier pénal sera versé aux débats et mis à la disposition des parties ; qu'il en résulte que la loi ne préjudicie pas aux droits des tiers ;

EN CE QUI CONCERNE LA SÉPARATION DES POUVOIRS ;

8. CONSIDÉRANT que les requérants font valoir qu'en amnistiant des infractions définitivement jugées ou non, les articles 1er et 2 ont pour effet de dessaisir le juge d'un dossier et de permettre l'immixtion du pouvoir législatif dans l'exercice du pouvoir judiciaire ; que l'article 10, qui ne prévoit l'action en révision devant la juridiction compétente qu'au profit des seuls condamnés en vue de faire établir leur innocence, entraîne une limitation du pouvoir judiciaire par le pouvoir législatif ;

9. CONSIDÉRANT qu'il est de la nature même de la loi d'amnistie de faire disparaître pour l'avenir tout caractère délictueux de certains faits pénalement répréhensibles, en interdisant toute poursuite à leur égard ou en effaçant les condamnations qui les ont frappés ; que la dérogation ainsi apportée au principe de la séparation des pouvoirs trouve son fondement dans les dispositions de l'article 67 de la Constitution qui font figurer au nombre des matières qui relèvent de la loi la fixation des règles concernant l'amnistie ;

SUR LES ARTICLES 1er, 4 al 2, et 5 al 2 de la loi ;

10. CONSIDÉRANT que les requérants soutiennent que l'article 1er, en laissant au pouvoir judiciaire le soin de déterminer les infractions amnistiées, a violé l'article 67 de la Constitution qui donne compétence au législateur pour fixer les règles de l'amnistie ; qu'en outre, en renvoyant au pouvoir réglementaire la mission de déterminer les conditions de la réintégration des bénéficiaires de l'amnistie, les articles 4 al 2 et 5 al 2 opèrent une subdélégation contraire à la Constitution ;

11. CONSIDÉRANT qu'il appartient au législateur, dans l'exercice de sa compétence en matière de fixation des règles de l'amnistie, de dégager les critères objectifs qui permettent de définir les infractions entrant dans le champ de la loi d'amnistie ;

12. CONSIDÉRANT qu'en laissant le soin au juge d'interpréter la loi et au pouvoir réglementaire la compétence pour prendre des mesures individuelles de réintégration, le législateur ne viole ni les articles 1er, 67 et 76 ni aucun principe de valeur constitutionnelle ;

SUR LES ARTICLES 2, 4 al 2, 5 al 2 et 10 de la loi ;

13. CONSIDÉRANT que selon les requérants les articles 2, 4 al 2, 5 al 2 et 10 de la loi méconnaissent le principe en vertu duquel tous les citoyens sont égaux devant la loi, le service public de la justice et jouissent d'une égale protection de la loi ; qu'ils estiment que l'article 2 viole l'article 10 de la Déclaration Universelle des Droits de l'Homme et l'article 7-1.a. de la Charte Africaine des Droits de l'Homme et des Peuples qui consacrent le droit de saisir les juridictions nationales compétentes de tout acte violant les droits fondamentaux reconnus à toute personne et garantis par les conventions internationales; que les articles 4 al 2 et 5 al 2 de la loi accordent aux personnes qui en feront la demande la possibilité d'être réintégrées par décret individuel dans les fonctions ou emplois publics et les ordres nationaux ;

14. CONSIDÉRANT que la loi d'amnistie n'a pas pour effet d'interdire les recours aux juridictions nationales compétentes ; qu'elle ne comporte pas obligatoirement la réintégration de ses bénéficiaires dans les fonctions, emplois publics et les ordres nationaux ; que cependant le législateur peut apporter à cette règle des exceptions sans contrevenir à aucun principe de valeur constitutionnelle sous réserve que les réintégrations ne soient pas contraires aux droits et libertés des personnes tierces ;

15. CONSIDÉRANT qu'en conséquence le moyen tiré de la violation du principe d'égalité n'est pas fondé ;

SUR L'ARTICLE 2

16. CONSIDÉRANT que selon les requérants la loi déférée tend à assurer l'impunité et l'injustice et non le pardon ; qu'elle constitue un détournement de pouvoir dans la mesure où son but est contraire à celui d'une loi d'amnistie ;

17. CONSIDÉRANT que c'est dans un but d'apaisement politique ou social que le législateur doit rechercher, dans l'exercice de la compétence que la Constitution lui reconnaît en matière d'amnistie, l'oubli de certains faits par l'effacement de leur caractère répréhensible ;

18. CONSIDÉRANT qu'il ressort de l'examen des travaux préparatoires notamment de l'exposé des motifs de la loi qu'« à la suite d'actes criminels ayant entraîné le décès de Babacar Sèye...Vice-président du Conseil constitutionnel...l'exploitation de ces actes crapuleux ne fait que réveiller des souvenirs douloureux pour la famille et les proches du défunt...qui ont le droit ...au respect de leur nom, intimité et dignité » ;

19. CONSIDÉRANT qu'en poursuivant un objectif de protection des intérêts d'une famille et les proches du défunt, l'article 2 de la loi vise un but différent de celui pour lequel compétence a été conférée au législateur ; qu'en conséquence, il est entaché de détournement de procédure ;

SUR LA DEUXIÈME REQUÊTE

20. CONSIDÉRANT que les requérants font valoir que les articles 1er et 2 de la loi d'amnistie seraient contraires à l'article 4.o. de l'Acte constitutif de l'Union Africaine qui consacre le respect du caractère sacré de la vie humaine, condamne et rejette les assassinats politiques, les actes de terrorisme et les activités subversives ;

21. CONSIDÉRANT que l'article 74 de la Constitution donne au Conseil constitutionnel compétence pour se prononcer seulement sur la conformité à la Constitution des lois déférées à son examen ;

22. CONSIDÉRANT qu'aux termes de l'article 98 de la Constitution, « les traités ou accords régulièrement ratifiés ou approuvés ont, dès leur publication, une autorité supérieure à celle des lois, sous réserve, pour chaque accord ou traité, de son application par l'autre partie » ;

que ces dispositions ne prescrivent ni n'impliquent le contrôle de la conventionnalité des lois dans le cadre du contrôle de la conformité des lois à la Constitution prévu à l'article 74 de celle-ci ;

23. CONSIDÉRANT, par suite, qu'il n'appartient pas au Conseil constitutionnel d'apprécier la conformité de la loi aux stipulations d'un traité ou d'un accord international ;

DÉCIDE

Article premier : Les articles 1er, 4 al 2, 5 al 2 et 10 de la loi n° 01/2005 du 7 janvier 2005 portant amnistie ne sont pas contraires à la Constitution ;

Article 2 : L'article 2 est non conforme à la Constitution ;

Article 3 : La présente décision sera publiée au Journal officiel de la République du Sénégal.

Délibérée par le Conseil constitutionnel en sa séance du 12 février 2005 à laquelle siégeaient :

Madame Mireille NDIAYE, Président,

Messieurs Babacar KANTE, Vice-Président,

Abdoulaye Lath DIOUF, Membre,

Mamadou SY, Membre,

Mamadou Kikou NDIAYE, Membre

Avec l'assistance de Maître Ndèye Maguette MBENGUE, Greffier en Chef ;

En foi de quoi, la présente décision a été signée par le Président, le Vice-Président, les autres membres et le Greffier en Chef.

Le Président

Mireille NDIAYE

Le Vice-Président

Babacar KANTE

Membre

Abdoulaye Lath DIOUF

Membre

Mamadou SY

Membre

Mamadou Kikou NDIAYE

Le Greffier en Chef

Ndèye Maguette MBENGUE

Observations

Cette décision, relative à une loi d'amnistie de 2005, a déjà fait l'objet d'un commentaire à ce titre-là. Il fait l'objet d'un second commentaire – qui est celui-ci – dans la mesure où il est la première dans laquelle le Conseil constitutionnel formule une position de principe sur la place du droit international dans ses normes de référence. Voilà donc l'autre intérêt de la décision du 12 février 2005.

En effet, répondant à la deuxième requête introduite contre la loi d'amnistie, requête qui estimait que cette loi était contraire aux dispositions de l'Acte constitutif de l'Union africaine prohibant les atteintes à la vie et à l'intégrité physique et mentale, les assassinats politiques, les actes de terrorisme et les activités subversives, le Conseil constitutionnel pose en principe qu'il ne lui appartient pas « d'apprécier la conformité de la loi aux stipulations d'un traité ou accord international » (considérant n°23), après avoir déclaré que « l'article 74 de la Constitution donne au Conseil constitutionnel compétence pour se prononcer seulement sur la conformité à la Constitution des lois déférées à son examen » (considérant n°21). C'est donc une position de principe qui est affirmée : le droit international ne fait pas partie des normes de référence du contrôle de constitutionnalité.

Ce credo pose deux questions, qui font l'intérêt de cette décision du 12 février 2005 laquelle est, il faut le rappeler, un précédent, c'est-à-dire la première jurisprudence dans laquelle le principe de l'exclusion des normes internationales est affirmé. La première question est celle de la continuité jurisprudentielle de ce legs de 2005, beaucoup d'autres décisions étant par la suite intervenues sur la question de l'incidence du droit international dans le contrôle de constitutionnalité. Le Conseil est-il resté toujours fidèle à sa doctrine exprimée en 2005 ? A-t-il été amené à l'infléchir voire à l'abjurer ? Cette interrogation est bien celle de la ductilité de la position du Conseil constitutionnel, le mot suggérant la continuité ou la constance (I).

La seconde question est relative à la viabilité même de cette prise de position. Le Conseil constitutionnel, peut-il persister à ignorer la marée montante du droit international – on songe au droit international des droits de l'homme notamment - ? Peut-il continuer à se faire le héraut d'une certaine forme d'isolationnisme juridictionnel ou constitutionnel, postulant l'existence d'une cloison étanche entre l'ordre constitutionnel et l'ordre international ? N'est-il pas amené, par la force des choses, à nuancer sa doctrine, à assouplir ce soupçon de rigorisme qui inspire la thèse de l'expulsion du droit international du contrôle de constitutionnalité ? Les questions que voilà tournent donc bien autour de la viabilité même de la position du Conseil constitutionnel sénégalais (II).

C'est à ces deux questions fondamentales que l'on tentera de répondre ici.

I. La question de la ductilité de la position du Conseil constitutionnel

Il convient, à ce stade liminaire, de rappeler la place que les normes internationales occupent dans le contrôle de constitutionnalité au Sénégal. Le sujet reste régi par des règles relativement simples. Cette norme peut d'abord faire l'objet d'un contrôle de type préventif, exercé avant que l'Etat n'exprime son consentement à être lié auprès de ses partenaires internationaux. C'est l'hypothèse de l'article 97 de la Constitution, aux termes duquel « si le Conseil constitutionnel a déclaré qu'un engagement international comporte une clause contraire à la Constitution, l'autorisation de le ratifier ou de l'approuver ne peut intervenir qu'après la révision de la Constitution ». Il existe ensuite le contrôle exercé dans le cadre de l'invocation d'une exception d'inconstitutionnalité, auquel fait allusion l'article 92. Celui-ci dispose que « Le Conseil constitutionnel connaît de la constitutionnalité des lois et des engagements internationaux, des conflits de compétence entre le pouvoir exécutif et le pouvoir législatif, ainsi que des exceptions d'inconstitutionnalité soulevées devant la Cour d'appel ou la Cour suprême ».

A côté de ce dispositif relativement simple, le Conseil constitutionnel du Sénégal a lui-même développé une jurisprudence qui serait *a priori* à l'avenant. Pour l'essentiel, celle-ci est fondée sur le refus d'intégrer le droit international parmi les normes de référence, comme la décision du 12 février 2005 le fait bien apparaître.

Il semble pourtant, à l'analyse, que le traitement du droit international par le juge de la Constitution sénégalaise n'aurait pas la clarté et la constance que l'on pourrait lui supposer. Il apparaît en vérité que la politique jurisprudentielle du Conseil peine parfois à trouver un équilibre idéal entre le rejet de la norme internationale et sa prise en compte. Soyons clair cependant : cela ne signifie pas que le juge ne trouve jamais le bon « tempo » ; il est arrivé que le Conseil constitutionnel ait adopté à cet égard la position idoine du point de vue de la doctrine qu'il a arrêtée. Ce qui est avancé ici, c'est qu'il est également advenu au juge de forligner, de s'écarter de sa position de principe quant à la prise en compte du droit international comme norme de référence, en sorte que l'orthodoxie dont il faisait montre a parfois été oubliée.

En vérité, et pour être plus précis, la question doit être décomposée en deux : elle touche d'une part l'intégration dans le « bloc de constitutionnalité » de règles de droit international et, d'autre part, l'application du droit international à des litiges soumis au juge constitutionnel. Or, la jurisprudence du Conseil a pu, à ces deux sujets, indument prendre en compte le droit international (A) ou indument l'écarter (B.)

A. La prise en compte indue du droit international

Certaines décisions rendues par le Conseil relèvent d'interventions indues parce que celui-ci a accepté de discuter des normes de droit international – et donc laissé planer l'hypothèse de leur application – alors même que selon sa propre logique et à sa propre jurisprudence, il aurait dû récuser ce débat.

Quelle est sa doctrine jurisprudentielle, sur la question de l'intégration du droit international parmi les normes de référence ? Pour l'illustrer, on peut, en dehors de la décision du 12 février 2005 ici commentée, citer en premier lieu la jurisprudence du 18 juillet 2017. Aux parlementaires saisissants qui contestaient une réforme du code électoral intervenue, sans, estimaient – ils, le consentement des acteurs politiques, consentement requis par le Protocole de la CEDEAO sur la démocratie et la bonne gouvernance (2001), le Conseil a répondu en réitérant sa doctrine : « Considérant que les normes auxquelles se réfère le Conseil constitutionnel pour l'exercice de ce contrôle sont les dispositions de la Constitution, son Préambule ainsi que les instruments auxquels fait référence ce Préambule ; considérant, par suite, qu'il n'appartient pas au Conseil constitutionnel, saisi en application de l'article 74 de la Constitution, d'apprécier la conformité de la loi à un traité ou à un accord international » (décision n°7/C/2017 du 18 juillet 2017, considérants n° 8 à 10). Dans une autre décision, le Conseil constitutionnel reprend sa doctrine fixée dans la décision du 12 février 2005 et refuse toute référence à un autre instrument de droit international - dont il sera question plus loin- , le Protocole de la CEDEAO de 2001 sur la démocratie et la bonne gouvernance, au motif qu' il « ne fait pas partie des normes de référence du Conseil…qui sont les dispositions de la Constitution, le préambule ainsi que les instruments internationaux auxquels fait référence ce préambule » (décision n°3-C-2021 du 22 juillet 2021, considérant n°149).

Une dernière jurisprudence peut être évoquée, qui témoigne de la même philosophie. Datée du 12 juillet 2023, le Conseil s'y exprime dans les termes suivants : « Considérant que les requérants soutiennent que les articles 20 et 30 de la loi, en ne mentionnant pas expressément les plans et politiques dans les documents dans les documents soumis à l'évaluation environnementale ou à une évaluation environnementale stratégique, violent les articles 25-2 de la Constitution, 9 et 10 de l'Acte additionnel n°1/2008/ CCEG / UEMOA du 17 janvier 2008 portant politique commune d'amélioration de l'environnement de l'UEMOA ; qu'ils demandent au Conseil de les déclarer non conformes à la Constitution ; considérant que l'Acte additionnel invoqué, portant adoption de la politique commune d'amélioration de l'environnement de l'UEMOA, ne fait pas partie des normes de référence pour le contrôle de constitutionnalité des lois par le Conseil constitutionnel ; que dès lors, cette branche du moyen doit être écartée » (décision n°5/C/2023 du 12 juillet 2023, considérants n° 19 et 20).

Ce qui est particulier dans cette dernière jurisprudence, c'est que la norme internationale en cause n'était pas un traité, comme c'est le cas classiquement. Elle consistait plutôt en un acte unilatéral d'une organisation internationale, en l'occurrence un « Acte additionnel », pris par la Conférence des chefs d'Etat et de gouvernement. Le traité de l'organisation dit bien que c'est la Conférence des chefs d'Etat et de gouvernement qui en est l'auteur, ce qui achève de montrer qu'il ne s'agit pas d'un traité, même s'il est indubitablement un acte concerté (signé par les différents chefs d'Etat et de gouvernement). En tout état de cause, on retiendra que, fidèle à sa position de principe expulsant le droit international de ses normes de référence, le Conseil constitutionnel du Sénégal a étendu cette exclusion aux actes unilatéraux des organisations internationales.

Cette prise de position n'est pas forcément partagée. En tous les cas, il est arrivé qu'un juge constitutionnel apprécie le même type d'acte unilatéral alors pourtant que les normes internationales ne font pas partie, en principe, de son « bloc de constitutionnalité ». S'agit-il alors d'une incurie ponctuelle, d'une erreur ou d'une méprise commise de manière isolée ? Sur le continent africain, trois juridictions constitutionnelles au moins ont eu à glisser vers un contrôle de constitutionnalité d'actes unilatéraux d'organisations internationales. La Cour constitutionnelle du Togo s'est, dans un arrêt du 13 mai 2020, longuement livrée à une analyse de ce type, appliquée au règlement n° 005/2014/CM/UEMOA du 25 septembre 2014 relatif à l'organisation de la profession d'avocat dans l'espace UEMOA. Les mots utilisés dans la sentence rendue en disent long : « le règlement (…)

UEMOA relatif à l'harmonisation des règles régissant la profession d'avocat (...) est conforme à la Constitution » (décision n° C-003/20, dispositif). Au Gabon, c'est dans le cadre d'un Avis rendu à la suite d'une demande du Premier ministre relative à « la place des engagements internationaux dans la hiérarchie des normes en République gabonaise » que la Cour constitutionnelle a été amenée à déclarer « un conflit de compétence » entre un « Acte uniforme » d'une organisation internationale - l'OHADA- et des dispositions du Code de procédure civile, donnant l'impression qu'elle se livrait à un contrôle de conventionalité, étant précisé qu'elle avait été saisie dans le cadre d'une exception d'inconstitutionnalité (Avis n° 027/CC du 12 aout 2013, considérant n° 21). Enfin, au Tchad, le Conseil constitutionnel a également été amené à déclarer « conforme à la Constitution » une directive de la Communauté économique et monétaire d'Afrique centrale (CEMAC), organisation d'intégration sous- régionale (décision n°002/CC/SG/2013 du 9 mars 2013, dispositif).

Le juge constitutionnel sénégalais a pour sa part, dans les trois décisions qui ont été évoquées plus haut, été fidèle à la position de principe dégagée dans la décision du 12 février 2005. Est-il cependant resté toujours fidèle à sa doctrine, sa position a-t – elle été systématiquement la même ? La réponse est assurément négative.

Il est d'abord arrivé que, relâchant sa vigilance, le juge se laisse entraîner par un requérant et se mette à discuter de la pertinence d'une norme internationale. L'on peut à ce titre citer au moins trois décisions. La décision n° 2/C/2013 rendue le 18 juillet 2013 concernait la liberté syndicale et le droit de grève. Le Conseil avait été saisi à la suite d'une exception d'inconstitutionnalité soulevée devant la Cour suprême par un justiciable qui contestait la constitutionnalité d'une disposition de la loi de 1969 relative au statut du personnel des douanes. Deux textes étaient invoqués à l'appui du recours : l'article 8 de la Constitution qui mentionne la liberté syndicale et l'article 8 du Pacte international relatif aux droits économiques, sociaux et culturels, conclu en 1966 dans le cadre des Nations Unies et ratifié par le Sénégal en 1978. En bonne logique, le juge n'aurait dû exercer son contrôle que sur la base des dispositions de la Constitution, et exclure le principe même d'un débat autour du Pacte de 1966 (qui est un traité international ne figurant pas dans le préambule constitutionnel). Le Conseil entre pourtant dans le débat de fond, donnant l'impression que la norme internationale en cause faisait partie du « bloc de constitutionnalité ». Il argumente, en invoquant notamment des rapports faits dans le cadre de l'Organisation Internationale du travail (OIT), conclut que la liberté syndicale peut faire l'objet de restrictions, ce qui l'amène à rejeter l'exception de constitutionnalité soulevée (considérants n° 10 à 14).

Dans une décision n° 1/C/2014 du 3 mars 2014, le Conseil va succomber à la même tentation, en engageant un débat de fond sur des dispositions de l'autre Pacte de 1966, relatif aux droits civils et politiques, pour finalement faire valoir que « le renversement de la charge de la preuve ne constitue pas une situation juridique inédite » (à propos de la loi n° 81-53 sur l'enrichissement illicite). Le lecteur informé de la position de principe exprimée dans la décision du 12 février 2005 est même quelque peu désarçonné par le caractère relativement circonstancié des développements que le juge consacre au droit international, et notamment à la convention de Vienne du 23 mai 1969 sur le droit des traités (considérant n°11). Une telle incursion dans le droit international reste bien entendu injustifiable, pour une juridiction qui a posé en principe, depuis 2005, que le droit international ne fait pas partie de ses normes de référence. Il est vrai que le Conseil s'appuie sur deux autres instruments juridiques internationaux, mais ceux-là étaient tout à fait pertinents car visés par le préambule au titre des normes internationales « constitutionnalisées » : la Déclaration universelle des droits de l'homme de 1948 et la Charte africaine des droits de l'homme et des peuples (considérants n° 29 à 31). Il n'en demeure pas moins que cette décision du 3 mars 2014 constitue une liberté prise à l'égard de l'orthodoxie énoncée en 2005, et constitue, de ce point de vue, une intervention indue du droit international dans le contentieux constitutionnel.

Le juge constitutionnel sénégalais s'écarte encore de son credo dans la décision n° 1/C/2015 du 2 mars 2015 relative à la conformité à la Constitution, non des dispositions de fond d'un traité international, mais des conditions dans lesquelles un accord – créant les Chambres africaines extraordinaires pour juger M. Hissène Habré – avait été conclu. Ce qui est quelque peu curieux dans ce cas-ci, c'est que le requérant ne semblait même pas avoir posé la question de la validité de la procédure de conclusion du point de vue du droit international, mais uniquement du droit constitutionnel. En d'autres termes, c'est le juge constitutionnel lui-même qui « convoque » le droit international pour réfuter la thèse du demandeur. Le droit en question est, ici encore, celui de la convention de Vienne du 23 mai 1969 sur les traités. Le Conseil s'épanche sur les dispositions propres à faire rejeter la requête, lesquelles portent sur divers points, comme l'admission des accords en forme simplifiée ou la qualité du représentant de l'Etat qui s'engage conventionnellement (considérants n° 13 à 15).

Dans tous les cas qui viennent d'être cités, le juge aurait dû, en bonne logique et pour rester fidèle à sa position de principe écartant des normes de références les règles de droit international, s'abstenir d'engager le débat que lui-même soulève. Il s'agit donc bien d'interventions que l'on pourrait, à l'aune de sa propre doctrine, qualifier d'indues.

Dans le même temps, et sur la même question – le traitement de la norme internationale dans le contrôle de constitutionnalité -, le Conseil a affiché des attitudes mutiques, des silences qui ne s'imposaient peut-être pas. A côté des interventions indues, il existe donc des abstentions tout aussi indues.

B. L'exclusion indue du droit international

Il y'a eu abstention indue dans deux cas : lorsque le Conseil ne répond pas du tout à l'invocation d'une norme internationale par le requérant et lorsqu'il fait l'impasse sur une telle norme alors que son application au cas aurait pu conduire à une solution tout à fait différente de celle qu'il a choisie.

Le premier cas de figure ressort de la décision n°4/C/2000 du 8 février 2001. Le juge avait été saisi d'une contestation de l'Accord de siège conclu entre le Gouvernement du Sénégal et la BCEAO le 21 mars 1997. L'article 6 de cet accord, qui accordait une immunité de juridiction et d'exécution à la Banque, était alors en cause. De façon très laconique, le Conseil rejette la demande après avoir cité les textes invoqués, qui comprenaient deux éléments pertinents c'est-à-dire « constitutionnalisés » – la Déclaration universelle des droits de l'homme de 1948 et la Charte africaine des droits de l'homme et des peuples – et un élément certainement non pertinent c'est-à-dire absent du bloc de constitutionnalité – le Pacte de 1966 sur les droits civils et politiques -. En gardant le silence sur l'évocation de ce dernier instrument juridique, le juge donne à penser que celui-ci peut entrer dans le débat sans problème, alors qu'il n'en est en principe rien. En d'autres termes, il aurait fallu qu'il l'écartât explicitement.

L'abstention indue est plus préoccupante lorsqu'elle se traduit par une sorte de refus de prendre en compte une norme internationale qui était non seulement dans la bloc de constitutionnalité mais qui aurait pu changer le verdict rendu (on le verra plus loin). On songe bien entendu à la décision relative à la loi à l'introduction de la parité sur les listes électorales, décision n°1/C/2007 rendue le 27 avril 2007, (à laquelle un commentaire est consacré plus loin). Le Conseil censure sans ambages la loi qui institue l'égale représentation des hommes et des femmes sur la liste des candidats au scrutin de représentation proportionnelle pour les élections législatives. Il le fait sur deux bases : le rejet de toute discrimination fondée sur le sexe (article 1er de la Constitution) et le caractère indivisible de la souveraineté, qui implique qu'« aucune section du peuple » ne puisse s'en attribuer l'exercice.

A vrai dire, on aurait pu reprendre l'éternel débat sur le sens qu'il faut conférer au principe d'égalité – car la décision rendue invoque la non-discrimination et donc l'égalité -. L'égalité, est-elle un »donné » ou un « construit » ? La Cour suprême des États Unis - on le verra encore plus loin - a été confrontée pendant des années à cette discussion, au sujet notamment des mesures de « discrimination positive » décidées par le gouvernement. Le juge sénégalais n'éprouve pas le besoin d'aller loin dans ce débat. Certes. Mais on peut s'étonner de l'impasse faite sur des dispositions d'un instrument juridique international comme la convention des Nations Unies sur l'élimination de toutes les formes de discrimination à l'égard des femmes (1979), qui est explicitement citée parmi les normes « constitutionnalisées » (Préambule). Bien entendu, nul ne prétend que l'intégration de ce traité dans le débat aurait nécessairement changé la décision retenue, mais de toute évidence, son appréciation ou son interprétation était pertinente. Il suffit juste de rappeler, par exemple, qu'aux termes de l'article 4 de cette convention, « l'adoption par les Etats parties de mesures temporaires visant à accélérer l'instauration d'une égalité de fait entre les hommes et les femmes n'est pas considéré comme un acte de discrimination (...) ». Ou encore que l'article 7 dispose que « les Etats parties prennent toutes les mesures appropriées pour éliminer la discrimination à l'égard des femmes dans la vie politique et publique du pays (...) ». Le refus de prendre en compte le droit international – qui est en réalité un « droit international constitutionnalisé » - constitue une exclusion indue de celui-ci.

Ce qui ressort de ce tour d'horizon du traitement du droit international dans le contentieux constitutionnel sénégalais est donc une espèce de versatilité de la jurisprudence. Tantôt le droit international est fermement évacué du débat constitutionnel, tantôt il est appelé dans ce débat, et parfois par le juge lui-même, la partie requérante ne l'y invitant pas. La position du Conseil constitutionnel, pour répondre à la question posée plus haut, n'est donc pas ductile, elle n'est pas caractérisée par sa constance ou sa continuité, elle reste fluctuante.

Au-delà des vicissitudes jurisprudentielles du refus d'intégrer le droit international dans les normes de référence, il faut aborder un second débat, relatif à la durabilité d'une telle position. Rien n'est moins sûr que la viabilité du parti pris dans le précédent du 12 février 2005, tant il est vrai que celui-ci est menacé, de façon structurelle et souterraine pourrait-on dire, par certaines dynamiques.

II. La question de la viabilité de la position du Conseil

Au-delà même de la jurisprudence du Conseil et ses variations, une interrogation plus fondamentale, plus structurelle sur la place des normes de droit international dans le contrôle de constitutionnalité s'impose. La conjoncture juridique, l'esprit du temps et la dynamique qu'il porte nous paraissent induire une ouverture du contrôle de constitutionnalité aux sources extérieures, ouverture qui devrait pouvoir conduire à une inflexion, à terme, de la position de refus assez catégorique – au moins dans un certain nombre de décisions - affiché aujourd'hui par le juge sénégalais. L'orthodoxie dégagée en 2005 est alors de nouveau compromise, menacée non par le juge lui-même, mais par des processus qui se déroulent hors de son prétoire. Ces dynamiques en question sont soit virtuelles (A), soit actuelles (B).

A. La virtualité de la menace

Il existe aujourd'hui un certain nombre d'instruments juridiques internationaux, conçus notamment au sein d'organisations régionales d'intégration et dont la portée constitutionnelle est indéniable, encore que potentielle. Ces actes ne prétendent nullement à une dignité constitutionnelle, mais leur application ou leur interprétation pourrait rejaillir dans le champ de la constitutionnalité. On donnera un seul exemple ici, qui est le « code de la transparence » de l'Union économique et monétaire d'Afrique de l'Ouest (UEMOA), organisation d'intégration économique et monétaire sous - régionale. Il reste toutefois entendu que la thèse développée ici pourrait être étendue à des instruments juridiques ayant le même objet, dans d'autres contextes régionaux ou sous – régionaux dans le monde.

Ce code consiste en fait en une directive, adoptée le 27 mars 2009[12], la directive se définissant comme un acte de droit dérivé de l'Union, qui impose un résultat donné aux Etats mais les laisse libres de choisir les moyens pour y parvenir.

Du point de vue son contenu, la directive énonce notamment des compétences et des responsabilités des autorités publiques. Elle demande aux Etats de procéder à une claire répartition des compétences entre l'Exécutif et le Législatif dans le domaine de la politique budgétaire, et dans celui de l'exécution et du contrôle du budget. Le Code demande également aux Etats de réserver une place spéciale à la responsabilité du ministre de l'Economie et des finances, ou encore de garantir une réelle indépendance des corps de contrôle compétents en matière financière. On notera également que la norme internationale pose le principe d'un audit des finances publiques dans les trois mois qui suivent une alternance politique dans les Etats membres. De même, la question du financement des partis politiques est abordée par la directive, qui ne s'attarde pas sur les détails de cette règlementation, mais pose des principes à cet égard, principes auxquels les Etats doivent se conformer.

Le code de la transparence n'est évoqué ici qu'à titre illustratif, comme manifestation d'une tendance : celle de l'internationalisation – mieux, de la régionalisation – de certaines matières sur lesquelles la dynamique législative des organisations internationales peut contenir des virtualités constitutionnelles, peut influencer l'organisation des pouvoirs publics dans les Etats. Il va de soi qu'à terme, cette évolution pourrait partiellement

---

[12] Directive n° 01/2009/CM/UEMOA.

éroder la frontière de l'international et de l'interne, et, en définitive, conduire à s'interroger sur le refus systématique de prendre en compte la norme internationale dans l'exercice du contrôle de constitutionnalité dans certains cas. Certes, cette constitutionnalité virtuelle ne menace pas directement le juge, qui peut toujours s'en tenir à une doctrine simple : n'intégrer la norme internationale que dans la mesure où il y est explicitement fait référence, notamment dans le préambule constitutionnel ; mais il n'est pas indifférent que ce juge comprenne que la matière constitutionnelle pourrait ne pas être si « nationale » que cela et qu'en exerçant son office, il ne se comporte pas nécessairement en agent exclusif d'un ordre juridique enserré dans des frontières et entièrement contrôlé par l'Etat souverain. Au reste, à côté de la constitutionnalité latente de certaines normes internationales, il est possible de déceler une constitutionnalité patente d'autres instruments juridiques qui, eux, bien qu'étant formellement internationaux, pourraient plus directement exercer une influence sur le contrôle de constitutionnalité. La menace qui pèse sur la doctrine du rejet de la norme internationale n'est plus alors virtuelle, elle devient actuelle.

B. L'actualité de la menace

Deux exemples seront cités ici, qui montrent que des instruments juridiques internationaux auxquels le Sénégal est partie demeurent matériellement constitutionnels et devraient pouvoir entrer en compte dans l'évaluation de la norme soumise au juge de la Constitution. L'orthodoxie affichée par le Conseil constitutionnel du Sénégal dans sa décision du 12 février 2005 pourrait alors être remise en cause parce que des instruments juridiques internationaux entrent, ici et maintenant allait-on dire, dans le champ de la constitutionnalité.

Le premier traité international doté d'une teneur constitutionnelle certaine est le Protocole sur la démocratie et la bonne gouvernance conclu dans le cadre de la CEDEAO[13]. Du point de vue de son contenu, le Protocole de 2001 touche assurément la matière constitutionnelle. On y trouve d'abord des "'principes de convergence constitutionnelle » (section 1), comme la séparation des pouvoirs, le respect des droits du Parlement et de ses membres, l'indépendance de la justice, les droits de la défense reconnus aux avocats, la sincérité et la transparence des élections. Le texte indique également que les élections qui se déroulent sur le territoire des Etats membres de la Communauté doivent être libres, que l'opposition politique doit voir ses droits garantis, et qu'il est souhaitable que les Etats

[13] Protocole A/SP1/12/01 sur la démocratie et la bonne gouvernance, adopté le 21 décembre 2001.

mettent en place un système de financement public des partis politiques, ainsi qu'un statut pour les anciens chefs d'Etat[14].

L'organisation même des élections fait l'objet d'une réglementation assez poussée, qui témoigne de façon certaine de l'ambition du Protocole. Le fichier électoral national doit être fiable et sa mise à jour garantie, les élections doivent avoir lieu à intervalles réguliers et prévisibles, et les organes de surveillance des élections (Commissions électorales « autonomes » ou « indépendantes ») être réellement indépendantes[15]. Afin de rendre les processus électoraux pacifiques et consensuels, il est prescrit qu'aucune modification substantielle de la loi électorale ne doit intervenir dans les six mois qui précèdent une élection, sauf si un consensus s'est dégagé en ce sens. On sait en effet que dans bien des Etats, les lois ont pu être changées pour des raisons liées à une conjoncture électorale précise et dans le seul but de « conserver » le pouvoir. Les « missions d'observation » des élections elles-mêmes, dont la CEDEAO est désormais partie prenante, font l'objet d'une réglementation allant de leur composition – nécessité de l'indépendance de ses membres – à l'élaboration de leur rapport en passant par leur déploiement sur le terrain[16].

L'armée et les forces de sécurité, dont on connaît l'implication passée dans des enjeux de pouvoir, sont désormais assignées à une « neutralité républicaine » qui exige non seulement qu'elles ne prennent plus part à des changements anti- constitutionnels de gouvernement, mais qu'elles s'investissent dans des projets de développement national et se forment à une culture de gestion des manifestations publiques[17].

Au demeurant, il est permis de se demander si ce n'est pas parce qu'ils ont clairement pris conscience de la potentialité constitutionnelle du Protocole que certains Etats parties à celui-ci ont pris le parti de l'intégrer formellement dans leur « bloc de constitutionnalité ». En effet, dans deux Etats au moins cette « constitutionnalisation » a été acquise, au moins à un moment donné de leur histoire. Ainsi, le Préambule de la Constitution guinéenne du 7 mai 2010 indique que le peuple de Guinée *« proclame son adhésion aux idéaux et principes établis dans (...) l'Acte constitutif de l'Union africaine, la Charte africaine des droits de l'homme et des peules et ses protocoles relatifs aux droits de la femme, ainsi que le traité révisé de la CEDEAO et ses protocoles sur la démocratie et la bonne gouvernance »*. De la même manière, le Préambule de la Constitution du Burkina Faso révisée en 2015 - proclame que cet État affirme son *« attachement aux valeurs et principes démocratiques*

---

[14] Article 2 du Protocole.

[15] Article 3 du Protocole.

[16] Articles 12 et 13 du Protocole.

[17] Articles 19, 20 et 22 du Protocole.

tels qu'inscrits notamment dans la Charte africaine de la démocratie, des élections et de la gouvernance du 30 janvier 2007 et dans le Protocole A/SP1/12/01 du 21 décembre 2001 de la CEDEAO sur la démocratie et la bonne gouvernance ».

Il faut y ajouter la possibilité d'un renvoi implicite au Protocole. En effet, un Etat comme le Togo avait, dans sa Constitution abrogée il y a quelque temps, prévu que « les droits et devoirs énoncés dans (...) les instruments internationaux relatifs aux droits de l'homme, ratifiés par le Togo, font partie intégrante de la Constitution »[18]. Or, le Protocole de la CEDEAO de 2001 constitue certainement un instrument relatif aux droits de l'homme, ainsi que l'a admis la Cour africaine des droits de l'homme et des peuples dans un arrêt rendu le 18 novembre 2016 (« Action pour la promotion des droits de l'homme c. Côte d'Ivoire »). Fidèle à la même logique, la Cour constitutionnelle du Togo, dans un arrêt du 9 juillet 2009, s'est expressément référée à ce traité international en tant que norme de référence (décision n°C003/09 du 9 juillet 2009). L'on ne trouve pas trace d'une reprise d'une quelconque disposition du Protocole de 2001 dans l'arrêt rendu mais celui-ci est explicitement visé dans les normes de référence qui se situent en tête de la décision. Au demeurant, la Constitution togolaise de l'époque, par son article 50, ouvrait la possibilité d'une intégration du Protocole dans ses normes de références.

Plus intéressant est encore le cas d'un Etat comme le Mali, dont rien dans le texte constitutionnel n'autorise clairement une prise en compte du Protocole, mais dont le juge constitutionnel n'a pas hésité à se référer au texte de la CEDEAO à la suite d'une saisine invoquant une disposition de celui-ci. L'arrêt du 8 aout 2018 relatif à la proclamation des résultats définitifs de l'élection présidentielle répond à la requête introduite sur ce sujet précis, ce qui est sans doute la preuve que pour le juge malien, la portée constitutionnelle du traité ne fait aucun doute (arrêt 2018-03/CC-EP du 8 août 2018).

Ajoutons que dans ce débat, on trouve une furtive référence à la dimension « constitutionnelle » du Protocole dans un arrêt rendu par l'organe judiciaire de la CEDEAO elle-même, une juridiction internationale donc. C'est à l'occasion de son arrêt du 13 juillet 2015 que le juge communautaire a réalisé cette consécration, prouvant ainsi que dans un litige touchant très largement des données constitutionnelles nationales, le recours au Protocole pouvait être pertinent. Selon la Cour, *« si le principe de l'autonomie constitutionnelle et politique des Etats implique sans conteste que ceux-ci aient la latitude de déterminer et les institutions politiques de leur choix, et d'adopter les lois qu'ils veulent, cette liberté doit être exercée en conformité avec les engagements que ces Etats ont souscrit en la matière. Or, il ne fait aucun doute que de tels engagements existent, l'impressionnante liste des textes invoqués par les*

---

[18] Article 50 de la Constitution togolaise dernièrement abrogée.

requérants en atteste amplement. Dans le cadre particulier de la CEDEAO, on se contentera de renvoyer aux dispositions suivantes du Protocole et la bonne gouvernance, conclu en 2001 (...) » (arrêt ECW/CCJ/JUG/16/15 du 13 juillet 2015, § 31).

L'ancrage constitutionnel du traité conclu dans le cadre de la CEDEAO est donc évident. Ancrage matériel, dans la mesure où son objet ou une partie de cet objet est indubitablement d'ordre constitutionnel, ancrage formel au sens où il a été érigé en norme constitutionnelle formelle ou en norme de référence pour le juge constitutionnel.

Le second exemple susceptible d'être cité au titre de la menace qui pèse sur la doctrine de la jurisprudence constitutionnelle sénégalaise est la Charte africaine de la démocratie, des élections et de la gouvernance, adoptée au sein de l'Union africaine le 30 janvier 2007. Précisons d'emblée, toutefois, que ce dernier texte ne présente pas nécessairement les mêmes exigences que le Protocole de la CEDEAO, aussi bien du point de vue de la formulation des engagements des Etats parties que de la sanction des violations de ces obligations. Il n y a pas ici de « judiciarisation » de la procédure : nulle intervention d'un juge, nulle clause de règlement des différends même, le procédé retenu s'apparentant aux « comités » onusiens, avec un système de simples comptes rendus périodiques déférés par les Etats à la Commission de l'UA, organe intégré de l'organisation[19].

Cela étant, l'examen du contenu de ce texte – qui reste, tout autant que le Protocole de 2001, un traité international -, est certainement intéressant pour notre problématique. Il est en effet possible de déceler, lorsqu'on s'y penche, trois catégories d'énoncés touchant la matière constitutionnelle.

La première catégorie est rattachable à l'idéologie constitutionnaliste en général. Tout ce qui participe à la limitation du pouvoir politique par le droit est dès lors exalté, et élevé au rang d'engagement des Etats. Il s'agit bien, de façon claire et immédiate, que les Parties souscrivent des engagements d'ordre constitutionnel. Il est donc énoncé que les Etats s'interdisent tout « changement anti- constitutionnel de gouvernement »[20] ; l'exercice même du pouvoir ainsi que sa dévolution sont soumis au respect de la Constitution[21], y compris pour l'armée et les forces de sécurité, soumises à l'autorité politique légitime sortie des urnes[22]. Les changements anti – constitutionnels de gouvernement restent

[19] Article 49 du Protocole.

[20] Article 2 §4 ; article 3 §10, chapitre VIII.

[21] Article 3 §2 ; article 5 ; article 10 §1 ; article 15 § 1 et 2.

[22] Article 14 § 1 et 3.

particulièrement visés puisqu'au sujet de leurs auteurs, le Conseil de paix et de sécurité de l'UA pourra adopter des sanctions assez sévères[23].

Le deuxième type d énoncés se rapporte à la démocratie pluraliste et à ses implications, électorales notamment. Les Etats s'engagent à la *« tenue régulière d'élections transparentes, libres et justes »*[24], la loi promeut et protège les partis politiques, notamment ceux d'opposition[25], le dialogue politique et social est érigé en règle de la vie publique[26] et les obligations électorales internationales des Etats se déclinent en un faisceau de contraintes qui vont de la mise en place d'organes de surveillance indépendants à l'établissement d'un code de conduite destiné aux compétiteurs en passant par le règlement des contentieux et l'égal accès aux médias[27]. L'assistance électorale fait également l'objet de dispositions spécifiques et assez circonstanciées[28]. Bien entendu, ce point constitue une opportunité pour l'UA de codifier dans leurs grandes lignes les modalités de sa participation aux processus électoraux nationaux.

Enfin, il existe des dispositions de la Charte qui sont relatives à l'idéal de bonne gouvernance, qui inclut des actions sur l'institution judiciaire. Au nombre des impératifs relevés, il y a la lutte contre la corruption[29], l'obligation de reddition des comptes[30], le principe de transparence dans la gestion des affaires publiques en particulier[31], lequel emporte l'impératif de la transparence et l'information du public[32] ainsi qu'une justice crédible et indépendante[33].

Toutes ces énonciations auraient pu figurer dans une Constitution nationale, et il ne vient à l'esprit de personne de contester la dignité constitutionnelle de ces questions. Certaines options nationales peuvent à cet égard être citées, qui insèrent dans la Constitution un certain nombre de questions abordées dans les deux instruments internationaux passés en revue. On rappelle que la Constitution égyptienne de 2014 réserve quelque unes de ses dispositions aux formes armées et à la police[34], à l'Organisme

---

[23] Article 25 notamment.

[24] Article 2 §3 ; article 3 §4.

[25] Article 3 §11.

[26] Article 13

[27] Article 17.

[28] Articles 18 à 22.

[29] Article 2§9 ; article 27§5 ; article 33§3.

[30] Article 12§ 1er .

[31] Article 3§8 ; article 12§1er ; article 33§2.

[32] Article 2§10 ; article 31.

[33] Article 3§8 ; article 27§3 ; article 32§3.

[34] Chapitre 8 de la Constitution égyptienne.

national chargé des élections[35], qu'il en a été de même de l'Algérie (articles 178 à 194 relatifs à la gestion des élections) et de la Tunisie[36]. Mieux, la Charte africaine des élections, de la démocratie et de la gouvernance a été intégrée dans le bloc de constitutionnalité d'un Etat comme la République centrafricaine, ainsi qu'il ressort de l'Avis rendu par la Cour constitutionnelle le 5 juin 2020 (Avis n° 015/CC/20 relatif à la révision de certaines dispositions de la Constitution du 30 mars 2016).

La jurisprudence du 12 février 2005, qui est la première à poser le problème de la norme internationale comme norme de référence dans le contrôle de constitutionnalité au Sénégal, n'a donc pas, en définitive, été assortie d'une pratique constante, la doctrine qu'elle énonce n'a pas toujours été suivie avec rigueur. De surcroît, l'étanchéité des ordres juridiques qu'elle implique – l'ordre constitutionnel et l'ordre international – est mise à mal par l'internationalisation d'un certain nombre de questions, les eaux du droit international venant en quelque sorte lécher les rivages du droit constitutionnel. Cette confluence, que le présent ouvrage voudrait à la fois souligner et exalter dans le cadre de l'étude d'un contentieux constitutionnel national, doit être « actée », c'est-à-dire acceptée, assumée, loin des faux-fuyants mais sans jamais succomber, bien entendu, à la tentation de « renverser » la table constitutionnelle en considérant que l'entrée des normes internationales dans le contrôle de constitutionnalité est illimitée, incontrôlable ou inconditionnée. Les ordres juridiques doivent toujours être distingués, et leur confusion conjurée, mais il serait déjà heureux que le juge de la Constitution fût avisé de ce que des dynamiques sourdes, émanées de la volonté des Etats eux-mêmes, travaillent à étirer la matière sur laquelle il opère.

---

[35] Chapitre 9 de la Constitution égyptienne.

[36] Articles 17 et 18 de la Constitution égyptienne.

Décision n°1/C/2007 du 27 avril 2007

RÉPUBLIQUE DU SÉNÉGAL

Un Peuple – Un But – Une Foi

CONSEIL CONSTITUTIONNEL

Demandeurs : 12 députés

Séance du 27 avril 2007

Matière constitutionnelle

DÉCISION

LE CONSEIL CONSTITUTIONNEL

Vu la requête présentée par Mesdames Aminata MBENGUE NDIAYE, Oulimata DIOME CISSE et Messieurs Amath DANSOKHO, Mamadou DIOP, Wagane FAYE, Famara SARR, Khalifa Ababacar SALL, Thiédel DIALLO, Abdoulaye BA, Opa DIALLO, Etienne SARR et Djibril SOW, tous députés à l'Assemblée nationale, enregistrée au greffe du Conseil le 2 avril 2007 et tendant à faire déclarer inconstitutionnelle la loi n° 23/2007 du 27 mars 2007 ;

Vu la Constitution, notamment en son article 74 ;

Vu la loi organique n° 92-23 du 30 mai 1992, modifiée par la loi organique n° 99-71 du 17 février 1999 ;

Vu les pièces produites et jointes au dossier ;

Le rapporteur ayant été entendu en son rapport ;

1. CONSIDÉRANT que les requérants demandent au Conseil de déclarer contraires à la Constitution les dispositions de la loi n° 23/2007 du 27 mars 2007 modifiant l'article L 146 du code électoral qui instituent la parité dans la liste des candidats au scrutin de représentation proportionnelle pour les élections législatives ;

2. CONSIDÉRANT qu'à l'appui de leur demande, les requérants soutiennent que la loi contestée viole, d'une part, le Préambule de la Constitution qui proclame : « L'accès de tous les citoyens, sans discrimination, à l'exercice du pouvoir à tous les niveaux ; ... à tous les services publics » et, d'autre part, l'article premier de la Constitution qui dispose : « La République du Sénégal... assure l'égalité devant la loi de tous les citoyens sans distinction de race, de sexe, de religion... » ;

3. CONSIDÉRANT qu'il résulte de l'article premier suscité que toute discrimination fondée sur le sexe est expressément exclue ; que le principe d'égal accès au pouvoir, bien que de valeur constitutionnelle, ne saurait déroger à cette règle ;

4. CONSIDÉRANT qu'au surplus selon l'article 3 de la Constitution : « La souveraineté nationale appartient au peuple sénégalais qui l'exerce par ses représentants ou par la voie du référendum. Aucune section du peuple, ni aucun individu, ne peut s'attribuer l'exercice de la souveraineté. Le suffrage peut être direct ou indirect. Il est toujours universel, égal et secret. ... » et qu'aux termes de l'article 6 de la Déclaration des droits de l'homme et du citoyen : « Tous les citoyens étant égaux, sont également admissibles à toutes dignités, places et emplois publics, selon leur capacité, et, sans autre distinction que celle de leurs vertus et de leurs talents » ;

5. CONSIDÉRANT qu'il résulte de ce qui précède que la qualité de citoyen qui ouvre le droit d'être candidat aux élections politiques, sous réserve des incapacités prévues par le code électoral, est indivisible ; que les candidats sont égaux devant le suffrage universel ; que les principes de valeur constitutionnelle ci-dessus rappelés s'opposent à toute division par catégories des citoyens éligibles ; que, dès lors, la loi qui impose une distinction entre candidats en raison de leur sexe est contraire à la Constitution ;

DÉCIDE

Article premier : La loi n° 23/2007 du 27 mars 2007 est déclarée non conforme à la Constitution.

Article 2: La présente décision sera publiée au Journal officiel de la République du Sénégal.

Délibéré par le Conseil en sa séance du 27 avril 2007 à laquelle siégeaient:

Madame Mireille NDIAYE, Président,

Messieurs Babacar KANTE, Vice-président,

Mamadou Kikou NDIAYE, membre,

Siricondy DIALLO, membre,

Chimère Malick DIOUF, membre,

Avec l'assistance de Maître Ndèye Maguette MBENGUE, Greffier en chef ;

En foi de quoi, la présente décision a été signée par le Président, le Vice-président, les autres membres et le Greffier en chef.

Le President	**Le Vice-président**
Mireille NDIAYE	Babacar KANTE
Membre	**Membre**
Mamadou Kikou NDIAYE	Siricondy DIALLO
Membre	**Le Greffier en chef**
Chimère Malick DIOUF	Ndèye Maguette MBENGUE

Observations

La décision n°1/C/2007 du 27 avril 2007 est importante parce qu'elle a constitué l'opportunité pour le Conseil constitutionnel de se prononcer sur l'une des questions les plus épineuses que tout juge de la Constitution est presque fatalement condamné à affronter, qui est celui de l'application du principe d'égalité. Il s'agit d'un principe complexe, ayant donné lieu à des approches nombreuses et différentes et autour duquel il est parfois arrivé qu'une juridiction dise une chose et son contraire, à quelque temps d'intervalle. Cette jurisprudence-ci est également intéressante parce que – on allait dire comme toutes les applications jurisprudentielles du principe d'égalité -, elle est susceptible d'être discutée à maints égards. Du point de vue de la compréhension même du principe en jeu – le principe d'égalité, qui se décline ici en une règle de parité, c'est-à-dire une représentation égale des hommes et des femmes sur les listes électorales -, la solution dégagée peut en effet ne pas être partagée, comme on le verra. Mais le verdict rendu est également controversable du point de vue de ses normes de référence, certaines de ces normes ayant été privilégiées au détriment d'autres, qui auraient pu trouver à s'appliquer.

Les réserves que voilà ne signifient pas, tant s'en faut, que la jurisprudence du 27 avril 2007 n'est pas défendable à certains égards ; elle procède en effet d'une logique que l'on peut au moins comprendre. C'est précisément cela la fécondité du débat qu'elle est susceptible de susciter ; c'est dans cette concurrence de logiques, dans cet enchevêtrement de considérations contradictoires qui rendent compte de l'équivocité du principe d'égalité que se trouve son sel. On procédera donc à un exposé de la démarche du juge sénégalais, démarche que d'autres juridictions homologues ont pu avoir (I) avant d'évoquer la possibilité d'un point de vue contraire, adossé à une compréhension alternative du principe en jeu (II).

I. Le point de vue du Conseil constitutionnel

Il convient de rappeler à ce stade les circonstances de la cause, qui sont relativement simples. Le Conseil était saisi aux fins de censurer la loi n°23-2007 du 27 mars 2007 qui modifie le Code électoral en instituant la parité – égalité du nombre d'hommes et de femmes dans la liste des candidats au scrutin de représentation proportionnelle pour les élections législatives - . Les requérants, qui sont des députés de l'opposition contestant la loi, s'appuyaient sur des dispositions constitutionnelles évoquant « l'accès de tous les citoyens , sans discrimination, à l'exercice du pouvoir à tous les niveaux » et notamment sur l'article 1er de la Constitution disposant que la République du Sénégal assure l'égalité devant la loi de tous les citoyens sans distinction de race, de sexe, de religion ». En somme, les demandeurs reprochaient à la loi d'opérer des distinctions – basées sur le sexe – alors que la Constitution l'interdit.

A. Le raisonnement juridictionnel

Le juge va faire droit à la demande qui lui est soumise, il va déclarer la loi non conforme à la Constitution. Il le fait sur la base de trois dispositions de la Constitution : celle qui énonce l'égalité devant la loi (article 1er), celle qui décrit les modalités d'exercice de la souveraineté nationale (article 3) et une dernière, extraite de la Déclaration des droits de l'homme et du citoyen de 1789, évoquée dans le préambule.

La teneur de chacune de ces dispositions doit être rappelée. L'article 1er énonce que « la République du Sénégal assure l'égalité devant la loi de tous les citoyens sans distinction de race, de sexe, de religion (…) ». L'article 3 de la Constitution dispose que « la souveraineté nationale appartient au peuple sénégalais qui l'exerce par ses représentants ou par la voie du référendum. Aucune section du peuple, ni aucun individu, ne peut s'en attribuer l'exercice. Quant à l'article 6 de la Déclaration de 1789, elle pose que « tous les citoyens étant égaux, sont également admissibles à toutes les dignités, places et emplois publics, selon leur capacité, et sans autre distinction que celle de leurs vertus et de leurs talents ».

Le Conseil estime que les dispositions que voilà « s'opposent à toute division par catégories des citoyens éligibles ; que dès lors la loi qui impose une distinction entre candidats en raison de leur sexe est contraire à la Constitution » (considérant n°5). Cette jurisprudence du 27 avril 2007 est un morceau d'anthologie du laconisme : le style est « sec », la logique implacable, le raisonnement quasi – mathématique : la Constitution interdit les discriminations, la loi instaure une discrimination, donc la loi est contraire à la Constitution. Mais une logique implacable n'est pas forcément une logique erronée et, il faut le redire, la décision rendue peut parfaitement être justifiée à partir des éléments dont elle se prévaut, l'article 6 de la Déclaration de 1789 ayant une place particulière dans cette justification puisqu'au contraire des autres normes de référence citées (articles 1er et 3 de la Constitution), il se rapporte presque idéalement au cas de figure soumis à la juridiction constitutionnelle.

La loi n° 23-2007 du 27 mars 2007 ayant été censurée, il ne restait plus qu'à agir sur la Constitution pour ouvrir la voie à la parité. Une révision constitutionnelle va donc être initiée, elle prendra la forme de la loi constitutionnelle n° 2008-30 du 7 aout 2008, qui modifie l'article 7 de la Constitution en y insérant la phrase suivante : « la loi favorise l'égal accès des femmes et des hommes aux mandats et fonctions ». La voie étant désormais « dégagée », la parité va faire son entrée dans le droit positif sénégalais. Une loi n°2010-11 du 28 mai 2010 est adoptée, qui institue « la parité absolue homme- femme ». L'exposé des motifs de cette loi rappelle que le Sénégal est partie à deux conventions internationales notamment : la Convention des Nations Unies sur l'élimination de toute forme de discrimination à l'égard des femmes (CEDEAF) – dont il sera question plus loin - et le Protocole de Maputo de 2003 sur les droits des femmes - Protocole à la Charte africaine des droits de l'homme et des peuples-. L'article 1er de la loi de 2010 décrète que « la parité absolue homme – femme est instituée au Sénégal dans toutes les institutions totalement ou partiellement électives », et l'article 2, que « les listes de candidatures sont alternativement composées de personnes des deux sexes ». Dans la même foulée, un décret n° 2011 – 309 du 7 mars 2011 est pris, qui sera modifié par le décret n°2013-279 du 14 février 2013, qui crée et fixe les règles d'organisation et de fonctionnement de l' « Observatoire national de la parité ».

La rationalité sur laquelle repose la décision du 27 avril 2007 est non seulement défendable à un certain point de vue, mais d'autres juridictions constitutionnelles ont eu à la faire leur.

B. Des jurisprudences voisines

Le traitement constitutionnel et l'évolution de la question de la parité au Sénégal ressemblent furieusement aux processus français et italien.

Dans l'Hexagone aussi, la question s'est posée dans les mêmes termes, la réponse du juge constitutionnel ayant été exactement la même que celle que fera le juge sénégalais, et la remise sur les rails du processus constituant quasiment identique. En France, c'est par sa jurisprudence du 18 novembre 1982 – dite « quotas par sexes » - que le Conseil constitutionnel s'oppose à la loi sur la parité. Il le fait en vertu de deux dispositions, que l'on retrouve également dans la décision sénégalaise : l'article 3 de la Constitution (dont la rédaction est la même que celle de l'équivalent sénégalais) et l'article 6 de la Déclaration de 1789, entrevu précédemment. Le juge français en arrive à la conclusion que « les principes à valeur constitutionnelle » rappelés « s'opposent à toute division par catégories des électeurs ou des éligibles » (considérants n° 7 et 8) et qu'en conséquence la parité est contraire à la Constitution. Il a alors fallu procéder à une révision de la Constitution, ce qui fut fait avec la loi 99-569 du 8 juillet 1999, qui ajoute à l'article 3 de la Constitution l'alinéa suivant : « la loi favorise l'égal accès des femmes et des hommes aux mandats électoraux et aux fonctions électives ». Par la suite, la loi 2000-493 du 6 juin 2000 sera adoptée, et portera sur l'aménagement de la nouvelle règle de parité. On le voit, la similarité jurisprudentielle et le parallélisme de l'évolution suivie en France et au Sénégal sont saisissants.

Le traitement constitutionnel de la parité a suivi la même trajectoire dans cet autre pays qu'est l'Italie. Ici, c'est aussi par une censure que tout commence : dans un arrêt n°422/1995 rendu le 12 septembre 1995, la Cour constitutionnelle italienne estime qu' « est contraire aux paramètres constitutionnels invoqués la norme législative qui impose dans la présentation des candidatures aux charges publiques électives toute forme de quotas en raison du sexe des candidats » (§ 4). En 2003 cependant, la Cour revient sur sa jurisprudence (arrêt n°49). Cette inflexion s'explique simplement par le fait que l'environnement normatif a changé. Non seulement une loi constitutionnelle n° 2 de 2001 a prescrit que les régions bénéficiant d'une autonomie spéciale doivent favoriser l'égal accès aux fonctions électives des hommes et des femmes, mais une autre loi constitutionnelle adoptée deux ans plus tard (loi constitutionnelle n°1 de 2003) insère dans la Constitution la disposition suivant laquelle l'Etat favorise l'égalité des chances des hommes et des femmes dans l'accès aux charges électives.

La logique sur laquelle repose la décision du Conseil constitutionnel du Sénégal a encore été celle des Cours constitutionnelles du Niger et du Bénin, dans leurs arrêts respectifs du 18 janvier 2002 et du 8 septembre 2010. Dans la première décision, on peut lire : « Considérant qu'il ressort des termes de l'article 8 alinéas 1er et 2 de la Constitution que : « la République du Niger est un Etat de droit. Elle assure à tous l'égalité devant la loi sans distinction de sexe, d'origine sociale, raciale, ethnique ou religieuse ; considérant que l'article 4 de la loi soumise au contrôle de la Cour constitutionnelle contient aux 2ème, 3ème, 5ème, 7ème et 8ème tirets l'expression « dont une femme » qui réserve aune représentation spécifique ; considérant que cette disposition viole l'article 8 de la Constitution » (arrêt n°2002-0011 du 18 janvier 2002). L'arrêt rendu le 8 septembre 2010 par la Cour constitutionnelle du Bénin note pour sa part, au sujet de la loi 2010 – 35 portant sur l'élection des membres de l'Assemblée nationale, que l'article 3 alinéa 4 de celle-ci est « contraire à l'article 26 de la Constitution en ce qu'elle institue une disparité fondée sur le sexe » (décision DCC 10-117 du 8 septembre 2010).

Le point commun de toutes ces jurisprudences (sénégalaise, française, italienne, nigérienne et béninoise), c'est qu'elle repose sur une compréhension quasi- fétichiste (au sens propre et non péjoratif) de la notion d'égalité. On veut dire par là que le couperet du juge s'abat sur toute esquisse de différenciation, le principe d'égalité est un principe d'indifférenciation ou de nivellement, suggérer une quelconque distinction y contrevient déjà.

Ce culte de l'indistinction ne se retrouve pas que dans la parité. C'est lui qui est à l'œuvre chaque fois qu'est sanctionnée une norme porteuse d'un décalage, d'une différence de traitement entre les personnes. C'est ce qui ressort de certaines jurisprudences relatives à la polygamie au Bénin (décision DCC 02-144 du 23 décembre 2002 jugeant que l'institution polygamique est une violation du principe d'égalité dans la mesure où elle ne « bénéficie » qu'à l'homme), ou à la sanction de l'adultère en Italie (arrêt n° 126/1968 du 19 décembre 1968 de la Cour constitutionnelle italienne censurant « un privilège assuré au mari », §6). On peut encore citer, dans le même ordre d'idées, l'arrêt de la Cour suprême des Etats Unis, « United States v Virginia », rendu le 26 juin 1996, dans lequel le juge constitutionnel estime que le principe d'égalité des sexes s'oppose à ce que l'Etat de Virginie réserve aux hommes les programmes de formation dont il était question (518 US 515).

L'on peut ainsi avoir de l'égalité en général, et de l'égalité hommes-femmes en particulier, une conception assez intransigeante, qui a tendance à voir dans toute différenciation un signe de discrimination. Les décisions qui viennent d'être présentées participent presque toutes de cette conception- là de l'égalité. Il est toutefois possible d'appréhender l'égalité d'un autre point de vue. Celle-ci ne serait alors plus un « donné » - qu'il ne faudrait pas remettre en cause à travers des différenciations ou des discriminations, même « positives » - mais plutôt un « construit » - c'est-à-dire une quête, une tension, un objectif à atteindre précisément parce que le temps et la réalité travaillent à créer et à creuser des inégalités. On songe au mot de l'écrivain Jules Renard, « les hommes naissent égaux ; dès le lendemain, ils ne le sont plus ». C'est ce point de vue alternatif qu'il convient à présent de présenter. Défendue par certaines juridictions, il aurait sans doute conduit, dans le cas de la loi sénégalaise instituant la parité, à valider celle-ci, et non à la sanctionner.

II. La possibilité d'un point de vue contraire

La jurisprudence sénégalaise du 12 avril 2007 pourrait être contestée à deux égards. D'un côté, il est possible, comme on vient de l'indiquer, d'avoir du principe d'égalité une conception qui se situe aux antipodes de celle de la juridiction constitutionnelle du Sénégal (A). De façon plus spécifique, c'est-à – dire dans le cadre strictement limité à l'affaire portée devant le Conseil, il est également possible de trouver à redire devant la décision rendue car un élément essentiel du débat a été omis ou escamoté, qui est la convention des Nations – Unies sur l'élimination de toutes les formes de discrimination à l'égard des femmes, adoptée le 18 décembre 1979 et entrée en vigueur le 3 septembre 1981 (B).

A. La contestation du raisonnement juridictionnel lui-même : une autre conception de l'égalité et de la parité

La réfutation de la solution dégagée par le juge constitutionnel sénégalais peut être menée à deux niveaux : celui du principe d'égalité en général et celui de la parité en particulier.

Du point de vue du principe d'égalité, il faut alors rappeler que devant maintes juridictions, il est régulièrement affirmé que l'égalité ne signifie pas que les personnes doivent être systématiquement traitées de la même façon ; plus précisément, le principe d'égalité n'est pas méconnu lorsque des personnes se trouvant dans des situations différentes sont traitées de façons différentes. Un traitement différent ou différencié se conçoit dès lors que la situation des personnes n'est pas identique. C'est donc l'antithèse de la position du juge sénégalaise : non la valorisation de l'indistinction ou du nivellement mais celle de l'acuité qui perce le voile des apparences et saisit les nuances, les différences. L'égalité consistera à agir sur ces différences qui peuvent être voilées ou camouflées, afin précisément de les réduire.

Il convient de s'arrêter sur ce point et de souligner le haut niveau d'exigence que recèle cette seconde conception du principe d'égalité. L'idée dont elle est porteuse ne consiste pas seulement à affirmer que l'égalité n'est pas un donné mais doit éventuellement être construite par le législateur lui-même, c'est-à-dire qu'elle peut consister en mesures de discrimination (discrimination « positive »). La thèse de l'égalité comme « construit » va plus loin que cela : elle n'implique pas seulement une faculté législative, la possibilité d'une « correction » des inégalités, elle induit littéralement un *devoir*, celui de percer le voile de l'égalité formelle précisément, pour établir une égalité réelle. Compris sous cet angle, le principe d'égalité assigne un devoir à la loi, « charge » le législateur : celui-ci doit quêter, pister, débusquer les inégalités et les corriger. Il en est ainsi parce que, comme le suggérait Jules Renard plus haut, la dynamique de la vie est corrosive de l'égalité, elle érige le législateur en vigie permanente. Bref, sous l'empire de l'égalité comme « donnée », le législateur pourrait être un personnage plutôt passif, quelque peu en retrait, alors qu'il est précisément le bâtisseur de cette égalité si celle-ci doit être une conquête de tous les jours. Cette invitation du législateur à l'action, il s'est trouvé au moins une juridiction à l'affirmer, à l'assumer : c'est la Cour constitutionnelle du Togo qui déclare dans un arrêt n° C-003/20 du 13 mai 2020 que « le principe d'égalité veut que des situations comparables ne soient pas traitées de manière différente et que des situations différentes ne soient pas traitées de manière égale », l'espèce d'injonction faite au législateur se trouvant dans la seconde proposition de la phrase.

Une telle perception du principe d'égalité va loin, elle a des implications substantielles sur l'organisation même du contentieux constitutionnel, dans la mesure où elle induit, à terme, l'ouverture de voies de recours contre l'inertie ou l'abstention du législateur. Appelé à « redresser » des situations d'inégalité, voué à cette fonction corrective dans un système qui conçoit que le principe d'égalité doit en permanence être sous surveillance, le législateur pourrait, comme c'est le cas dans certains pays, être exposé à la sanction du juge constitutionnel du fait de sa « carence », de son inaction. D'un point de vue formel ou procédural, voilà à quoi pourrait aboutir une conception systématique de l'égalité comme « construit ». Cette conception a aussi une implication substantielle, un rejaillissement sur le fond : elle pourrait rendre plus probable ou plus fréquente la censure de la loi pour « incompétence négative », c'est-à-dire la sanction découlant du fait que le législateur est resté en – deçà de l'exercice attendu de sa compétence, n'a pas assumé la totalité de son devoir ou de son pouvoir. Aux deux bouts de la chaîne donc, le principe d'égalité « met la pression » sur l'auteur de la loi : il ouvre la possibilité de le « réveiller de son sommeil » et il sanctionne sa timidité ou son autolimitation.

Le Conseil constitutionnel du Sénégal lui-même a pourtant eu à se faire l'écho d'une telle conception, dans au moins deux décisions qu'il a rendues, certes bien après celle qui est ici commentée. Dans une jurisprudence du 18 juillet 2017, il déclare qu' « en matière électorale, il ne saurait y avoir de discrimination entre des candidats, ou des listes de candidats, que lorsque ceux-ci, participant aux mêmes élections et étant de ce fait placés dans la même situation, sont traités de manière différente » (décision n°7/C/2017, considérant n° 17). Le Conseil réitère dans la décision du 20 juillet 2021 que « le principe d'égalité, qui ne saurait être réduit à une stricte égalité de traitement, ne s'oppose ni à ce que la loi traite de façon différente des situations différentes, ni à ce qu'elle opère une discrimination entre personnes placées dans la même situation dès lors que la discrimination est fondée sur un motif tiré de l'intérêt général » (décision n°2/C/2021, considérant n° 48).

C'est aussi sur le motif d'intérêt général que se fondent trois autres juridictions pour accepter des traitements différenciés. Dans son arrêt du 9 juillet 2009, la Cour constitutionnelle du Togo considère que « le principe d'égalité suppose que des personnes se trouvant dans une situation identique ont droit à un traitement identique ; que le principe d'égalité ne s'oppose ni à ce que le législateur règle de façon différente des situations différentes, ni à ce qu'il déroge à l'égalité pour des raisons d'intérêt général, pourvu que, dans l'un et l'autre cas, la différence de traitement qui en résulte soit en rapport avec l'objet de la loi qui l'établit » (décision n° C-003109). La Cour constitutionnelle du Congo – Brazzaville évoque également l'intérêt général comme facteur justificatif d'un traitement inégal : « Considérant que le grief tiré de la discrimination sur la fortune est loin d'être fondé ; qu'en effet, le principe d'égalité entre les citoyens, consacré par la Constitution et les différents instruments relatifs aux droits de l'homme, dûment adoptés et ratifiés par la République du Congo, qui font partie intégrante de la Constitution, n'est jamais absolu ; qu'il est courant que pour des justifications d'intérêt général, dans la prise en compte des situations objectives, le législateur soit amené à procéder à des aménagements différenciés dans la distribution des droits et obligations dans une matière ou à l'égard des citoyens » (décision n°003/DCC/SVA /16 du 5 février 2016). Enfin, dans un arrêt de 2018, la Haute Cour constitutionnelle de Madagascar a déclaré que « le principe d'égalité et de non –discrimination (…) ne s'oppose pas à ce que le législateur puisse prendre des mesures exigées par les nécessités d'intérêt général ou corriger les inégalités flagrantes » (décision n°186HCC/D3 du 25 mai 2018 relative à une requête en déchéance du Président de la République H Rajaonarimampianina).

Le Conseil constitutionnel de Côté d'Ivoire abonde dans le même sens, dans des termes un peu moins explicites, dans sa décision du 26 janvier 2016. Il estime que « la différence de traitement alléguée par la requérante, comme résultant de l'application combinée des articles 8 et 39 susvisés, ne trouve pas son origine dans les dispositions législatives contestées ; qu'à la supposer injustifiée, cette différence de traitement n'est dès lors pas de nature à caractériser une méconnaissance par la loi du principe d'égalité » (décision n° CI- 2016-164/26-01/CC/SG). C'est en manière de principe que le juge constitutionnel du Niger fait sienne cette idée : « le principe d'égalité ne fait pas obstacle à ce qu'une loi établisse des règles non identiques à l'égard de catégories de personnes se trouvant dans des situations différentes » (arrêt n°21/CCT/MC du 2 novembre 2012).

Hors du continent africain, cette vision assouplie du principe d'égalité est régulièrement défendue devant le juge constitutionnel français. Ce dernier énonce, quasiment en manière de ritournelle, que le principe d'égalité ne fait pas obstacle à ce que des situations différentes soient traitées de façon différente (81-129 DC décision du 31 octobre 1981, considérant n°15 ; 85-189 DC, décision du 17 juillet 1985, considérant n°15 ; 86-217 DC, décision du 18 septembre 1986, considérant n°75).

La Cour suprême des Etats Unis statuant en matière constitutionnelle a eu à connaître, plusieurs fois, de l'application du principe d'égalité. Il s'agit là d'un débat qui va loin : il fait corps avec l'histoire même de cette juridiction suprême, voire avec l'histoire politique des Etats – Unis. Ayant connu de multiples facettes, invoqué dans les domaines les plus divers – domaine racial, domaine social avec l'égalité hommes – femmes -, appliqué à l'action sociale de l'Etat en général ou aux mesures prises pour accroître la représentation de certaines couches de la population dans les milieux universitaires -, le principe d'égalité a lui-même fait l'objet d'un traitement erratique par les juges, tantôt conçu en termes étroits – un « donné » répudiant tout interventionnisme tutélaire – tantôt appréhendé de façon plus ouverte – un « construit » tolérant des discriminations « positives » -. L'on ne sera donc pas surpris de percevoir des « évolutions » dans la jurisprudence de la Cour suprême – d'autres diront des « revirements de jurisprudence » - . Aussi bien, et pour ne donner qu'une illustration de ces hésitations jurisprudentielles, la Cour suprême a, dans l'affaire « City of Richmond v J.A.Croson », refusé les mesures de discrimination positive mises en place au profit des petites entreprises possédées par des personnes issues de minorités ethniques et raciales (488 US 469, 23 janvier 1989) avant d'approuver la politique de plus grande ouverture aux étudiants issus de couches sociales faiblement représentées, initiée par l'université d'Etat du Michigan, politique contestée au nom du principe d'égalité (« Grutter v Bollinger, 539 US 306 (23 juin 2003). Ces variations jurisprudentielles sur le thème de l'égalité, la jurisprudence constitutionnelle américaine en fourmille.

Le dernier état du contentieux soumis au Tribunal constitutionnel polonais semble également incliner pour une application souple du principe d'égalité, intégrant des mesures correctives. Trois affirmations, qui se rapportent toutes à l'égalité hommes – femmes, peuvent à cet égard être rapportées. Dans un jugement du 3 mars 1987, le juge polonais déclare que « le principe d'égalité avait un caractère fondamental », que « toutes les restrictions apportées à ce principe, qui ne viseraient pas une égalité sociale réelle, étaient irrecevables », et que les « droits supplémentaires » accordés aux femmes « expriment la tendance visant à assurer en pratique le respect du principe d'égalité » (jugement P.2/87). Deux ans plus tard, le juge constitutionnel polonais revient pour affirmer que « l'attribution aux femmes, dans certains domaines de la vie, de droits supplémentaires par rapport à ceux des hommes avait pour but de leur assurer une égalité réelle » (jugement K.6/89 du 24 octobre 1989). En 1993 enfin, le Tribunal constitutionnel fait valoir que les mesures positives en faveur des femmes

« ne doivent pas être traitées comme des discriminations ou de favoritisme, interdites du point de vue du principe d'égalité. Le législateur peut établir ces normes dans le cadre de sa compétence générale d'établissement d'un droit mettant en œuvre les objectifs socio-économiques recherchés » (jugement K.7/93 du 7 décembre 1993).

La jurisprudence polonaise est intéressante parce que sa motivation vient enrichir le débat en introduisant une considération nouvelle. L'on a en effet vu qu'une première justification des mesures de discrimination positive pouvait se trouver dans le mouvement naturel de la vie, dans la dynamique normale des choses, laquelle tend à éroder l'égalité des personnes, à affaiblir le principe d'égalité. En lisant la jurisprudence du Tribunal constitutionnel de Pologne, on se rend compte que l'interventionnisme correctif peut se recommander d'autre chose : la quête de l'égalité réelle, contre l'égalité formelle. Le raisonnement consisterait donc à soutenir la thèse de la nécessité d'un dépassement de l'égalité juridique pour réaliser l'égalité factuelle, concrète. Tout se passe alors comme si une répartition des rôles s'opérait, entre le pouvoir constituant, dont la mission consiste à seulement énoncer une norme formelle – le principe d'égalité -, et le législateur, tenant d'un pouvoir dérivé, dont la tâche revient à mettre en œuvre le principe constitutionnel, achevant en quelque sorte une œuvre simplement esquissée, et devant s'employer à doter ce principe d'un contenu et d'une réalité, en agissant au niveau de compétence qui est le sien. En somme, le principe d'égalité a besoin d'une *réalisation*, au sens littéral du terme, c'est-à-dire d'un passage dans la réalité, d'une actualisation, d'une effectuation, tous mots qu'il faut, là encore, comprendre dans leur sens fort et premier.

Toutes les interprétations que voilà constituent des manières de comprendre le principe d'égalité. Sur leur base, il est possible de défendre la loi sénégalaise du 27 mars 2007 que le Conseil constitutionnel a censurée. Mais il y'a mieux, pourrait-on dire : c'est que l'institution de la parité elle-même a pu être acceptée dans des contextes juridiques comparables à ceux du Sénégal en 2007, c'est-à-dire en l'absence de toute norme dérogatoire au principe d'égalité. En d'autres termes, dans un même environnement juridique, un juge a refusé le principe de la parité alors qu'un autre n'a pas trouvé à y redire. Ainsi, la Cour constitutionnelle de la République centrafricaine a considéré, dans son Avis n° 001/CC/18 du 7 mars 2018 qui concernait en partie la loi relative à la parité hommes- femmes, que les dispositions de la loi qui instaure la parité « relèvent de l'application d'un droit fondamental garanti par la Constitution et auquel nul ne peut déroger ». Il faut comprendre par là que pour la Cour constitutionnelle, la parité ne constitue qu'une déclinaison de l'égalité, laquelle était déclarée dans la Constitution. On le voit, cette approche, caractérisée par sa grande simplicité, « désamorce » en quelque sorte le débat, réduit la portée symbolique de la parité en n'y voyant qu'une mise en œuvre du principe d'égalité.

Il est encore possible de discuter de la pertinence de la décision du 27 avril 2007 d'un autre point de vue, qui est celui du droit positif tout simplement, celui des normes de référence dont le Conseil disposait au moment où il était saisi. Cela revient à s'interroger sur les prémices de son raisonnement, puisqu'il escamote, omet une norme qui était disponible au moment où il statuait, et dont l'intégration dans le débat aurait peut-être changé la décision arrêtée.

B. La contestation des prémices du raisonnement juridictionnel : l'escamotage d'une norme de référence

Cette norme est la Convention des Nations Unies pour l'élimination de toutes les formes de discrimination à l'égard des femmes (CEDAF). Elle figure en bonne place dans le préambule de la Constitution sénégalaise de 2001 pourtant, aux côtés de la Déclaration des droits de l'homme et du citoyen de 1789, de la Déclaration universelle des droits de l'homme de 1948, de la Convention des Nations Unies sur les droits de l'enfant de 1989 et de la Charte africaine des droits de l'homme et des peuples de 1981. Ces actes internationaux – à l'exception de la Déclaration de 1789 – ont été « constitutionnalisés », ils sont donc devenus des normes constitutionnelles, parfaitement pertinentes devant le Conseil.

Il est curieux, dans ces conditions, que le juge n'ait même pas éprouvé le besoin de l'évoquer la CEDAF, ne serait-ce que pour éventuellement l'écarter. Il n'est toutefois pas certain, justement, qu'il l'aurait écartée s'il s'y était penché. La CEDAF renferme en effet un certain nombre de dispositions en vertu desquelles la loi censurée aurait pu être déclarée conforme à la Constitution. La configuration ainsi esquissée tendrait à accréditer la thèse, défendue dans cet ouvrage, d'un contentieux constitutionnel ouvert sur les normes et la pratique internationales. L'examen du traité de 1979, auquel le préambule renvoie, était fécond à deux égards : parce qu'il contient des dispositions qui pourraient fonder la parité d'une part, et parce que l'expérience de sa pratique, à travers les rapports périodiques des Etats devant le Comité pour les droits des femmes – organe de surveillance mis en place par la convention – pourrait révéler que des mesures telles que celles envisagées dans la loi censurée pourraient non seulement être tenues pour légales, mais comme correspondant même à ce qui est attendu des Etats parties. En d'autres termes, ce que le juge constitutionnel a tenu pour anormal – juridiquement parlant – pourrait au contraire être ce qui est orthodoxe à l'aune de la pratique internationale du même texte.

Dans le débat sur la parité, il existe deux dispositions de la CEDAF qui pourraient être pertinentes : l'article 5 et l'article 7. Le premier stipule que « les Etats parties prennent toutes mes mesures appropriées pour a) modifier les schémas et modèles de comportement socio- culturel de l'homme et de la femme en vue de parvenir à l'élimination des préjugés et des pratiques coutumières, ou de tout autre type, qui sont fondées sur l'idée d'infériorité ou de supériorité de l'un ou de l'autre sexe ou d'un rôle stéréotypé des hommes et des femmes(…) ». L'article 7, encore plus lié à la question de la parité, indique pour sa part que « les Etats prennent toutes les mesures appropriées pour éliminer la discrimination à l'égard des femmes dans la vie politique et publique du pays et, en particulier, leur assurent, dans des conditions d'égalité avec les hommes, le droit : a) de voter à toutes les élections et dans tous les référendums publics et être éligibles à tous les organismes publics élus ; b) de prendre part à l'élaboration de la politique de l'Etat et à son exécution, occuper des emplois publics et exercer toutes les fonctions publiques à tous les échelons du gouvernement ; c) de participer aux organisations non gouvernementales s'occupant de la vie publique et politique du pays ».

Le poids des représentations culturelles et sociales dans la faiblesse de la représentation des femmes dans les hautes sphères de la politique, abordé à l'article 5- et qu'il n'est pas impertinent de soulever dans le contexte sénégalais - a donné lieu à une jurisprudence internationale. Il est vrai qu'il ne s'est pas agi de la CEDEF elle-même mais de la Convention européenne des droits de l'homme. La Cour de Strasbourg a en effet eu, par deux fois au moins, à « disqualifier » le poids des traditions dans la marginalisation politique des femmes. Dans un arrêt « Konstantin Markin c Russie » du 22 mars 2012, elle estime que « la progression ver l'égalité des sexes est aujourd'hui un but important des Etats membres du Conseil de l'Europe et que seules des considérations très fortes peuvent amener à estimer compatible avec la Convention une telle différence de traitement (…). En particulier, des références aux traditions, présupposés d'ordre général ou attitudes sociales majoritaires ayant cours dans un pays donné ne suffisent pas à justifier une différence de traitement fondée sur le sexe (…) (arrêt n°30078/06, §127). Quelques années auparavant, dans un arrêt « Ünal Tekeli c Turquie » du 16 novembre 2004, la Cour déclarait, au sujet d'une autre tradition sociale et familiale consistant à porter le patronyme de l'époux, que « la progression vers l'égalité des sexes dans les Etats membres du Conseil de l'Europe, y compris la Turquie, et en particulier l'importance attachée au principe de non – discrimination empêchent aujourd'hui les Etats d'imposer cette tradition aux femmes mariées » (arrêt n° 29865/96, § 63).

S'agissant de l'article 7 de la CEDEF, c'est à la pratique de l'organe *ad-hoc* mis en place qu'il faut se référer. Les enseignements qui peuvent en être tirés infirment quelque peu la thèse du Conseil constitutionnel sénégalais dans sa jurisprudence de 2007. Certes, la décision rendue résulte d'un contrôle de constitutionnalité et non d'un contrôle de conventionalité, mais outre que la CEDAF est une norme constitutionnelle et pas vraiment internationale – du fait de son incorporation dans la Constitution -, une attention portée à la quasi-jurisprudence du Comité des droits des femmes - établi par la Convention - aurait conforté le sentiment qu'en adoptant une loi sur la parité, le Sénégal restait dans le droit fil de ses obligations d'Etat partie.

Il ressort en effet de la pratique subséquente de l'article 7 de la CEDEF que pour le Comité, l'exécution de l'obligation prescrite doit se traduire, de la part des Etats, par l'adoption de mesures consistant, soit à favoriser la tendance à une plus grande participation à la vie politique, soit, de manière plus immédiate et plus ambitieuse, par l'allocation de quotas de représentation dans les sphères de décision, qui est ce à quoi tendait la loi d'amnistie censurée par le juge sénégalais. Le Comité a souvent exprimé ce point de vue dans le cadre de l'examen des rapports périodiques fournis par les Etats. S'agissant de la Mongolie par exemple, le Comité « note avec satisfaction que l'Etat partie a rétabli l'obligation d'un quota minimum de trente femmes dans les listes de candidatures des partis politiques aux élections législatives » ((Obs. fin. Mongolie, n°8-9/2016, doc NU CEDAW/C/MNG/CO 8-9, §14). Un an auparavant, au sujet du Portugal, le Comité s'est félicité « des efforts déployés par l'Etat partie pour accroître la représentation des femmes dans la vie politique et publique », avant toutefois d'exprimer sa préoccupation du fait que « la loi de 2006 relative à la parité fixe un quota minimal de 33,3% pour les candidats de chaque sexe sur les listes relatives aux élections européennes, nationales et locales, alors que la parité requiert un quota de 50% pour chaque sexe, assurant une égale représentation » (Obs. fin. Portugal, n°8-9/2015, doc NU CEDAW/C/PRT /CO/8-9, § 30).

L'institution de quotas, comme a voulu le faire la loi de 2007 au Sénégal, constitue donc une modalité tout à fait appropriée d'exécution des engagements souscrits dans le cadre de la CEDEF. Ces mesures de discrimination positive, la Convention les qualifie de « mesures temporaires spéciales », qui, « visant à accélérer l'instauration d'une égalité de fait entre les hommes et les femmes », ne doivent pas être considérées comme « un acte de discrimination » (article 4 § 1er). Il s'agit en somme d'une sorte de thérapie de choc, se traduisant par la détermination autoritaire d''un seuil de représentation pour les femmes, mais appelée à disparaître, précise tout de même la Convention, lorsque « les objectifs en matière d'égalité des chances et de traitement ont été atteints ».

L'on aura donc compris que le Comité des droits des femmes, à l'instar de certaines juridictions constitutionnelles dont il a été question plus haut, appréhende le principe d'égalité sous l'angle réel, pratique, et non dans une perspective seulement formelle. Il s'agit de réaliser l'égalité maintenant. Comme il le déclare lui-même dans sa Recommandation générale n°25, adoptée en 2004 et relative à l'article 4 § 1er de la Convention, « de l'avis du Comité, une approche purement formelle, qu'elle soit juridique ou pragmatique, ne peut parvenir à instaurer entre hommes et femmes l'égalité de fait, c'est-à-dire, au sens du Comité, une égalité réelle (ou concrète) » (§8). Puis le Comité, exposant en quelque sorte sa propre approche, note que « l'égalité de résultats est le corollaire logique de l'égalité de fait ou égalité réelle. Les résultats peuvent être quantitatifs ou qualitatifs, à savoir qu'un même nombre de femmes et d'hommes exercent leurs droits dans différents domaines (...), prennent les décisions sur un pied d'égalité et disposent de la même influence politique » (§9).

Cette incursion dans les sphères d'un comité conventionnel des Nations Unies n'est pas, tant s'en faut, éloignée de la jurisprudence sénégalaise du 2007 relative à la parité. En mettant à part la question de l'applicabilité même de cette convention – applicabilité qui ne faisait aucun doute de notre point de vue -, l'attention portée à la manière dont l'organe *ad hoc* interprète les obligations des Parties a été sans doute riche d'enseignements. La pratique internationale aurait pu alors venir à la rescousse du juge constitutionnel et éclairer ce juge sur l'entendement que les interprètes authentiques d'un texte ont de celui-ci. Cette accointance d'un moment n'est pas une vue de l'esprit. Il existe au moins un juge constitutionnel qui, confronté au débat sur la parité, a pris le temps de tourner les yeux du côté de la pratique conventionnelle, et qui n'a pas hésité, par la suite, à reprendre les mots que l'article 4 précité, ainsi que ceux du Comité des droits des femmes. L'arrêt rendu par la Haute Cour constitutionnelle malgache le 21 septembre 2022 concernant la loi n° 2022-003 sur la participation des femmes aux postes de décision relève en effet que « l'adoption de mesures temporaires et spéciales visant à accélérer l'objectif concret d'égalité de fait ou réelle entre l'homme et la femme doit tenir compte de l'exercice d'autres droits et libertés constitutionnellement garantis (...) » (décision n° 07-HCC/D3 du 21 septembre 2022, considérant n°7). L'on aura remarqué que le juge constitutionnel malgache utilise la même terminologie que la CEDAF et le comité des droits des femmes (« mesures temporaires spéciales »).

Décision N° 3 à 10/E/12 et 12 à 14/E/12 du 29 janvier 2012

RÉPUBLIQUE DU SÉNÉGAL

Un Peuple – Un But – Une Foi

CONSEIL CONSTITUTIONNEL

AFFAIRES N°S :
3/E/2012
4/E/2012
5/E/2012
6/E/2012
7/E/2012
8/E/2012
9/E/2012
10/E/2012
12/E/2012
13/E/2012
14/E/2012

Séance du 29 janvier 2012

Matière électorale

DÉCISION

LE CONSEIL CONSTITUTIONNEL

En sa séance du 29 janvier 2012 statuant en matière électorale conformément aux dispositions de l'article LO 122 du Code électoral ;

Vu la Constitution en ses articles 27, 28, 29, 30 et 104 ;

Vu le code électoral notamment en ses articles LO 115 à LO 122 ;

Vu la loi organique n° 92-23 du 30 mai 1992 sur le Conseil constitutionnel, modifiée ;

Vu la décision du Conseil constitutionnel n° 1/E/2012 du 27 janvier 2012 publiant la liste des candidats à l'élection présidentielle du 26 février 2012 ;

Le rapporteur ayant été entendu en son rapport ;

APRÈS EN AVOIR DÉLIBÉRÉ CONFORMÉMENT À LA LOI ;

Considérant que par requêtes transmises par lettres du 28 janvier 2012, enregistrées au greffe du Conseil constitutionnel le même jour sous les N° 4/E/2012, Monsieur Ibrahima FALL, candidat à l'élection présidentielle du 26 février 2012, investi par la coalition Taxaw Temm ak Ibrahima FALL,

N° 5/E/2012, Monsieur Idrissa SECK, candidat à l'élection présidentielle du 26 février 2012, investi par la coalition Idy 4 Président,

N° 6/E/2012, Monsieur Ousmane Tanor DIENG, candidat à l'élection présidentielle du 26 février 2012, investi par la coalition Benno ak Tanor,

N° 7/E/2012, Monsieur Cheikh Tidiane GADIO, candidat à l'élection présidentielle du 26 février 2012, investi par le parti Mouvement politique citoyen Luy Jot Jotna et soutenu par la coalition Gadio Président,

N° 8/E/2012, Monsieur Moustapha NIASSE, candidat à l'élection présidentielle du 26 février 2012, investi par la coalition Benno Siggil Senegaal,

N° 9/E/2012, Monsieur Mamadou Abiboulaye DIEYE investi par le parti Front pour le Socialisme et la Démocratie/Benno jubël (FSD/BJ), candidat à l'élection présidentielle du 26 février 2012,

N° 10/E/2012, Madame Diouma DIAKHATE, candidate à l'élection présidentielle du 26 février 2012, investie par le parti Initiative Démocratique Jubël (IDJ),

N° 12/E/2012, Monsieur Mor DIENG, candidat à l'élection présidentielle du 26 février 2012, investi par le Parti de l'Espoir/YAAKAR,

N° 13/E/2012, Macky SALL, candidat à l'élection présidentielle du 26 février 2012, investi par la coalition Macky 2012,

N° 14/E/2012, Madame Amsatou Sow SIDIBE, candidate à l'élection présidentielle du 26 février 2012, investie par le Parti pour la Démocratie et la Citoyenneté (PDC), demandent l'annulation de la candidature de Monsieur Abdoulaye Wade retenue sur la liste publiée le 27 janvier 2012 par le Conseil constitutionnel ;

Considérant que par requête transmise par lettre et enregistrée au greffe du Conseil constitutionnel sous le n° 3/E/2012 le 28 janvier 2012, Monsieur Abdoulaye WADE, candidat à l'élection présidentielle du 26 février 2012, investi par le Parti Démocratique Sénégalais et la Coalition des Forces Alliées soutient l'irrecevabilité des candidatures de Messieurs Idrissa SECK, Macky SALL et Cheikh Tidiane GADIO, candidats qui ne seraient pas en règle vis-à-vis de la législation fiscale, en violation de l'article LO 116 du Code électoral ;

Considérant que ces requêtes présentent à juger des questions de même nature ; qu'il y a lieu de les joindre pour statuer par une seule et même décision ;

1. Sur la recevabilité,

Considérant que les requêtes sont présentées par des candidats à l'élection présidentielle du 26 février 2012 ; qu'elles ont été introduites dans le délai fixé par l'article LO 122 ; qu'elles sont recevables en la forme ;

2. Les moyens soulevés par les requérants :

Sur la violation des articles 27 et 104 de la Constitution

Considérant que les requérants font valoir que la candidature de Monsieur Abdoulaye Wade viole l'esprit et la lettre des articles 27 et 104 de la Constitution, en ce que ce dernier ferait en 2012 un troisième mandat ; qu'il ne peut dès lors se présenter à l'élection présidentielle du 26 février 2012 ;

Considérant que les requérants soutiennent qu'ils entendent faire dire et juger que cette candidature est entachée d'inconstitutionnalité et doit être annulée ; qu'il s'agit plus de faire appliquer le principe de l'effet immédiat de la loi nouvelle que d'une quelconque rétroactivité ;

Considérant que les requérants estiment, par ailleurs, que même si le principe de non-rétroactivité était en cause, celui-ci ne pourrait être invoqué en l'occurrence car sa valeur constitutionnelle se limite au domaine pénal ;

Considérant que la Constitution de 2001 a vocation à recevoir une application immédiate conformément à l'alinéa 1er de l'article 108 de la Constitution qui dispose : « La Constitution adoptée entre en vigueur à compter de sa promulgation par le Président de la République. Cette promulgation doit intervenir dans les huit jours suivant la proclamation du résultat du référendum par le Conseil constitutionnel » ;

Considérant, néanmoins, que le constituant peut en décider autrement ;

Considérant que cette volonté souveraine est traduite par l'article 104 de la Constitution qui dispose que : « le Président de la République en fonction poursuit son mandat jusqu'à son terme » ;

Considérant que le même texte précise dans l'alinéa 2 que toutes les autres dispositions de la Constitution lui sont applicables ;

Considérant que cette précision, du reste superfétatoire, vise, entre autres, la limitation du mandat du Président de la République à un seul renouvellement consacrée par l'article 27 de la Constitution ;

Considérant que, toutefois, sauf mention expresse, elle ne peut concerner, sans incohérence, le mandat que l'article 104 a placé hors de son champ d'application en le faisant régir par la Constitution de 1963 ;

Considérant au surplus, que la durée du mandat, traduction temporelle de celui-ci, ne peut en être dissociée ; que dès lors, le mandat écarté sans équivoque par l'article 104 de la Constitution ne peut servir de décompte référentiel ;

Considérant, par suite, que le Président de la République, sous la Constitution de 2001, effectue un premier mandat durant la période 2007/2012 ; qu'il est donc en droit de se présenter à l'élection du 26 février 2012 ;

Sur la violation de l'article 29 de la Constitution et des articles LO 116 et LO 118 du Code électoral

Considérant que les requérants font valoir que l'investiture de Monsieur Abdoulaye WADE, cumulativement par le Parti Démocratique Sénégalais et par la Coalition des Forces Alliées constitue une violation manifeste des dispositions sus-visées ;

Considérant que l'article 29 de la Constitution prévoit que toute candidature, pour être recevable doit être présentée par un parti ou une coalition de partis légalement constitués ;

Considérant qu'il ne résulte ni de ce texte, ni d'aucune autre disposition de la Constitution ou du Code électoral que l'investiture d'un candidat à la fois par un parti et une coalition de partis soit prohibée, le souci du législateur étant surtout de s'assurer de la légitimité de la candidature présentée ; le moyen est, en conséquence, inopérant ;

Sur la valeur juridique de la déclaration du Président Abdoulaye WADE

Considérant que les requérants soutiennent que le Président Abdoulaye WADE ayant affirmé lui-même qu'il a « verrouillé » la Constitution et qu'il ne peut faire un troisième mandat, cette déclaration interprétative des articles 27 et 104 de la Constitution doit être considérée comme un témoignage doté d'effet juridique, car le Président de la République est l'interprète authentique de la Constitution ;

Considérant, que l'opinion exprimée par le Président de la République, quelle que soit, par ailleurs, sa solennité, ne peut valoir règle de droit dès lors qu'elle ne se traduit pas par un acte législatif ou réglementaire ;

Considérant, que cette déclaration en elle-même ne saurait en aucun cas constituer une source de droit ;

Sur la violation de l'article LO 116 du Code électoral

Considérant que selon le requérant Abdoulaye WADE, Messieurs Idrissa SECK, Macky SALL et Cheikh Tidiane GADIO n'ont jamais payé l'impôt et, qu'à ce titre, « ils ne sont pas dignes de prétendre exercer la fonction de Président de la République » ; qu'il y a lieu d'annuler ces candidatures ;

Considérant cependant, que la violation de la législation fiscale alléguée n'étant pas établie, la requête ne peut prospérer.

DÉCIDE :

Article premier :

- déclare recevables les requêtes présentées pour l'annulation de la candidature de Monsieur Abdoulaye WADE.

- déclare recevable la requête présentée pour l'annulation des candidatures de Messieurs Idrissa SECK, Macky SALL, et Cheikh Tidiane GADIO.

Article 2 : déclare non fondées les requêtes sus-visées

Article 3 : La présente décision sera affichée au greffe du Conseil constitutionnel, notifiée aux requérants et publiée au Journal officiel du Sénégal.

Délibérée par le Conseil constitutionnel en sa séance du 29 janvier 2012 à laquelle siégeaient :

- Monsieur Cheikh Tidiane DIAKHATE, Président ;

- Monsieur Isaac Yankhoba NDIAYE, Vice-Président ;

- Monsieur Chimère Malick DIOUF, Membre ;

- Monsieur Siricondy DIALLO, Membre

- Monsieur Mohamed SONKO, Membre ;

Avec l'assistance de Maître Maréma DIOP, Greffier en Chef.

En foi de quoi, la présente décision a été signée par le Président, le Vice-Président, les autres membres du Conseil et le Greffier en Chef.

Le Président	**Le Vice-Président**
Cheikh Tidiane DIAKHATE	Isaac Yankhoba NDIAYE
Membre	**Membre**
Siricondy DIALLO	Chimère Malick DIOUF
Membre	**Le Greffier en Chef**
Mohamed SONKO	Me Maréma DIOP

Observations

Dans le contexte des élections présidentielles prévues le 26 février 2012, le Conseil constitutionnel avait été saisi le 28 janvier par plusieurs acteurs politiques (dix au total). Dans une atmosphère préélectorale passablement tendue, les requérants demandaient essentiellement au Conseil de se prononcer sur la validité de la candidature du président sortant – le président Abdoulaye Wade -.

Deux autres questions accessoires étaient également posées au juge, qui ne présentent pas d'intérêt majeur et sur lesquelles on passera rapidement. La première de ces requêtes portait sur la régularité de l'investiture du chef de l'Etat. Le Conseil écarte promptement la thèse de l'invalidité de celle-ci car elle revenait à jour sur les mots. En effet, alors que la Constitution prévoit en son article 29 que tout candidat à ce scrutin doit être investi par un parti politique ou une coalition de partis, le candidat Wade avait bénéficié de l'investiture d'un parti *et* d'une coalition de partis, ce que les saisissants tenaient pour contraire à la Constitution. Le Conseil répond, fort logiquement, que ce cumul des investitures ne saurait constituer un motif d'irrecevabilité de la candidature.

Une autre demande, formulée cette fois par le parti au pouvoir, était la déclaration de l'irrecevabilité de certaines candidatures, faute pour les concernés d'avoir satisfait leurs obligations fiscales conformément aux dispositions du Code électoral. Le juge constate simplement que les faits de violation de la loi fiscale allégués n'ont pas été prouvés.

Le point crucial de l'affaire était donc relatif, comme cela est arrivé dans d'autres pays, au décompte des mandats effectués par le président sortant. En gros, il s'agissait de savoir si le premier mandat du président Wade (2000 – 2007), amorcé sous la Constitution de 1963, devait être comptabilisé alors qu'une nouvelle Constitution a été adoptée en 2001 et que le président finissait son deuxième mandat (2007-2012), lequel constituant le « premier mandat » sous l'empire de la Constitution de 2001. La réponse du Conseil constitutionnel a consisté à « isoler » le tout premier mandat, et à estimer que le décompte devait commencer en 2001 seulement. En somme, cette nouvelle Constitution a eu la propriété de « remettre les compteurs à zéro ».

Mais dans ce débat comptable, les tenants de l'invalidité de la candidature du président sortant ont brandi un argument qui est l'interprétation que celui-ci avait lui-même faite des termes de la Constitution. En effet, le chef de l'Etat avait indiqué dans une déclaration orale qu'il avait « verrouillé » la Constitution c'est-à-dire fait introduire des dispositions (les articles 27 et 104) qui rendaient impossible un « troisième mandat ». Les demandeurs se sont donc prévalus de cette interprétation de la Constitution devant le juge. Celui-ci ne les suivra pas : le Conseil considère en effet que « l'opinion exprimée par le Président de la République, quelle que soit par ailleurs sa solennité, ne peut valoir règle de droit dès lors qu'elle ne se traduit pas par un acte législatif ou règlementaire » et que, par suite, « cette déclaration en elle-même ne saurait en aucun cas constituer une source de droit ».

Tout l'intérêt de la décision du 29 janvier 2012 est là : sur la fonction interprétative du Président de la République d'une part (I) et sur les conditions de l'efficacité d'un tel office (II).

I. Le Président de la République comme interprète de la Constitution

Dans la réponse qu'il donne aux demandes qui lui sont soumises, le Conseil constitutionnel examine de façon directe la question de la portée et les effets de la déclaration faite par le Président Wade. Il semble considérer que sur le principe, le Président est bien ou peut bien être un interprète de la Constitution. Un débat peut être soulevé sur ce point précis, mais la posture du Conseil est difficilement critiquable car si la fonction d'interprète peut résulter des énonciations expresses du texte de la Constitution (A), elle peut également dériver, de façon implicite cette fois, d'un certain nombre d'attributs ou d'attributions (B).

A. Attribution expresse

Une précision terminologique importante s'impose à ce stade liminaire. Le mot « interprète » en tant que tel ne figurait nulle part dans la Constitution, le mot qu'on y trouvait était celui de « gardien ». L'interrogation était alors la suivante : un « gardien » est-il un « interprète » ? La réponse affirmative ne semble pas faire de doute, à notre sens. Si l'on estime que le « gardien » n'est pas un personnage « passif », cela signifie que dans le cadre de la mission qui lui est dévolue, il est appelé à agir, et une telle action se conçoit lorsque la Constitution est en péril, lorsque celle-ci n'est pas respectée, appréciation que le « gardien » fait lui-même et qui résulte précisément de sa propre compréhension ou interprétation des dispositions en jeu.

Il est rare, au demeurant, que les Constitutions reconnaissent *expressis verbis*, la fonction d'interprète au chef de l'Etat. Disons que cette fonction est en général déduite de l'existence de prérogatives diverses, qui se traduisent volontiers par une certaine « faculté d'empêcher ». En d'autres termes, le Président « contrarie » un processus donné, « met le holà » parce qu'il estime que la Constitution n'a pas été respectée, même si les textes n'indiquent pas toujours en termes explicites cette motivation. Aussi bien, la Constitution de la Fédération de Russie dispose qu' « au cas où des actes des organes du pouvoir exécutif des sujets de la Fédération (...) sont contraires à la Constitution de la Fédération (...) et aux lois fédérales, aux obligations internationales de la Fédération (...) ou violent les droits et libertés de l'homme et du citoyen », le Président de la Fédération de Russie «a le droit d'en suspendre l'effet jusqu'à la décision du Tribunal compétent » (article 85-2). Au Canada, la loi constitutionnelle de 1867 confère à la Reine le droit de ne pas approuver un « bill » adopté par la Chambre des communes, sachant que dans l'esprit des rédacteurs de la Constitution, un tel « désaveu » devrait résulter d'une méconnaissance des dispositions de celle-ci. On connaît par ailleurs le fameux « véto suspensif » du Président des Etats Unis, comme naguère celui du Roi de France sous l'empire de la Constitution de 1791 (article 10, titre III, chapitre III, section II C).

L'on remarquera, il convient de le souligner de nouveau, que s'il ne fait pas de doute que la mise en œuvre de toutes ces prérogatives postulent un « arbitrage constitutionnel », c'est-à-dire une interprétation de la Constitution, le titre même d' « interprète » n'est jamais consacré dans les textes. Mais peu importe, l'essentiel n'est pas le mot, mais la chose. Il est tout à fait possible, dès lors, de dire comme on le dit ici que la fonction d'interprète résulte d'une attribution expresse. Il arrive aussi que cette fonction soit implicite, et donc qu'il soit moins évident de la détecter.

B. Attribution implicite

Les indices de la fonction d'interprète reconnue au Président de la République peuvent résulter d'une série de données, que l'on peut classer en trois catégories.

La première est celle des règles qui dessinent la figure tutélaire du chef de l'Etat. D'ordinaire, on les trouve dans les premiers mots réservés à ce personnage, le vocabulaire utilisé étant alors « évocateur », chargé d'emphase et de symbolisme : le Président de la République est « le guide », il « incarne l'unité nationale », il est « le garant de l'indépendance nationale et du bon fonctionnement des institutions », « chef de l'Etat » etc. Parmi ces attributs emblématiques, il en est un qui touche certainement la fonction d'interprète, c'est celui de « gardien de la Constitution », expression que l'on trouve dans maintes Lois fondamentales, comme, au reste, celle du Sénégal lui-même (article 42).

Dans le même registre symbolique ou figuratif, il est possible de citer le serment que le président prête lors de son entrée en fonction. Dans la Constitution sénégalaise, il est décliné dans les termes suivants : « Devant Dieu et devant la nation sénégalaise, je jure de remplir fidèlement la charge de Président de la République du Sénégal, d'observer comme de faire observer scrupuleusement les dispositions de la Constitution et des lois, de consacrer toutes mes forces à défendre les institutions constitutionnelles, l'intégrité du territoire et l'indépendance nationale (...) ». La défense de la Constitution est ainsi clairement citée parmi les prérogatives présidentielles, dans un document qui n'est pas rien : le serment. La valeur et la force juridique de celui-ci ont pu être des objets de contentieux constitutionnel. Ainsi la Cour constitutionnelle du Bénin a- t-elle vérifié la conformité d'un serment prêté aux dispositions de la Constitution (décision DCC 96-017 du 5 avril 1996). La juridiction constitutionnelle centrafricaine est allée assez loin dans l'évaluation de la force juridique du serment prêté. Elle note que « le Président de la République a prêté serment sur la Constitution « devant Dieu et devant la Nation » (...) en application de l'article 38 de la Constitution (...) ; qu'il ne peut ainsi, du fait de ce serment, contrevenir aux dispositions intangibles de l'article 153, même par recours au référendum, s'étant engagé, par son serment, à les respecter » (décision n°009/CC du 23 septembre 2022).

Le serment doit donc être pris au sérieux, voilà ce que ces trois jurisprudences nous apprennent. Si leur texte confère au Président de la République des attributions relevant d'une sorte de veille constitutionnelle, il faut bien admettre, alors, que celui-ci est un interprète de la Constitution.

Il est enfin une dernière prérogative présidentielle dont l'usage peut être dicté par une interprétation de la Constitution : la compétence de promulgation des lois, souvent assortie de celle de demander « une nouvelle délibération » au Parlement, l'article 73 de la Constitution sénégalaise précisant que cette demande « ne peut être refusée ». Or, une chose est certaine : cette requête présidentielle peut parfaitement être fondée sur une appréciation de la conformité du texte de loi à la Constitution. Au début du siècle dernier déjà, Paul Laband le pensait : « Dans l'Etat monarchique », écrit-il, « c'est le *nobile officium*, la haute mission politique du Souverain d'examiner et de constater, avant de faire publier une loi, si elle a été établie conformément à la Constitution »[37].

A tous ces éléments que l'on trouve dans maintes Constitutions à travers le monde, il convient d'ajouter un précédent national, un épisode de l'histoire constitutionnelle et politique du Sénégal, dont il a été furtivement question dans une décision précédemment commentée, celle qui est relative à la présence de l'effigie du Président de la République pendant les élections législatives de 2001 (décision du 26 mars 2001). L'on sait qu'à la suite de cette décision, le Président Wade avait pris sa plume pour écrire au Conseil constitutionnel et qu'il avait clairement pris le soin de préciser qu'il agissait ainsi « en (sa) qualité de « gardien de la Constitution ». Dans cette lettre reproduite dans le journal « Le Soleil » du 10 avril 2001, le chef de l'Etat critiquait la manière dont cette procédure avait été menée par le Conseil, mais là n'est pas le plus important. L'essentiel est seulement de retenir, dans notre perspective, que la qualité de « gardien de la Constitution », énoncée dans la Loi Fondamentale, a pu donner lieu à l'expression publique d'un point de vue par le chef de l'Etat, même si, dans les circonstances de l'espèce, l'initiative présidentielle était de toute façon « neutralisée » par la forte autorité des décisions rendues par le Conseil constitutionnel.

En conclusion, et au terme de ce premier temps de la réflexion suscitée par la décision du 29 janvier 2012, il convient d'admettre que le Président de la République peut être un interprète de la Constitution, soit en vertu d'une habilitation expresse, soit à partir d'un certain nombre de prérogatives qui lui sont dévolues, dont l'usage postule un point de vue sur les normes constitutionnelles. Ces points ne posent pas vraiment problème. Ce qui fait difficulté est la condition à laquelle le Conseil constitutionnel subordonne l'efficacité de l'interprétation présidentielle, c'est-à-dire sa propriété à produire des effets de droit ou, tout simplement, à être prise en compte par le juge.

II. Les conditions de l'efficacité de l'office interprétatif : la question de la formalisation de l'interprétation présidentielle

On présentera le point de vue du juge constitutionnel sénégalais (A) avant de le discuter (B)

[37] Laband P., *Le droit public de l'Empire allemand*, trad., Paris, V. Giard et E Brière, 1901, p 324.

A. Le point de vue du Conseil

A la déclaration présidentielle dont se prévalent les saisissants, le Conseil répond que « l'opinion exprimée par le Président de la République, quelle que soit par ailleurs sa solennité, ne peut valoir règle de droit dès lors qu'elle ne se traduit pas par un acte législatif ou règlementaire » et, par suite, que « cette déclaration en elle-même ne saurait en aucun cas constituer une source de droit ».

Le raisonnement du juge consiste donc à opposer les déclarations faites dans un cadre « général », cadre qui peut être « politique » ou « médiatique », et les déclarations susceptibles d'avoir des effets juridiques, dont la caractéristique est précisément qu'elles sont coulées dans le marbre du droit, elles sont reprises sous une forme normative. Ce qui n'est pas « normé » n'est donc pas « juridique ». Mais un tel point de vue reste éminemment discutable, comme on va le voir maintenant.

B. Appréciation critique

Le Conseil constitutionnel était confronté à la question du poids qu'il convient d'accorder aux déclarations faites par des personnalités publiques. Il convient cependant de bien distinguer deux débats différents, qui tournent autour de la question générale de la portée juridique ou constitutionnelle des déclarations en question.

Dans un premier cas, le problème que le juge doit trancher peut être de savoir si une déclaration donnée fait droit, c'est-à-dire produit des conséquences juridiques, notamment pour son auteur, dans la mesure où elle le lierait ou si, à l'inverse, le propos en question n'a de portée que « politique » et n'aurait aucune conséquence dans le champ du droit.

Il est arrivé que le juge constitutionnel du Sénégal soit confronté à une interrogation de cette nature, lorsque ce juge était la Cour suprême. Dans un arrêt déjà commenté – arrêt n°3/C/88 du 5 février 1988 -, la Cour suprême avait en effet refusé de faire droit à la requête d'un candidat à l'élection présidentielle, tendant à se pourvoir contre la « décision » - qui était en fait une déclaration - du Président de la République sortant suivant laquelle le mandat en cours expirait le 3 avril 1988 et non le 26 février 1988. La Cour répond que « la simple déclaration du candidat Abdou Diouf, Président de la République, faite à Diourbel, avant l'ouverture de la campagne électorale, de demeurer en fonction jusqu'au 3 avril 1988, ne constitue pas une « décision » faisant grief, donc susceptible de recours pour excès de pouvoir, et n'est pas non plus un acte de propagande préélectorale de nature à rompre l'égalité entre les candidats ». La Cour suprême refuse donc d'attacher des conséquences juridiques à une déclaration de cette nature, considérant que celle-ci reste purement « politique ». Le juge esquisse ainsi, de façon au moins implicite, une distinction entre les déclarations revêtues de portée juridique et celles qui ne le sont pas. En l'espèce, outre que la déclaration incriminée n'avait pas été faite dans le cadre de la campagne électorale – qui est le moment dans lequel le juge est compétent -, elle ne revêtait aucun caractère « juridique ».

Une distinction de ce type se retrouve également dans un arrêt rendu par le Conseil constitutionnel du Tchad le 11 juin 2004. Aux requérants qui demandaient que soit pris en compte un « engagement solennel du chef de l'Etat (...) de ne pas se présenter aux élections présidentielles de 2006 et de ne pas modifier la Constitution », le Conseil constitutionnel répond que « l'engagement solennel pris par le chef de l'Etat et la déclaration du Premier ministre ne sont que de simples déclarations d'intention n'ayant aucune valeur juridique ; qu'il convient de dire qu'il n'y a eu ni violation des principes généraux du droit, ni violation de la Constitution et rejeter ce grief qui n'est pas fondé » (décision n° 001/CC/SG/04).

Que le juge de la Constitution estime que les opinions émises par des personnalités politiques doivent parfois être écartées du débat technique parce qu'elles sont dépourvues de portée juridique n'a en soi rien de surprenant. Il est évident que les conditions dans lesquelles certaines déclarations sont faites, l'objet même de ces déclarations, ou encore leur motivation, peuvent conduire le juge à considérer qu'il convient de ne leur accorder aucune portée en droit. Tout le monde s'accorde sur cela et de ce point de vue, les jurisprudences sénégalaise de 1988 et tchadienne de 2004 ne peuvent être qu'approuvées.

Il en va autrement lorsque le juge avance que pour qu'une déclaration puisse faire droit, il faut qu'elle se « traduise par un acte législatif ou réglementaire ». Telle est l'affirmation à laquelle procède le Conseil constitutionnel du Sénégal dans sa décision du 29 janvier 2012. Il s'agit d'une assertion lourde de conséquences et certainement discutable.

Lourde de conséquences d'abord : dire qu'une déclaration émanée d'une personnalité publique, interprète possible de la Constitution, n'intéresse le juge que dans la mesure où elle a été « normée », coulée dans une « enveloppe normative », c'est, il faut bien le dire, condamner une telle déclaration à ne jamais entrer, en tant que telle, dans le champ de la juridicité puisque pour qu'elle y entre, il faut précisément qu'elle soit littéralement « convertie » en norme, comme on convertit une monnaie. Cette position simple revient donc à tuer le débat dans l'œuf, à nier le débat. Voilà le premier problème que pose la jurisprudence du 29 janvier 2012.

Le second problème est que l'opinion ainsi émise est elle- même discutable, pour au moins deux raisons. D'une part, elle n'est fondée sur aucun argument de texte, elle ne repose elle-même sur aucune justification normative. En vertu de quel principe ou texte une déclaration devrait nécessairement revêtir une forme législative ou règlementaire ? On constatera le laconisme de la décision, la rapidité avec laquelle le juge « évacue » le problème. L'on aurait aimé le voir justifier davantage son point de vue.

Mais il y'a autre chose. Car à l'absence de motivation textuelle de la décision rendue, s'ajoute le fait qu'elle est démentie par un certain nombre de juridictions. La jurisprudence de l'une d'elles – la Cour internationale de Justice de La Haye – est intéressante à cet égard. Organe judiciaire principal des Nation Unies aux termes de la Charte (article 92), la Cour représente sans doute par excellence l'ordre international dans ce qu'il a de plus scrupuleux dans l'appréhension de la volonté souveraine des Etats. Pour imputer une intention ou une volonté à un Etat, il convient d'être le plus rigoureux possible, les concessions de souveraineté ne se présumant pas. Cela étant, lorsque la Cour estime que les conditions dans lesquelles une déclaration a été faite sont suffisamment claires ou dépourvues d'ambiguïté, elle n'hésite pas à franchir le pas et à tenir ladite déclaration pour juridiquement efficace. Nul, bien entendu, ne trouvera à y redire. Or, si dans un ordre aussi précautionneux que le système interétatique la validité juridique de déclarations faites par des responsables est admise, *a fortiori* devrait-il en être de même à l'échelle nationale. En somme, la position du Conseil constitutionnel dans sa décision du 29 janvier 2012 est non seulement dépourvue de base légale, au moins en apparence, mais la logique restrictive et quelque peu timorée qui l'inspire est loin d'être partagée par d'autres juges.

Deux jurisprudences de la Cour mondiale peuvent être évoquées, dont on aurait pu opposer l'esprit au juge sénégalais. La première est celle du « Statut juridique du Groenland oriental », qui a donné lieu à l'arrêt de la Cour Permanente de justice internationale (CPJI) du 5 avril 1933, qui a opposé le Danemark à la Norvège (CPJI, Série A/B, fascicule n°53). Ce qui nous intéresse ici est seulement la présence, au cœur de ce litige d'importance première puisqu'il portait sur la souveraineté sur un espace considérable, d'une déclaration orale faite par un ministre des affaires étrangères, celui de la Norvège. La « déclaration Ihlen », faite en effet par le ministre, indiquait que « le gouvernement norvégien ne ferait pas de difficultés au règlement de cette affaire ». Il s'agit surtout d'un « engagement oral » (p.37), mais à aucun moment, les Etats en litige n'entendirent mettre en doute l'efficacité juridique de cet acte, au prétexte qu'il n'était pas écrit.

De même, nous renseigne l'arrêt rendu, lorsque l'un des Etats en litige estima devoir faire des réserves à la suite d'un acte posé par l'autre – la délivrance d'autorisations de chasse dans la région litigieuse -, il le fit « d'abord oralement puis (…) par écrit » (p 40). L'un des arguments du Danemark, lit-on dans la même décision, « consiste à dire que la Norvège, par traité ou d'autre manière, a reconnu la souveraineté du Danemark sur le Groenland tout entier et, partant, ne peut la contester actuellement » (p 44). Il faut bien comprendre que l' « autre manière » de reconnaître qui est ici visée est précisément l' « engagement verbal » (p 37) émis par l'officiel norvégien. Des débats auront lieu sur la question de la compétence du ministre en cause à prendre un tel engagement mais là n'est pas l'essentiel : l'important est que, contrairement au juge constitutionnel sénégalais dans sa décision de 2012, les Etats comme le juge international tiennent une déclaration orale pour apte à produire des effets juridiques, dans un contentieux d'une importance de premier ordre et au sein d'un ordre juridique qui n'est pas moins « formaliste » que celui du droit constitutionnel, surtout lorsque le sujet est relatif à des intérêts majeurs des Etats.

L'autre affaire dans laquelle il était question des effets juridiques d'une déclaration orale est celle des « essais nucléaires », qui a opposé devant la Cour internationale de justice la France à la Nouvelle – Zélande. Il a été question, dans l'arrêt rendu le 20 décembre 1974, d'une déclaration faite par le Président de la République française le 25 juillet 1974 dans une conférence de presse, ainsi que d'une autre, faite par le ministre de la défense dans une émission télévisée. La Cour exprime une considération de principe lorsque, devant examiner l'effet juridique attaché à ces déclarations, elle déclare : « Il est reconnu que des déclarations revêtant la forme d'actes unilatéraux et concernant des situations de droit ou de fait peuvent avoir pour effet de créer des obligations juridiques (...). Quand l'Etat auteur de cette déclaration entend être lié conformément à ces termes, cette intention confère à sa prise de position le caractère d'un engagement juridique, l'Etat intéressé étant désormais tenu de suivre une ligne de conduite conforme à sa déclaration. Un engagement de cette nature, exprimé publiquement et dans l'intention de se lier, même hors du cadre de négociations internationales, a un effet obligatoire » (p 19).

La suite prend un relief particulier dans le contexte de l'analyse de la décision du Conseil constitutionnel. La Cour ajoute en effet que « pour ce qui est de la forme, il convient de noter que ce n'est pas là un domaine dans lequel le droit international impose des règles strictes ou spéciales. Qu'une déclaration soit verbale ou écrite, cela n'entraîne aucune différence essentielle, car de tels énoncés faits dans des circonstances particulières peuvent constituer des engagements en droit international sans avoir nécessairement à être consignés par écrit. La forme n'est donc pas décisive » (p.20). L'on pourrait alors rétorquer que le juge international a bien pris le soin de rappeler que « le droit international » n'impose pas de règles quant à la forme des déclarations, et que le « droit constitutionnel » pourrait au contraire imposer des règles. Certes, mais le problème est que précisément que le juge sénégalais ne livre aucune norme constitutionnelle qui dénie aux déclarations orales tout effet juridique.

Il en résulte que le choix fait par le Conseil constitutionnel, consistant à réduire la portée des déclarations orales au motif qu'elles n'auraient pas la dignité des instruments écrits, n'est pas partagé par tous les juges. L'objection consistant à avancer que la Cour mondiale soumet l'efficacité juridique des engagements oraux à la claire volonté de leur émetteur de leur faire produire des conséquences juridiques – comme le suggère l'extrait précité – ne change pas non plus grand-chose. L'on imagine difficilement en effet, le Président de la République s'exprimant sur sa compréhension de la Constitution, affaiblir sa propre interprétation en l'assortissant de réserves ou même en lui déniant tout effet. Une déclaration présidentielle sur la Constitution, elle est faite et l'on en prend acte. La condition émise par la Cour internationale de justice de La Haye a un sens dans les relations internationales, où les Etats, qui ont le sens des nuances, pèsent et sous pèsent leurs déclarations, elle n'a pas tellement de sens dans un contexte national où un acteur juridique majeur exprime son interprétation d'un texte. Personne ne dira donc que l'ordre national devrait, par essence, être moins ouvert aux engagements oraux que l'ordre international.

Tout est, en définitive, une question de choix, et non de logique juridique formelle. A ceux qui doutent encore que le juge constitutionnel puisse, par définition, s'intéresser aux déclarations interprétatives non écrites, à ceux qui pensent que ce qui est retenu dans ce domaine sur le plan international ne doit pas forcément être repris à l'échelle nationale, la Cour constitutionnelle du Bénin offre un vibrant contre-exemple. Il est en effet arrivé que cette juridiction accepte de connaître d'une déclaration orale télévisée du chef de l'Etat, qui sera au demeurant tenue pour non-conforme à la Constitution, notamment à son article 36. Il est évident que la justiciabilité même d'une telle déclaration suppose sa juridicité ; c'est parce que le juge constitutionnel y a attaché des conséquences juridiques qu'il a consenti à en connaître (décision DCC 13-071 du 11 juillet 2013).

Vérité au-delà du Sénégal, erreur en – deçà, pourrait-on alors conclure. La jurisprudence du 29 janvier 2012 est une occasion quelque peu manquée, l'occasion de discuter de la qualité d'interprète de la Constitution du Président de la République, l'occasion de donner un sens à sa qualité de « gardien de la Constitution », exprimée dans le texte de la Loi Fondamentale.

Dissipons cependant, pour finir, une source malentendu : doter d'effets juridiques la déclaration du Président Wade ne signifie pas que celle-ci aurait nécessairement prévalu sur d'autres arguments. En d'autres termes, le Conseil constitutionnel pouvait bien estimer que l'opinion présidentielle se suffisait à elle-même, qu'elle n'avait pas besoin d'être reprise sous une forme législative ou règlementaire, mais qu'elle ne constituait qu'un élément d'appréciation parmi d'autres, voire, qu'elle était d'un poids moindre que les autres. La solution finale eût alors été la même et le juge n'aurait pas rendu une décision qui peut désarçonner le lecteur, d'une part parce que sa « base légale » fait défaut – elle ne se recommande d'aucune règle écrite ou non – écrite -, et d'autre part parce que, plus généralement, la philosophie dont elle procède n'est absolument pas partagée par d'autres juges.

Décision N°2/C/2013 du 18 juillet 2013

RÉPUBLIQUE DU SÉNÉGAL

Un Peuple – Un But – Une Foi

CONSEIL CONSTITUTIONNEL

AFFAIRE N° 2/C/2013	**DÉCISION N° 2/C/2013**
DEMANDEUR : COUR SUPRÊME	QPC Djigdiam DIOP
SÉANCE DU 18 JUILLET 2013	Matière constitutionnelle
MATIÈRE CONSTITUTIONNELLE	Transcription

DÉCISION

LE CONSEIL CONSTITUTIONNEL

Vu la Constitution ;

Vu la loi organique n°92-23 du 30 mai 1992 sur le Conseil Constitutionnel, modifiée par la loi n°99-71 du 17 février 1999 ;

Vu la loi organique n°2008-35 du 8 août 2008 sur la Cour suprême ;

Vu la loi n°69-34 du 30 octobre 1969 relative au statut du personnel des Douanes ;

Vu le décret n°69-1373 du 10 décembre 1969 fixant les conditions d'application de la loi précitée ;

Vu le recours pour excès de pouvoir en date du 27 août 2012 introduit par Monsieur Pape Djigdiam DIOP, inspecteur des Douanes ayant pour conseil Maître Joseph Djigdiam DIOP ;

Vu l'arrêt n° 08 du 14/02/2013 rendu par la chambre administrative de la Cour suprême ;

Vu la lettre de transmission en date du 14 mai 2013 enregistrée le 15 mai 2013 au greffe du Conseil constitutionnel sous le n° 2/C/2013 ;

Le rapporteur ayant été entendu en son rapport ;

Après en avoir délibéré conformément à la loi ;

1. CONSIDÉRANT que par arrêt n°8 du 14/02/2013, la chambre administrative de la Cour Suprême, statuant en matière d'excès de pouvoir a, d'une part, saisi le Conseil constitutionnel d'une exception d'inconstitutionnalité visant l'article 8 de la loi n° 69-34 du 30 octobre 1969 relative au statut du personnel des Douanes et, d'autre part, décidé de surseoir à statuer sur le recours en annulation pour excès de pouvoir formé par Pape Djigdiam DIOP, inspecteur des Douanes, contre la décision n°724 MEF/DGD/B/F du 16 décembre 2011 lui infligeant 30 jours d'arrêt de rigueur pour participation à une réunion publique en rapport avec des activités de nature syndicale, prise de position susceptible de jeter le discrédit sur les institutions ;

2. CONSIDÉRANT que la loi organique n°92-23 du 30 mai 1992 sur le Conseil Constitutionnel modifiée par la loi organique n°99-71 du 17 février 1999 et par la loi organique n°2007-03 du 12 février 2007 dispose en son article 20 :

« lorsque la solution d'un litige porté devant le Conseil d'État ou la Cour de cassation est subordonnée à l'appréciation de la conformité des dispositions d'une loi ou des stipulations d'un accord international à la Constitution, la haute juridiction saisit obligatoirement le Conseil constitutionnel de l'exception d'inconstitutionnalité ainsi soulevée et sursoit à statuer jusqu'à ce que le Conseil constitutionnel se soit prononcé dans un délai de trois (3) mois à compter de la date de la saisine... »

3. CONSIDÉRANT que le requérant qui soulève l'exception d'inconstitutionnalité fait valoir que, selon l'article 8 de la Constitution, tous les citoyens bénéficient des libertés individuelles fondamentales, des droits économiques et sociaux ainsi que des droits collectifs ; que ce texte qui intègre la liberté syndicale n'a entendu exclure aucun citoyen de la jouissance de cette liberté ;

4. CONSIDÉRANT que, selon le requérant, l'article 8 de la loi 69-34 du 30 octobre 1969 relative au statut du personnel des Douanes qui dénie aux agents des douanes aussi bien la liberté syndicale que le droit de grève porte gravement atteinte aux principes fondamentaux expressément consacrés par la Constitution ;

5. CONSIDÉRANT que selon l'article 8 incriminé : « Le personnel des douanes de tout grade, en activité de service, en position de détachement ou de disponibilité est soumis en permanence aux règles suivantes : ...2 : il ne jouit ni du droit de grève ni du droit syndical ; ... » ;

6. CONSIDÉRANT que l'article 8 de la Constitution dispose : « La République du Sénégal garantit à tous les citoyens les libertés individuelles fondamentales, les droits économiques et sociaux ainsi que les droits collectifs.

Ces libertés et droits sont notamment :

- ...les libertés civiles et politiques : liberté d'opinion, liberté d'expression, liberté de la presse, liberté d'association, liberté de réunion, liberté de déplacement, liberté de manifestation.

- Les libertés culturelles,

- Les libertés religieuses,

- Les libertés syndicales,

- La liberté d'entreprendre,

- Le droit à l'éducation,

- Le droit de savoir lire et écrire,

- Le droit de propriété,

- Le droit au travail,

- Le droit à la santé,

- Le droit à un environnement sain,

- Le droit à l'information plurielle

Ces libertés et droits s'exercent dans les conditions prévues par la loi ».

7. CONSIDÉRANT que l'article 25 alinéa 1 in fine de la Constitution dispose que :

« ... le travailleur peut adhérer à un syndicat et défendre ses droits par l'action syndicale » ; que le même texte ajoute dans l'alinéa 4 :

« Le droit de grève est reconnu. Il s'exerce dans le cadre des lois qui le régissent. Il ne peut en aucun cas ni porter atteinte à la liberté de travail, ni mettre l'entreprise en péril »

8. CONSIDÉRANT que la liberté syndicale permet au travailleur de défendre ses intérêts professionnels ; que le droit de grève constitue le moyen ultime du travailleur dans l'exercice de ses droits syndicaux ;

9. CONSIDÉRANT toutefois que ni la liberté syndicale, ni le droit de grève ne sont absolus ; qu'en disposant qu'ils s'exercent dans le cadre prévu par la loi, le constituant a entendu affirmer que le droit de grève ainsi que la liberté syndicale ont des limites résultant de la nécessaire conciliation entre la défense des intérêts professionnels dont la grève est un moyen et la préservation de l'intérêt général auquel la grève peut porter atteinte ;

10. CONSIDÉRANT que l'article 8 alinéa 2 du Pacte International relatif aux droits économiques, sociaux et culturels du 16 décembre 1966 ratifié par le Sénégal le 13 février 1978 se situe dans cette perspective lorsqu'il précise que la garantie constitutionnelle du droit de grève « n'empêche pas de soumettre à des restrictions légales l'exercice de ce droit par les membres des Forces Armées, de la Police ou de la Fonction publique » ;

11. CONSIDÉRANT par ailleurs que l'Organisation Internationale du Travail indique : « Les fonctionnaires de l'administration et du pouvoir judiciaire exercent des fonctions d'autorité au nom de l'État ; leur droit de recourir à la grève peut faire l'objet de restrictions, telle que la suspension ou l'interdiction » (336ème rapport, cas n°2383) ;

12. CONSIDÉRANT que sur la liberté syndicale, l'Organisation Internationale du Travail précise :

« L'interdiction du droit de grève aux travailleurs des douanes, fonctionnaires exerçant des fonctions d'autorité au nom de l'État, n'est pas contraire aux principes de la liberté syndicale » (304ème rapport, cas 1719) ;

13. CONSIDÉRANT qu'il apparaît ainsi que ni la liberté syndicale, ni le droit de grève ne peuvent avoir une portée absolue ; que le législateur est habilité à limiter ou à interdire leur exercice notamment en cas d'impérieuse nécessité ;

14. CONSIDÉRANT que le personnel des Douanes, corps paramilitaire, assure une mission de service public qui ne peut s'accommoder d'interruption volontaire de nature à mettre en péril le fonctionnement de l'État ; que l'intérêt général est donc à même de justifier l'interdiction par le législateur du droit de grève et du droit syndical au personnel des douanes ;

DÉCIDE

Article premier : l'article 8 de la loi n°69-34 du 30 octobre 1969 relative au statut du personnel des Douanes n'est pas contraire à la Constitution.

Article 2 : La présente décision sera notifiée à la Cour suprême, et publiée sans délai au Journal Officiel.

Délibérée par le Conseil constitutionnel en sa séance du 18 juillet 2013 à laquelle siégeaient :

Messieurs : Cheikh Tidiane DIAKHATE, Président ;

Isaac Yankhoba NDIAYE, Vice-président ;

Malick DIOP, Membre ;

Mamadou SY, Membre ;

Avec l'assistance de Maître Maréma DIOP, Greffier en Chef ;

En foi de quoi, la présente décision a été signée par le Président, le Vice-président, les autres membres et le Greffier en Chef.

Le Président

Cheikh Tidiane DIAKHATE

Le Vice-Président

Isaac Yankhoba NDIAYE

Membre

Malick DIOP

Membre

Mamadou SY

Le Greffier en Chef

Me Maréma DIOP

Observations

Cette décision du Conseil constitutionnel résulte d'une exception soulevée devant la Cour suprême, tendant à ce que soit déclarée non conforme à la Constitution une disposition du Statut du personnel des Douanes (article 8), sachant qu'au principal il était question d'un recours pour excès de pouvoir introduit devant la Cour suprême par un inspecteur des Douanes contre une décision le sanctionnant pour « participation à une réunion publique en rapport avec des activités de nature syndicale » et « prise de position susceptible de jeter le discrédit sur les institutions ».

Le demandeur s'appuyait notamment sur l'article 8 de la Constitution sénégalaise, lequel énonce un certain nombre de droits et libertés reconnus aux personnes, dont la liberté d'association, la liberté de réunion, les libertés syndicales. Dans la même veine, l'article 25 de la Constitution dispose que « le travailleur peut adhérer à un syndicat et défendre ses droits par l'action syndicale » et que « le droit de grève est reconnu. Il s'exerce dans le cadre des lois qui le régissent. Il ne peut en aucun cas ni porter atteinte à la liberté de travail ni mettre l'entreprise en péril ».

Toutes ces dispositions étaient mises en opposition avec l'article 8 du Statut du personnel des Douanes, lequel indique que « le personnel des Douanes de tout grade, en activité de service, en position de détachement ou de disponibilité est soumis en permanence aux règles suivantes : (...) 2/ il ne jouit ni du droit de grève ni du droit syndical (...) ».

Le Conseil constitutionnel était donc invité à arbitrer cette opposition entre l'affirmation d'un droit syndical et l'interdiction faite au personnel des Douanes d'exercer toute activité de ce type. Le juge va examiner la question en mobilisant concurremment deux types de règles : les normes constitutionnelles et les normes internationales.

Cette incursion du droit international s'imposait, à notre sens, à deux titres. D'une part, les normes du droit international occupaient une place importante dans l'argumentation du demandeur, et il convenait d'y répondre dans la mesure où les règles du contentieux constitutionnel sénégalais le permettaient. D'autre part, le droit international en vigueur reste particulièrement intéressant, parce qu'il donne la mesure de la portée de la liberté syndicale, et qu'il constitue, pour le juge aussi, un moyen de renforcer son argumentation. La grande question, on le devine, était donc d'inviter des éléments internationaux dans le débat tout en restant fidèle à la position de principe suivant laquelle le droit international ne fait pas partie des normes de référence du juge constitutionnel sénégalais. Un tel « écart » était possible, pensons- nous, le Conseil l'a même « réussi », à cette exception, tout de même, qu'il aurait dû définir au préalable le statut du droit international dans le débat engagé, ce que nous tenterons de faire. C'est donc sur deux versants de la liberté syndicale que le juge construit sa décision : le versant constitutionnel (I) et le versant international (II).

I. Le versant constitutionnel du droit syndical

Il s'agit d'abord de prendre la mesure de la jurisprudence sénégalaise, de la présenter (A) avant de la rapprocher de celle d'autres juridictions (B).

A. La construction d'une jurisprudence sénégalaise et ses difficultés

La solution qui se dégage de la décision du 18 juillet 2013 est adossée à deux séries de considérations. La première porte sur la portée du droit syndical et du droit de grève, dont il faut dire qu'elle n'est pas absolue. Il est d'emblée affirmé que les droits en question sont des droits limités : « Considérant », note le Conseil, « que ni la liberté syndicale, ni le droit de grève ne sont absolus ; qu'en disposant qu'ils s'exercent dans le cadre prévu par la loi, le constituant a entendu affirmer que le droit de grève ainsi que la liberté syndicale ont des limites résultant de la nécessaire conciliation entre la défense des intérêts professionnels dont la grève est un moyen et la préservation de l'intérêt général auquel la grève peut porter atteinte » (considérant n°9).

La seconde série de considérations justifiant la décision porte sur la spécificité du corps des Douanes. C'est cette spécificité qui explique les restrictions que son Statut met à l'exercice du droit syndical et du droit de grève. Le Conseil note que « le personnel des Douanes, corps paramilitaire, assure une mission de service public qui ne peut s'accommoder d'interruption volontaire de nature à mettre en péril le fonctionnement de l'Etat ; que l'intérêt général est donc à même de justifier l'interdiction par le législateur du droit de grève et du droit syndical au personnel des Douanes » (considérant n°14).

Ce parti –pris jurisprudentiel – classique, à vrai dire, tant la limitation du droit syndical et du droit de grève ne pose pas vraiment problème – a été par la suite réitéré par le Conseil constitutionnel sénégalais dans le cadre de l'examen de la loi organique relative au Statut des magistrats. Dans la décision n°2/C/2017 du 9 janvier 2017, le Conseil considère que l'article 14 qui interdit aux magistrats d'adhérer à un parti politique ou de se livrer à toute manifestation politique ainsi qu'à toute manifestation d'hostilité au principe ou à la forme du gouvernement, qui leur interdit par ailleurs de se constituer en syndicat ou d'exercer le droit de grève ne contrevient pas aux dispositions de la Constitution. Le Conseil l'explique par le fait qu'il s'agit de « garantir le respect de l'obligation de neutralité et d'impartialité du magistrat » (considérant n°28). En manière de déclaration de principe, le juge affirme dans une autre décision que les droits constitutionnels reconnus, à l'exception de ceux qui sont qualifiés d' « indérogeables », sont susceptibles de faire l'objet de limitations (décision 2/C/2021 du 20 juillet 2021, considérant n° 29).

Dans la même veine, on peut enfin évoquer un arrêt rendu par la 2ème Chambre administrative de la Cour suprême du Sénégal le 23 mai 2023 (arrêt n°38) dans lequel le juge judiciaire, après avoir rappelé des dispositions qui garantissent le droit de grève et le droit syndical, rappelle que ceux-ci sont restreints par l'article L 276 du Code du travail, qui prévoit que l'autorité administrative peut, à tout moment, procéder à la réquisition des travailleurs d'entreprises privées et d'établissements publics qui occupent « des postes indispensables à la sécurité des personnes, des biens, au maintien de l'ordre public, à la continuité des services publics ou à la satisfaction des besoins essentiels de la nation », l'article 1er du décret n° 72-017 du 11 janvier 1972 ayant déterminé la liste des postes, emplois ou fonctions dont les occupants peuvent faire l'objet de réquisition.

Sur le principe de restrictions au droit syndical et à ses corollaires, il existe donc un consensus que la jurisprudence traduit bien. La question est cependant d'identifier ces restrictions, de façon moins impressionniste ou hasardeuse, de préciser et de « fixer » celles-ci, au moins dans la jurisprudence constitutionnelle. Un doute subsiste en effet, de ce point de vue. Une lecture attentive de la décision du 18 juillet 2013 révèle qu'il existe une première notion qui vient limiter la liberté syndicale, qui est celle d' « intérêt général ». On la trouve deux fois dans la jurisprudence en question : au considérant n° 8 (« préservation de l'intérêt général auquel la grève peut porter atteinte ») et au considérant n° 14 (l'«intérêt général » comme facteur explicatif de l'interdiction de droits syndicaux aux membres du corps des Douanes). Mais il existe un second concept dans la décision rendue, qui est celui d' « impérieuse nécessité », qui opérerait dans le même sens que l' « intérêt général ». Au considérant n° 13, on lit en effet que « le législateur est habilité à limiter ou à interdire » les droits en cause « en cas d'impérieuse nécessité ».

La terminologie est donc fluctuante et les approximations qui la caractérisent n'aident pas à cerner la logique du traitement jurisprudentiel du droit syndical. En effet, il existe plus que des nuances entre l'« intérêt général » et l'«impérieuse nécessité ». La seconde notion est plus « exigeante », plus difficile à démontrer que la première. En faire dépendre le refus du bénéfice de la liberté syndicale pourrait peut-être conduire à réduire la liste des personnels ne bénéficiant pas de celle-ci, comme, à l'inverse, le simple « intérêt général » pourrait justifier une restriction relativement importante du droit en cause.

Notons cependant que dans la jurisprudence du Conseil en général, l'intérêt général comme justification de la limitation des droits n'est pas présent que dans la décision du 18 juillet 2013. On le retrouve dans une décision rendue un peu moins d'une décennie plus tard, le 20 juillet 2021. Au considérant n° 34, le juge déclare que « lorsqu'un droit ou une liberté est en concurrence avec une autre règle d'égale valeur, leur conciliation ne peut se faire que de manière à préserver l'intérêt général et l'ordre public qui sont des objectifs de valeur constitutionnelle », affirmation réitérée au considérant suivant (décision n° 2/C/2021). Non seulement l'intérêt général est donc de nouveau invoqué, mais il acquiert un statut éminent puisqu'il est érigé en « objectif de valeur constitutionnelle », ce qui signifie, par exemple, qu'il peut fonder la censure d'une loi. Puis au considérant n° 48, le Conseil constitutionnel réintroduit l' « intérêt général » pour justifier d'éventuelles atteintes au principe d'égalité : « Considérant, par ailleurs, que le principe d'égalité, qui ne saurait être réduit à une stricte identité de traitement, ne s'oppose ni à ce que la loi traite de façon différente des situations différentes, ni à ce qu'elle opère une discrimination entre personnes placées dans la même situation dès lors que la discrimination est fondée sur un motif tiré de l'intérêt général ».

Il serait donc heureux, en tout état de cause, que la jurisprudence fût plus claire, l'enjeu n'étant pas que purement terminologique ou « stylistique ». la question est de savoir quels sont les autres concepts qui, éventuellement, font cortège avec l'intérêt général pour fonder une limitation des droits. Il s'agit en effet d'une question de fond, une question fondamentale même, que de connaître l' « épaisseur » des restrictions apportées à l'exercice d'une prérogative, notamment lorsqu'il s'agit d'un droit qui est précisément perçu comme ontologiquement limité (comme peut l'être aussi une prérogative comme la liberté d'expression). Une approche comparée du contentieux nous apprend au demeurant que les variations jurisprudentielles portent moins sur le principe même de la restriction du droit syndical et du droit de grève que sur l'identification des facteurs restrictifs en question.

B. La convergence avec d'autres juridictions

Il existe d'autres juridictions constitutionnelles qui ont été amenées à apprécier la portée du droit syndical et du droit de grève lorsque ceux-ci sont en conflit avec d'autres droits ou d'autres impératifs. On prendra les exemples de la France et du Bénin. La jurisprudence sénégalaise se rapproche de la française dans la mesure où toutes deux admettent bien entendu une restriction du droit de grève, mais le font sur la base de l'intérêt général, dont il a été abondamment question plus haut. La décision n° 79-105 DC du 25 juillet 1979 rendue par le Conseil constitutionnel français déclare qu' « aux termes du préambule de la Constitution du 27 octobre 1946, confirmé par celui de la Constitution du 4 octobre 1958 : le droit de grève s'exerce dans le cadre des lois qui le règlementent » ; en édictant cette disposition, les constituants ont entendu marquer que le droit de grève est un principe de valeur constitutionnelle mais qu'il a des limites et ont habilité le législateur à tracer celles-ci en opérant la conciliation nécessaire entre la défense des intérêts professionnels, dont la grève est un moyen, et la sauvegarde de l'intérêt général auquel la grève peut être de nature à porter atteinte (...) ; ces limitations peuvent aller jusqu'à l'interdiction du droit de grève aux agents dont la présence est indispensable pour assurer le fonctionnement des éléments du service dont l'interruption porterait atteinte aux besoins essentiels du pays » (considérant n°1). Ce considérant est amplement repris dans la jurisprudence du 7 aout 2008, relative à l'instauration d'un droit d'accueil dans les écoles (décision n° 2008-569 DC, considérant n° 8). Il existe toutefois une petite différence entre la jurisprudence sénégalaise et la française : c'est que cette dernière cite, parmi les justifications de la restriction du droit de grève, « la continuité du service public », « principe de valeur constitutionnelle » (considérant précité de la décision de 2008).

La jurisprudence de la Cour constitutionnelle du Bénin est un peu moins rectiligne puisque sur près de quatre arrêts recensés (2006, 2011, 2018 deux fois), deux ont censuré la loi qui apportait des restrictions au droit de grève motif pris de ce que « seul le Constituant peut interdire l'action syndicale et le droit de grève » (décision n° 18-003 du 22 janvier 2018 allant dans le même sens qu'autre décision rendue trois jours plus tôt, décision DCC 18-001 du 18 janvier 2018). Il se trouve tout de même une décision qui est en parfaite symphonie avec les jurisprudences sénégalaise et française. On y lit, au terme de développements substantiels sur la liberté syndicale, que la reconnaissance du droit de grève « ne saurait avoir effet de faire obstacle au pouvoir du législateur d'apporter à ce droit les limitations nécessaires en vue d'assurer la continuité du service public qui, tout comme le droit de grève, a le caractère d'un principe à valeur constitutionnelle » (décision DCC 11-065 du 30 septembre 2011). L'on constatera donc, au passage, deux choses : que la jurisprudence béninoise est traversée de contradictions, et que les juges français et béninois évoquent à la fois l'intérêt général et le principe de la continuité du service public, en quoi ils se distinguent du Conseil constitutionnel du Sénégal qui, lui, n'a pas repris ce dernier principe.

La décision du 18 juillet 2013 n'est pas restée enfermée dans des considérations constitutionnelles. Elle s'est longuement appesantie sur le droit international également. Cette relativement forte présence des normes internationales pose des questions de principe et mérite quelques explications ou mises au point.

II. Le versant international du droit syndical

Le point essentiel sur lequel des précisions s'imposent est le statut des normes internationales qui ont pris beaucoup de place dans la décision rendue. Une mise au point s'impose en effet, mais le Conseil constitutionnel n'y procède pas vraiment. Ce silence donne le sentiment qu'il se réfère à des normes internationales dans l'exercice de son office, et les frontières se brouillent, entre contrôle de constitutionnalité et contrôle de conventionalité.

A. L'absence de précisions préalables

Il a été montré, dans le commentaire précédent d'une décision rendue le 12 février 2005, et dans laquelle le Conseil posait en principe que le droit international n'était pas un paramètre de constitutionnalité, qu'en réalité, cette position de principe n'a pas été toujours scrupuleusement respectée. D'une certaine manière, la présente décision participe quelque peu à ce brouillage des repères. Pour la raison, précisément, que le Conseil constitutionnel ne justifie pas, n'explique pas l'intrusion de normes internationales dans son raisonnement.

Bien entendu, le juge ne saurait, pour se justifier, affirmer qu'il répond aux arguments du demandeur en agissant ainsi. Si le droit international ne fait pas partie des normes de références, le Conseil doit, comme il l'a fait en d'autres circonstances, dans d'autres affaires, faire usage du « couperet » en rappelant fermement qu'il n'a pas à débattre de la pertinence de normes internationales. Mais même cela, l'on n'en sait pas grand-chose tant la décision du 18 juillet 2013 reste elliptique sur cette question qui est d'ordre préliminaire.

Ces remarques ne signifient pas, tant s'en faut, que les normes évoquées dans la décision ne s'imposaient pas. Elles sont assurément les bienvenues, et – il faut le redire - tout l'ouvrage que voici plaide pour une ouverture aux sources extérieures, pour une excursion du juge constitutionnel sur les terres du droit international.

Mais cette entrée du droit international dans le contentieux constitutionnel ne doit pas se faire par effraction. Pour que la rencontre plaidée ait des chances de se dérouler dans les meilleures conditions, il faut en préciser les termes. Il ne s'agit pas que le juge se départe de sa position de principe : un contrôle de constitutionnalité n'est pas un contrôle de conventionalité et la boussole du Conseil, comme de tant de juges, reste la Constitution. Ce qui est plaidé ici, c'est d'abord une méthodologie. Elle consiste, pour le juge de la Constitution, à voir ce qui se passe sous d'autres latitudes, dans d'autres enceintes – enceintes internationales – lorsqu'il veut corroborer, étayer, fortifier son argumentation. La norme à laquelle il se réfère reste constitutionnelle, mais le raisonnement ou le verdict qu'il rend, la motivation de son jugement peut se conforter de légalité internationale. L'espèce tranchée par le Conseil constitutionnel sénégalais, qui est ici commentée, peut constituer une belle illustration de cette osmose souhaitable : le juge affirme, sur la base de la seule Constitution, que le droit syndical et le droit de grève sont susceptibles d'être restreints. Mais il peut renforcer sa prise de position par le fait qu'elle a cours ailleurs, par le fait que l'interprétation qu'il fait des dispositions de la Constitution est d'autant plus plausible ou défendable qu'elle est en quelque sorte partagée, qu'elle prévaut en d'autres lieux.

Les identités et les vocations en sortent sauves. Nul, surtout le juge constitutionnel, n'est menacé dans sa vocation et dans le périmètre de son office, la rencontre avec le droit international ne comporte aucun risque de confusion des rôles ou de dissolution des identités, les apports mutuels ou réciproques ne tournent pas au cosmopolitisme juridictionnel. Le Conseil aurait au moins pu nous dire ce qu'il est advenu de sa position de principe dégagée dans la jurisprudence du 12 février 2005, nous dire si le débat engagé sur le terrain du droit international était rendu nécessaire par l'argumentation du demandeur ou – seule justification raisonnable ou défendable – si l'étude du versant international du droit syndical n'était qu'une manière de confirmer le versant constitutionnel de celui – ci.

L'impasse faite sur ce point crucial restera toujours regrettable. Cela étant dit, on s'accordera sur un fait, qui est sans doute celui que le juge entendait mettre en exergue : que le droit international est non seulement pertinent pour cerner le droit litigieux car ce dernier abonde dans un certain nombre d'instruments juridiques, mais qu'il converge avec le droit constitutionnel dans la limitation du droit syndical et du droit de grève. En somme, à l'aune du droit conventionnel comme de celui de la jurisprudence, le droit syndical est appréhendé dans le même esprit que la Constitution nationale.

B. La diversité des sources

Dans la décision rendue, le Conseil constitutionnel fait appel à ces instruments juridiques que sont le Pacte international relatif aux droits économiques, sociaux et culturels du 16 décembre 1966, ratifié par le Sénégal, et deux rapports de l'Organisation internationale du Travail mentionnant la possibilité de restreindre le droit syndical et ses corollaires. A y regarder de près, l'évocation de tels éléments pose cependant problème. Le Pacte ne fait pas partie du bloc de constitutionnalité et les rapports de l'OIT n'ont pas force contraignante. Cela ne veut pas dire qu'ils n'étaient pas pertinents, mais le juge aurait dû, comme on l'a déjà indiqué, préciser à quel titre ils étaient attraits dans le débat.

Sur le fond cependant, c'est-à-dire sur la réponse donnée par le Conseil, il est difficile de ne pas approuver celui-ci, tant les conventions internationales qui évoquent le droit syndical ainsi que les organes chargés de l'application de ces traités sont clairs sur la possibilité d'opérer de telles restrictions.

Outre les dispositions du Pacte de 1966 auxquelles renvoie le Conseil constitutionnel, il est possible de citer, au titre des restrictions conventionnelles du droit syndical, l'article 16 de la Charte américaine des droits de l'homme, dont le paragraphe 3 énonce que « les dispositions du présent article (portant sur la liberté d'association qui inclut l'association syndicale) n'empêchent pas l'imposition de restrictions légales, ni même l'interdiction de l'exercice du droit d'association aux membres des forces armées et de la police ». Dans le même esprit, la Convention européenne des droits de l'homme précise, au sujet de la liberté de réunion et d'association, que l'affirmation de celle-ci « n'interdit pas que des restrictions légitimes soient imposées » à l'exercice de ce droit « par les membres des forces armées, de la police ou de l'administration de l'Etat » (article 11§ 2).

La jurisprudence est à l'avenant. Le Comité des droits de l'homme de l'ONU, dans sa décision du 18 juillet 1986, a considéré que le droit de faire grève ne saurait être impliqué par l'article 22 du Pacte international sur les droits civils et politiques (l'autre Pacte de 1966). Le Comité a opposé cette disposition à celle, plus explicite parce qu'elle mentionne littéralement le droit de grève, de l'article 8 du Pacte international sur les droits économiques, sociaux et culturels. Mais la décision ici commentée met précisément en exergue le fait qu'*in fine*, l'article 8 pose que la reconnaissance du droit de grève « n'empêche pas de soumettre à des restrictions légales l'exercice de ce droit par les membres des Forces armées, de la police ou de la fonction publique ». La Cour européenne des droits de l'homme va dans le même sens lorsqu'elle considère, dans l'arrêt du 25 septembre 2012 (Syndicat de la police de la République Slovaque c Slovaquie »), que l'article 11 de la Convention n'est pas violée car « it has been generally acknowledged that the duties ans responsabilities inherent in the position and role of the police justify particular arrangements as regards the exercise of their trade union rights » (§ 67).

La Cour interaméricaine des droits de l'homme a, à l'instar du Comité des droits de l'homme dans sa quasi-jurisprudence précitée, indiqué dans un Avis consultatif rendu au sujet de l'article 8 du Protocole de San Salvador, que le droit de grève pouvait ne pas bénéficier de façon automatique à toutes les personnes (Avis consultatif n°22 du 26 février 2016, série A, n °22, §§ 85 et s.). Dans le même système inter américain, l'organe quasi-juridictionnel, la Commission, a raisonné de la même manière dans l'affaire « Milton Garcia Fajardo et autres c Nicaragua », avec une décision rendue le 11 octobre 2001 (Pétition n°11381, rapport n°100/01, § 106).

Il convient enfin de verser dans le débat un Avis consultatif rendu le 21 mai 2026 par la Cour internationale de justice de La Haye dans l'affaire du « droit de grève au regard de la convention n°87 de l'OIT ». L'on ne retiendra que deux choses de cette jurisprudence : d'une part, que la convention soumise à l'interprétation de la Cour contenait une réserve quant au droit de faire grève pour certains paersonnels, notamment celui des forces armées et de la police (§71) et, dautre part, que si la CIJ admet en définitive que le droit de grève des travailleurs est bien protégé par la convention litigieuse, elle précise que cela « ne signfie nullement qu'elle se prononce sur la teneur précise, la portée ou les conditions d'exercice de ce droit » (§140), périphrase qu'il convient sans doute de comprendre comme la possibilité que le droit de grève puisse être exclu ou restreint pour certaines actégories de travailleurs.

La décision n°2/C/2013 du 18 juillet 2013 endue par le Conseil constitutionnel sénégalais mettait en cause des droits subjectifs constitutionnels, invoqués, il faut le rappeler, dans le cadre d'une procédure d'exception d'inconstitutionnalité. Elle a mis en jeu l'application de normes internationales, par la volonté du saisissant ou par celle des juges (on ne le saura pas faute de développements explicites sur ce point). L'occasion était donc belle d'articuler cette présence du droit international à la position de principe du Conseil, suivant laquelle ce droit est précisément exclu de ses normes de référence. L'on voit que l'exercice était délicat mais il s'imposait, à notre sens, car il est porté à la fois par les données de l'espèce et par un mouvement plus global de la justice constitutionnelle de notre temps.

Décision N°1/C/2016 du 12 février 2016

RÉPUBLIQUE DU SÉNÉGAL

Un Peuple – Un But – Une Foi

CONSEIL CONSTITUTIONNEL

DÉCISION N° 1/C/2016

DEMANDEUR PRÉSIDENT DE LA RÉPUBLIQUE

SÉANCE DU 12 FÉVRIER 2016

MATIÈRE CONSULTATIVE

LE CONSEIL CONSTITUTIONNEL,

Saisi par le Président de la République suivant la lettre n° 0077 PR/CAB/MC.JUR du 14 janvier 2016, enregistrée au greffe du Conseil constitutionnel sous le numéro 1/C/2016 du 15 janvier 2016 ;

Vu la Constitution, notamment en ses articles 51 et 103 ;

Vu la loi organique n° 92-23 du 30 mai 1992 sur le Conseil constitutionnel, modifiée par les lois organiques n° 99-71 du 17 février 1999 et n° 2007-03 du 12 février 2007 ;

Vu le projet de loi portant révision de la Constitution joint à la lettre ci-dessus visée ;

Le rapporteur ayant été entendu ;

Après en avoir délibéré conformément à la loi ;

I. Sur la saisine du Conseil constitutionnel

1/- Considérant que, par la lettre n° 0077 PR/CAB/MC.JUR du 14 janvier 2016, le Président de la République a saisi le Conseil constitutionnel, aux fins d'examiner la conformité du projet de révision de la Constitution « à l'esprit général de la Constitution du 22 janvier 2001 et aux principes généraux du droit » ;

2/- Considérant qu'aux termes de l'alinéa premier de l'article 103 de la Constitution, « L'initiative de la révision appartient concurremment au Président de la République et aux députés. » ;

3/- Considérant qu'aux termes de l'article 51, alinéa premier de la Constitution, « Le Président de la République peut, après avoir recueilli l'avis du Président de l'Assemblée nationale et du Conseil constitutionnel, soumettre tout projet de loi constitutionnelle au référendum. » ;

II. Sur la compétence du Conseil constitutionnel et l'étendue de sa saisine

4/- Considérant que, si le Conseil constitutionnel, saisi en matière de contrôle de constitutionnalité des lois, ne tire ni de la Constitution, ni de la loi organique n° 92-23 du 30 mai 1992 modifiée qui fixe ses attributions, le pouvoir de statuer sur les lois portant révision de la Constitution, en revanche, dans le cadre de la procédure prévue à l'article 51 précité, il a toute latitude pour exercer un contrôle minimum sur le projet de révision qui lui est soumis ;

5/- Considérant que, dans l'exercice de ce contrôle, il examine la régularité de la procédure suivie, la forme du texte et, au fond, le respect des limites fixées par la Constitution, sa saisine étant déterminée, pour le surplus, par la requête ;

6/- Considérant que le Président de la République a saisi le Conseil constitutionnel, juridiction chargée de veiller au respect de la Constitution, aux fins d'examiner dans le cadre d'un contrôle préventif, la conformité du projet de révision à « l'esprit général de la Constitution et aux principes généraux du droit » ;

7/- Considérant qu'au regard des termes généraux par lesquels la demande est formulée, le Conseil doit se prononcer sur le respect des principes et des valeurs sur lesquels repose la Constitution ;

8/- Considérant cela étant, que le Conseil portera son appréciation sur la régularité de la procédure de révision et sur le contenu du projet ;

III. Sur la régularité de la procédure de révision

9/- Considérant que la procédure de révision, introduite hors les cas d'interdiction de révision fixés par la Constitution, est régulière ;

IV. Sur le contenu du projet de révision

1. La forme

1.1 L'exposé des motifs

10/- Considérant que l'exposé des motifs doit indiquer, de manière claire, l'esprit dont procède le texte, les objectifs que l'on cherche à atteindre et les modifications à apporter au droit existant ;

11/- Considérant que, pour éviter une personnalisation incompatible avec le caractère général et impersonnel de la règle de droit, l'exposé des motifs ne doit pas comporter de références répétées aux réalisations du Président de la République en fonction ;

12/- Considérant que l'énumération des lois ordinaires, destinée à illustrer les avancées démocratiques, étant à la fois inutile et préjudiciable à la qualité du texte, il y a lieu de la supprimer ;

13/- Considérant que l'exposé des motifs pourrait se limiter à présenter le contexte, les objectifs et le contenu de la réforme ;

1.2 Les articles

14/- Considérant qu'il n'est pas utile de présenter, par des articles séparés, chaque modification propose;

15/- Considérant que, pour une meilleure lisibilité, la réforme pourrait tenir en cinq articles :

- *le premier article, consacré au remplacement d'articles, pourrait être ainsi rédigé :*

Article premier.- « Les articles 4, 6, 27, 28, 58, 59, 60, 62, 71, 78, 81, 85, 86, 89, 92, 102 et 103 sont remplacés par les dispositions suivantes :

Article 4.- ...

Article 6.- ...

Article 27.- ...

Article 28.- ...

Article 58.- ...

Article 59.- ...

Article 60.- ...

Article 62.- ...

Article 71.- ...

Article 78.- ...

Article 81.- ...

Article 85.- ...

Article 86.- ...

Article 89.- ...

Article 92.- ...

Article 102.- ...

Article 103.- ... » ;

- le deuxième article, consacré à la modification des titres, pourrait être ainsi libellé :

Article 2.- « Les intitulés des titres II et VII sont modifiés ainsi qu'il suit :

TITRE II : DES LIBERTÉS FONDAMENTALES, DES DROITS ÉCONOMIQUES ET SOCIAUX ET DES DEVOIRS DES CITOYENS ;

TITRE VII : DES COLLECTIVITÉS TERRITORIALES » ;

- le troisième article, consacré à l'ajout d'articles, pourrait être ainsi présenté :

Article 3.- « Il est ajouté, après l'article 25 de la Constitution, un article 25-1, un article 25-2 et un article 25-3 ainsi rédigés ;

Article 25-1.- ...

Article 25-2.- ...

Article 25-3.- ... » ;

- le quatrième article, consacré à l'insertion d'un nouveau titre, pourrait être ainsi rédigé :

Article 4.- « Il est ajouté, après l'article 66 de la Constitution, un TITRE VI bis intitulé DU HAUT CONSEIL DES COLLECTIVITÉS TERRITORIALES et comportant un article 66-1 ainsi libellé :

Article 66-1.- ... » ;

- le cinquième article, portant sur la suppression d'articles, pourrait être ainsi rédigé :

Article 5.- « Les dispositions transitoires de la Constitution du 22 janvier 2001 sont abrogées. » ;

2. Le fond

2.1 Les mesures abrogatoires

16/- Considérant que, pour l'abrogation de dispositions antérieures jugées incompatibles avec l'évolution de la Constitution, il est prévu, dans le projet de texte modificatif, un article 5 qui vise la suppression des alinéas 2, 3 et 4 de l'article 26 de la Constitution ;

17/- Considérant que les alinéas 3 et 4 dudit article 26 ont déjà été abrogés par l'article 3 de la loi constitutionnelle n° 2012-16 du 28 septembre 2012 portant révision de la Constitution aux termes duquel « Article 26. - Sont abrogés les trois derniers alinéas. » ;

18/- Considérant que les alinéas abrogés correspondent aux alinéas 3, 4 et 5 et en conséquence, l'article 5 ne devrait viser que l'alinéa 2 de l'article 26 que la loi constitutionnelle de 2012 a omis d'abroger ;

2.2 La durée du mandat du Président de la République

19/- Considérant que l'article 6 du projet, qui a pour objet de donner une nouvelle rédaction à l'article 27 de la Constitution, fait passer la durée du mandat du Président de la République de 7 à 5 ans ;

20/- Considérant en outre qu'il est inséré dans ledit article 27, un alinéa 2 qui, pour régler une question de droit transitoire, prévoit que la nouvelle disposition sur la durée du mandat du Président de la République s'applique au mandat en cours ;

21/- Considérant que la règle énoncée à l'alinéa 2, destinée à fixer une situation dont les effets sont limités dans le temps et par essence temporaire, va cesser, une fois son objet atteint, de faire partie de l'ordonnancement juridique ;

22/- Considérant qu'en tant que telle, elle est incompatible avec le caractère permanent attaché à l'article 27 que le pouvoir constituant entend rendre intangible en le rangeant dans la catégorie des dispositions non susceptibles de révision ;

23/- Considérant que cet alinéa au caractère personnel très marqué est inconciliable avec le caractère général des règles par lesquelles la Constitution organise les Institutions de la République et protège les droits fondamentaux ainsi que les libertés individuelles des citoyens ;

24/- Considérant en effet, que les règles constitutionnelles adoptées dans les formes requises s'imposent à tous et, particulièrement, aux pouvoirs publics, lesquels ne peuvent en paralyser l'application par des dispositions qui, en raison de leur caractère individuel, méconnaissent, par cela seul, la Constitution ;

25/- Considérant que la sécurité juridique et la stabilité des institutions, inséparables de l'État de droit dont le respect et la consolidation sont proclamés dans le préambule de la Constitution du 22 janvier 2001, constituent des objectifs à valeur constitutionnelle que toute révision doit prendre en considération, pour être conforme à l'esprit de la Constitution ;

26/- Considérant que, pour la sauvegarde de la sécurité juridique et la préservation de la stabilité des Institutions, le droit applicable à une situation doit être connu au moment où celle-ci prend naissance ;

27/- Considérant que ce droit s'entend non seulement des règles constitutionnelles écrites, mais aussi de la pratique qui les accompagne et des précédents qui éclairent les pouvoirs publics sur la manière de les interpréter ;

28/- Considérant qu'au moment où le mandat en cours était conféré, la Constitution fixait la durée du mandat du Président de la République à sept ans ;

29/- Considérant s'agissant des modalités d'application dans le temps des lois de révision ayant une incidence sur la durée du mandat en cours du Président de la République, que des précédents se sont succédé de manière constante depuis vingt-cinq ans ;

30/- Considérant qu'il résulte de ces précédents, initiés sans texte lors de la révision de la Constitution de 1963 par la loi constitutionnelle n° 91-46 du 6 octobre 1991 et consolidés lors de l'adoption de la nouvelle Constitution du 22 janvier 2001 et de la loi de révision constitutionnelle n° 2008-66 du 21 octobre 2008, avec le soutien de dispositions transitoires destinées à différer l'application de la règle nouvelle, que le mandat en cours au moment de l'entrée en vigueur de la loi de révision, par essence intangible, est hors de portée de la loi nouvelle ;

31/- Considérant que ces précédents, qui ont marqué l'histoire constitutionnelle du Sénégal, sont également observés dans d'autres États partageant la même tradition juridique ;

32/- Considérant en effet, que ni la sécurité juridique, ni la stabilité des institutions ne seraient garanties si, à l'occasion de changements de majorité, à la faveur du jeu politique ou au gré des circonstances notamment, la durée des mandats politiques en cours, régulièrement fixée au moment où ceux-ci ont été conférés pouvait, quel que soit au demeurant l'objectif recherché, être réduite ou prolongée ;

2.3. Les dispositions non susceptibles de révision

33/- Considérant que les dispositions déclarées intangibles aux articles 26 et 27 sont reprises par l'article 103 ;

34/- Considérant qu'il y a lieu, pour éviter les répétitions, d'avoir un seul article sur les dispositions non susceptibles de révision ;

35/- Considérant que l'article 103 comporte un alinéa en vertu duquel cet article ne peut faire l'objet de révision ;

36/- Considérant qu'ainsi conçu, cet alinéa empêche toute révision ayant pour objet d'étendre le champ d'application de l'article 103 et d'y inclure de nouvelles dispositions intangibles ;

37/- Considérant par ailleurs, qu'en visant l'article et non l'alinéa précédent, l'ensemble des dispositions contenues dans l'article 103 serait concerné par l'intangibilité, alors que seul l'alinéa susmentionné est en cause ;

38/- Considérant qu'il y a lieu de rédiger la disposition ainsi qu'il suit : « Les dispositions de l'alinéa qui précède ne peuvent faire l'objet de révision, sauf pour en étendre le champ d'application. » ;

39/- Considérant que le nombre de dispositions non susceptibles de révision paraît très élevé ;

40/- Considérant qu'il y a lieu de le réduire tout en aménageant la possibilité d'étendre l'intangibilité, conformément à la nouvelle rédaction de l'article 103 proposée, à d'autres matières en fonction des exigences de la société ;

2.4 La composition du Conseil constitutionnel

41/- Considérant qu'il est prévu, dans la nouvelle rédaction de l'article 89, de porter le nombre des membres du Conseil constitutionnel de cinq à sept tout en maintenant la périodicité du renouvellement à deux années et le nombre de membres concernés à deux ;

42/- Considérant que cette modification entraîne des difficultés d'application, au regard de la durée du mandat qui est de six ans ;

43/- Considérant en raison de l'augmentation du nombre de membres du Conseil constitutionnel, que l'article 89 nouveau doit, pour concilier la périodicité du renouvellement avec la durée du mandat, être revu dans sa rédaction ;

PAR CES MOTIFS, EST D'AVIS QUE

Sur la procédure de révision

Article premier : la procédure de révision, initiée hors les cas d'interdiction fixés par la Constitution, est régulière en l'état et peut être poursuivie ;

Au fond

Pour la conformité du projet, dans son ensemble, à l'esprit général de la Constitution du 22 janvier 2001 et aux principes généraux du droit

Article 2 : l'article 5 relatif aux mesures abrogatoires ne doit viser que l'alinéa 2 de l'article 26 de la Constitution ;

Article 3 : la disposition transitoire prévue à l'article 27 dans la rédaction que lui donne l'article 6 du projet et aux termes de laquelle, « Cette disposition s'applique au mandat en cours » doit être supprimée ; elle n'est conforme ni à l'esprit de la Constitution, ni à la pratique constitutionnelle, la loi nouvelle sur la durée du mandat du Président de la République ne pouvant s'appliquer au mandat en cours ;

Article 4 : la référence aux dispositions non susceptibles de révision dans les articles 26 et 27 nouveaux doit être supprimée ;

Article 5 : la rédaction de l'article 89 nouveau doit être revue pour tenir compte de l'augmentation du nombre de membres du Conseil constitutionnel ;

Article 6 : le dernier alinéa de l'article 103 nouveau doit être revu, de manière à réduire la liste des matières concernées, à rendre possibles les révisions ayant pour objet d'étendre son champ d'application et à limiter l'intangibilité à l'avant dernier alinéa ;

Délibéré par le Conseil constitutionnel en sa séance du 12 février 2016, à laquelle siégeaient :

Messieurs : Papa Oumar SAKHO, Président ;

Malick DIOP, Vice-président ;

Mamadou SY, Membre ;

Mandiogou NDIAYE, Membre ;

Ndiaw DIOUF, Membre.

Avec l'assistance de Maître Hélène DIOP, Greffier en chef.

En foi de quoi, la présente décision a été signée par le Président, le Vice-président, les autres membres du Conseil constitutionnel et le Greffier en chef.

Le Président Papa Oumar SAKHO	Le Vice-président Malick DIOP
Membre Mamadou SY	Membre Mandiogou NDIAYE
Membre Ndiaw DIOUF	Greffier en chef Hélène DIOP

Observations

L'Avis rendu par le Conseil constitutionnel – curieusement dénommé « Décision » - le 12 février 2016 porte sur les réformes constitutionnelles entreprises par le nouveau régime politique sénégalais, porté au pouvoir à l'issue des élections de 2012. La juridiction avait été saisie par le Président de la République sur la base de l'article 51 de la Constitution, dont l'alinéa premier – celui qui nous intéresse - se lit comme suit : « Le Président de la République peut, après avoir recueilli l'avis du Président de l'Assemblée nationale et du Conseil constitutionnel, soumettre tout projet de loi constitutionnelle au référendum (...) ».

La révision portait sur divers points, mais, comme la décision le fait bien apparaître, il en est un qui était particulièrement important et sur lequel l'avis du juge était attendu : le mandat présidentiel, que le Président en exercice avait promis de « réduire » à une durée de cinq ans, alors même qu'il avait élu pour sept ans, cette promesse étant présentée comme la manifestation d'une sorte de bonne volonté démocratique du régime, en un temps où c'est plutôt la tentation de « conserver » le pouvoir qui prévaut. On ne s'étonnera donc pas que le présent commentaire réserve une place importante à cette question (II).

Mais la jurisprudence du 12 février 2016 est également intéressante dans la mesure où elle révèle un juge constitutionnel qui s'éloigne quelque peu de l'image que l'on avait jusque – là tendance à avoir de lui : celle d'un juge plutôt « timide », peu enclin à aller au-delà de la limite de ses compétences, et cantonnant strictement son propos à l'objet du litige tel que défini par les saisissants. Au contraire, se dévoile ici un Conseil constitutionnel « pédagogue » comme il l'a rarement été, hissant son propos au niveau des « principes », introduisant dans la motivation de sa décision des considérations qui confinent à la philosophie.

Il semble en effet que l'on puisse dire, de manière globale, que le juge constitutionnel du Sénégal a évolué dans l'appréhension de son office, et que l'Avis du 12 février représente un jalon important dans cette mutation, même si l'on se gardera bien de dire qu'il marque le commencement de cette nouvelle trajectoire. L'une des manifestations de cette conception résolument « dynamique » de l'office du juge se trouve, au plan de « la forme », dans la réécriture du texte par le Conseil, mot qu'il faut comprendre ici dans son sens premier et littéral. Cela n'est pas en soi une nouveauté, mais l'amplitude et la systématicité avec lesquelles ce remaniement du projet de loi constitutionnelle est opéré sont incontestablement une nouveauté dans la pratique du Conseil constitutionnel. Parce qu'une telle approche – rattachable à la légistique - constitue une illustration « grandeur nature » de cette idée que l'on aime à ressasser dans le contentieux constitutionnel contemporain, suivant laquelle le juge participe à l'écriture ou à l'énoncé de la loi, elle mérite que l'on s'y attarde (I).

I. L'impératif légistique : la réécriture du projet de loi constitutionnelle

Le Conseil constitutionnel procède, dans cette décision, à un certain nombre de « retouches », qui n'affectent pas le fond du projet de loi, mais visent à rendre celui-ci plus « lisible » ou « digeste » (A). L'on a souligné l'ampleur de ce remaniement dans la décision du 12 février 2016, mais il importe de garder à l'esprit que la « participation » du juge constitutionnel dans l'écriture de la loi peut aller plus loin, et affecter le « fond » même de celle-ci, c'est-à-dire son sens ou sa portée. Cette pratique qui confère au juge une fonction de quasi co –législateur existe aussi, et il convient d'en dire d'un mot (B).

A. Le remaniement formel

Le Conseil constitutionnel n'a donc réaménagé que la présentation formelle du projet de loi constitutionnel. Il semble que l'on puisse, à la lecture de la décision rendue, déceler un certain nombre de griefs que le juge articule contre le texte, ce qui l'amène, dans une perspective « positive », à énoncer quatre impératifs d'ordre légistique, quatre exigences auxquelles une loi doit se plier.

L'impératif de la factualité est le premier. Il est reproché au projet de loi constitutionnelle, dans son exposé des motifs notamment, de s'attarder sur des considérations d'ordre politique, comme la valorisation de l'action du Président de la République dans domaine de la démocratie. Le juge récuse une telle pratique qui, il faut en convenir, « pollue » la législation dans des pays où prévaut une assez forte personnalisation du pouvoir.

L'exigence de concision ressort également de la jurisprudence. Le projet de loi « s'égare » quelque peu lorsqu'il procède à une énumération des différentes lois qui ont jalonné la trajectoire démocratique du Sénégal, ces rappels historiques sont superflus selon le juge. Faut-il en déduire qu'un exposé des motifs doit toujours résolument tourner le dos au passé et s'interdire absolument d'y faire référence ? Une telle thèse est difficile à soutenir. Mieux, des rappels historiques peuvent parfaitement s'approprier à l'exposé des motifs d'une loi. Il convient donc d'apprécier au cas par cas.

Les « retouches » apportées par le juge procèdent aussi d'un impératif synthétique. L'exigence synthétique conduit le Conseil à un réaménagement des articles du projet de loi. Deux objectifs sont visés alors : la cohérence (mettre ensemble ce qui dit la même chose ou à peu près la même chose) et le laconisme (formulation « ramassée », succincte). L'exigence synthétique conduit encore à subsumer dans un seul article les dispositions non susceptibles de révision, qui, dans leur état actuel, restent « éclatées » entre les articles 26, 27.., 103 avec parfois des « redites » ou répétitions. Ce travail d' « équarrissage » conduit finalement le juge à recommander un nombre d'articles revu à la baisse, ramené à cinq précisément, « pour une meilleure lisibilité », indique le Conseil constitutionnel (considérant n°15).

La cohérence est une dernière visée du juge. Elle ressort au sujet des « mesures abrogatoires » résultant de la réforme envisagée. Il semble que le projet « abroge » des dispositions qui ont cessé d'exister depuis longtemps, plus précisément depuis la loi constitutionnelle n° 2012 – 16 du 28 septembre 2012, qui a eu des conséquences sur l'article 26 de la Constitution. Le projet de réforme soumis au Conseil constitutionnel ne devrait ainsi entraîner la disparition que d'un seul alinéa de l'article 26, et non de quatre alinéas. Cohérence, avons- nous écrit, mais il semble bien que ce soit la mémoire législative qui ait flanché ici. Une petite parenthèse s'impose à ce stade : à un moment donné, et sous l'effet de l'accumulation et de la superposition des révisions, la Constitution sénégalaise était difficile à identifier et l'on est allé jusqu'à s'interroger sur l'existence même d'une version « consolidée » de celle-ci, faisant foi. De cette contrariété quelque peu déroutante, il faudrait sans doute tirer une leçon : l'émiettement de la Constitution génère une déperdition de sa mémoire, la facilité à réviser la Loi fondamentale brouille sa traçabilité.

La décision 1/C/2016 du 12 février 2016 ne constitue pas aujourd'hui une exception dans la jurisprudence constitutionnelle sénégalaise. Avant et après elle, il est possible de citer des décisions dans lesquelles le juge réécrit la loi. Pour s'en tenir à la seule jurisprudence postérieure, on citera une décision rendue en 2017 et une autre de 2021. La première a été rendue dans le cadre d'un contrôle de constitutionnalité de la loi portant Code électoral. Après avoir noté dans le dispositif que certaines dispositions « n'ont pas de caractère organique », le Conseil indique que « les numéros de ces articles doivent être transcrits ainsi qu'il suit (...) » (décision n°4/C/2017 du 13 janvier 2017).

Mais c'est surtout dans la décision n°2/C/21 du 20 juillet 2021 que le juge sénégalais, de façon inédite, et dans une conception résolument active de son office, « redresse » et reformule les griefs que les députés qui l'ont saisi ont articulés à l'encontre de la loi. Au total, le Conseil constitutionnel a reformulé onze « moyens » invoqués par les demandeurs. Les mots que le juge utilise dans ce travail de restauration de l'orthodoxie juridique sont les mêmes : « Considérant que pour donner un sens à ces moyens, il convient de les reformuler en ces termes : (...) » (considérants n° 24, 38, 43, 51, 60, 69, 74, 78, 100, 110). Juste avant, le Conseil souligne l'erreur commise par les demandeurs en ces termes : « Considérant qu'en formulant ainsi ces moyens, les requérants inversent la relation de causalité entre (...) et (...) » (considérants n°23,37, 42, 50, 59, 68, 73, 77, 99, 109).

Cette dernière jurisprudence est intéressante parce qu'elle révèle le Conseil constitutionnel sous un nouveau jour : celui d'un juge qui ne participe pas seulement à la réécriture de la loi, mais à celle des requêtes, qui ce faisant contribue à poser adéquatement les termes du débat, bref, un juge qui non seulement ne craint pas la joute mais la favorise. Cela est nouveau dans le contentieux constitutionnel sénégalais. Il existe donc, à côté de la réécriture de la loi, la réécriture des requêtes, le remaniement des saisines. Mais le constat induit une transformation décisive, qui touche le rôle ou la perception du rôle du juge de la Constitution. Celui-ci cesse d'être le conseiller des seuls détenteurs du pouvoir – et notamment du pouvoir législatif -, il devient une instance ouverte à tous les acteurs politiques et aux acteurs non politiques, dans la mesure où il « affine » aussi les récriminations qui lui sont destinées ; il n'est pas seulement dévoué au Prince, il est aussi au service de de ses contradicteurs et au service des citoyens saisissants. La décision du 20 juillet 2021, au-delà de la réécriture des saisines à laquelle elle procède, redessine l'image du juge constitutionnel, qui devient un metteur en scène du débat judiciaire.

Aussi actif qu'il soit, le Conseil constitutionnel n'a pas, dans les cas qui viennent d'être passés en revue, touché le fond de la loi, il n'a pas cherché à en modifier le sens ou la portée. Dans le cas de figure qu'il s'agit à présent de voir, le juge a, en réécrivant le texte, procédé à une telle modification. Il l'a fait pour une raison simple : cette « altération » était la condition de la conformité du texte à la Constitution.

B. Le remaniement de fond

Il est arrivé, dans d'autres pays, que le juge constitutionnel procède à des remaniements d'un type de ceux que ces jurisprudences sénégalaises mettent en exergue. « D'un autre type » parce qu'il s'agissait de « retoucher » le fond, et non la seule forme de la loi.

Devant la Cour constitutionnelle du Congo, ce procédé a été utilisé au moins trois fois. Dans l'Avis du 3 mai 2017, le juge estime, à propos des conditions dans lesquelles le Président du Sénat peut être amené à exercer provisoirement les fonctions de Président de la République, que « cet article 20 ancien du Règlement intérieur mérite d'être réécrit comme suit (…) » (Avis n° 001-ACC-SVC/17). Le 21 novembre 2017, dans le même cadre consultatif, la Cour déclare, au sujet des conditions dans lesquelles le Premier ministre et les autres membres du gouvernement accèdent aux travaux en commission de l'Assemblée nationale, que « cette disposition n'est pas conforme à la Constitution et doit être réécrite ainsi qu'il suit (…) » (Avis n° 008- ACC- SVC/17). Auparavant, La Cour avait eu à déclarer non – conforme à la Constitution l'article 65 du Règlement intérieur de l'Assemblée nationale au sujet de l'immunité parlementaire, et avait relevé qu' « il convient donc de modifier la rédaction de cet article en le réécrivant de la manière suivante (…) » (Avis n° 002-12 du 26 novembre 2012). Au Gabon, la réécriture d'une « ordonnance » avait également été suggérée en ces termes, dans une décision du 19 juin 2020 : « Il y a lieu, par conséquent, de déclarer conformes à la Constitution les articles 6 et 8 de l'ordonnance n° 00004/PR/2020 du 31 janvier 2020 suscitée, sous réserve de les reformuler ainsi qu'il suit (…) » (décision n° 026/CC considérant n°11). Le juge poursuit : « (…) les articles 9,13, et 29 de l'ordonnance déférée créent une confusion dommageable (…) en violation des principes de clarté et d'intelligibilité qui caractérisent la loi ; que pour être déclarés conformes à la Constitution, lesdits articles doivent être reformulés comme suit (…) » (considérant n°17). Dans tous ces cas, la réécriture a été opérée ou suggérée parce qu'elle était la condition de la conformité à la Constitution. En somme, elle équivaut à une réserve : la loi est conforme à la Constitution sous réserve d'être réécrite.

La réécriture peut, toujours pour « sauver » la norme litigieuse, se faire sur une échelle plus importante, affecter de manière plus sérieuse la portée ou le sens de cette norme. Dans ce contexte précis, la réécriture consiste alors souvent en un ajout, en une extension du champ d'application « personnel » d'un texte, c'est-à-dire du champ des bénéficiaires d'une mesure ou d'un avantage. On devine le sens d'une telle extension : il s'agit de respecter le principe d'égalité. La pratique est donc souvent au service de la promotion du principe de non- discrimination.

L'Italie est un pays dont la jurisprudence constitutionnelle offre beaucoup d'exemples de ces décisions – là, connues sous le nom de « sentences additives », appellation tellement éloquente. Pour en avoir une idée, on donnera l'exemple de l'arrêt de la Cour constitutionnelle du 26 mai 1998, dans lequel l'intervention du juge a pour effet d'étendre le bénéfice d'une prestation. La Cour y dit ceci : « (…) Le législateur est constitutionnellement tenu, dans son pouvoir discrétionnaire, d'agir pour garantir que même les sujets non admis à l'expérimentation, lesquels ne se trouvent pas dans les conditions pour affronter les coûts relatifs au multitraitement à cause de disponibilités économiques insuffisantes, puissent profiter du « multitraitement Di Bella », sur la base de critères que seul le législateur peut établir selon un choix raisonnable. Cette intervention, nécessaire afin de rendre la règlementation législative conforme à la Constitution, devra être mise en place avec la plus grande rapidité en raison de l'urgence particulière » (arrêt n° 185/1998, §10).

Il faut comprendre que les normes litigieuses ne pourront être déclarées conformes à la Constitution que si le cercle des bénéficiaires des soins de santé en question est élargi à certaines catégories de personnes, que le législateur n'a pas pris en compte pour l'instant. La « réécriture » de la loi consiste ici à modifier l'assiette de ses bénéficiaires, à accroître sa portée. L'on voit donc bien que la Cour constitutionnelle « altère » de manière importante la loi en y introduisant des bénéficiaires qui n'étaient pas visés. Le procédé des « arrêts additifs » se retrouve dans d'autres systèmes constitutionnels dans le monde, comme au Canada (M.c.H (1999) 2 RCS 3 ; « Schachter c Canada (1992) 2 RCS 679), en Colombie (C-109/1995, C-690/1996), en Bolivie (déc. N°0062 du 3 juillet 2003).

« Il y'a réécriture et réécriture », serait-on donc tenté de dire, à l'aune de la jurisprudence sénégalaise. Mais les remaniements de forme observés dans la décision du 12 février 2016 ne doivent pas être négligés. Ils traduisent un certain « activisme judiciaire », donnent l'image d'un juge constitutionnel moins en retrait. Sur la question de fond essentielle à laquelle le Conseil était invité à donner une réponse – qui est celle du mandat du Président de la République - , des évolutions dans l'appréhension de l'office du juge sont également perceptibles.

II. L'impératif discutable de la sécurité juridique : la stabilisation du mandat

C'est sur ce point que la jurisprudence du 12 février 2016 fera date, en raison de l'importance dudit point (le mandat du Président de la République, cette « pomme de discorde » tellement répandue dans des Etats ayant des régimes « présidentialistes », c'est-à-dire précisément caractérisés par la cristallisation d'enjeux de pouvoir autour de l'institution présidentielle). Le Conseil constitutionnel va refuser de donner effet aux dispositions qui consacrent la promesse et la volonté du Président de réduire le mandat en cours, le juge ayant pris le parti de l'intransigeance sur ce point (A). Une telle position n'est pas partagée par toutes les juridictions constitutionnelles. Il arrive en effet que certaines d'entre elles prennent le parti de la souplesse et admettent la « réduction » ou l'allongement des mandats politiques (B). C'est dans ce sens qu'il faut comprendre l'adjectif « discutable » utilisé dans le titre de cette seconde partie. La position du Conseil peut tout à fait être défendue, mais on peut également la discuter d'une part parce que d'autres juges ont pu prendre un parti différent et d'autre part parce que certains aspects de l'argumentation développée peuvent être sujets à caution.

A. Le parti de l'intransigeance

L'article 6 du projet de révision soumis au Conseil avait vocation à « réécrire » l'article 27 de la Constitution relatif à la durée du mandat du chef de l'Etat. Plus précisément, un alinéa 2 devait être inséré dans cet article, énonçant que le mandat présidentiel en cours, qui est de sept ans sous l'empire de la norme en vigueur au moment où la saisine a lieu – et ce depuis l'élection de 2012 – est ramené à cinq ans. C'est ce projet de modification que le Conseil invalide sur la base de plusieurs arguments.

Le premier motif de rejet se trouve, pour ainsi dire, dans l'insertion d'une greffe temporaire dans un corps permanent. Il ne s'agit pas d'un argument de logique pure, mais plutôt d'un plaidoyer pour une sorte d'homogénéité organique de la législation. En somme, dans une norme, l'on ne doit pas mélanger les genres, c'est-à-dire faire coexister des règles à vocation permanente et des règles clairement temporaires ou « provisoires », appelées à disparaître de façon certaine au bout d'un certain temps. L'argument, encore une fois, n'est pas d'ordre rigoureusement logique, mais confine, là encore, à la systématique légistique, à l'art de concevoir les lois : il faut éviter les amalgames, il faut assembler ce qui se ressemble.

Un autre argument utilisé par le juge de la Constitution consiste à prôner un retour à l'orthodoxie de la loi, qui est « générale et impersonnelle ». Le Conseil critique le « caractère personnel très marqué » d'une disposition qui est effectivement le fruit d'un engagement personnel du Président de la République élu, qui avait fait la promesse de ramener son mandat de sept à cinq ans et de s'appliquer ainsi une règle qu'il entendait par ailleurs introduire formellement dans la Constitution. Le Conseil ne comprend pas les choses de la même manière. Restant au niveau des seuls « principes », il récuse toute législation *ad hominem*, toute législation adossée à des considérations ou motivations personnelles ou subjectives. Mieux, le juge estime que la « subjectivisation » même des enjeux constitutionnels doit être bannie ; elle s'oppose, par essence, à la normativité constitutionnelle, laquelle est précisément réputée transcender les alternances politiques et les conjonctures électorales. C'est ainsi qu'il faut comprendre la discrète incise du considérant n° 24, « par cela seul ».

La sécurité juridique et la stabilité des institutions est également un paramètre que le Conseil constitutionnel fait valoir pour censurer la disposition relative à la réduction du mandat du Président de la République. C'est l'idée de prévisibilité qui se trouve mise en valeur ici, ainsi que celle de confiance légitime. Il faut, dit le juge, respecter les attentes du peuple qui s'est exprimé, ne pas le « dérouter » ou le « surprendre » en changeant les règles au cours du jeu, c'est- à-dire du mandat. Ayant été élu pour sept ans, le Président doit, pour respecter la *vox populi*, accomplir effectivement un mandat de sept ans. C'est bien ce que le Conseil entend lorsqu'il estime que « pour la sauvegarde de la sécurité juridique et la préservation de la stabilité des institutions, le droit applicable à une situation doit être connu au moment où celle-ci prend naissance » (considérant n°26).

Plusieurs remarques peuvent être faites au sujet de cet argument de la sécurité juridique et de la stabilité des institutions. L'on doit d'abord constater qu'il a fait une entrée en force dans le contentieux constitutionnel sénégalais ces dernières années, dans des contextes caractérisés par une certaine « dramatisation » des enjeux. En effet, l'autre décision dans laquelle il est question de cet argument est celle du 15 février 2024, rendue dans un contexte préélectoral lourd de tensions avec une révision de la Constitution tendant à permettre au chef de l'Etat de rester au pouvoir encore quelques mois. Le Conseil y déclare que « la loi attaquée est contraire aux dispositions des articles 27 et 103 de la Constitution et au principe à valeur constitutionnelle de sécurité juridique et de stabilité des institutions » (décision °1/C/2024, considérant n° 17). Entre la décision de 2016 et celle de 2024, il existe une homologie saisissante : toutes deux s'appliquent à l'épineuse question du mandat présidentiel et toutes deux prennent le parti de l'intransigeance, c'est-à-dire celui de l'intangibilité de ce mandat, tout au moins dans le contexte particulier de ces deux saisines. L'on notera en outre, sans s'y attarder outre mesure, l'ambiguïté du statut conceptuel de la sécurité juridique et de la stabilité des institutions. Dans la décision de 2016, celle-ci est présentée comme un « objectif de valeur constitutionnelle » (considérant n° 25) alors qu'elle constitue, dans la décision de 2024, « un principe à valeur constitutionnelle » (considérant n°17).

Le quatrième argument avancé par le Conseil constitutionnel pour récuser la réduction du mandat de sept à cinq ans est l'existence de précédents, c'est-à-dire la pratique antérieure. C'est alors l'occasion pour le juger de faire une brève incursion dans l'histoire constitutionnelle et politique du Sénégal, et d'invoquer, effectivement, des précédents de 1991 (loi constitutionnelle n° 91-46 du 6 octobre 1991) et de 2008 (loi constitutionnelle n° 2008-66 du 21 octobre 2008). Dans les deux cas, les révisions entreprises n'avaient pas « touché » les situations en cours, elles n'ont opéré que lorsque ces situations se sont terminées. Le juge fait donc valoir que dans notre histoire constitutionnelle, chaque fois que des modifications touchant le mandat du Président de la République sont intervenues, le mandat en cours est resté hors d'atteinte, il a été mis à l'abri des perturbations introduites par la loi nouvelle ; « le mandat en cours au moment de l'entrée en vigueur de la loi de révision, par essence intangible, est hors de portée de la loi nouvelle », avance le Conseil constitutionnel (considérant n°30).

Il est quelque peu curieux qu'un autre précédent n'ait pas été évoqué par le Conseil constitutionnel alors qu'il était pourtant, de notre point de vue, tout à fait pertinent si l'on reste dans la logique qui est celle de cette juridiction. Ce précédent est la décision rendue le 29 janvier 2012, dont il a été question précédemment. L'on se souvient qu'il était question, dans cette affaire, de la validité de la candidature du Président sortant aux élections de 2012. Dans le décompte des mandats auquel il fallait procéder, le juge avait en effet exclu le premier mandat, conféré sous l'empire de la Constitution de 1963, et non celle de 2001. Le Conseil avait alors estimé que la candidature présidentielle était tout à fait recevable : « (...) Le Président de la République, sous la Constitution de 2001, effectue un premier mandat durant la période 2007/2012 (...) ; il est donc en droit de se présenter à l'élection du 26 février 2012 » (considérant n°15). La logique sur laquelle repose cette jurisprudence de 2012 est en parfaite adéquation avec celle du 12 février 2016, en ce qu'elles appréhendent de la même manière les effets dans le temps des normes litigieuses.

L'argument comparatiste est également brandi par le Conseil constitutionnel dans la décision de 2016. Il constitue en quelque sorte le versant spatial de la motivation de la décision, alors que la pratique antérieure en est une espèce de versant temporel. En effet, le Conseil fait référence à la jurisprudence et à la pratique en cours sous d'autres latitudes, pour justifier sa position. A vrai dire, l'argument comparatiste est quelque peu escamoté et c'est de manière subreptice que le Conseil évoque des précédents « qui ont marqué l'histoire constitutionnelle du Sénégal » et « qui sont également observés dans d'autres pays partageant la même tradition juridique » (considérant n° 31). Il sera question, plus loin, de la valeur de cet argument, mais observons, pour l'heure, son caractère quelque peu inédit, le juge constitutionnel sénégalais n'ayant absolument pas l'habitude de se référer à des jurisprudences « étrangères ».

Enfin, l'indifférence au mobile est la marque de la décision du 12 février 2012. Le mobile d'une loi peut être noble ou respectueux, la vertu n'est jamais un paramètre de la constitutionnalité, semble dire le juge. Le Conseil estime qu'il ne se prononce qu'en droit, et non d'un point de vue moral ou politique. La morale veut en effet que l'on respecte sa parole, et la « politique », en l'occurrence, consisterait à répondre aux attentes de son parti ou de ses électeurs. Le juge dit que de tels ressorts lui sont étrangers. « Quel que soit au demeurant l'objectif recherché », écrit-il, la durée du mandat en cours reste intangible, insusceptible de révision (considérant n°32). La norme de référence du juge n'est ni éthique ni politique mais juridique.

Telle est la *ratio decidendi* de la décision du 12 février 2016. Il s'agit d'un argumentaire très syncrétique, puisant à diverses sources, qui vont de la philosophie du droit (la vocation abstraite et impersonnelle de la norme) à la pratique et aux usages (le sens des précédents) en passant par des impératifs de stabilité sociale (promotion de la sécurité juridique, prévisibilité des situations juridiques).

Des arguments de ce type ont effectivement pu être partagés par d'autres juges. Cela s'est traduit par une opposition farouche à toute tentative législative de modifier des mandats ou de remettre en cause le calendrier électoral. Ainsi, le Cour constitutionnelle de la République centrafricaine a rendu un Avis relatif à la révision de certaines dispositions de la Constitution, dans lequel elle estime que « la Constitution comporte des verrous (...) concernant la durée et le nombre de mandats du Président de la République et qu'en cas de retard dans le processus électoral susceptible d'entraîner un report des élections présidentielle et législative, aucune disposition constitutionnelle ne permet de lever ce verrou ou de le contourner ». La Cour est d'avis qu' « une prolongation du mandat des députés par eux-mêmes, à l'approche des élections et sans large concertation préalable, n'est pas conforme à l'exigence consensuelle de la Constitution du 30 mars 2016 (...) ; que la Constitution ne peut être révisée dans le sens d'introduire des dispositions pouvant permettre de reporter les élections ou d'autoriser un glissement du calendrier électoral qui impacterait la durée du mandat du Président de la République, sauf à recourir au référendum » (Avis n°015/CC/20 du 5 juin 2020). La Haute Cour constitutionnelle de Madagascar a eu à statuer dans un sens voisin. Egalement saisie pour avis, elle a déclaré que « la périodicité des élections est un principe constitutionnel (...) ; que la théorie de la représentation impose une limite temporelle au mandat représentatif (...) ; la validité du mandat (...) est délimitée dans le temps et est régie par le principe de l'intangibilité (...) ; la non – prorogation d'un mandat (...) est un principe fondamental de la démocratie représentative » (Avis n° 03-HCC/AV du 2 février 2019).

En Europe, le principe de sécurité et de stabilisation des situations juridiques est également abordé dans le contentieux constitutionnel. On citera d'abord les jurisprudences allemande et française. La Cour constitutionnelle fédérale allemande, dans un arrêt du 3 décembre 1997, s'exprime en termes solennels, en déclarant que « le principe de l'Etat de droit exige une justification particulière lorsque le législateur modifie après coup de façon défavorable les conséquences juridiques attachées à un comportement appartenant au passé. La fiabilité de l'ordre juridique est une condition fondamentale de toute constitution libérale. L'individu serait gravement menacé dans sa liberté si la puissance publique pouvait attacher après coup au comportement de celui-ci ou à une situation le concernant des conséquences juridiques plus défavorables que celles qui prévalaient au moment où celui-ci a agi (BVerfGE, tome 97, pp.67-88 ; BVerfGE, tome 30, p.272). Pour sa part, le Conseil constitutionnel français, qui n'a pas toujours conféré un statut constitutionnel précis au principe de sécurité juridique, a néanmoins promu l'idée d'expectative légitime inhérente à ce principe, en la rattachant à la garantie des droits sans laquelle il n'y a pas de Constitution (article 16 de la Déclaration des droits de l'homme et du citoyen de 1789). Selon le juge français, s' « il est à tout moment loisible au législateur, statuant dans le domaine de sa compétence, de modifier des textes antérieurs ou d'abroger ceux-ci en leur substituant, le cas échéant, d'autres dispositions », « il ne saurait toutefois priver de garanties légales des exigences constitutionnelles (..) ; en particulier, il ne saurait, sans motif d'intérêt général suffisant, ni porter atteinte aux situations légalement acquises, ni remettre en cause les effets qui peuvent légitimement être attendus de telles situations » (décision n°2013-682 DC du 19 décembre 2013, considérant n°14).

Il faut mettre à part un arrêt rendu par la Cour européenne des droits de l'homme, qui illustre l'attraction que le droit international peut exercer sur le contentieux constitutionnel et qui, d'autre part, se rapproche beaucoup du cas sénégalais. Un député grec avait vu son mandat révoqué par la Cour spéciale suprême de son pays au motif que ce mandat était incompatible avec la profession d'avocat, qu'il avait continué à exercer après son élection en 2000, l'incompatibilité ayant été introduite par une révision constitutionnelle de 2001, donc un an après l'élection. On peut donc dire que la réforme a « désarçonné » le demandeur autant que les électeurs, lesquels, en faisant leur choix, escomptaient que l'élu allait accomplir son mandat dans la durée normale. Saisi par le député, la Cour européenne des droits de l'homme va condamner l'Etat grec pour violation du principe de confiance légitime. La Cour se fonde sur l'article 3 du Protocole additionnel n° 1 à la Convention européenne des droits de l'homme, relatif au droit à des élections libres, elle estime qu' « en évaluant l'élection du requérant sous l'angle du nouvel article 57 de la Constitution sans tenir compte de la circonstance que cette élection avait eu lieu en 2000 dans une parfaite légalité, la Cour spéciale suprême a déchu l'intéressé de ses fonctions parlementaires et privé les électeurs du candidat qu'ils avaient librement et démocratiquement choisi pour les représenter pendant quatre ans au Parlement, en méconnaissance du principe de la confiance légitime » (arrêt du 15 juin 2006, « Lykourezos c Grèce, n°33554/03, §57). L'analogie avec le cas de figure sénégalais est frappante. Les électeurs ayant élu un homme pour sept ans, dit le Conseil constitutionnel, toute modification ultérieure de la durée de ce mandat reviendrait à méconnaître la confiance que ces électeurs ont investie dans les institutions constitutionnelles.

Toutes ces jurisprudences sont confondues ici parce qu'elles sont susceptibles d'être rangées sous la bannière de la sécurité juridique, sous l'étendard de la stabilité des institutions ou de la confiance légitime. Mais l'on voit bien qu'elles sont susceptibles de nuances, que quelques petites subtilités les distinguent. Si l'on confronte notamment la jurisprudence sénégalaise avec celles de la République centrafricaine et de Madagascar, l'on se rend compte que la perspective du juge sénégalais est quelque peu plus « théorique », alors que toutes les décisions portent sur le même sujet, qui est celui du mandat et du calendrier électoral. On a souligné que la décision de 2016 confine à la philosophie du droit au sens où elle procède à une sorte de sacralisation de la parole constituante. L'attente suscitée par la parole de la Constitution est d'autant plus forte et légitime qu'elle émane d'une source du droit qui n'est pas « ordinaire », la solennité du propos emporte la force de la confiance investie en lui. Revenir sur la promesse constitutionnelle, c'est commettre quasiment un sacrilège, c'est rompre un dogme social et jeter la suspicion sur un oracle qu'on a tenu pour fiable parce qu'il est sinon inaltérable, du moins pourvu de fort coefficient de pérennité.

La loi est impersonnelle : elle transcende les individualités et leurs mobiles nécessairement contingents, elle est au –dessus des aléas et de la politique. Elle ne peut pas, elle ne doit pas être « instrumentalisée » à des fins politiques, fussent-elles démocratiques ou vertueuses, la vertu consistant en l'occurrence, on l'a vu, à respecter une promesse électorale. La motivation de la décision a quelque chose d'éminemment essentialiste : l'essence de certaines normes est sinon de ne pouvoir être modifiées, du moins d'être difficilement révisables.

« Certaines normes », mais lesquelles ? La réponse, dans le contexte précis qui est en cause, n'est pas compliquée : il s'agit de celles qui ont suscité des situations censées perdurer, censées être relativement pérennes. Il y' a ici comme une valorisation de la durée, et une dépréciation subséquente de l'éphémère, une exaltation du structurel au détriment du conjoncturel ; d'un côté le marbre de la Constitution, de l'autre la loi, ravalée au rang de simple moyen de gouvernement, donc une norme essentiellement contingente car les gouvernements passent pendant que la Constitution demeure. La règle constitutionnelle est une règle qualitativement supérieure aux autres, et sa supériorité résulte aussi de sa permanence, de la durée inscrite en elle quand d'autres règles sont ouvertes aux remaniements. Le juge sénégalais le redira dans une jurisprudence postérieure, celle du 15 février 2024, dans laquelle il déclare que « la loi attaquée introduit dans la Constitution des dispositions dont le caractère temporaire et personnel est incompatible avec le caractère permanent et général d'une disposition constitutionnelle » (décision n°1/C/2014 du 15 février 2024, considérant n° 14).

Les considérations que voilà peuvent sembler quelque peu éthérées, mais elles ont, rapportées au cas d'espèce, une portée éminemment pratique. Elles renvoient, dans une perspective immédiate et peut-être prosaïque, à la relation entre gouvernants et gouvernés, entre le pouvoir politique et les citoyens ou les électeurs. C'est ici que l'idée de confiance légitime fait surface. Une exigence de prévisibilité traverse les comportements induits par ce lien. En exprimant une préférence pour son vote, le citoyen escompte que son choix ne sera pas remis en question, que ce choix s'accomplira. Prévisibilité, certitude, cohérence : rien ne doit briser l'accomplissement d'une réalité dont l'électeur a fait l'option. Si l'on a élu le Président de la République pour sept ans, celui-ci doit gouverner pour sept ans.

Aussi charpenté que soit un tel point de vue, force est pourtant de reconnaître qu'il peut être discuté. Une appréciation critique de la décision du 12 février 2016 peut en effet être faite, à plusieurs égards : à la conception rigide dont elle se fait l'écho, il est possible d'opposer une logique de la souplesse et de la flexibilité.

B. Le parti de la souplesse

La thèse de l'inaltérabilité des mandats et de la rigidité du calendrier électoral n'est en effet pas partagée par tous les juges constitutionnels, d'une part. D'autre part, le raisonnement tenu dans la décision de 2016 peut, intrinsèquement, être discuté à plusieurs égards.

A côté des juges pour qui le principe de sécurité juridique et de stabilité institutionnelle s'impose presque absolument, il existe en effet des juges qui développent une argumentation aux antipodes, en veillant cependant à justifier ou motiver leurs décisions.

La Cour constitutionnelle du Tchad, dans une décision du 26 février 2001, a constaté, après avoir énoncé la disposition constitutionnelle suivant laquelle « la souveraineté appartient au peuple qui l'exerce soit directement par référendum, soit indirectement par l'intermédiaire de ses représentants élus » (article 3 alinéa 1er), que « le Parlement réuni en Congrès a adopté la loi constitutionnelle portant prorogation de la législature en cours pour une durée d'un an renouvelable », que cette loi « deviendra caduque au terme de la période sus indiquée » et « qu'il échet de dire que la révision ainsi opérée est conforme à la Constitution » (décision n°001/PCC/SGG/001). Par deux fois, la Cour constitutionnelle malienne a également avalisé des prorogations de mandat. Dans l'Avis du 12 octobre 2018, elle commence par procéder à deux constats : « le caractère de force majeure des difficultés entravant le respect scrupuleux des dispositions constitutionnelles et légales sus référencées » et « la nécessité d'assurer le fonctionnement régulier de l'Assemblée nationale ». Dès lors, « elle donne un avis favorable à la demande de prorogation de la Vème législature jusqu'à la fin du premier semestre 2019 en application de l'article 85 de la Constitution » ; la Cour prend le soin de préciser, *in fine*, que « ladite prorogation doit intervenir au moyen d'une loi organique » (Avis n° 2018-02/CCM du 12 octobre 2018). La seconde décision est un arrêt rendu le 5 décembre 2018, et portait sur le contrôle de constitutionnalité de loi organique portant prorogation du mandat des députés, dont l'adoption avait été précisément recommandée par l'Avis précité du 12 octobre. La Cour considère que « la loi faisant l'objet d'un contrôle est sous-tendue d'une part, par des difficultés sérieuses entravant le respect des dispositions constitutionnelles et légales et, d'autre part, vise la satisfaction, dans un délai raisonnable, de l'intérêt général par la préservation de l'universalité et de l'égalité dans l'exercice du droit de suffrage ; que la présente loi de prorogation, entraînant la modification du calendrier électoral, garantit à chaque citoyen le droit d'être candidat aux élections législatives et de bénéficier des mêmes chances d'être élu conformément aux dispositions constitutionnelles et législatives en vigueur » ; que dès lors, « la loi (...) prorogeant la Vème législature de l'Assemblée nationale jusqu'au 30 juin 2019 ne saurait être contraire à la Constitution (arrêt n° 2018-06/CC).

Il était également question d'une prorogation du mandat des députés au Congo. La particularité de l'espèce se trouvait cependant dans le fait que cette prorogation ne concernait que quelques parlementaires seulement – ceux des circonscriptions 1 et 2 de l'arrondissement 6- Talangaï et de la première circonscription de l'arrondissement 5 – Ouenzé -. L'impossibilité de faire voter dans ces zones était due au déplacement de certaines populations à la suite des explosions survenues dans une caserne, en mars 2012, ces populations ayant été relogées dans des sites situés ailleurs qu'à Brazzaville. Pour la Cour, « la prolongation du mandat de député, équivalent à un report d'élection qui ne dénature nullement le droit de suffrage des électeurs suivant une périodicité régulière, n'a pas pour objet d'allonger, de façon permanente, la durée du mandat de député, qui demeure fixée à cinq ans ; qu'il convient, dans ces conditions, d'ordonner la prolongation sollicitée du mandat » (décision n°001 du 17 aout 2012).

A Madagascar, il n'était pas question de prolonger un mandat, mais de le raccourcir en quelque sorte, en « avançant » la date de l'élection présidentielle. La cause en était le risque que la saison des pluies et des cyclones vienne perturber la campagne et l'élection, si celle- ci était maintenue à la date échue. Il a alors été décidé d'anticiper celle-ci, d'une vingtaine de jours. Selon la Haute Cour constitutionnelle, « l'anticipation de vingt jours ne constitue pas une prorogation du mandat constitutionnellement fixé au Président de la République en exercice et (...) le délai d'anticipation ne présente pas un caractère excessif, compte tenu des objectifs visés ci –dessus » (Avis n°03-HCC/AV du 9 mai 2006). Un cas similaire peut être relevé dans la jurisprudence du Conseil constitutionnel français. Le Préfet de la réunion avait alors, face au risque de pluies diluviennes, reporté à une date ultérieure le second tour des élections législatives. Sollicité, le Conseil s'exprime en ces termes : « Considérant que par arrêté en date du 10 mars 1973, le Préfet de la Réunion a reporté à une date ultérieure « la plus rapprochée possible » le scrutin du deuxième tour des élections législatives qui devaient se dérouler le lendemain, dans la deuxième circonscription de la Réunion, aux motifs qu'en raison des pluies diluviennes, qui s'abattaient sur le département et de l'interdiction générale de circuler qu'il avait édictée, la sécurité des personnes se rendant dans les bureaux de vote était gravement menacée ; que par décret en date du 12 mars 1973 le gouvernement a fixé au 18 mars 1973 la date de convocation du collège électoral ; considérant, d'autre part, que la circonstance qu'un cyclone ait atteint l'île de la Réunion rendait inévitable qu'intervînt exceptionnellement une mesure de report du second tour » (décision n° 73-603/741 du 27 juin 1973, considérant n° 14).

Face au parti de l'intransigeance que représente la décision du Conseil constitutionnel sénégalais du 12 février 2016, il existe donc un parti de la souplesse dont les jurisprudences qui viennent d'être cités constituent des illustrations. Doit-on en déduire que la matière de la durée des mandats et de leur nombre est gouvernée par un relativisme absolu dans le contentieux constitutionnel ? La réponse est négative car si les points de vue peuvent différer, une sorte d'impératif semble traverser toutes les décisions rendues, même les plus « souples » : la nécessité de « coller » au plus près les prescriptions constitutionnelles pertinentes, c'est- à-dire de respecter les durées canoniques des mandats. En d'autres termes, les atteintes susceptibles d'être portées à la durée des mandats doivent être interprétées de façon restrictive et doivent être dûment motivées par le législateur. En somme, tout n'est pas permis et il faut donner de sérieuses raisons pour justifier la remise en cause du terme normal des mandats politiques.

Et de fait, dans toutes les jurisprudences qui se rattachent à ce qui est appelé ici le parti de la souplesse, les juges exercent un contrôle minimum sur la mesure litigieuse. Il existe toujours des faits justificatifs, des éléments qui rendent nécessaires une telle mesure, l'exigence d'une telle motivation apparaissant plus ou moins dans les différents arrêts que nous avons passés en revue. Dans la décision du Conseil constitutionnel du Tchad du 26 février 2001, il y'a lieu de penser que le brevet de conformité à la Constitution a été délivré eu égard à la durée, relativement faible, de la prorogation (une année). La motivation est plus explicite dans les deux décisions de la Cour constitutionnelle du Mali, la force majeure et la nécessité d'assurer le fonctionnement régulier de l'Assemblée nationale ayant été expressément mis en avant par le juge. Au Congo, la remise en cause de la durée du mandat était très « localisée », la dérogation sollicitée était spatialement limitée, deux circonscriptions électorales seulement étant concernées. Enfin à Madagascar comme en France, ce sont des éléments d'ordre météorologique – donc par définition très temporaires – qui ont expliqué que le juge constitutionnel n'ait pas trouvé à y redire.

On dira donc que dans le traitement juridictionnel de la durée des mandats, les deux partis ne sont pas tout à fait équivalents. Il existe une sorte de présomption pour la fixité de la durée du mandat, la remise en question de celle-ci devant toujours être prouvée ou motivée : l'intransigeance est le principe, la flexibilité l'exception, serait-on presque tenté de dire.

La décision de 2016 est enfin susceptible d'une appréciation critique lorsqu'on l'analyse elle-même, abstraction faite de toute comparaison. A cette aune-là, plusieurs remarques peuvent être faites.

Il est d'abord étonnant que le Conseil constitutionnel ait d'emblée affirmé qu'il entendait exercer un « contrôle minimum », alors pourtant, on l'a vu, qu'il se montre plutôt « offensif » dans cette décision. Au considérant n° 4 en effet, il déclare que « dans le cadre de la procédure prévue à l'article 51 de la Constitution, « il a toute latitude pour exercer un contrôle minimum sur le projet de révision qui lui est soumis ». Ni la Constitution, ni la lettre présidentielle qui le saisit ne parle de contrôle minimum. Tout se passe donc comme si le Conseil avait choisi de ne pas exercer un contrôle poussé et de l'assumer en quelque sorte. Cette expression est difficile à comprendre, d'autant que ce que dit le juge dans le considérant suivant est aux antipodes d'un contrôle minimum. Il écrit en effet « que dans l'exercice de ce contrôle, il examine la régularité de la procédure suivie, la forme du texte et, au fond, le respect des limites fixées par la Constitution, sa saisine étant déterminée, pour le surplus, par la requête » (considérant n°5). Le contrôle a donc un triple objet selon le Conseil : la procédure suivie, la « forme » et le « fond ». Un tel contrôle, peut-il vraiment être qualifié de « contrôle minimum » ? Certainement pas.

Il s'y ajoute, on l'a suggéré précédemment, que la requête elle-même n'invite pas à un « contrôle minimum ». Ce serait même plutôt le contraire. Dans sa lettre en effet, le Président de la République demande au Conseil constitutionnel d'exercer son contrôle eu égard à « l'esprit général de la Constitution et aux principes généraux du droit ». Le Conseil lui-même ajoute, au rebours d'un contrôle minimum, qu'« au regard des termes généraux par lesquels la demande est formulée, le Conseil doit se prononcer sur le respect des *principes* et des *valeurs* sur lesquels repose la Constitution » (considérant n° 7). Bref, l'introduction du concept de contrôle minimum brouille le message du juge à deux points de vue : d'une part, nul texte ne lui impose un tel corset, d'autre part, aussi bien les termes de sa saisine que l'annonce qu'il fait lui-même de sa démarche ne correspondent à la logique d'un contrôle minimum. En vérité, cette expression se révèle malencontreuse, elle n'était en tous les cas pas nécessaire.

Sur le fond, le Conseil a eu à émettre un point de vue qui laisse l'observateur quelque peu songeur. Il porte sur le nombre de dispositions non susceptibles de révision. « Considérant », écrit le juge, « que le nombre de dispositions non susceptibles de révision paraît très élevé (...) ; qu'il y a lieu de le réduire, tout en aménageant la possibilité d'étendre l'intangibilité (...) » (considérants n° 39 et 40). Et l'article 6 du dispositif ajoute que « le dernier alinéa de l'article 103 nouveau doit être revu, de manière à réduire la liste des matières concernées ». Par ce jugement, il est permis de se demander si le Conseil, jusque-là connu pour sa révérence à la séparation des pouvoirs, n'excède pas sa fonction en se mêlant de la détermination d'une question aussi « politique » que celle des limites du pouvoir constituant dérivé, c'est-à-dire des limites du pouvoir de révision. En tout état de cause, cette appréciation du Conseil est en porte –à- faux avec deux affirmations qui reviennent fréquemment sous sa plume : d'abord que « le pouvoir constituant est souverain » - on l'a vu plus haut, dans le commentaire de la décision n°9/C/1998 du 9 octobre 1998 – et ensuite qu' « il ne tient ni de la Constitution ni de la loi organique (...) un pouvoir général d'appréciation et de décision identique à celui du législateur, mais seulement une compétence d'attribution pour contrôler la conformité à la Constitution des lois déférées à son examen » (décision n° 2/C/2021, considérant n° 62) ou encore qu' « il ne lui appartient pas de substituer sa propre appréciation à celle du législateur (...) » (considérant n° 112). On finira sur ce point en ajoutant que les mots que le juge utilise peuvent donner un soupçon d' « impressionnisme » à son jugement : il écrit en effet, au considérant n° 39, que le nombre de dispositions non susceptibles de révision lui « *paraît* élevé ». En outre, il est deux affirmations concomitantes qui peuvent semer le doute dans l'esprit du lecteur : d'une part, que le nombre de dispositions non révisables est élevé (considérant n° 39), d'autre part, qu'il faut aménager « la possibilité d'étendre l'intangibilité (...) à d'autres matières en fonction des exigences de la société » (considérant n°40), en somme une chose et son contraire.

Discutable, l'argument central de la sécurité juridique peut également l'être. Il est d'abord possible de se demander si la valorisation de l'intangibilité des mandats ne pourrait pas déboucher sur une forme d'exaltation de l'immobilisme juridique. Cette logique « fixiste » va loin sous la plume du juge sénégalais puisqu'il est affirmé dans la décision de 2016 que le mandat en cours est « *par essence* intangible » (considérant n° 30). L'on voudrait alors savoir d'où le juge tire une telle assurance, en vertu de quoi il avance qu'un mandat en cours est « sacré » au point qu'on ne peut absolument pas y toucher. Il ne s'agit pas nécessairement de plaider que la modification du mandat en cause était possible, il s'agit juste que le juge ne recoure pas à des arguments d'autorité mais qu'il démontre ou prouve ce qu'il avance. En tout état de cause, l'idée que l'aménagement ou le réaménagement des mandats politiques est irrémédiablement interdit au législateur, pour le présent et pour l'avenir, est une thèse que l'on peut discuter, ne serait-ce qu'en vertu d'une vérité bien partagée et reprise dans la Constitution française de 1793, selon laquelle « une génération ne peut assujettir à ses lois les générations futures » (article 29).

La thèse de la sécurité juridique peut également être discutée à un autre point de vue. En effet, il est toujours possible, comme le fait le Conseil, de plaider pour la continuité de situations données, ayant vocation à perdurer : au moment où le peuple élisait, le mandat était de sept ans, donc le Président doit accomplir les sept années. Mais ne pourrait –on pas dire le contraire, sur la même base de l'argument de sécurité juridique ? Le raisonnement serait alors le suivant : ceux qui l'ont élu l'ont fait dans l'espoir de la réalisation de la promesse, promesse publique et réitérée, d'accomplir cinq et non sept ans, cela aussi est une attente légitime. Si la révision entreprise constitue une atteinte à la règle initiale du septennat, l'abandon de la réforme constitue tout autant une atteinte à une attente, celle de réduire le septennat en quinquennat. A ce stade d'ailleurs, une autre question peut être soulevée, qui tourne autour de l'affirmation, faite par le juge, selon laquelle la disposition normative en cause revêt « un caractère individuel » (considérant n° 24). Cela peut se discuter. Si « caractère individuel » signifie « engagement individuel », quel mal y aurait-il à traduire en acte normatif un engagement personnel, l'élection présidentielle étant précisément « un rendez-vous entre un homme et un peuple » (une phrase que l'on prête au général de Gaulle) ?

Une dernière interrogation peut être soulevée au sujet de la décision du Conseil. Elle tient en une question : le juge, était-il condamné à « enterrer » la promesse de la réduction du mandat, à être, en somme, un briseur de rêve démocratique ? La jurisprudence du 12 février 2016 a eu quelque chose de « déprimant », de déconcertant pour un certain nombre de personnes dans la mesure où elle excluait un événement que l'on voyait comme non seulement inédit et quelque peu hérétique – un homme ou un régime renonçant, sans aucune pression, à une partie d'un pouvoir qu'il avait démocratiquement conquis – mais comme constituant une nouvelle pierre dans l'édifice démocratique sénégalais. Une opportunité réjouissante avait donc été manquée, le juge l'ayant écartée.

L'espèce de constat de carence auquel aboutit le Conseil constitutionnel du Sénégal ne nous semble pourtant pas être une fatalité. Le Conseil ne pouvait ignorer la portée très politique du débat noué par la requête présidentielle et par la réduction de la durée du mandat. N'était –il pas possible, tout en gardant la réponse qui a été faite, que le juge ajoutât une évidence : que le Président de la République, en dépit de l'impossibilité juridique déclarée par le juge, avait toujours la latitude de présenter sa démission au bout des cinq années convoitées et de se présenter à l'élection subséquente ? Cette perspective n'était pas juridiquement extravagante et elle aurait eu l'avantage, pour le pays et pour les acteurs politiques, de ne pas disqualifier une occurrence que tous semblaient appeler de leurs vœux et, pour le Président de la République lui-même, constituer l'occasion d'aller jusqu'au bout pour prouver sa bonne foi et ses convictions démocratiques.

Le Conseil, ne se prononçant qu'en droit, n'a pas éprouvé le besoin de le faire. Dans le cadre d'une procédure consultative conçue aussi bien par le Président de la République que par le Conseil constitutionnel en termes larges, l'évocation de cette possibilité n'aurait pourtant eu rien de saugrenu, elle aurait même eu la vertu de ne pas désespérer ceux qui croient que la parole d'honneur peut encore avoir une place en politique.

Table des matières

Structures éditoriales du groupe L'Harmattan

L'Harmattan Italie
Via degli Artisti, 15
10124 Torino
harmattan.italia@gmail.com

L'Harmattan Hongrie
Kossuth l. u. 14-16.
1053 Budapest
harmattan@harmattan.hu

L'Harmattan Sénégal
10 VDN SICAP AMITIE 3
BP 45034 Dakar-Fann
direction@senharmattan.com

L'Harmattan Cameroun
Tsinga/Derrière polyclinique FECAFOOT
BP 11486 Yaoundé
Jacques.koukam@harmattan.fr

L'Harmattan Burkina Faso
Villa 281, secteur 23 623, rue 14.32
Ouagadougou
zagbie@outlook.fr

L'Harmattan Guinée
Almamya, rue KA 028 OKB Agency
BP 3470 Conakry
harmattanguinee@yahoo.fr

L'Harmattan RDC
185, avenue Nyangwe
Commune de Lingwala – Kinshasa
matangilamusadila@yahoo.fr

L'Harmattan Congo
219, avenue Nelson Mandela
BP 2874 Brazzaville
deunovmikhael@gmail.com

L'Harmattan Mali
Immeuble Mgr Jean Marie Cissé
Aci Hamadallaye
BP 145 Bamako
syllaka@yahoo.fr

L'Harmattan Togo
Djidjole – Maison Amela
face EPP BATOME
02 BP 20680 Lomé
didieramela11@gmail.com

L'Harmattan Côte d'Ivoire
Résidence Karl – Cité des Arts
Abidjan-Cocody
03 BP 1588 Abidjan
harmattan.ivoire@gmail.com

L'Harmattan Bénin
Rue 604, (Immeuble à l'entrée
de la rue UCAO- Cite de Saint-Jean)
Cotonou
stepcorpus@gmail.com

Nos librairies en France

Librairie internationale
16, rue des Écoles
75005 Paris
librairie.internationale@harmattan.fr
01 40 46 79 11
www.librairieharmattan.com

Librairie des savoirs
21, rue des Écoles
75005 Paris
librairie.sh@harmattan.fr
01 46 34 13 71
www.librairieharmattansh.com

CONCEPTION : PAO ÉDITIONS L'HARMATTAN
SÉNÉGAL Impression réalisée par ILP DAKAR
Dépôt légal du 1er tirage : Deuxième trimestre 2026
Imprimé au Sénégal